高校经管精品教材

管理学

原理、方法与实践

GUANLIXUE YUANLI FANGFA YU SHIJIAN

主 编 宋赫民 郝闻汉 孟德培 方徐应
副主编 张 潇 武 庄 曹金水 陈 轩

企业管理出版社
ENTERPRISE MANAGEMENT PUBLISHING HOUSE

图书在版编目(CIP)数据

管理学：原理、方法与实践 / 宋赫民等主编. -- 北京：企业管理出版社，2024. 12.
ISBN 978-7-5164-3186-3

Ⅰ. C93

中国国家版本馆CIP数据核字第2024EN1255号

书　　名：管理学：原理、方法与实践
书　　号：ISBN 978-7-5164-3186-3
作　　者：宋赫民　郝闻汉　孟德培　方徐应
策　　划：张　丽
责任编辑：张　丽
出版发行：企业管理出版社
经　　销：新华书店
地　　址：北京市海淀区紫竹院南路17号　　邮　　编：100048
网　　址：http：//www.emph.cn　　电子信箱：lilizhj@163.com
电　　话：编辑部18610212422　　发行部（010）68417763　68414644
印　　刷：北京亿友数字印刷有限公司
版　　次：2024年12月第1版
印　　次：2025年2月第2次印刷
开　　本：787mm × 1092mm　1/16
印　　张：18.5
字　　数：375千字
定　　价：68.00元

前言

党的十八大以来，以习近平同志为核心的党中央高度重视教材工作。习近平总书记对教材工作做出一系列重要指示，为做好新时代教材工作提供了根本遵循。新时代背景下，作为高等院校经济管理类专业和MBA专业学位的基础课程教材，管理学教材的设计应当紧密围绕当前社会经济发展需要，既要适应新文科建设的要求，也要融合思政教育的基本理念。当前，随着人工智能技术的飞速发展，一些新的管理情境如人机协同办公、数智监控等应时而生，给传统企业管理带来前所未有的挑战。然而一直以来，管理学教材大多围绕基础理论来架构章节内容，在理论联系实际、扎根中国情境等方面仍有待提升。因此，开发既能传授基本原理，又能立足中国动态发展实践的管理学教材，非常必要。

《管理学：原理、方法与实践》覆盖决策、计划、组织、人力资源管理、激励、领导、沟通和管理控制等内容，通过全方位、系统化展示管理学的基本原理、工具和方法，以及相关典型案例，并关注热点问题，向广大师生和业余爱好者提供逻辑更清晰的学习体验。

本教材的特点有:(1) 内容全面。本教材既涵盖了管理的经典理论和基本思想、基本职能和研究方法，也融入了最新的热点问题和当前中国动态管理实践，原理、方法与实践较为翔实。(2) 形式多样。本教材的开篇导读紧扣当前中国现实管理问题，技能构建环节包括案例分析、小组练习、专项作业等多种形式，结合热点研究，从多角度深化对管理知识的理解。（3）适用广泛。本书既可以作为高等院校经济管理类专业和MBA专业学位的基础教材，也可以作为管理人员和对管理学感兴趣的人士的自学教材。

本教材在北京师范大学刘松柏、陈燕和张平淡教授的指导下，由宋赫民、郝闻汉、孟德培、方徐应等共同设计，撰写大纲并审阅，直至最终定稿。本教材共10章，各章的编写分工为：宋赫民、张潇（第1章、第2章、第3章），郝闻汉、武庄（第4章、第5章、第6章），孟德培、曹金水（第7章、第8章），方徐应、陈轩（第9章、第10章）。除此之外，天津铸金科技开发股份有限公司、深圳瑞捷技术股份有限公司、中京博瑞（北京）科技有限公司等企业为本书的案例撰写工作提供了大力支持。在编写过程中，我们查阅和参考了大量相关文献，受篇幅所限，未能一一列出，在此一并表示诚挚的谢意。

最后，我们向选用本教材的同行以及企业管理出版社表示衷心的感谢。

编　者

2024年11月

目录

第1章 导论

开篇导读 ……………………………………1
1.1 理论回顾 ……………………………………3
1.1.1 管理概述 ……………………………………3
1.1.2 管理思想的形成和发展 …… 13
1.1.3 管理的基本原理 ………… 31
1.1.4 管理学的研究方法 ……… 34
1.2 热点研究 …………………………… 35
1.2.1 行动学习 ……………………… 35
1.2.2 跨文化管理 ………………… 38
1.3 技能构建 …………………………… 39
1.3.1 供讨论和实践的主题 …… 39
1.3.2 管理技能培养 …………… 39
1.3.3 小组练习 ……………………… 41
1.3.4 专项作业 ……………………… 42
1.3.5 案例分析 ……………………… 42
经典文献 ……………………………………… 45

第2章 制定决策

开篇导读 ……………………………………… 51
2.1 理论回顾 …………………………… 53
2.1.1 决策及其制定过程 ……… 53
2.1.2 管理决策 ……………………… 58
2.1.3 群体决策 ……………………… 63
2.1.4 管理决策的新进展 ……… 68
2.2 热点研究 …………………………… 69
2.2.1 大数据时代的企业决策 … 69
2.2.2 博弈论与决策 …………… 71
2.3 技能构建 …………………………… 72
2.3.1 供讨论和实践的主题 …… 72
2.3.2 管理技能培养 …………… 72
2.3.3 小组练习 ……………………… 73
2.3.4 专项作业 ……………………… 73
2.3.5 案例分析 ……………………… 73
经典文献 ……………………………………… 78

第3章 计划工作与方法

开篇导读 ……………………………………… 83
3.1 理论回顾 …………………………… 84
3.1.1 计划工作 ……………………… 84
3.1.2 制订计划 ……………………… 88
3.1.3 计划的工具和技术 ……… 92
3.2 热点研究 …………………………… 96
3.2.1 不确定性的研究 ………… 96
3.2.2 标杆管理 ……………………… 97
3.3 技能构建 …………………………… 98
3.3.1 供讨论和实践的主题 …… 98
3.3.2 管理技能培养 …………… 98
3.3.3 小组练习 ……………………… 99
3.3.4 专项作业 ……………………… 99
3.3.5 案例分析 ……………………… 99
经典文献 ……………………………………103

第4章 战略管理与企业家精神

开篇导读 ······105
4.1 理论回顾 ······106
4.1.1 战略管理概述 ······106
4.1.2 战略管理过程 ······110
4.1.3 企业家、企业家精神与企业战略 ······114
4.2 热点研究 ······118
4.2.1 国际化战略 ······118
4.2.2 战略组合 ······119
4.3 技能构建 ······120
4.3.1 供讨论和实践的主题 ······120
4.3.2 管理技能培养 ······120
4.3.3 小组练习 ······121
4.3.4 专项练习 ······122
4.3.5 案例分析 ······122
经典文献 ······126

第5章 组织

开篇导读 ······133
5.1 理论回顾 ······134
5.1.1 组织与组织职能 ······134
5.1.2 组织结构 ······136
5.1.3 组织设计 ······140
5.2 热点研究 ······147
5.2.1 企业再造 ······147
5.2.2 虚拟组织 ······149
5.3 技能构建 ······153
5.3.1 供讨论和实践的主题 ······153
5.3.2 管理技能培养 ······154
5.3.3 小组练习 ······154
5.3.4 专项作业 ······155
5.3.5 案例分析 ······156
经典文献 ······157

第6章 人力资源管理

开篇导读 ······160
6.1 理论回顾 ······161
6.1.1 人力资源计划 ······161
6.1.2 人员招聘与甄选 ······163
6.1.3 人员培训与开发 ······165
6.1.4 职业发展 ······170
6.1.5 绩效评估与反馈 ······174
6.1.6 薪酬 ······178
6.2 热点研究 ······182
6.2.1 企业ESG治理 ······182
6.2.2 知识型员工的管理 ······184
6.3 技能构建 ······186
6.3.1 供讨论和实践的主题 ······186
6.3.2 管理技能培养 ······187
6.3.3 小组练习 ······188
6.3.4 专项作业 ······189
6.3.5 案例分析 ······190
经典文献 ······195

第7章 激励

开篇导读 ······199
7.1 理论回顾 ······200
7.1.1 激励本质 ······200
7.1.2 需要激励理论 ······201

7.1.3 动机激励理论 ……………207
7.1.4 行为激励理论 ……………210
7.2 热点研究 ……………211
7.2.1 内在激励与外在激励的关系 ……………211
7.2.2 心理契约 ……………213
7.3 技能构建 ……………215
7.3.1 供讨论和实践的主题 ……215
7.3.2 管理技能培养 ……………215
7.3.3 小组练习 ……………215
7.3.4 专项作业 ……………215
7.3.5 案例分析 ……………216
经典文献 ……………218

第8章 领导

开篇导读 ……………221
8.1 理论回顾 ……………222
8.1.1 领导本质 ……………222
8.1.2 领导特质理论和领导行为理论 ……………224
8.1.3 领导的权变理论 ……………228
8.1.4 新型领导理论 ……………231
8.2 热点研究 ……………234
8.2.1 跨文化领导 ……………234
8.2.2 愿景领导 ……………235
8.3 技能构建 ……………236
8.3.1 供讨论和实践的主题 ……236
8.3.2 管理技能培养 ……………236
8.3.3 小组练习 ……………237
8.3.4 专项作业 ……………238
8.3.5 案例分析 ……………239
经典文献 ……………243

第9章 沟通

开篇导读 ……………247
9.1 理论回顾 ……………248
9.1.1 沟通的内涵 ……………248
9.1.2 沟通过程 ……………248
9.1.3 信息沟通形式 ……………250
9.1.4 信息沟通障碍与改善 ……252
9.1.5 管理者沟通技巧 ……………254
9.2 热点研究 ……………255
9.2.1 虚拟沟通 ……………255
9.2.2 跨文化沟通 ……………256
9.3 技能构建 ……………257
9.3.1 供讨论和实践的主题 ……257
9.3.2 管理技能培养 ……………257
9.3.3 小组练习 ……………258
9.3.4 专项作业 ……………258
9.3.5 案例分析 ……………258
经典文献 ……………260

第10章 管理控制

开篇导读 ……………263
10.1 理论回顾 ……………264
10.1.1 管理控制概述 ……………264
10.1.2 管理信息系统 ……………271
10.2 热点研究 ……………273
10.2.1 公司治理 ……………273
10.2.2 集团管控 ……………275

10.3 技能构建……………………277
10.3.1 供讨论和实践的主题……277
10.3.2 管理技能培养……………277
10.3.3 小组练习 ………………278
10.3.4 专项作业…………………279
10.3.5 案例分析…………………279
经典文献 ……………………………282
参考文献

第1章　导论

开篇导读

天津铸金科技开发股份有限公司

——致力于粉体材料技术专业研究半个世纪

天津铸金科技开发股份有限公司（以下简称“天津铸金”），成立于1989年，是一家专业从事高端合金粉体材料产品研发和生产的高科技企业。该公司创始人钱叶仁先生及其科研团队，在公司创立前，就已经开始从事粉体材料的研究及实践工作，在粉体材料研究和开发的道路上，先后走过了半个多世纪的艰难历程，积累了丰富的经验，为天津铸金的创立和发展，奠定了坚实基础。2016年，天津铸金实施“技术＋资本”双轮驱动战略，在全国中小企业股票转让系统（新三板）成功挂牌，使公司的发展迈入了一个崭新的阶段。

30多年的高速发展，使天津铸金在雾化合金粉末产品研发和生产领域获得了巨大的成功。目前，天津铸金拥有6大系列300余种牌号产品的独特配方，具备独立设计并制造世界先进水平的雾化粉体产品的能力，全面掌握了先进的粉体材料雾化产品生产工艺和技术，已取得5项发明专利、28项实用新型专利和5项外观专利。这些非凡的成果既离不开“硬实力”——核心技术的支撑，也离不开“软实力”——企业文化的积淀和内化。

技术引领打造平台优势

天津铸金拥有一支专业的粉体材料研发队伍，从事高端粉体材料产品、技术等研究工作。天津铸金核心技术人员的研发能力和标准的流程管理，能随时满足客户对产品、工艺等研发需求。强大的技术研发能力和领先的生产工艺使天津铸金成为行业的佼佼者，其粉末产品应用版图从汽车、石油化工领域，扩张到航空航天等众多战略性新兴产业，形成了强大的核心竞争力。

家国情怀践行社会责任

天津铸金除拥有强大的研发团队外，以董事长钱铸和副总经理郑秀峰为核心的管理团队积极建设和谐的企业文化。2016年，公司提出“五为五赢”的发展理念，即“为了地球有个好产品、为了国家强大富强、为了企业的可持续健康发展、为了员工有个好的生活、为了子孙后代；国家赢、企业赢、员工赢、客户赢、市场赢”。2017年，公司倡导“国家—企业—员工”三融合，即国家层面上多纳税，通过公司发展带动就业，实现共同富裕、和谐稳定；企业层面上践行绿色发展理念，实现可持续发展；员工层面上力争实现工作心情舒畅、生活幸福安康。所有这些都体现了天津铸金浓浓的家国情怀，公司全体员工在实践中积极履行社会责任，为国家和社会做出了一个企业应有的贡献。

外引内改促发展，凝心聚力赢未来

着眼长远发展，天津铸金秉承“创新、诚信、共赢”的企业理念，对外，引入国外高新技术产业合作伙伴，建成第三代生产车间，实现年产雾化合金粉末产品3万吨的规模，推动企业国际化向纵深发展；对内，力促员工用心做事，专注产品研发、生产和质量管理，真心对待客户，让“新材料，新世界”的“铸金梦”早日实现。谈到未来，天津铸金董事长钱铸信心满满，认为随着中国经济向高质量发展阶段迈进，制造强国战略的实施，以及营商环境的日益优化，公司的技术优势和铸金人的齐心协力，必将令天津铸金在粉体材料领域做强做优做大，必将会在推动中国制造向中国创造转变、中国速度向中国质量转变、中国产品向中国品牌转变过程中做出新贡献。

然而，一个从小到大、由弱到强的天津铸金，也必将面临我国民营企业在其自身的发展进程中，从家族式管理模式向现代化管理模式飞跃的重大考验。在管理丛林中，陷入管理迷茫，是客观的，也是现实的。公司高速发展中会面临一系列亟待解决的新问题，例如，公司规模扩大后，高层管理者的工作重心如何转移？公司管理体制机制如何优化才能更好地适应公司的发展？公司管理制度在公司如何内化才能落地生根？公司团队的执行力如何才能提高？随着规划产能扩张、资本需求扩大，公司“自我造血”能力如何强化？显然，这些现实问题的解决，既是天津铸金在发展壮大以及国际化经营过程中面临的重大挑战，也是天津铸金发展腾飞的重大机遇。

思考题：

1）改革开放40多年来，中国涌现出一大批蓬勃发展的企业尤其是民营企业，历经新生、挣扎、奋进、突破和发展，积累了宝贵的管理经验和管理智慧。天津铸金的发展壮大之路给了你哪些管理启迪？

2）天津铸金在未来发展中会遇到哪些管理挑战？如何解决？

1.1 理论回顾

1.1.1 管理概述

1. 管理的概念

管理是现代组织中最基本、最重要的活动之一，有着悠久的历史。从 19 世纪末至今，各种管理运动和管理热潮取得了令人瞩目的研究成果，也形成了比较完整的管理理论体系。但究竟什么是管理？由于不同背景的人在研究管理时的出发点不同，对“管理”所下的定义也就不同。政治学家认为，管理是建立有效的权力管理系统，进行科学的分权、授权和集权；经济学家认为，管理是对组织的资源进行计划、组织、领导和控制，以实现既定目标的过程，优秀的管理者是一种稀缺的经济资源；心理学家认为，管理是沟通、协调与激励，是使人适应于组织和社会的过程；社会学家则认为，管理是一种文化活动，管理水平是社会进步、社会文明的一种标志。虽然各种说法不尽相同，但总的来看，这些对管理概念的界定是对管理的不同解释，从这些解释中我们可以洞察到管理实践和管理理论的发展脉络。

弗雷德里克·泰勒（Frederick Taylor）认为，管理就是确切地了解你希望工人干些什么，然后设法使他们用最好、最节约的方法去完成它。

亨利·法约尔（Henri Fayol）提出，管理是以计划、组织、指挥、协调及控制等职能为要素组成的活动过程。

彼得·德鲁克（Peter Drucker）认为：“管理就是界定企业的使命，并激励和组织人力资源去完成这个使命。界定使命是企业家的任务，而激励与组织人力资源是领导力的范畴，二者的结合就是管理。”①

在借鉴前人观点基础上，结合现代管理发展趋势，我们认为，管理就是在特定的环境下，管理者为了实现组织目标，而对组织可以利用的各种资源进行计划、组织、人事、领导、控制等一系列有效率且有效果的活动。

这个定义包含以下六层含义。

（1）管理总是在特定的环境条件下进行的

环境与管理是相互影响、相互作用的，环境的因素既会对组织产生有利影响，也会带来威胁。管理者要能够审时度势，趋利避害，抓住机遇，利用一切可以利用的外部条件，促进组织目标的实现。

---

① 彼得·德鲁克：《管理：使命、责任、实务（使命篇）》，王永贵译，北京：机械工业出版社，2009 年。

（2）管理是围绕着组织目标进行的

管理作为组织的一种有目的的活动，必须为有效实现组织目标服务，这是管理的基本出发点。管理作用于组织之上，离开组织目标的实现，管理毫无意义。

（3）管理的对象是组织可以利用的各种资源

传统管理观点认为，管理的实质是对组织所拥有的各种资源的协调和整合。我们基于更广阔视角，认为管理的对象既包括组织所拥有的内部的资源，也包括组织通过整合而进行利用的外部资源。管理作为协调活动，就是以最低的成本获取和使用各种资源，以最佳方式安排组织活动各个环节的秩序，从而使组织活动更有效地趋向其目标。

（4）管理者在进行管理时主要是通过计划、组织、人事、领导、控制这五项基本活动来实施的

计划、组织、人事、领导、控制是管理工作最基本的手段和方法，也是管理活动区别于一般作业活动的主要标志。在进行管理的过程中，管理者可能采用一种也可能是几种活动同时进行。它们是一个组织在正常的管理过程中不可缺少的要素，所以这五项活动又被称为管理的五大基本职能。

（5）管理的主体是管理者

管理主要是管理者的活动，离开管理者，整个管理活动便无法正常进行。管理者个人管理能力的高低，也直接关系到整个管理活动能否有效进行。也正因为如此，能否最终实现计划目标，关键就在于管理者的管理能力与管理艺术。

（6）管理工作的有效性包括效率和效果两个方面

为达到一定目标的资源被利用情况和产出能力的尺度，即效率；衡量管理者所选择的组织目标的适宜程度及组织目标实现程度的一个尺度，即效果。只有高效率和高效果才是有效管理。

同时，管理又具有二重性。管理的二重性是马克思主义关于管理问题的基本观点。马克思在《资本论》中指出："一切规模较大的直接社会劳动或共同劳动，都或多或少地需要指挥，以协调个人的活动，并执行生产总体的运动——不同于这一总体的独立器官的运动——所产生的各种一般职能。""凡是直接生产过程具有社会结合过程的形态，而不是表现为独立生产者独立劳动的地方，都必然会产生监督劳动和指挥劳动。"

管理一方面是由于有许多人进行协作劳动而产生的，是由生产社会化引起的，是有效地组织共同劳动所必需的，因此它具有由一定生产力状态所决定的自然属性；另一方面，管理又是在一定的生产关系条件下进行的，必然体现出生产资料占有者指挥劳动、监督劳动的意志，因此它具有由一定的生产关系所决定的社会属性。这两方面的属性就是管理的二重性。

2. 管理职能

管理职能有一般职能和具体职能之分。管理的一般职能源于管理的性质——二重性，即合理组织生产力和维护生产关系。管理的具体职能是指一般职能在管理中的具体体现。关于管理的具体职能，管理学界众说纷纭，不同学者对管理职能进行了不同的解释。法约尔（1916）认为管理就是指计划、组织、指挥、协调和控制五种职能。美国管理学者古利克提出了“七职能论”，即计划、组织、人事、指挥、协调、报告、预算，它基本上包括了到 20 世纪 30 年代为止的管理理论的研究成果。另一种比较有影响和具有代表性的观点是美国管理学家哈罗德·孔茨（Harold Koontz）在 20 世纪 50 年代在其畅销教科书《管理学》中提出的计划、组织、人员配备、指挥与领导、控制“五职能说”，其理论对后来的管理职能研究产生了很大影响。关于管理职能的划分存在如此之大的分歧是完全可以理解的，因为从不同的角度来分解管理的职能，必然会看到不同的结果。

我们认为，对管理职能进行划分的实际意义主要有两点：一是在职能理论的指导下对管理活动进行合理的分工；二是为管理部门的设置提供理论依据。基于这两点，本书以管理工作要完成的几项主要的任务和一个全程的管理所要经过的几个主要的阶段为依据，将管理的职能分为计划、组织、人事、领导、控制五大职能。

（1）计划职能

计划是指对组织工作预先所做的安排。《礼记·中庸》有云：“凡事预则立，不预则废。”这反映了古人对计划重要性的认识。计划是人类行为特有的职能，正如马克思所说，“最蹩脚的建筑师从一开始就比最灵巧的蜜蜂高明的地方，是他在用蜂蜡建筑蜂房以前，已经在他自己的头脑中把它建成了”。计划职能是一个非常重要的职能。第一，计划是管理者指挥的依据。管理者在制订计划之后还要根据计划进行指挥。第二，计划是降低风险、掌握主动的手段。计划是预期未来变化并且设法消除变化对组织造成不良影响的一种有效手段。第三，计划还是减少浪费、提高效率的方法。计划能够预先对未来的组织活动进行认真研究，从而消除不必要的活动所带来的浪费，选择最有效的方案来达到组织的目标。第四，计划是管理者进行控制的标准。计划中的目标和指标可以作为控制职能中的标准，控制中所有的标准都源于计划。

在计划职能中，又包含着如下三项具体职能：

1）计划制订职能。这是狭义的计划职能，又称为计划制订工作，指确定组织的行动目标和程序，其主要的任务是制订书面形式的计划。

2）制定与实施组织战略。指分析研究组织生存与发展中的重大战略问题，明确战略目标，制定战略方案，指挥实施战略。

3）决策职能。指对多种计划方案进行优选，选其最优予以执行。在计划职能中，决策的职能最为关键、最为重要。

（2）组织职能

组织职能主要体现为管理者根据工作的要求与人员的特点，设计岗位，通过授权与分工，将适当的人员安排在适当的岗位上，用制度规定各个成员的职责和上下左右的相互关系，从而形成一个有机的组织结构，使整个组织协调地运转。

组织是管理的一项基础性工作，主要表现在：任何部门、任何层次的管理者都首先表现为组织中各部门的人员构成部分；管理信息指令都要借助于组织各部门按特定次序传递；管理的目标要通过合理的组织设计和有效的组织行为来实现。所以，组织不仅是管理的职能，而且是管理的基础。

组织职能的内容主要有：

1）设计和建立组织结构。组织的管理者需要对影响组织结构设计的因素，如信息沟通、技术、战略计划、企业规模、环境与管理体制等方面进行综合考虑，在分解目标活动的基础上，分析为了实现组织的目标需要设置哪些岗位和职务，然后根据一定标准，将这些岗位和职务加以组合，建立合理的组织结构，对人员进行权责分工、角色定位。同时组织结构设计还包括对规章制度的设计及组织权限设计。常见的组织结构形式有直线制、直线职能制、事业部制、矩阵制等。

2）组织工作过程，整合组织力量。协调组织的不同成员之间、不同部门之间及不同管理人员之间的关系，使分散在不同层次、不同部门、不同岗位的组织成员的工作和谐一致地朝向组织目标而努力。

3）塑造组织文化。组织文化是指组织成员所共同信奉并遵守的价值观与行为准则，对所有的组织成员具有无形的约束力。在现代企业组织中，组织文化常常成为管理的核心要素。塑造组织文化就是指在管理过程中，管理者建立起优秀的组织文化，形成清晰明确的价值观，以规范组织整体的行为与成员个体的行为。组织文化设计包括价值标准的选择、强化员工认同、提炼巩固与丰富发展四个方面。

4）组织变革。组织变革即组织为适应内外部环境条件的变化，对其组成的元素所做的各种调整与修正，以保障整个组织向着既定的目标前进。

（3）人事职能

人事职能是指人员的选拔、使用、考核、奖惩和培养等一系列管理活动，是配备和保持组织所需人力资源的过程。具体来说，人事职能就是企业根据组织战略目标制定相应的人力资源战略规划，并对人力资源的获取、使用、保持、开发、评价与激励等进行的全过程管理活动，旨在达到人力资源价值的充分发挥，以实现组织目标。

人事职能的具体职能有：

1）吸引和取得。主要包括人力资源规划、职务分析、员工招聘和录用。

2）整合。建立并维持有效的工作关系，包括企业文化的传播、沟通、人际关系和谐、矛盾冲突的处理和化解，使组织的价值观及目标内化为员工个人的价值观和目标，增强员工的责任感和归属感。

3）培训和开发。对员工的能力进行进一步的发掘，使其更有效地为组织服务。包括组织和个人开发计划的制订、新员工的引导和业务培训、员工职业生涯的设计、继续教育、工作丰富化等。

4）考评和保障。员工考评包括工作绩效考核、素质评估和以此为依据的人事调配、员工流动等。

人事职能还包括员工权益的保障，保证员工在工作场所的安全与健康，保障就业和应得的收入，从而维护人力资源的持续劳动能力。

（4）领导职能

组织目标的实现要依靠组织全体成员的努力，而位于不同岗位上的人员由于各自的人生目标、价值观、需求等各不相同，合作中必然会产生矛盾和冲突，这就需要发挥管理者的领导职能。领导就是指激励、指导、说服组织成员，使组织成员积极主动地为实现组织目标而努力工作的过程。领导是管理的一个重要职能，有效领导是有效管理的关键之一。一个有效的管理者不仅要为组织成员清楚地描述一个明晰的发展前景，还要激发他们的动力，并使员工明白自己在实现组织目标的过程中所应发挥的作用。

领导职能主要体现在以下三个方面：

1）指导。领导的本质是一种影响力，是对组织确立目标和实现目标所进行的活动施加影响的过程。领导者在领导过程中的带领与指挥职能，要通过建立合理的领导体制、形成有效的领导作风、树立领导者的权威来完成。

2）激励。激励有多种理论基础，有多种方法与手段，有效的激励能使组织保持活力，保持更高的工作效率。领导者要在了解被领导者的需要的基础上，运用合适的激励手段与方法，充分调动被领导者的积极性。

3）沟通。现代组织中的管理者更多地充当了组织内部与外部信息交流的中介，需要收集、整理、传递、交流并利用信息，为组织成员服务；同时，沟通也是协调的基本手段，领导者和被领导者必须有充分的沟通才能使得整个组织成员齐心协力，共同完成组织目标。

（5）控制职能

组织在实现目标的过程中会遇到一些事前没有预料到的事情，这很可能阻碍计划的顺利进行，这就需要组织的管理者执行控制职能。控制就是将计划的执行情况与计划的要求、目标相对照，然后采取措施纠正计划执行中的偏差，以确保计划目标的实现。有效的控制要提高预见性，在偏差发生之前及时采取预防措施，把问题消灭在萌芽之中；要迅速及时地建立完善的信息管理系统，加强信息的收集、分析和反馈。

控制职能与计划职能密不可分。计划是控制的前提，它为控制提供了目标和标准，没有计划就不存在控制；控制是实现计划的手段，没有控制，计划就不能顺利实现。

上述管理的五项基本职能构成的周而复始的循环过程便是管理的整个流程（见图1-1）。一般来说，计划职能是管理过程的起点，经过组织职能、人事职能、领导职能，到控制职能结束，并在控制职能的基础上修订计划或制订新的计划，开始新的管理职能循环过程。但是管理的这五项职能，并没有一个严格的次序，某几项职能往往同时进行，而且常常交叉在一起，它们是相互联系、相互影响、互为条件、共同发生作用的，比如：计划、组织、人事、领导和控制构成了一项完整的管理活动，而计划又直接或间接地出现在组织、人事、领导、控制活动当中。

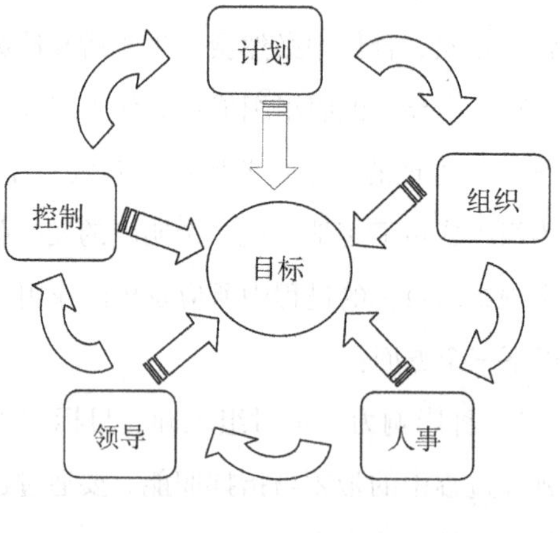

图1-1 管理职能关系

关于管理的职能还应注意以下三点：

1）不同层次的管理者对管理职能的侧重点不同。基层管理者比较重视领导职能，而高层管理者则将更多的时间花在计划职能上。正是因为不同层次的管理者对管理职能的侧重点不同，从而也体现出了管理工作在含义上的差别。例如：就计划职能而言，高层管理人员关心的是组织整体的长期战略规则，中层管理人员偏重的是中期、内部的管理性计划，基层管理人员则更侧重于短期作业计划。

2）不同业务领域在管理职能内容上有所差别。管理工作通常需要紧密地联系作业，由于不同组织、不同部门的具体业务领域各不相同，所以其管理工作也就表现出各自不同的特点。

3）人们对管理职能的认识不断加深。早在 20 世纪初，管理学家便对管理职能有了一定的认识，并提出了相应的观点。随着管理实践的加强，管理理论的丰富，人们又提出一些新的管理职能，如创新、决策、协调等，这些新职能往往是对原有基本职能的某些方面进行强调，并从中提炼而来的。

3. 管理者的角色

管理者的角色（The Role of the Manager）这一概念，最早是由美国管理学家彼得·德鲁克在 1955 年提出的。他认为，管理是一种无形的力量，这种力量是通过各级管理者体现出来的。所以，管理者扮演的角色大体上分三类：管理一个组织，求得组织的生存和发展；管理管理者，组织的上、中、下三个层次中，人人都是管理者，又都是被管理者；管理工作和工人。

管理者必须认识到两个假设前提：工作的性质是不断变动的，既有体力劳动，也有脑力劳动；要正确认识到"个体差异、完整的人、行为有因、人的尊严"对于处理各类各级人员相互关系的重要性。

20 世纪 60 年代末期，加拿大管理学家亨利·明茨伯格（Henry Mintzberg）对五位总经理的工作进行了一项仔细的研究，在此研究及大量观察的基础上，他提出"管理者角色理论"。明茨伯格是从定义管理者开始叙述他的理论的，他把管理者定义为"主管一个组织或其下属单位的人员"。管理者对主管的组织或单位拥有正式的权威，正式权威带来了社会地位，社会地位导致了人与人之间的多重关系，这样的关系带来了获得信息的捷径，信息反过来又使管理者能够为所在组织和单位做出决策。因此，管理者的工作可以用三类十种观察得到的角色来描述：从管理者的正式权威和社会地位产生三种人际关系的角色，人际关系角色又导致三种信息的角色，而这两方面的角色又使得管理者能够发挥四种决策角色（见表 1-1）。

（1）人际关系角色（Interpersonal Roles）

人际关系角色主要是指管理者与各种人发生各种联系时所担当的角色。人际关系角色对管理者是一个非常重要的角色。如果这一角色不能有效担当，则可以判定他肯定不是一个合格的管理者。管理者就担任人际关系角色的目的来说，就是发挥领导、指挥、控制、协调等管理职能，为员工和作为整体的组织提供方向和监督。

这类角色以人为中心，以效率、领导、联络为手段，又大致可分为名义领袖、领导者和联络者三种不同的角色。

表1-1 明茨伯格的“管理者的角色”

角色	描述	特征活动
一、人际关系方面		
1. 名义领袖	作为代表人必须履行许多法律、社会性的例行义务	迎接来访者、签署法定文件等
2. 领导者	负责动员和激励下属，负责人员配备、培训和交往	实际上从事所有的有下级参与的活动
3. 联络者	维护自行发展起来的外部接触和联系网络，向人们提供信息	发感谢信，从事外部委员会工作，从事外部人员参加的活动
二、信息传递方面		
4. 监控者	寻求和获取各种特定的信息，以便透彻地了解组织与环境；作为组织内部与外部的神经中枢	阅读期刊和报告，保持私人接触
5. 传播者	将从外部人员和下级那里获得的信息传递给组织的成员——有些是关于事实的信息，有些是解释和综合组织中有影响的人物的各种有价值的观点	举行各种信息交流会，用打电话的方式传达信息
6. 发言人	向外界发布有关组织的计划、政策、行动、结果等信息；成为组织所在产业方面的专家	举行董事会会议，向媒体发布信息
三、决策制定方面		
7. 企业家	寻求组织和外部环境的机会，制订“改进方案”以发起变革，监督某些方案的实施	制定战略，检查会议决议执行情况，开发新项目
8. 危机处理者	当组织面临危机或干扰时，制定应对方案	制定战略，处理危机
9. 资源调配者	负责调配组织的各种资源，事实上是批准所有重要的组织决策	调度、询问、授权、从事涉及预算的各种活动和安排下级的工作
10. 谈判者	在主要的谈判中作为组织代表	与员工、供应商、客户等进行必要的谈判

（2）信息传递角色（Informational Roles）

信息传递角色的职能包括收集、接收和传播信息。信息处理是管理者工作的关键部分。管理人员在管理工作中要实现有效管理，就必须依据各种信息资料。没有这些信息资料，管理人员就无法了解企业及其环境的现状与趋势，因而就无法管理。管理在进行信息收集时要求管理者要有对外界信息变化的敏感度，尽可能收集与组织绩效及组织目标发展有关的信息，为我所用；同时，管理者要有效利用信息技术，迅速有效地把信息传递给员工，进而影响他们的工作态度和行为。此外，管理者还要有促进组织发展的能力，用统一的口径对组织内外各种人员做出积极反应的态度，能做到“言行一致”。

信息传递角色具体体现为监控者、传播者和发言人三种角色。

（3）决策角色（Decisional Roles）

管理者在组织的决策制定系统中起着主要作用。作为一名管理者，如何合理地配置资源，怎样根据企业内外环境条件的变化进行战略和计划设计，都需要管理者谨慎、快速决策。因此，决策角色是一个管理者肯定要承担的角色。但这一角色因为管理层级的不同，担负的决策责任和决策内容是不一样的，越是高层管理者，承担的决策职能就越多，相应的决策责任也越大。

这类角色以决策为中心，以推动变革、排除故障、分配资源和谈判为手段，又大致可分为企业家、混乱驾驭者、资源分配者、谈判者四种角色。

4. 管理技能

管理技能是指组织管理者根据组织所处环境、组织本身的实际情况，为了达到组织管理的目标而使用的各种管理方法、工具及技巧。组织管理者仅有管理知识还不够，还必须拥有解决管理中出现的实际问题的技能，做到理论与实践相结合，这样才能使管理更加有效，从而更好地实现组织管理的目标。

由于管理的复杂性，实际上管理者的基本技能很难严格定义。因此关于管理者应具备的技能，目前有多种说法。

哈罗德·孔茨认为，主管人员具备的技能主要包括四类：技术能力、人事能力、规划决策能力和认识问题、分析问题以及解决问题的能力。

管理学家包莫尔教授则在对管理者的能力进行研究之后，提出管理者应具备十种能力：①合作精神。能赢得他人的合作，愿意与其他人一起工作，对人不是压服，而是说服和感服。②组织能力。能发掘部属的才能，善于组织人力、物力和财力，协调各种资源。③决策能力。依据事实而不是依据想象进行决策，要有高瞻远瞩的能力。④勇于负责。对上下级、客户及整个社会抱有高度责任心。⑤品行超人。品行道德能够受到社会人士、同事及员工的敬仰。⑥尊重他人。重视和采纳别人的合理化建议，不武断。⑦精于授权。能大权独揽、小权分散，抓住大事，把小事分散给部属。⑧善于应变。能够应对不同的环境，权宜通达，不墨守成规。⑨敢于求新。对新事物、新环境、新观念有敏锐的接受能力。⑩敢担风险。在遇到困境和风险的时候，有遇事不乱的风范和承担风险的勇气与信心。在包莫尔的管理者能力框架中，实际上是把管理者能力与管理者素质一并考虑的。

管理学界广泛认同的是 R. L. 卡兹的“管理者基本技能框架”。他指出有效的管理者应当具备三种基本技能，即概念技能、人际技能和技术技能。

（1）概念技能

概念技能是一种把握大局，预测本行业未来发展趋势，并在此基础上做出正确决策、引导组织发展方向的能力。该技能包括系统性、整体性的识别能力、创新能力和抽象思维能力。管理者，特别是高层管理者作为组织的神经中枢和驾驭者，需要具备能够将组织看成一个整体并洞察全貌的能力，并且要能够认清组织内外部各种因素之间的相互联系，进而通过分析判断、抽象概括抓住问题的本质，做出正确的决策。

概念技能水平的高低与一个人的知识、经验、胆识等因素相关。提高概念技能需要相当广泛的知识。通过学习、掌握相关的科学知识，能使概念技能得以提高。一般来说，一个人受教育的时间越长，掌握的知识越丰富，那么他的概念技能也就越高。

当今，概念技能对管理者来说越来越重要，因为当前的商业环境促使他们不断地重新考虑工作的绩效如何。例如，许多组织由部门体制转变为过程体制，即并不是一个团队的专业人员在独裁的管理者的指导下开展工作，而是整个团队的人像一个通才一样合作。

（2）人际技能

人际技能是指与处理人事关系有关的技能或者说是与组织内外的人打交道的能力，是管理者应当掌握的最重要的技能之一。因为管理活动最根本是对人的管理，而对人的管理的每一项活动都要处理人与人之间的关系。越是高层的管理者，人际技能就越重要。沟通技能是人际技能中重要的组成部分，它构成了工作中发送和接收信息的基础，这项技能不仅要求管理人员要善解人意，创造一种使上级信任、下级感到安全并能自由发表意见的氛围，同时又要求管理者了解别人的信念、情感、个性以及思考方式，明确相关人员的需要和动机，并且还要掌握一些评价和激励员工的方法，从而力求最大限度地调动相关人员的积极性和创造性。

决定一个人人际技能水平高低的因素不仅取决于掌握书本上的人际技能知识，关键在于一个人的性格。有些人天生性格豪放、外向，喜欢社会活动；而有些人天生性格内向，喜欢清静。虽然人的性格可以在一定程度上发生变化，但是不可能有根本性的改变。

（3）技术技能

技术技能是指了解并精通某种特定活动，包括方法、过程、手续和技巧等的能力。技术技能包括做预算计划、安排生产日程、用电子软件分析数据、演示电子设备的使用等能力。对于一个管理者来说，虽然没有必要成为精通某一领域专业技术技能的专家（他可以靠相关的专业技术人员解决专门的技术问题），但还是要了解并初步掌握与其管理的专业领域相关的基本技能，否则管理者将很难与他所管理的领域内的专业技术人员进行有效的沟通，进而难以对自己所管辖的业务范围内的各项工作进行有效、具体的指导。

不同层次的管理者，对于掌握技术技能的要求程度也是不相同的。一般而言，基层管理者需要掌握技术技能的程度较深，而高层管理者则只需要有些粗浅了解即可。技术技能是一种可以通过教育、培训、学习等途径掌握的技能，因为它主要与专业知识的多少有关，专业知识掌握得越多，技术技能的水平就越高。

尽管上述三种技能是所有管理者都要具备的，但是不同层次的管理者对这三种技能的要求程度是不同的。基层管理者或一线工作人员应当不断学习，具有较高的技术技能，只有这样才能做好本职工作，才能在工作岗位上具有竞争力；虽然实际中很多高级管理人员具有深厚的技术背景，但和基层管理者不同，他们并不需要直接利用自身的技术技能开展具体工作，技术技能只是他们开展管理工作的辅助技能；技术技能的重要程度随管理层次的上升而下降；概念技能的重要程度随管理层次的升高而增大。越是高层管理人员越是需要更多地掌握概念技能，因为越是处于高层的管理人员，越需要制定全局性的决策，所作决策的影响范围更广，影响期限也更长，因而要求其具备更多的全局意识、系统思想和创新精神。

此外，由于时代的要求，现代管理者还应具备危机管理和创新能力。组织管理面临着各种不同的因素，存在着很多不可预测的风险，有风险的存在就会有危机，包括市场、政策、法律、经营、人员等方面的危机。组织管理者在危机管理方面必须拥有两方面的能力：一是处理危机的能力；二是要善于利用危机方式进行管理。

随着创新在管理中的作用日益增强，现代管理者还应具备创新能力。管理者在管理组织时，遇到某些问题时可以参照以前的解决方法和前人的管理经验，但随着社会经济发展的全球化进程加快，环境的不确定性增强，新问题不断出现，这就需要管理者有创新精神，不断对前面的工作进行总结，利用获得的管理经验不断进行管理意识、管理观念、管理方式、管理方法的创新，提升管理水平。

1.1.2 管理思想的形成和发展

1. 管理发展史概述

管理实践由来已久，从人类开始进行劳动生产开始，便有了管理活动，人类进行的管理实践已有几千年的历史。从原始人类的集体狩猎到氏族公社的集体劳作与分配，从早期的战争到国家的出现，从埃及金字塔的建设到中国万里长城的修筑等，人类历史上的各种集体活动，无一不体现着今天我们称之为计划、组织、人事、领导、控制等管理职能。早期人们通过这些管理实践活动，不断对其中的经验和理论进行概括、总结，形成了一些零星的管理方法和思想，然后又将这些思想和方法用于指导实践。随着社会的进步和劳动实践活动的进一步加深，人们开始对零星的管理思想和方法进行系统的分析研究，但直到 19 世纪末，管理才成为一门学科并拥有其自身的理论体系。

纵观管理思想的发展历史，大致可以分为以下几个阶段（见图 1-2）。

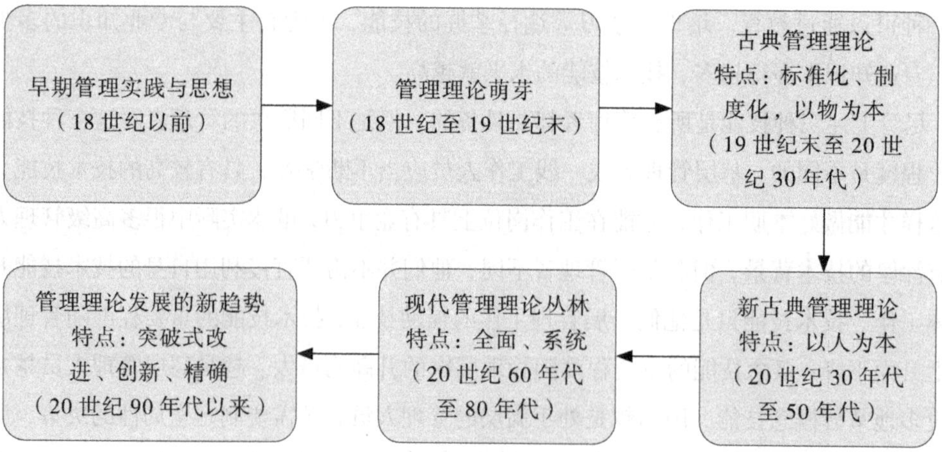

图1-2　管理思想发展过程

2. 早期管理实践与思想

早在原始社会时期，由于社会生产力水平非常低，人们为了在恶劣的自然环境中生存，必须集体从事生产活动，如在狩猎时需要由一群人来合作进行，有的负责驱赶，有的挖掘陷阱，有的负责射杀，捕获了猎物后进行分配等，这些活动都需要人们组织起来协调进行，这实际上就是管理活动。

历史上很有名的威尼斯兵工厂（Arsenal of Venice）早在 15 世纪就采用了流水作业，建立了早期的成本会计制度，并进行了管理的分工，这是一个管理实践的出色范例，体现了现代管理思想的雏形。

意大利的尼古拉·马基雅维利（Niccolò Machiavelli）于 16 世纪所著的《君主论》一书中，针对君主如何能够成功地管理一个国家、如何更好地运用权威，提出了“管理四原则”：①群众认可。所有的政府，不论是君主制、贵族制或民主制，其持续存在都依赖于群众的支持。马基雅维利指出，权力是自下而上的，而不是自上而下的，即所谓权力接受论。②内聚力。要使国家能持续存在，必须有内聚力。形成内聚力的一个关键因素是使人民确信他们可以信赖自己的君主，知道君主期望于他们的是什么，即责任明确性原则。③领导方法。领导者（或管理者）的类型有两种：一种是自然型或天生型，另一种是后天获得领导技术的类型。年轻的君王要努力学习掌握领导（管理）的技术。马基雅维利指出了君主努力学习掌握领导（管理）技术的重要性，君主只有善于掌握和运用领导技巧才能鼓舞全国上下齐心合力维护自己的统治。④生存意志。管理者必须时刻保有生存的意志。任何组织的主要目标之一是使自己即使在混乱的状态也要存在并发展下去。马基雅维利提出的管理原则同样也适用于管理其他组织，对管理思想的发展有相当大的影响。

我国古代帝王、先哲先贤也有许多杰出的管理实践和管理思想闻名于世。例如，秦始皇确立中央集权制，统一中国，统一文字、货币、车轨、道宽以及度量衡制度，这不仅体现了他的勇敢改革和创新的精神，而且这些管理举措对中国延续两千年的封建制度也有着重大的影响。儒家的“德治”“礼治”，法家的“法治”和道家的“无为而治”等思想也从各自不同的角度体现了优秀的管理思想。

尽管在古代，中、外都有杰出的管理实践活动和零星的管理思想出现，但囿于当时的历史条件，系统的管理理论还无法形成。

3. 管理理论萌芽

18 世纪到 19 世纪末期，英国率先取得资产阶级革命的胜利，资本主义生产方式从封建制度中脱胎而出，欧洲逐渐成为世界中心，这期间家庭手工业制逐步被工厂制所代替。随着工业革命的开展，生产规模也在不断地扩大，管理对工厂及公司的作用越来越突出。在这种情况下，资本主义社会的初步形成和产业革命的顺利进行，对管理提出了新的要求。这一时期虽然没有能够形成完整的管理理论，但西方许多著名的经济学家、思想家对管理理论进行了积极有益的探索，西方各国具有重大影响的管理实践和管理思想也应运而生。

（1）理查德 · 阿克莱特的科学管理实践

理查德 · 阿克莱特（Richard Arkwright）是英国工业革命时期的企业家。他于 1769 年和 1771 年先后建立了两个英国最早使用机械工具进行生产的大型工厂，规模都很大。他从选择工厂的厂址，到协调运作生产、机器、材料、人员等生产要素，以及合理详细地制定与安排一系列细致的工厂纪律、劳动分工等方面的规定，很好地协调和控制了工厂生产活动中出现的种种矛盾和问题，使得一个拥有 5000 名员工的大企业能有条不紊地运营，这充分体现了阿克莱特的管理才能以及他有效的科学管理方法。

（2）亚当 · 斯密的劳动分工和“经济人”观点

亚当 · 斯密（Adam Smith）是英国古典政治经济学的主要代表人物之一。1776 年，他在其代表著作《国民财富的性质和原因的研究》（简称《国富论》）中系统地阐述了资产阶级政治经济学原理，书中许多地方涉及经济管理问题，最具代表性的是关于组织的劳动分工理论和“经济人”观点，这些管理思想对于现代企业管理具有重要影响。

亚当 · 斯密在其《国民财富的性质和原因的研究》一书中，分析了劳动分工的经济效益，他认为，劳动是国民财富的源泉，各国人民每年消费的一切生活日用必需品的源泉是本国人民每年的劳动，这些日用必需品的供应情况取决于两个因素：一是生产者人数；二是劳动生产率，而后者更为重要。如何提高劳动生产率呢？他认为应该依靠分工。对此，他以当时的制针业为例加以说明：一个受过训练的工人独自完成制针的全过程，最快每天也不过制作 2000 根针。如果将制针分解成许多单一的作业，由几个工人分别来完成其中之一的作业，拔丝、矫直、切段、磨针尖、在另一端钻孔做针鼻……则平均每个人每天可以制针 4800 根。

亚当·斯密对上述现象进行了分析，他认为，劳动分工是提高劳动生产率的重要因素之一，这主要是因为：①分工使劳动者局限于一种单纯的生产操作，这必然大大地增强其劳动的熟练程度，这种熟练程度的提高必然会提高劳动者在单位时间内所完成的工作量，从而带来生产效率的提高；②由一种工作转到另一种工作，通常要损失不少时间，有了分工，就可以免除这种损失；③分工可以使劳动简化，劳动者的注意力集中在一种特定的对象上，有利于创新工具和改进设备，而机器的发明和改善又可以很大程度地简化劳动操作、节省劳动时间，从而提高劳动效率。

亚当·斯密在当时已经充分地认识到劳动分工和合理组织能够使生产形成专业化、标准化和简单化趋势。而亚当·斯密关于劳动分工的观点，也是适应了当时工业革命对迅速提高劳动生产率以促进发展的要求，并成为资本主义管理学上的一条基本原则。

亚当·斯密的另一个贡献是他的"经济人"观点。他认为，经济现象是具有利己主义的人的活动产生的，人们在经济行为中追求的完全是私人利益。亚当·斯密的"经济人"观点是资本主义生产关系的反映，它对资本主义管理的实践和理论都有重要的影响。

（3）萨伊的管理思想

法国经济学家让·巴蒂斯特·萨伊（Jean Baptiste Say）将政治经济学体系划分为生产、分配和消费三个部分，首次明确地将管理作为独立的生产要素同土地、劳动和资本并列。同时，萨伊对亚当·斯密的劳动分工理论进行了分析，他首先肯定了亚当·斯密关于分工可以带来产品数量剧增和产品质量改善的观点，并在此基础上做了进一步的阐述和发挥。萨伊认为制约分工的因素主要有三个：一是产品的消费量；二是资本的实力；三是行业本身的性质。

萨伊也分析了分工的弊端。他指出，一生只从事一种工作的人对这工作一定比别人干得更快更好，但同时他将不适应其他工作，不管是体力劳动还是脑力劳动，他的别项才能将逐渐减退或完全消失，作为一个人来说他实际上是退化了。这种由分工导致的退化对工人阶级来说是极为不利的。因为就工人阶级来说，如果他们除了一种工作外对其他都一窍不通，这一定会使他们陷入更困苦、更不利的境地。他们将更没有能力要求公平分享产品价值的权利，因为他们只是附属品。

萨伊关于分工的论述使分工理论达到了较为全面的程度。

（4）查尔斯·巴贝奇的作业和报酬制度研究

英国数学家查尔斯·巴贝奇（Charles Babbage）遍访英国和欧洲的许多工厂来研究管理问题，他在其 1832 年出版的《论机器与制造业的经济》一书中，对工作方法进行了研究，分析了专业化分工、机器与工具使用、时间研究、批量生产、均衡生产、成本记录等问题，并且强调要注重人的作用，分析颜色对工作效率的影响，应鼓励工人提出合理化建议等。

在报酬制度的研究上，巴贝奇为了调动劳动者的积极性，还提出了一种工资利润分享制。这种制度认为，工人除了工资外，还应按工厂所创造利润的百分比额外地得到一部分奖金作为报酬。他认为这样做有许多好处：每一位工人的利益与工厂的发展和效益的高低直接有关；每个工人都会关心浪费和管理不善的问题，并提出改进的建议；促使每个部门改进工作；有利于激励工人提高自己的技术水平和形成良好的品德；工人和雇主的利益一致，消除隔阂，减少矛盾和冲突，有利于企业的进一步发展。这种工资奖金制度对今天的管理活动仍有一定的参考价值。

（5）罗伯特·欧文的人事管理

罗伯特·欧文（Robert Owen）是 19 世纪初英国著名的空想社会主义者，也是一位对管理学有重要贡献的实践家。他认为："至少要像对待无生命的机器那样重视对于有生命的人的福利。"他曾在其经营的一家纺织厂做过试验，该试验主要是针对当时工厂制度下工人劳动条件和生活水平都相当低下的情况而进行的，主要包括改善工作条件、缩短工作日、提高工资、发放抚恤金等。另外，他还注重对工人进行行为教育。他的改革实践证明，重视人的作用和尊重人的地位，也可以使工厂获得更多的利润。

欧文提倡的这一系列改革措施充分体现了他对人这一生产要素的重视。欧文关于人的因素方面上的管理实践和思想分析为人际关系学说和行为科学理论奠定了基础，对以后的管理活动产生了深远影响，所以也有学者把罗伯特·欧文称为现代人事管理的创始人。

总之，早期的管理思想主要是管理实践者对某一管理活动或实践的经验总结和概括，仍然主要靠个人经验来进行，尽管有许多科学成分和可取因素且不乏真知灼见，但总的来说是零碎的、不系统的，还没有形成完整的、科学的管理理论。这主要是由于时代的局限。但这些思想与以泰勒为创始人的科学管理理论之间有直接渊源关系，对后来西方管理理论的创立和发展都产生了明显的影响。

4. 古典管理理论

19 世纪末 20 世纪初，资本主义从自由竞争阶段向垄断阶段过渡。这个时期的企业的共同特点是高度劳动密集型，大多数企业没有明确的组织和计划，这造成经理和工人责任不明确，企业生产效率低下，古典管理理论，也被称为科学管理理论，便应运而生。主要代表人物有美国的泰勒、法国的法约尔、德国的韦伯等人。

（1）泰勒的科学管理理论

对于什么是"科学管理方法"这个问题，泰勒说："科学管理不过是一种节约劳动力的手段而已。也就是说，科学管理只是能使工人取得比现在高得多的效率的一种适当的、正确的手段而已。这种手段并不会大量增加比工人现在更重的负担。”泰勒的科学管理理论的主要内容可以分为作业管理和组织管理两个方面。

第一个方面是作业管理：①劳动定额原理。劳动定额原理是指制定一个“合理的日工作量”，即通过科学调查来确定工人们如何科学、合理、有效地工作及完成工作的时间。泰勒认为，要制定出有科学依据的工人的“合理日工作量”，就必须进行工时和动作研究。具体方法就是研究工人工作时动作的合理性，去掉多余的动作，改善必要动作，并规定完成每一个单位操作的标准时间，制定出劳动时间定额。②为了提高劳动生产率，必须为工作挑选“第一流的工人”，所谓“第一流的工人”是指“每一种类型的工人都能找到某些工作使他成为第一流的，除了那些完全能做好这些工作而不愿做的人”。在制定工作定额时，泰勒以“第一流的工人在不损害其健康的情况下维护较长年限的速度”为标准。泰勒主张运用科学的手段挑选和系统地培训工人，使他们掌握并合理运用操作方法和工具，使其体力和能力都有所提高，成为“第一流的工人”。③差别计件工资制。差别计件工资制是一种通过对工人在一定时间内所生产的产品数量、完成作业量、预先规定的计价单位来计算其劳动报酬的工资形式，是一种与劳动成果紧密结合的较好的按劳分配制度。①

第二方面是组织管理：①计划职能和执行职能分开，变原来的经验工作方法为科学工作方法。计划职能归企业管理当局，并设立专门的计划部门来承担；而现场的工人，则从事执行职能。②实行职能工长制。泰勒主张实行“职能管理”，即将管理工作予以细分，使所有的管理者只承担一种管理职能。他设计多个职能工长代替原来的一个工长，每个职能工长负责某一方面的工作，在其职能范围内可以直接向工人发出命令。他认为这样做的好处在于：第一，管理者培训花费的时间少；第二，管理者的职责明确，因而可以提高效率；第三，由于职能分工明确，工具与操作方法也已标准化，因而非熟练技术的工人也可以从事较复杂的工作，从而降低企业的生产费用。但事实上，一个工人同时接受几个职能工长的多头领导，容易引起混乱，所以“职能工长制”没有得到推广。但泰勒的这种职能管理思想为以后职能部门的建立和管理的专业化提供了参考。③遵循例外原理。泰勒等人认为，规模较大的企业组织和管理必须应用例外原则，即企业的高级管理人员把例行的一般日常事务授权给下级管理人员去处理，自己只保留对例外事项的决定和监督权。这种以“例外原则”为依据的管理控制原理，后来发展成管理上的分权化原则和事业部制管理体制。④劳资双方进行一场心理革命。双方不再敌视而是以友好合作代替对抗斗争，就能使盈利增加达到双赢效果。

① 张创新：《现代管理学概论》，第34页，北京：清华大学出版社，2005年。

泰勒的科学管理理论为现代管理理论奠定了基础，在历史上第一次使管理从经验上升为科学，其最大贡献在于泰勒所提倡的在管理中运用科学方法和科学实践的精神。泰勒的科学管理改变了传统管理的靠体力、时间的策略，而是靠科学的制定操作规程和改进管理及金钱的刺激，使得劳动生产率提高了 3~4 倍，工人的工作积极性得到提高，出现了高效率、低成本、高工资、高利润的局面。泰勒主张将计划职能和执行职能分开，使得专门的管理阶层出现，为管理理论的发展开辟了道路。此外，科学管理理论把工人看成会说话的机器，认为追求高工资是工人的唯一追求，忽视了人的社会需求和欲望，充分体现了“经济人”的假设观点。

（2）法约尔的一般管理理论

亨利·法约尔（Henri Fayol）的一般管理理论是西方科学管理思想的重要代表，后来成为管理过程学派的理论基础，也是以后各种管理理论和管理实践的重要依据，对管理理论的发展有着深刻的影响，后人称他为“管理过程理论之父”。

法约尔在管理方面的著作很多，主要有《工业管理与一般管理》（1916）、《公共精神的觉醒》（1927）、《管理的一般原则》（1908）、《国家管理理论》（1923）等。其中，1916 年问世的名著《工业管理与一般管理》，是他一生管理经验和管理思想的总结。

法约尔认为经营和管理是两个不同的概念。“经营”是指导或引导一个组织趋向一个目标，企业无论大小，复杂还是简单，总是存在着六种基本活动（或者说基本职能），而管理只是其中之一。这六种基本活动包括技术、商业、管理、安全、财务、会计。“所谓管理，就是计划、组织、指挥、协调和控制”，即管理的五大职能（见图 1-3）。

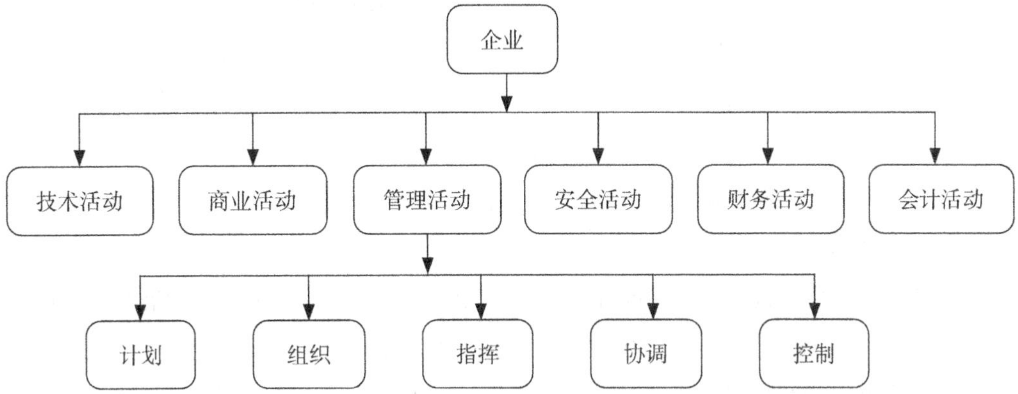

图 1-3　企业职能与管理职能

法约尔首次提出了管理活动的五大职能，并对这五大职能进行了详细的分析和讨论。他认为，计划就是探索未来和制定行动方案；组织就是建立企业的物质和社会双重结构；指挥就是使其他人员发挥作用；协调就是连接、联合、调和所有的活动和力量；控制就是注意一切是否已按已制定的规章和下达的命令进行。法约尔还分析了处于不同管理层次的管理者其各种能力的相对要求，随着企业由小到大、职位由低到高，管理能力在管理者必要能力中的相对重要性不断增加，而其他诸如技术、商业、财务、安全、会计等能力的重要性则会相对下降。

管理的五大职能并不是企业管理者个人的责任，它同企业经营的其他五大活动一样，是一种分配于领导人与整个组织成员之间的工作。

法约尔非常强调管理教育的必要性和可能性，他认为人的管理能力可以通过教育来获得。他说："实际上管理能力可以也应该像技术能力一样，首先在学校里，然后在车间里得到。"他发现当时社会上缺乏管理教育的原因是缺少管理理论，于是他自己承担了创立管理理论的重任。

法约尔在他的《工业管理与一般管理》一书中首先提出了一般管理的 14 条原则：

1）劳动分工。法约尔认为，这不仅是经济学家研究有效使用劳动力的问题，而且也是在各种机构、团体、组织中进行管理活动所必不可少的工作。

2）职权与职责。法约尔认为"权力是下达命令和强迫别人服从的力量"。职权与职责是相互联系的，在行使职权的同时，必须承担相应的责任，有权无责或有责无权都是组织上的缺陷。

3）纪律。纪律是管理所必需的，是对协定的尊重，这些协定以达到服从、专心、有干劲以及尊重他人为目的。就是说，组织内所有的成员通过各方所达成的协议对自己在组织内的行为进行控制，它对企业的成功与否极为重要，要尽可能做到严明、公正。

4）统一指挥。组织内每一个人只能服从一个上级并接受他的命令。

5）统一领导。一个组织，对于目标相同的活动，只能有一个领导者和一项计划。

6）个人利益服从整体利益。即个人和小集体的利益不能超越组织的利益。当利益不一致时，主管人员必须想办法使它们一致起来。

7）人员报酬。人员报酬的方式可能对企业的发展产生重大影响，因此，应尽量使雇主与雇员双方都满意。法约尔是将职工看作"经济人"来阐述这一原则的。

8）集权。主要指权力的集中或分散的程度问题。要根据各种情况，包括组织的性质、人员的能力等来决定"产生全面的最大收益"的那种集中程度。

9）等级链。指管理机构中，最高一级到最低一级应该建立关系明确的等级链，这既是执行权力的线路，也是信息传递的渠道，一般情况下不要轻易违反它。为了保证命令的统一，不能轻易违背等级链，请示要逐级进行，指令也要逐级下达。但是这样做会产生信息延误现象，为此，法约尔设计了一种"跳板"，也称"法约尔桥"（Fayol Bridge）（见图 1-4）。

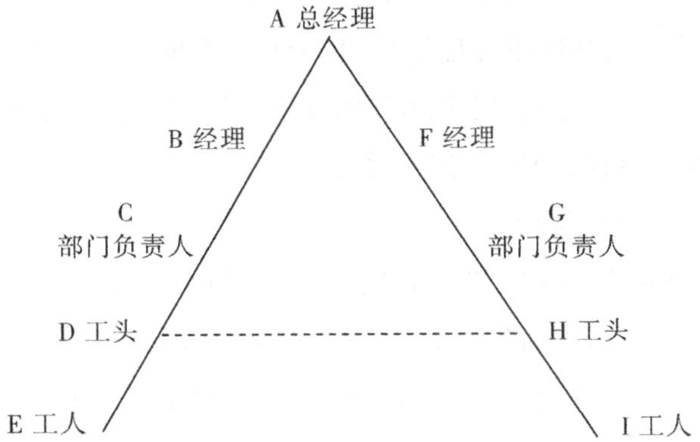

图1-4　法约尔桥

如图 1-4 所示，A 代表这个组织的最高领导，按照组织系统，D 与 H 之间发生了必须两者协议才能解决的问题，D 和 H 必须分别将问题向 C、G 汇报，C、G 再分别汇报给 B、F，如此由下而上，层层汇报直到最高领导 A。A 做出决定后再分别经过 B、F、C、G……最后回到 D 和 H。这样既费时又误事，管理效率低下。为此，法约尔设计出一种“跳板”，使 D 和 H 之间可以直接协商解决问题，再分头上报，可以节约时间，提高效率。

10）秩序。管理是一种有秩序的活动，按法约尔的说法，“每一事物、每一个人各在其位”。因此，需要按规定进行有序化的组织管理，这实际上是一项关于安排事务和人员的组织原则。

11）公平。工业企业和其他组织的管理主要是人的管理，人的管理就应该在社会文明的基础上坚持管理的公正与公平。法约尔十分强调主管人员对下属的公正与公平，由此唤起组织成员对组织的忠诚。

12）保持人员的稳定。法约尔发现，人员的不必要流动是导致管理不良的一个原因。他指出，除必要的流动外，应在管理上保证人员的相对稳定性，以利于工作的熟悉和效率的提高。

13）首创精神。管理是一种创造，法约尔十分提倡首创精神，它表现在计划拟订、指挥和控制的各个方面。因此，上级管理者应充分调动和激发下属的首创精神，以提高管理绩效。

14）团结精神。组织是一个整体，坚持组织内管理者和操作者的团结，进行有效的组织沟通是实现组织目标的需要，也是组织内所有成员的迫切要求。法约尔认为，实现组织团结也是管理的一项主要功能和原则要求。

法约尔提出的管理 14 条原则，虽然在早期的工厂制度中已有所反映，但将它概括成一个完整的概念体系，是法约尔的首创，因此被认为是管理理论发展史上的一个里程碑。

法约尔的管理思想同泰勒的管理思想都是古典管理思想的代表，但法约尔管理思想的系统性和理论性更强，他对管理的五大职能的分析为管理科学提供了一套科学的理论构架。同时，法约尔的管理著作是对泰勒著作的有益补充，他的一般管理理论被后来的管理过程学派所继承，成为现代管理中普遍遵循的准则。

（3）韦伯及其行政组织理论

马克斯·韦伯（Max Weber），生于德国，曾担任教授、政府顾问、编辑，在社会学、宗教学、经济学与政治学等方面都有相当的造诣。韦伯的主要著作有《新教伦理与资本主义精神》《一般经济史》《社会组织与经济组织》等，他在管理理论上的最大贡献是提出了“理想的行政组织体系理论”，并被后人称为“组织理论之父”。

韦伯把社会所接受的权力分为三类：①法律的权力。这种权力是由社会公认的法律规定的或者掌有职权的那些人下命令的权力。②传统的权力。这是由历史沿袭下来的惯例、习俗而规定的权力，它是以对古老传统的不可侵犯性和按传统执行权力的人的地位的正统性为基础的。③超凡的权力。它是以对某人的特殊和超凡的神圣、英雄主义或模范品质的崇拜为基础的。韦伯认为，在这三类权力中，传统权力的效率较差，超凡权力则带有太多感情色彩并且是非理性的，所以这两种权力都不宜作为行政组织体系的基础，只有法律的权力（合法权力）才宜作为基础。

韦伯认为，理想的行政组织体系具有以下六大特点：

第一，明确的分工。即组织内每个职位的权力和责任都应有明确的规定。

第二，按等级系列形成的组织。明确规定每个成员的职权范围和协作形式，以便各个职员行使职权，减少摩擦。

第三，人员的任用。组织中人员的任用，完全根据职务上的要求，通过正式考试或教育训练来实现。

第四，职业管理人员。管理人员有确定的薪金和明文规定的升迁制度，是一种职业管理人员。

第五，遵守规则和纪律。管理人员必须严格遵守组织规定的规则和纪律。组织要明确规定每个成员的职权范围和协作形式，避免感情用事，滥用职权，以便正确行使职权，减少摩擦和冲突。

第六，组织中人员之间的关系是一种不受个人情感影响，完全以理性为准则的关系。这种公正不倚的态度不仅适用于组织内部，而且适用于组织外部。

韦伯认为这种理想的行政组织体系是最符合理性原则、效率最高的。它在精确性、稳定性、纪律性和可靠性方面都优于其他组织形式。组织的领导者和成员的成果，都能精确地计算出来。韦伯对理想的行政组织模式的描绘，为行政组织指明了一条制度化的组织准则，这是他在管理思想上的最大贡献。但是，韦伯的理想的行政组织体系是古典组织结构较为极端的表现形式，它有许多可取之处，但也可能导致一系列不良后果：①由于过分强调组织形式的作用，极端不尊重人格，完全忽视了组织成员间不拘形式的相互交往的关系和感情作用，将使人与人之间的关系趋向淡薄。②过分重视成文的法律制度，完全忽视了管理活动应根据环境的变化而灵活地进行。③长期实行这样的只注意形式的高度的组织化，会使组织缺乏弹性，认不清目标。

5. 新古典管理理论

以科学管理理论、管理过程理论与管理组织理论为代表的古典管理理论的广泛流传和实际运用，大大提高了组织的效率。但古典管理理论沿袭亚当·斯密的思想，更多地将人当成“经济人”，甚至把工人当成机器的附属品，主张用严格的科学方法和规章制度进行管理，较多地强调科学性、精密性、纪律性，而对人的因素注意较少。所以，被列宁称为“血汗工资制度”的泰勒制激起了工人阶级的强烈不满和反抗，最终，古典管理理论和方法已不能有效控制工人以达到提高生产率和利润的目的，这使得对新的管理思想、管理理论和管理方法的寻求和探索成为必要。管理学的发展便开始步入新古典管理理论阶段，开始进行从合理组织生产到生产劳动中人与人之间的关系、人的内心活动和社会需求的欲望研究。这个时期比较出名的是梅奥及其霍桑实验，也是人际关系学说、行为科学理论的形成和发展阶段，开创了以人为中心的人本管理时代。

对人际关系的研究可以追溯到雨果·孟斯特伯格（Hugo Munsterberg）的工业心理学的研究，但它真正走上管理学的舞台，还是从梅奥和他的同事在美国西方电气公司继续了霍桑实验后开始的。

（1）梅奥与人际关系学说

乔治·埃尔顿·梅奥（George Elton Mayo）是澳大利亚裔美国管理学家，早期的行为科学——人际关系学说的创始人，美国艺术与科学院院士。他于 1933 年出版了《工业文明的人类问题》一书，正式创立了人际关系学说，第一次涉及了影响员工生产积极性的社会与心理方面的因素，探讨了人际关系因素在生产与管理中的作用。1945 年，梅奥又出版了《工业文明的社会问题》一书，进一步阐述了他的观点。

1924—1932 年间，梅奥在美国西方电气公司所属的霍桑（Hawthorne）工厂进行了长达九年的实验研究，试验的初衷是想通过改变工作条件和环境，找出提高生产率的途径。试验分为照明、继电器装配室实验、大规模访谈和电话线圈装配工试验四个阶段，但试验结果却出乎意料，并由此诞生了人际关系学说。

霍桑试验分如下四个阶段：

第一阶段，工厂照明实验（1924—1927 年）。工厂照明试验的目的是研究照明情况对生产效率的影响。因为专家们认为工作的物理环境是影响工作效率的主要因素之一。他们选择两个工作小组，一个为试验组，一个为控制组。试验组照明度不断变化，控制组照明度始终不变。结果两组的产量都持续上升，看不出什么差异。该试验得出了两条结论：第一，工厂的照明只是影响工人生产效率的一个微不足道的因素；第二，由于牵涉因素太多，难以控制，且其中任何一个因素足以影响试验结果，故照明对产量的影响无法准确测量。

第二阶段，继电器装配室试验（1927 年 4 月—1928 年 8 月）。该试验旨在试验各种工作条件的变动对小组生产率的影响，以便能够更有效地控制影响工作效果的因素。通过材料供应、工作方法、工作时间、劳动条件、工资、管理作风与方式等各个因素对工作效率影响的试验，发现无论各个因素如何变化，产量都是增加的。其他因素对生产率也没有特别的影响，而似乎是由于督导方法的改变，使工人工作态度有所变化，因而产量增加。

第三阶段，大规模的访谈（1928—1931 年）。两年内他们在全公司范围内进行访问和调查，达 2 万多人次。从开始的问卷式访谈，到后来的自由交谈，使研究人员发现影响生产力最重要的因素是工作中形成的人群关系，而不是待遇和工作环境。每个工人的工作效率不完全取决于他们自身，而且要受到小组内其他同事的影响。于是研究进入第四阶段。

第四阶段，电话线圈装配工试验（1931—1932 年）。这次实验选了 14 名女工，其中 9 名绕线工，每 3 人一组分成 3 组，每一组再配 1 名焊接工，其余的 2 名为检验工。这是正式的情况，工人的工资报酬是按小组计算的，即以小组的总产量为基础付酬给每一个工人，强调他们在工作中要协作，以便共同提高产量和报酬。但是通过试验研究者发现，女工们自己定了非正式产量定额，团体的压力迫使每个人都要遵守，每个人每天均匀上报产量，以免露出生产得太快或太慢的迹象；团体制定了一套措施来使不遵守团体定额的人就范；在正式结构中存在着小团体即非正式组织。

通过霍桑实验，梅奥和他的研究助手们发现：影响生产效率的根本因素不是工作条件，而是工人本身。参加试验的工人意识到自己“被注意”，是一个重要的存在，这种归属意识助长了工人的整体观念、有所作为的观念和完成任务的观念，而这些是他们在以往的工作中不曾得到的，正是这种人的因素导致了劳动生产率的提高。在决定工人工作效率的因素中，工人认为组织所接受的融洽性和安全感较之奖励性工资有更为重要的作用。这个结论是相当有意义的，这对“科学管理”只重视物质条件，忽视社会环境、社会心理对工人的影响来说，是一个重大的改进。

梅奥的人际关系学说认为：①工人是“社会人”，而不是单纯追求金钱收入的“经济人”。作为复杂社会系统的成员，金钱并非刺激积极性的唯一动力，他们还有社会、心理方面的需求，因此社会和心理因素等方面所形成的动力，对效率有更大影响。②企业中存在着“非正式组织”。它通过不成文的规范左右着成员的感情倾向和行为。③新的领导能力在于提高工人的满意度。在决定劳动生产率的诸因素中，置于首位的因素是工人的满意度，而生产条件、工资报酬只是第二位的。因此，主管人员要同时具有技术—经济技能和人际关系的技能，要学会了解人们的逻辑行为和非逻辑行为，学会通过交谈来了解人们感情的技巧，要使正式组织的经济需要与非正式组织的社会需要取得平衡。

人际关系学说的出现，开辟了管理理论研究的新领域，纠正了古典管理理论忽视人的因素的不足。同时，人际关系学说也为以后的行为科学的发展奠定了基础。

（2）行为科学理论

行为科学在早期被称为人际关系学说，出现于 20 世纪 30 年代，以后发展成为行为科学理论。行为科学理论主要是从人的需要、欲望、动机、目的等心理因素的角度研究人的行为规律，特别是研究人与人之间的关系、个人与集体之间的关系，并借助于这种规律性的认识来预测和控制人的行为，以提高工作效率，达成组织的目标。

行为科学理论由个体行为理论、团体动力理论和组织行为理论三个层次组成。

个体行为理论主要包括两方面：一是有关人的需要、动机和激励理论，又可分为需要激励理论、动机激励理论和行为激励理论三大类；二是有关企业中的人性理论。代表理论有：①马斯洛的需要层次理论。马斯洛（A. H. Maslow）的需要层次理论是研究人的需要结构的一种理论，也是研究组织激励时应用得最广泛的理论之一，该理论将人的需要从较低层次到较高层次依次分为生理需要、安全需要、社交需要、尊重需要和自我实现需要五个层次。强调管理人员必须随机制宜地对待人们的各种需要。②赫茨伯格的“双因素激励理论”。该理论指出，“激励因素”可使员工感到满意，但员工感到不满时却很少是因为缺少这些因素，只有这些因素才能激发起员工在工作中的积极性、创造性，产生使员工满意的积极效果。“保健因素”若不具备或强度太低，容易导致员工不满意，但即使充分具备、强度很高也很难使员工感到满意。“保健因素”没有激励作用。③麦格雷戈的“X–Y 理论”。美国行为科学家道格拉斯·麦格雷戈（Douglas M. McGregor）于 1957 年在其《企业中的人性面》一文中提出了著名的“X–Y 理论”。“X 理论”是对“经济人”假设的概括，而“Y 理论”是基于“社会人”“自我实现人”的假设。管理方式实质上是“胡萝卜加大棒”的方法，一方面靠金钱的收买与刺激；另一方面靠严密的控制、监督和惩罚，迫使其为组织目标努力。

团体动力理论是德国心理学和行为科学家库尔特·勒温（K. Lewin）在 20 世纪 40 年代提出来的，该理论认为：无论正式团体还是非正式团体，都对其成员的行为有着重要的影响和作用；团体动力是在团体的发展过程中形成的，并且是不断发展变化的，总是处在不断地相互作用、相互适应的过程中；团体动力来自团体的一致性，如其有共同的目标、团体规范、共同的思想和观点、共同的兴趣和爱好等等。这种团体的一致性就会产生团体的动力。

组织行为理论主要包括有关领导理论、组织变革和组织发展理论。

6. 现代管理理论丛林

20 世纪 50 年代以来，西方发达国家经济规模的不断扩大，生产社会化程度的不断提高，国家干预经济范围的不断扩大，自然科学的不断渗透以及人们受教育程度的提高等都促进了管理思想的发展，形成了各系列不同的理论观点和流派，美国管理学家把这种状况称为出现了“管理理论丛林”。在这片“丛林”中，比较有代表性的学派有管理过程学派、社会系统学派、决策理论学派、系统管理理论学派、管理科学学派、权变理论学派、经验主义学派等七大学派。

（1）管理过程学派

管理过程学派，又叫管理职能学派、经营管理学派。该学派源于法约尔的思想，后经哈罗德·孔茨（Harold Koontz）等人发扬光大，成为现代西方管理理论丛林中的一个主流学派，也是继古典管理理论学派和行为管理学派之后，在西方管理学界影响最大、历史最悠久的一个学派。主要观点有：

1）管理是一个过程，即让别人同自己去实现既定的目标。

2）管理过程有五大职能：计划、组织、人员、指挥、控制。

3）管理职能具有普遍性，即各级管理人员都执行着管理职能。

4）管理具有灵活性，要因地制宜，灵活运用。

但该学派的思想也存在一些缺陷，如把管理看作是一种程序的观点较适用于静态的、稳定的组织，不适宜用于动态多变的环境；管理的职能不能普遍适用于各种性质不同、结构不同的组织；实现组织目标的过程对不同的组织和组织内不同的层次来说有较大的差别。

（2）社会系统学派

该学派的创始人是切斯特·巴纳德（Chester Barnard），他将社会学的概念用于管理上，在组织的性质和理论方面做出了杰出的贡献。巴纳德的代表作为《经理的职能》，他在该书中用社会的、系统的观点来分析管理问题，在管理理论丛林中独树一帜，后人称他为“现代管理理论之父”。该学派认为，人与人的相互关系就是一个社会系统，它是人们在意见、力量、愿望及思想等方面的一种合作关系。管理人员的作用就是要围绕着物质的（材料与机器）、生物的（作为一个呼吸空气和需要空间的抽象存在的人）和社会的（群体的相互作用、态度和信息）因素去适应总的合作系统。其主要观点有：

1）社会的各种组织都是一个协作系统。

2）正式组织存在须具备三个条件：成员协作的意愿、组织的共同目标及组织内的信息沟通系统。

3）经理应主要作为一个信息交流系统的联系中心，并致力于实现协作努力工作。具体来说是三项职能：提供一个信息交流系统、获得必要的个人努力、制定和规定目的。

社会系统学派主要以组织理论为研究重点，虽然组织理论并非全部的管理理论，但它对管理理论所做的贡献是巨大的，并对其他学派的形成（如社会技术系统学派、决策理论学派、系统理论学派）影响很大。

（3）决策理论学派

决策理论学派主要代表人物是曾获 1978 年诺贝尔经济学奖的美国卡内基－梅隆大学的教授赫伯特·西蒙（Herbert Simon），他的代表作为《管理决策新科学》。这一学派的思想是在社会系统学派的基础上发展起来的，结合了第二次世界大战以后发展起来的系统理论、运筹学、计算机技术等科学技术，形成了关于决策和决策方法的完整理论体系，其要点如下：

1）决策贯穿管理的全过程，决策是管理的核心。

2）系统阐述了决策原理。西蒙对决策的程序、准则、程序化决策与非程序化决策的异同及决策技术等作了分析。

3）在决策标准上，用“令人满意”的准则代替“最优化”准则。

4）一个组织的决策根据其活动是否反复出现可分为程序化决策和非程序化决策。此外，根据决策条件，决策还可以分为肯定型决策、风险型决策和非肯定型决策，每一种决策所采用的方法和技术都是不同的。

5）一个组织中集权和分权的问题是和决策过程联系在一起的，有关整个组织的决策必须是集权的，而由于组织内决策过程本身的性质及个人认识能力的有限，分权也是必需的。

（4）系统管理理论学派

系统管理理论学派是以一般系统理论为基础，把系统的观点运用于研究和分析企业管理活动的理论。该学派与社会系统学派和决策理论学派有着密切的联系，但他们的侧重点不同。约翰逊、卡斯特、罗森茨韦克等是该学派的主要代表人物，他们的代表性著作有《系统理论与管理》《组织与管理》等。系统管理理论学派的主要观点如下：

1）组织本身是一个以人为主体的人造系统，它由许多相互联系的子系统组成。

2）组织是社会大系统中的一个子系统。

3）管理必须建立在系统的基础上。管理要善于将各种资源要素集合起来，在同一目标下形成一个整体。管理人员必须从组织的整体出发，研究组织各部分之间的关系，研究组织与外部环境的关系，以便做出正确的决策并进行组织与协调。

（5）管理科学学派

管理科学学派主张运用数学符号和公式进行计划决策和解决管理中的问题，求出最佳方案，实现企业目标；经营管理是管理科学在管理中的运用；信息情报系统就是由计算机控制的向管理者提供信息情报的系统。其内容包括以下三方面：

1）运筹学。它是管理科学理论的基础，是二战中英国科学家为解决雷达的合理布置而发展起来的数学分析和计算技术。

2）系统分析。这个概念是由美国兰德公司在1949年首先提出的，认为事物是极其复杂的“系统”。

3）常用的数学模型。主要有盈亏平衡点模型、库存模型、线性规划模型、目标规划、整数规划、动态规划、决策模型、网络模型、排队模型、模拟模型、马尔柯夫过程、对策论等。

（6）权变理论学派

权变理论是一种比较新的管理思想，权变一词译自英文“Contingency”，通常指偶然事件或偶然性。权变理论强调权宜应变，因此，该理论又被称为“情景管理理论”和“情况决定论”。权变理论的主要代表人物有美国的弗雷德·卢桑斯（Fred Luthans）、英国的汤姆·伯恩斯（Tom Burns）、英国的琼·伍德沃德（Joan Woodward）等。

美国内布拉斯加大学教授卢桑斯（Fred Luthans）在其1976年出版的《管理导论：一种权变学》一书中系统地概括了权变管理理论。这一理论的核心就是力图研究组织的各子系统内部和各子系统之间的相互联系以及组织和它所处的环境之间的联系，并确定各种变数的关系类型和结构类型。权变管理理论把一个组织看成社会系统中的分系统，要求组织各方面的活动都要适应外部环境的要求。它强调根据不同的具体条件，采取相应的组织结构、领导方式和管理机制。

（7）经验主义学派

美国现代著名的管理学家彼得·德鲁克（Peter Drucker）是经验主义学派的主要代表人物之一。该学派最突出的特点是强调管理的艺术性，认为管理很难说是一门严密的科学，管理要从企业管理的实际出发，研究企业管理的成功经验以及失败教训，通过对这些管理经验的分析总结，抽象出某些一般性的结论或原理，掌握管理的诀窍。主要观点有：

1）作为组织的主要领导人，应当着重抓好两项工作：一是有效调动组织的各种资源，特别是要发挥人力资源的作用；二是要注意长远利益与当前利益的协调。

2）要建立合理的组织结构。各类组织必须根据自己的目标、工作性质、环境和内部条件来确定本组织的管理结构，切忌照搬别人的模式。

3）对科学管理理论以及行为科学理论都要正确评价。

7. 管理理论发展的新趋势

20世纪80年代以后，世界的政治经济形势发生了重大的变化，经济发展的全球化趋势、信息技术的有效应用以及对企业社会责任的关注等，都给管理者提出了新的和更高的要求。为适应新形势的需要，西方管理学界又出现了许多新的管理理论，这些理论思潮代表了管理理论发展的新趋势。

（1）企业文化

企业文化是 20 世纪 80 年代以来企业管理科学理论丛林中分化出来的一个新理论。企业文化理论发祥于日本，形成于美国。20 世纪 70 年代初的石油危机是企业文化形成的背景。石油危机下的美国渴望通过产品竞争力来摆脱困境，却遇到了日本产品的挑战并处于劣势。美国产品竞争力的下降，带来了一系列的问题，如国外市场萎缩、企业开工不足、工人失业率提高、国内市场竞争更激烈、通货膨胀率升高、经济处于停滞状态、不得不实行贸易保护政策等。而大洋彼岸的日本，尽管本国资源奇缺，经济几乎完全依赖国际市场，但石油危机并没有使其国民经济停顿，且其有争夺世界第一经济强国的态势。这极大地激发了美国理论界和管理界研究日本、反思自我的热情。

通过对美日企业管理比较，企业文化的研究者发现在美国独特的历史文化背景下，人们特别注重社会契约化、法制化和理性主义，在管理技术上特别注意企业的组织结构、战略计划等硬件，而对人的传统、习惯、情感、观念等软件重视不够。日本企业则普遍对这些软件给予高度重视，注重解决人的价值观念、人际关系和情感，形成了自己独特的管理模式，即职工对企业的忠诚性、献身精神和认同感，以及企业主与员工之间“充满人情味的关系”，使企业充满活力和激情，从而取得长足进步。美国人将这些形成企业间凝聚力和竞争力的因素称之为“企业文化”。

企业文化是指一定历史条件下，企业在生产经营和管理活动中所创造的具有本企业特色的精神财富及其物质形态。它由三个不同的部分组成：①企业精神。企业精神是企业文化的核心层，是呈观念形态的价值观、信仰及行为准则。它体现在企业经营哲学、宗旨、方针、目标等方面。②企业作风。企业作风是企业文化的中间层，是呈行为形态的员工工作方式、社会方式、应变事变的方式等。③企业形象。它是企业文化的外围层，是呈物质形态的产品设计、产品质量、厂容厂貌、员工服饰等。它是企业文化外在形象的具体体现。

（2）企业再造

企业再造（Corporation Reengineering）（又称业务流程重组 Business Process Reengineering，简称 BPR）是 20 世纪 90 年代初开始在美国出现的关于企业经营管理方式的一种新的理论和方法，强调企业为了能够适应新的世界竞争环境，必须摒弃已成惯例的运营模式和工作方法，以工作流程为中心，重新设计企业的经营、管理及运营方式。这方面的代表著作是 1993 年迈克尔·哈默（Michael Hammer）与詹姆斯·钱皮（James Champy）合著的《企业再造》。该书总结了过去几十年来世界成功企业的经验，阐明了生产流程、组织流程在企业决胜于市场竞争中的决定性作用，提出了应对市场变化的新方法——企业流程再造。

企业流程再造的目的是提高企业竞争力，从业务流程上保证企业能以最小的成本、高质量的产品和优质的服务提供给企业客户。

需要进行企业再造的企业有三类：一是深陷困境、走投无路的，试图通过企业再造获得新生；二是当前情况尚可但是未雨绸缪，在走下坡路之前进行再造的企业；三是正处于巅峰时期，领导者不安于现状，急于进取的企业。由于社会发展日益加快，所以企业总是不断面临着新的挑战，这就需要对企业再造方案不断地进行改进，以适应新形势的需要。

（3）学习型组织

管理者们是从彼得·圣吉（Peter Senge）出版《第五项修炼：建立学习型组织的艺术与实践》（*The Fifth Discipline: The Art and Practice of Learning Organizations*）以后开始思考学习型组织的概念的。学习型组织（Learning Organization）可以这样定义：每个人都参与发现和解决问题，以使组织能够持续不断地试验、变革、改进并提高其发展、学习和实现目标的能力。其基本的观点是解决问题，这与为效率而设计的传统组织不同。在学习型组织中，所有员工都在寻找问题，比如理解顾客的特殊需要。员工也解决问题，这意味着以独特的方式把问题集中在一起，以满足顾客的需要。

要达成这样的学习型组织，必须具有以下五项修炼的扎实基础：

第一，自我超越。指突破极限的自我实现或技巧的精熟，这是第五项修炼的基础。

第二，改善心智模式。心智模式是根深蒂固于人们心中，并影响人们如何了解世界，以及如何采取行动的许多假设、成见、思维方式。

第三，建立共同愿景。共同愿景是指能够鼓舞组织成员共同努力的愿望和远景，或者说是共同的目标和理想，包括三个要素：共同的目标、价值观和使命感。

第四，团队思考。这是第五项修炼的核心，强调把各个独立的、片断的实践联系起来看，以发现其内在习性，组织化的学习或交互式的学习是组织中沟通和思考的对话工具。

第五，系统的互动关系。

（4）虚拟企业

虚拟企业是指借用外部力量，整合外部资源的一种组织形式。虚拟企业的组织形式，突破了企业的有形形态，借用外部资源整合运作，包括生产、设计、销售、服务、广告等功能。虚拟企业只是企业间暂时的联盟形式，共同目标实现，虚拟企业宣告解散。

虚拟企业具有以下特点：

1）以技术联盟为核心。企业的竞争以技术的竞争为核心，技术联盟可以在竞争中取得主动地位。

2）组织结构松散。可按发展需要采取任何形式，它具备法人资格，但不履行法律手段。

3）经营上的灵活性。每个企业自主进行经营管理。

4）经营风险和收益的共享性。

（5）跨文化管理

跨文化管理又称为"交叉文化管理"（Cross Cultural Management），即在全球化经营中，对子公司所在国的文化采取包容的管理方法，在跨文化条件下克服任何异质文化的冲突，并据以创造出企业独特的文化，从而形成卓有成效的管理过程。

跨文化管理的目的在于：在不同形态的文化氛围中设计出切实可行的组织结构和管理机制，在管理过程中寻找超越文化冲突的企业目标，以维系具有不同文化背景的员工共同的行为准则，从而最大限度地控制和利用企业的潜力与价值。全球化经营企业只有进行了成功的跨文化管理，才能使企业的经营得以顺利运转，竞争力得以增强，市场占有率得以扩大。

荷兰管理学家 G. 霍夫斯泰德（Geert Hofstede）提出了从四个重要维度来讨论跨文化冲突对组织的影响。根据维度理论可以分析出不同文化的差异和特点，可以为企业的跨文化管理提供参考。

（6）国际管理

国际管理从根本上来说，是在国际环境下对管理学基本理论和方法的运用。伴随着经济全球化的发展，越来越多的企业认识到向国际化发展和进行国际化经营管理的重要性和必要性，但是，企业如何能够成功地由国内经营向国际化经营转变，如何能够获得和保持国际竞争力，有效地进行跨国经营，这对企业管理者来说是一项具有挑战性的任务。

我们可以认为，国际管理是国际化企业的管理，它的行为主体是国际企业的管理人员，偶尔进行海外业务的企业不存在国际管理问题，国际管理是管理的基本职能在国际化环境和国际企业的运用，国际管理的最终目的是通过有效管理更好地实现既定的组织目标。

1.1.3 管理的基本原理

1. 管理原理的内涵及基本特征

（1）管理原理的内涵

管理原理是对管理实践经过长期理论总结后形成的带有一定规律性的认识，它以科学理论为指导，以管理实践为基础，对管理活动的实质及其基本规律做出高度科学的抽象与概括，反映了管理的客观要求和管理的一般规律性，对人们做好管理工作具有普遍的指导意义。管理的基本原理包括系统原理、人本原理、责任原理、效益原理和权变原理。

（2）管理原理的基本特征

管理原理的基本特征主要有客观性、系统性、概括性和稳定性：①客观性。规律是事物内部的本质联系和发展的必然趋势，是客观存在的。管理原理就是对管理的实质及其客观规律的表述，它是不以人的意志为转移的、客观存在的规律。所以，管理原理具有客观性的基本特征。②系统性。管理原理的系统性是指管理原理中的系统原理、人本原理、责任原理、效益原理和权变原理组成了一个完整的有机体系。它不是各种烦琐的概念和原则的简单堆砌，也不是各种互不相关的论据和论点的机械组合，而是根据管理现象本身的有机联系，形成一个相互联系、相互转化的完整的统一体。③概括性。概括性主要是指管理原理是现实现象的抽象和概括，它所涵盖的事物很广泛，涉及自然界与社会的许多领域，既包括人与人的关系，也包括人与物的关系，还包括物与物的关系。④稳定性。管理原理不是一个封闭的系统，而是一个科学的、开放的系统，是随着社会经济和科学技术的发展而不断发展和完善的。但是，它也不是经常变化和摇摆不定的，而是在一定时间内保持相对的稳定性。

我们之所以要研究管理原理，主要由于掌握并完善管理原理，是有效开展管理工作的前提条件，它有助于强化管理工作，提高管理工作的效率与效益，充分发挥组织的功能，实现管理的基本目标。

2. 管理原理的内容

（1）系统原理

所谓系统，是指由若干相互联系、相互作用的部分（要素）组成，在一定环境下具有特定功能的有机整体。管理系统原理是根据美籍奥地利生物学家贝塔朗菲于20世纪40年代创立的普通系统论发展起来的。他认为应将组织作为人造开放性的系统来进行管理。它要求管理从组织整体的系统性出发，按照系统特征的要求从整体上把握系统运行的规律，对管理各方面的前提做系统的分析，进行系统的优化，并依照组织活动的效果和社会环境的变化及时调整和控制组织系统的运行，最终实现组织目标。企业的各项资源、各种经营活动及管理的各项职能之间不是孤立的；相反，它们是互相联系、互相影响的。因此，在管理工作中必须遵循系统原理。

（2）人本原理

随着社会的发展和进步，管理理论和实践越来越重视人的能动性的发挥，人本原理就是以人为中心的管理思想，这也是管理理论发展到20世纪末的主要特点。以人为本的管理，把人视为管理的重要对象和企业的重要资源，尊重员工的个人价值，全面开发企业人力资源，通过企业文化的建设，培育员工共同的价值观，运用各种激励手段，充分发挥员工的积极性和创造性，依靠员工的共同努力去实现企业的目标。

人本原理的概念有三层含义：

第一，人是管理活动的核心，人的需求的满足是一切管理活动的出发点和归宿点。

第二，人力资源的开发是无限的，管理活动的任务是：以各种激励手段调动员工的积极性、主动性和创造性。

第三，管理的手段是通过对人的思想、感情和需求的了解，做好人的思想工作，注重人的感情，采取各种激励措施，最大限度地调动人的积极性，挖掘人的潜能。

（3）责任原理

责任原理指在企业的生产经营活动中，必须合理分工，明确责任，做到责、权、利相结合。责任，不是一个抽象的概念，而是在数量、质量、时间、效益等方面都有严格规定的行为规范，主要包括经济责任、政治责任、法律责任等多个方面，具体表现为规程、条例、范围、目标、计划、定额和职责范围等。管理中应注意：确定责任必须以合理分工为基础。责任的内容必须明确、具体，落实到人。要建立责任制度，并有检查和监督。

（4）效益原理

效益是管理的根本目的，管理就是对效益的不断追求。效益原理是指在整个管理系统和管理过程中，必须以最少的投入，获得最佳的效益产出。

效益原理的主要思想包括：

1）管理活动要树立正确的战略管理思想，要以提高效益为中心。

2）企业必须把提高效益摆在管理工作的中心地位。

3）局部效益必须与全局效益一致效益、长远经济效益与眼前经济效益、直接经济效益与间接经济效益、全局效益与局部效益。

4）提高效益与经济增长方式的转变：由粗放型增长方式向集约化增长方式的转变。

5）管理应该追求长期稳定的高效益。

6）管理系统及其活动的效益首先要通过提高管理水平去达成。

7）组织及其管理者从事管理工作要不断考虑有效性问题。

（5）权变原理

组织是在不断运动和变化的，在对组织的管理过程中，要保证管理工作的高效率，当管理要素的组织环境、管理主体、管理客体和组织目的四者任何之一发生变化时，管理行为的手段和方式也应该发生变化，这就是权变原理。

权变原理的核心思想是灵活适应，它要求每一位管理者从思想上明确：管理的环境、对象、目的都可能处于发展变化之中，不能一成不变地对待，不能用一个不变的模式去简单套用，否则就可能犯经验主义的错误。

总之，管理原理既是各项具体管理活动的规范，又是每个管理者在管理过程中运用管理方法、艺术技巧应遵循的准则。明确管理原理，对于正确贯彻运用管理原理，端正管理的方向，运用和发挥管理职能，提高管理系统的效率，完成管理任务具有重要的意义。

1.1.4 管理学的研究方法

管理学作为一门科学，有其特有的研究方法。它与经济学、社会学、心理学、政治学、数学、法学、哲学、统计学等有关，它吸取了这些学科的有关部分，因而管理学不仅研究范围十分宽广，而且研究方法也多种多样。

1. 唯物辩证法

与历史唯物主义一起组成了马克思主义哲学的辩证唯物主义是我们观察世界、认识世界的唯一正确的指导思想和方法，它不但构成了自然科学、社会科学和工程技术科学的基础，也提供了正确的、有效的研究方法。根据唯物辩证法，管理学产生于管理的实践活动，管理实践经验的科学也产生于管理的实践活动，因此，学习管理学必须坚持实事求是的态度，深入管理实践，进行调查研究，总结实践经验并用判断和推理的方法，使管理实践上升为管理理论。

此外，在管理学的学习和研究中，还要认识到各种现象都是相互联系和相互制约的，每一种事物都是不断发展变化的，因此还必须运用全面的、历史的观点去观察它的过去、现状及其发展趋势，而不能一成不变地看待组织的管理活动。

2. 比较管理学方法

比较管理学最早产生于 20 世纪 50 年代末，是伴随跨国公司的发展与经济国际化的趋势而不断发展起来的。比较管理学是建立在比较分析的基础上对管理现象进行研究的一个管理学分支，其研究范围往往是跨国度的，它主要分析不同体制、不同国家之间在经济、文化、社会上的差异对管理的影响，探索管理发展的模式和普遍适用于先进国家和发展中国家的管理规律。比较管理学作为一种研究方法已广泛应用于各种管理要素的研究之中。

当代世界各国都十分重视管理和对管理的研究，各自形成了带有特色的管理科学。借鉴、应用他国的管理理论与方法，不能简单地照搬。这就要求我们学会用比较研究的方法，对他国的管理实践与管理理论，通过比较分析，分辨出一般性的东西和特殊性的东西，可为我们借鉴的东西和不可借鉴的东西，真正做到兼收并蓄，丰富我国管理学的内容。

3. 案例分析法

案例分析法是指在研究管理学的过程中，通过对典型的管理案例进行分析、讨论，从中总结出管理的经验、方法和原则，加强对管理理论的理解与方法的运用。案例分析法一般是选取现实中一些典型的案例作为分析的对象，通过对整个事件的前因后果以及其他原因的分析，给学习者一些启示和忠告，告诫现实中那些有类似情况企业的管理者应如何避免悲剧的再次上演。

4. 数理方法

管理的自然属性和科学性决定了在管理学研究中也要应用到数学方法，数理科学不仅是自然现象研究的基础，而且是一门与人类社会实践密切关联的科学。在社会科学与自然科学交叉的管理科学领域，数理方法的应用一是通过建立数学模型，解决程序化的管理问题；二是从管理运筹出发进行管理模式的优化，实现优化管理的目标。

5. 系统研究方法

系统研究方法就是把研究管理对象作为一个系统来研究，研究该系统的内部构成、运行以及发展变化规律，研究该系统与其他系统之间的关系等。

要进行有效的管理活动，必须对影响管理过程的各种因素及其相互之间的关系进行总体的、全面的分析研究，这样才能形成可行的基本理论和合理的决策活动。总体的、全面的研究和学习方法，就是用系统的观点来分析、研究和学习管理的原理和管理活动。

6. 决策科学方法

决策科学作为软科学的核心，其应用已得到管理学界的公认。事实上，在管理学研究中已形成面向组织发展的决策理论派。对于管理中的决策科学方法的应用，必须强调管理的决策职能以及从决策作用出发对计划、组织、领导、控制等基本环节的研究。

决策科学方法在管理学中的应用，主要集中在管理的决策层次，即各层次管理决策的分析，管理中的决策制定过程与程序组织，管理中的决策信息支持方法，管理决策方案的选择方法，管理中的决策实施与评价方法等。在具体应用中，不仅要立足于管理中决策问题的解决，而且要注重从软科学研究的角度，应用软科学中的综合决策方法，研究管理机制和战略、战术层次及组织持续发展中的管理问题。

1.2 热点研究

1.2.1 行动学习

行动学习（Action Learning）是通过解决企业实际问题实现学习与发展的重要学习模式。组织引入行动学习，一方面可以解决某些业务难题或更好地推进某些任务和业务发展；另一方面可以通过这个过程来发展个人和团队甚至组织的能力提升。不同组织在不同情境下引入的行动学习对这两大目标的期待和侧重点不同。

1. 行动学习的含义

行动学习，就是通过行动进行实践学习，即在一个专门以学习为目标的背景环境中，以组织面临的重要问题为载体，学习者通过对实际工作中的问题、任务、项目等进行处理，从而达到开发人力资源和发展组织能力的目的。行动学习是组织学习的承载方式之一，是人们组成团队来解决真实的、重要的难题或挑战，并在过程中实现个人、团队和组织的能力提升的组织学习方式。

2. 行动学习的价值

行动学习的价值主要体现在以下三个层面。

（1）组织层面

首先，适应变化。行动学习能够加速组织学习的速度，使其更好适应企业内部与外部变化。

其次，纠正错误。行动学习可以帮助组织纠正错误，当组织中过往的某些实践与理论经验并不能完全适应当今时代的快速变化时，通过引入行动学习可以纠正当前已不适宜的工作流程，提升组织有效性。

最后，创造知识。行动学习使团队通过协作，完成组织知识的创造、传播与沉淀。

（2）团队层面

首先，促进协作。行动学习能够有效优化个体、个体与团队以及团队与团队之间的交互模式，改善团队氛围，促进团队协作。

其次，解决问题。行动学习聚焦于真实的、重要的问题，更有效率地解决问题。

最后，提高效率，借由团队研讨方法和工具的使用，改变团队处理问题的固有模式，提高团队分析问题和解决问题的能力。

（3）个人层面

首先，掌握方法，通过有意识地运用学到的方法和工具，掌握问题处理和团队管理的系统方法，并有效提高日常工作的质量和效率。

其次，提升能力。在实战环境中，人们可以发现个人实际能力与组织期待能力之间的差距，借由反馈机制制定改善计划并付诸行动，实现个人能力提升。

最后，优化心智。通过深度参与行动学习，能够帮助个人识别并优化个人心智，提升工作自信。

3. 行动学习的五大要素

完整的行动学习需要具备以下五大要素。

（1）要素一：挑战

行动学习研究的是真实的、重要的且团队有权限的课题（无权限则无法实践，只能停留在理论层面进行研究，会严重削弱行动学习的效果）。这个课题可以是某个挑战，也可以是某个难题，或者是某项任务。

（2）要素二：团队

围绕真实课题的相关人员所组成的团队，紧密协作。团队成员一般6~8人为宜。人数太少则多元性不足；人数太多则研讨效率难以保证。

（3）要素三：行动

解决方案需要落实到行动计划上，并在真实的工作场景中进行实践检验，通过持续迭代和推进解决真实课题问题，提升团队人员的各方面能力。

（4）要素四：反思

在行动学习的过程中，综合运用倾听、复述、提问和反馈等方式，进行质疑和反思，进而促进团队成长，并促使团队在课题推进中提出更好的解决方案。

（5）要素五：行动学习专家

行动学习专家负责规划整个项目，主导研讨过程并且为课题的推进提供帮助。行动学习专家主要有三方面职责。职责一，内容辅导。行动学习专家如果在课题上存在一定专业度，可以在团队课题遇到推进困难时帮助团队进行内容辅导。职责二，过程引导。在团队课题推进过程中起到促进和催化项目推进的作用。职责三，思维引领。在团队课题推进过程中带领团队建立分析问题和解决问题的基本思维与流程。

4. 行动学习引入的契机

一个组织引入行动学习有以下四种契机。

（1）在常规培训中

在常规培训中，完全可以将行动学习作为一门培训课程引入，并结合组织中的真实课题做研讨，尝试找到更好的解题思路。有些组织每年都会通过传统培训的方式来实现组织中团队效率的提高。行动学习的引入可以为这些常规培训课程的转化和落地寻找实践出口，提升企业内部培训效率。

（2）在领导力项目中

许多组织都会定期开展针对组织内特定人员的领导力发展项目，以促进组织领导力提升。在领导力提升项目中引入行动学习，可以有效提升培训效率，并为组织的实践工作提供有效参考案例。

（3）在业绩突破项目中

在季度、年度冲刺等业绩突破项目中，可以以项目本身作为实际课题，引入行动学习，寻找课题解决方案，同时助力团队凝心聚力，并更高效地达成业绩。

（4）在专题研究项目中

基于未来的课题，在专题研究项目中，引入行动学习可以更大程度使学员拥有高层视角和系统思维，并为更高层决策提供参考依据。

1.2.2 跨文化管理

1. 跨文化管理的重要性

文化，从广义上来讲，是指人类所创造的一切精神成果，如知识、信息、价值观念、哲学、法律、道德规范、艺术、风俗习惯等组成的观念形态。文化是一种历史现象，每一种文化都是建立在一定的生产力水平、经济基础和民族传统的基础上并随着这些条件的变化而变化。文化就像“社会有机体”中的软件或灵魂，在塑造个人、群体和整个社会（国家）的许多方面都起着重要的作用。

国与国之间存在着很大的文化差异以及“管理方式”的差异，运用简单和机械的思维，即从单一文化视角去看待管理工作，已经无法适应新的需求了。因此，有必要认识这种跨文化的差异，并学会“管理”文化差异。

对于跨文化企业而言，多元文化对企业的影响更加深刻而复杂。文化差异，可能让许多刚刚开始跨国经营的管理者措手不及。然而，文化差异在带给企业挑战的同时，也带来了机遇，我们总是可以看到一些跨国企业在全球各地经营良好。因此，文化本身从来都不曾是经营失败或成功的真正缘由，关键在于是否能合适地处理文化差异和冲突，是否有一个跨文化管理体系。

2. 管理文化差异

在商业领域中，关于文化间摩擦的例子并不鲜见。每个跨文化的组织都有潜在的由文化差异导致文化冲突和误解的可能。一项由某欧洲咨询公司进行的调查表明，“文化差异是在一体化的欧洲并购中最大的困难所在”。另一项研究表明，有35%的高级管理者把文化差异排在跨国收购中众多困难的第一位。

霍尔（Hall，1995）认为“文化差异可以毁掉一种原本可以带来良好经济效益的伙伴关系”。不过也有实证研究证实文化差异可能阻碍公司业务，不过如果可以明智地对待文化差异，恰恰能够提升企业的竞争优势。事实上，文化差异可能破坏企业的日常经营，也可能成为竞争优势给企业带来机会。而处理文化冲突的关键是，通过合适的方式管理文化差异。

霍夫斯泰德研究了文化差异对管理的影响，并指出将“美国的理论”丝毫不动地应用于其他国家的组织，显然是不合适的，有时候，还会造成极大的冲突。因为，不同的国家有着不同的“价值观念”的尺度。

既然各个国家因国家文化的不同导致其企业文化有差异，那么处理文化差异的关键是如何管理文化差异。

3. 跨文化管理的方法

关于跨文化管理方法，不同的学者提出了各自的观点。瑞士学者苏珊 · C. 施耐德认为，管理文化差异，就是讨论个人、团队和组织应如何来处理文化差异，强调认识差异并直面这种差异。管理文化差异的方法有很多，可以从个人、团队和组织三个方面来看。她将跨文化管理分为三个方面：培养国际化经理、建立多元化团队、建立全球化组织。Gary P. Ferraro 认为，跨文化管理的关键是处理跨文化冲突以及发展全球经理人。处理跨文化冲突，即要最小化冲突；发展全球经理人，就是要进行跨文化的培训，努力规范新时期的全球经理人。尼格尔 · 霍尔顿从知识管理的角度，提出跨文化管理的两个步骤：一是对文化差异的重视，二是对文化差异性的调和。

1.3 技能构建

1.3.1 供讨论和实践的主题

1）管理通常被看作是一个较为通用的过程，这意味着管理学的基础知识在大多数条件下是可以传授的。你相信一个在银行工作的优秀管理者也能很好地管理一所学院或大学吗？请解释原因。

2）怎样确定在一个组织中谁是管理者，谁是领导者？管理者和领导者有何区分呢？例如，只有一个人的公司（如食品杂货店）的经营者是管理者吗？请解释理由。

3）有人说，所有的企业家都是管理者，但所有的管理者不都是企业家。试讨论之。

4）你身边有成功的管理者吗？他们有哪些特点？你认为成功的管理者是怎样的？

1.3.2 管理技能培养

你是企业家吗

近年来，企业家，或者按自己方式行事的人们，成为热门的被研究群体，但是大量数据对问题的分析却是含糊不清的。

也许最困惑的是，那些成千上万想当企业家，而又被朋友们告诫他们并不具备成功素质的人们。

认识到这一点，美国西北共同人寿保险公司（Northwestern Mutual Life Insurance）认为自己的代理人应该都是企业家类型的，于是想要知道一个好的企业家应具备的素质是什么。为此，该公司委托专家做了一项测验。

美国布里奇波特大学（University of Bridgeport）心理学教授约翰·布朗（John Braun）设计了一套测验题。这套测验题具有某些启迪性，但不一定全都很科学。这套题的目的是使你认清你自己。

◎一般来讲，成功的企业家在中学读书时都不是优秀生。如果你在中学是优秀生的话，减 4 分；如果不是优秀生，则加 4 分。

◎企业家在中学读书时并不特别热心于小组活动。如果你喜欢小组活动的话，减 1 分；反之，加 1 分。

◎青少年时期，企业家常常喜欢孤独。你喜欢孤独吗？如果喜欢，加 1 分；反之，减 1 分。

◎童年时就开始参与企业活动的那些人，如在汽水店卖汽水，或参加学校学生机构的竞选活动可以加 2 分，因为对企业的兴趣很容易追溯到人们的童年时期。童年时期没有参与过企业活动的人必须被减掉 2 分。

◎小时候的倔强似乎可以看作是办事有主见。如果你在学习上有股倔劲的话，加 1 分；反之，减 1 分。

◎谨慎也许意味着不愿意冒险。你童年时期做事谨慎吗？如果是的话，减 4 分；反之，加 4 分。

◎如果你和与你一起玩耍的小伙伴相比更勇敢的话，加 4 分；反之，减 4 分。

◎如果其他人的意见对你很重要的话，减 1 分；反之，加 1 分。

◎厌烦日常工作有时是决定自己去办企业的动因。如果这也会成为你决定走出自我的一个因素的话，加 2 分；反之，减 2 分。

◎假如你喜欢工作，那你愿意上夜班吗？如果愿意，加 2 分；反之，减 2 分。

◎如果你愿意为了完成一项工作而熬夜，直到工作做完为止的话，加 4 分；反之，不减分。

◎企业家一般都非常喜欢不停地一个项目接着另一个项目地工作。当你完成了一个项目后，你愿意马上接着做另外一个项目吗？如果答案是肯定，则加 2 分；答案为否定，则减 2 分。

◎你愿意用你的储蓄存款去创建一家企业吗？如果愿意，加 2 分；如果不愿意，减 2 分。

◎如果你愿意向别人借款以弥补你自己的资金不足的话，加 2 分；反之，减 2 分。

◎假如你失败了，你愿意马上重新再干吗？如果你的答案为“是”的话，加4分；反之，不减分。

◎如果失败使你觉得得去找其他薪酬好的工作的话，减1分；反之，加1分。

◎你相信企业家是有风险的吗？回答“相信”的减2分；回答“不相信”的，加2分。

◎如果你能写出你的长期目标和短期目标的话，加1分；反之，减1分。

◎如果你认为你比其他人有更多的有关现金流方面的知识和经验的话，加2分；反之，减2分。

◎如果你很容易感到无聊的话，加2分；反之，减2分。

◎如果你是一个乐观主义者的话，加2分；如果你是一个悲观主义者的话，减2分。

分数分析

如果你得到35分以上的话，你能做好任何事情。

你的得分在15~35分之间，说明你有成功的背景、技能和智慧。你的得分在0~15分，表明你需要在应用和技能方面有所提高才有可能成功。

你的得分在-15~0分之间并不意味着你不能成功，但是它表明，你必须付出巨大的努力，克服你在自身优势和技能方面的不足。如果你的得分低于-15分的话，你的才干可能在其他方面。

1.3.3 小组练习

从管理学中你能学到什么

弗雷德里克·W. 泰罗在1911年的演讲中说：“如你愿意做任何事情来与这个国家的普通工人亲密接触——亲密到足以使他愿意以一个亲密朋友的身份与你谈话——他会告诉你，如果在他所在的单位，每个人干的活比现在多两倍的话，那么只能有以下一个结果：半数人将会失去工作岗位。

“我们国家的几乎每个劳工领导人都在鼓吹这种教义，而每个工人也用这种教义来教育他们正在成长的孩子们。我再说一遍，正如我在开头所说，这种谬论的流行是我们的错，而不是他们的错。

“当劳工领导人和工人们自己或迟或早地指出有必要限制产量时，没有一个人去阻止这种荒谬的做法。因此我说，错误在我们，而不是他们。”

法国人亨利·法约尔是一般管理理论的首位系统阐述者。如今，他的最大贡献被看作是提出了有管理原则和管理要素的理论。关于法约尔的14条管理原则前文已有叙述，他是从自己的工作实践中总结出这些管理原则的。他把这些原则作为指导有效管理的一般纲领，但要求将其灵活地运用到多样的、变化的环境中去。

请分组讨论以下问题，建议小组成员的人数在3~5名。讨论过后，请选出一名小组代表陈述你们的观点。

1）你们认为泰勒的主要观点是什么？泰勒的观点也适用于今天吗？

2）关于法约尔的14条原则，你们小组认为它们过时了吗？请举例阐释。

3）以泰勒、法约尔的管理思想为参照，分析下当今的管理理论，你们是否认为管理者似乎不能从过去学到更多的东西？

1.3.4 专项作业

请继续沿用小组练习中的分组情况，完成以下专项作业。请该组成员查阅资料，寻找一个由企业家管理的小企业的真实例子，写成研究报告，且用PowerPoint的形式展示给大家，进行相关案例讨论。建议查阅以下几种资料：《商业周刊》（*BusinessWeek*）、《哈佛商业评论》（*Harvard Business Review*）、《华尔街日报》（*The Wall Street Journal*）、《企业管理》、《企业研究》、《管理科学》。

每组学生请准备大约15分钟的报告。报告的主题应包括以下部分：

- 该企业的历史、性质；
- 提供的产品或服务；
- 企业的客户与竞争对手；
- 成功或失败的主要原因；
- 企业家与其他管理者的表现。

1.3.5 案例分析

案例1：星巴克咖啡

星巴克咖啡自1987年西雅图的一家街头小咖啡馆开始发展到今天遍布全世界34个国家和地区的9300家咖啡店，除了它在打造其品牌上的独到策略之外，团队建设便是它维持其品牌质量的重要手段，也是该公司不可替代的竞争力所在。以商店为单位组成团队，星巴克倡导的是平等快乐工作的团队文化（内部）。星巴克对自己的定位是"第三去处"，即家与工作场所之间的栖息之地，因此让顾客感到放松、舒适、满意、快乐是公司的愿景之一。与大多数企业不同，星巴克从不强调ROI（Return for Investment），即投资回报，却强调ROH（Return for Happiness），即快乐回报。他们的逻辑是：只有顾客开心了，才会成为回头客；只有员工开心了，才能让顾客成为回头客。而当二者都开心了，公司也就成长了，持股者也会开心。而团队文化则是他们获得 ROH 的最重要手段。那么星巴克是如何创造这种平等快乐工作的团队合作文化的呢？

首先，是领导者将自己视为普通一员。虽然他们从事计划、安排、管理的工作，但他们并不认为自己与众不同，应该享受特殊的权力，不做普通员工做的工作。比方说该公司的国际部主任，就是去国外的星巴克巡视的时候，也会与店员一起上班，做咖啡，清洗杯碗，打扫店铺甚至洗手间，完全没有架子。

其次，每个员工在工作上都有较明确的分工。比如有的专门负责接受顾客的点菜、收款，有的主管咖啡的制作，有的专门管理内部库存，等等，但每个人对店里所有工种所要求的技能都受过培训，因此在分工负责的同时，又有很强的不分家的概念。也就是说，当一个咖啡制作员忙不过来的时候，其他人如果自己分管的工作不算太忙，会去主动帮他缓解紧张，完全没有“莫管他人瓦上霜”的态度。这种既分工又不分家的团队文化当然并不是一蹴而就的，而是有针对地强化训练的结果。

最后，鼓励合作，奖励合作，培训合作行为。所有在星巴克工作的员工，无论你来自哪个国家，在商店开张之前，都要集体到西雅图（星巴克总部）接受三个月的培训。学习研磨制作咖啡的技巧当然用不着三个月，培训大部分的时间主要用于磨合员工，让员工接受并实践平等快乐的团队工作文化，另外公司还设计了各种各样有趣的小礼品用来及时奖励员工的主动合作行为，让每个人都时时体会到合作是公司文化的核心，是受到公司管理层高度认可和重视的。

讨论：

你了解管理学的发展历程吗？从劳作分工到分工协作，从科学管理到人本思想，你能从其他企业的案例中，发现管理学思想演进过程的缩影吗？

案例 2：中国石油在哈萨克斯坦的“征战”之路

中国石油天然气集团有限公司（以下简称“中国石油”）是 1998 年 7 月在原中国石油天然气总公司基础上组建的特大型石油石化企业集团，是产炼运销储贸一体化的综合性国际能源公司，主要业务包括国内外石油天然气勘探开发、炼油化工、油气销售、管道运输、国际贸易、工程技术服务、工程建设、装备制造、金融服务、新能源开发等。2024 年，以 421713.6 百万美元的营业收入，在《财富》杂志世界 500 强排名中位居第六。

1993 年左右，中国开始成为原油净进口国，以中国石油为代表的中国油企开始走向海外开拓业务。哈萨克斯坦是毗邻中国的最大储油国之一，因此成了中国油企最早踏足的国家之一。

1997 年，中国石油以 3.2 亿美元价格并购了哈萨克斯坦阿克纠宾石油公司，此举被广泛认为是中国油企进入中亚的第一步。但中国石油的哈萨克斯坦之路，其实走得并不轻松。

早在1899年，就有人在哈萨克斯坦发现油气资源，但直到20世纪80年代中期，哈萨克斯坦才开始有大量石油产出。在20世纪90年代初期苏联解体，哈萨克斯坦为了发展本国石油工业，不得不大量引入海外投资者。美孚、壳牌、埃尼、雪佛龙、康菲，几乎所有大型国际石油公司都开始涌入哈萨克斯坦。

但中国石油错过了20世纪90年代初期进驻哈萨克斯坦的最佳时期，并没有像其他国际石油公司一样拿到最优质的资源。中国石油收购的哈萨克斯坦阿克纠宾石油公司，是一家濒临破产的公司，其年产原油当时仅有200多万吨。阿克纠宾石油公司旗下拥有的让那若尔和肯基亚克两个油田，不仅产量低，而且临近产量衰减期、设备陈旧、地质情况也比较复杂。而且阿克纠宾公司成立于20世纪80年代，在苏联解体后，还保留着很多沉重历史包袱、落后体制，一家外国公司想要对其进行整改，其难度可想而知。所以在当时，阿克纠宾其实是一家西方石油巨头们所“摒弃”的公司。在收购阿克纠宾后，中国石油耗费无数心血，才把该公司的石油年产量提高到了1000万吨以上。

1999年，在哈萨克斯坦里海地区发现了卡沙甘油田。卡沙甘油田的石油储量达到380亿桶，在当时被认为是继1968年阿拉斯加普拉德霍湾油田发现之后全世界发现的最大油田。卡沙甘大油田的发现，令全世界的石油生产商趋之若鹜。更重要的是，卡沙甘油田位于里海北部，毗邻哈萨克斯坦的阿特劳。而当时还未完全建成的中哈原油管道，其起点站就设计在阿特劳。为保证中哈原油管线的顺利建设及未来运营，拿到卡沙甘油田权益对中国油企的重要性不言而喻。2003年，中国海洋石油集团有限公司（简称“中国海油”）和中国石油化工集团公司（简称“中国石化”）率先“出征”，尝试从英国石油天然气集团收购其在卡沙甘油田的部分股权，但以失败告终。

2013年，经过种种努力，中国石油以50亿美元价格从康菲石油手中接过卡沙甘油田8.33%的股权，这也成为中国石油迄今在海外最大的一笔收购。

在哈萨克斯坦，中国石油在与西方石油巨头的较量中一路成长，取得不少收获。但获得卡沙甘油田股份，这场能源博弈并未就此结束。首先，就卡沙甘油田本身而言，其开采难度非同小可。自该油田发现至今，其投资已经超过400亿美元，受到气候、管线及石油公司与当地人员摩擦的影响，直到2013年才产出第一桶油，而且在投产之后不久又被迫关停，到2016年才复产。而且就整个哈萨克斯坦石油产业而言，西方石油巨头们的发展步伐也并未放慢，中国石油未来在哈萨克斯坦面临的竞争，依旧十分激烈。

讨论：

企业为什么要进行国际化经营？国际企业的管理者会面对哪些挑战？

经典文献

下文是彼得·德鲁克在1985年首次出版的《创新和企业家精神》一书的引言。德鲁克第一次将“创新”和“企业家精神”联系起来。他认为企业家精神在于实践，而有企业家精神的企业是那些勇于创新的企业。在对企业家精神的讨论中，彼得·德鲁克并非只将其局限于商业，而是把创新、企业家精神放到一个人类的组织和社会的高度上。无论是大企业还是小企业，无论是大学还是军队、国家机构等，这些都在彼得·德鲁克的思考范围之内。

作为经典著作《创新和企业家精神》一书的引言，德鲁克以“企业家经济”这一概念引领全书，试图给读者展现一个以“企业家”为主导的新经济时代。德鲁克从20世纪70年代以来发生在美国的特殊经济现象入手，试图了解美国在当时能够保持持续的经济增长和高就业率的根源所在。他最终将之归于管理以及表现为企业家精神的创新实践。在此基础上，德鲁克作了更为深入地探讨，引领读者们一同思考这样一些问题：

——创新仅仅是限于高科技企业吗?

——管理这一起初是源于商业的学科是否最终也只能限于营利性的企业组织?

——对于中小型企业而言，管理也有其用武之地吗?

企业家经济

20世纪70年代中期以来，“经济零增长”“美国限制工业化”及长期的“康德拉季耶夫经济停滞”之类的说法被人们奉为金科玉律，在美国十分盛行。然而，事实和数据却证明这些观点是完全错误的。真正发生在美国的是完全不同的情况。在这一时期，美国的经济体系发生了深刻的变化，从“管理型”经济彻底转向了“企业家”经济。

从1965年至1985年这20年间，16岁以上的美国人口增长了2/5，从1.29亿人上升到1.81亿人。而美国的就业人口却在同期增长了1/2，从7100万人上升到1.06亿人。就业人口在1974—1984年间增长得最快。这段时间，美国经济所提供的总就业岗位增加了2400万。

因此，无论是以百分比还是绝对数来衡量，美国在以往任何时候都不曾创造出如此多的新工作岗位。然而，从1973年以来的10年，是充满动荡的10年：从该年秋季的“石油冲击”开始，美国社会从此经历了“能源危机”、濒临崩溃的“烟囱工业”以及两次相当严重的经济衰退。

美国的经济发展是很独特的。1970—1984年，西欧和日本在创造就业方面都远不如美国。同时，美国在20世纪70年代初创造就业机会的表现，也与所有专家对战后25年的预测不符。当时，大多数劳动力分析专家预测，美国经济即使以最快的速度增长，也无法提供足够的就业机会来满足20世纪70年代和80年代达到就业年龄的男青年（在1949年和1950年第一批战后“婴儿潮”期间出生的婴儿）。而事实上，美国经济不得不吸纳两倍于该数字的劳动力大军，因为许多已婚妇女在20世纪70年代中期涌入就业市场。

在高增长期的最初几年，美国的经济动力集中在那些原先就很大，而且越来越庞大的机构上。包括《财富》500强企业、政府机构、大型和超大型大学、学生人数在6000人以上的大型联合高中以及大型且不断成长的医院。这些机构实际上创造了战后25年美国经济中所有的新工作岗位，而且，在该期间所遭遇的每一次经济衰退、工作减少和失业的现象都主要发生在小型机构，当然主要是小型企业身上。

但是，自20世纪60年代末以来，美国的就业岗位的创造以及就业机会的增长转向了一个全新的领域。在最近20年，那些往日提供就业机会的领域实际上在削减工作机会。自1970年以来，《财富》500强企业所设的固定岗位工作（因经济衰退而造成的失业不列入计算范围内）在逐年缩减。到1984年，《财富》500强企业至少削减了400万—600万个工作岗位。加上政府机构和医院人员的下降，以及因出生率下降造成的学校招生人数锐减。因此，事实上，我们所创造的新工作岗位不是3500万，而是4000万。其实所有这些新就业岗位，基本上都是由中、小规模的机构提供的，大多数是中、小型企业，它们在20年前甚至还没有出现。根据《经济学人》（*The Economist*）的报道，目前美国每年新成立的公司多达60万家，大约是二十世纪五六十年代经济繁荣时期的7倍。

二

为什么美国会出现这样的现象呢？也许每个读者都会马上联想到“高科技”。但是，事实并非如此简单。自1965年以来，经济所提供的4000多万个工作岗位中，高科技企业所提供的岗位还不足五六百万个。其余的就业岗位其实都是由其他领域创造出来的。

毋庸置疑，高科技无论是以计算机还是电信、工厂里的机器人还是办公自动化、生物遗传学还是生物工程等形式出现，它都具有不可估量的重要性。它令人兴奋，是媒体关注的焦点，同时它也为人们开辟了企业家精神和创新的远景，并能迅速为人们所接受。

20世纪30年代中期，俄国经济学家尼古拉·康德拉季耶夫的“康德拉季耶夫经济周期”（每50年为一个周期）的理论是根据科技内在动力理论提出来的。他断言，每隔50年，科技发展的曲线将达到顶峰。在这一周期中的最先20年，最新科技进步所带来的几种高成长产业似乎表现异常出色，但是，这些产业所创造的空前巨额利润，只不过是对已经停止成长的产业所不再需要的资本加以回笼而已。这种高利润的情况从来不会持续20年以上，随之而来的就是突发的经济危机，通常会经由某种恐慌发出预兆，接下来就是长达20年的经济停滞现象，在这段时期里刚出现的新科技还无法产生足够多的工作岗位，也无法促使经济再度增长，而且没有人能够扭转这种局势，政府对此也无能为力。

第二次世界大战后，长期刺激经济发展的产业，像汽车、钢铁、橡胶、电气设备、消费电子产品、电话还有石油，完全符合康德拉季耶夫周期理论。这些产业在遭受了1973年和1979年的“石油危机”后，便迅速崩溃。在短短几年内，它们就从利润空前的佳境坠落到濒临破产的境地，并在很长一段时间内无法恢复到早期的劳动力雇佣水平。

同样，高科技产业也符合康德拉季耶夫周期理论。然而，康德拉季耶夫理论完全无法解释美国经济实际创造出来的4000万个工作岗位。迄今为止，西欧一直遵循该理论模式，但是美国没有，日本也应该没有。可以说，美国国内发生的某种事件，完全抵销了康德拉季耶夫“科技波动曲线”的负面影响。

对于美国而言，我们可以将康德拉季耶夫经济停滞现象视为一种虚幻，而非事实。因为在美国，我们拥有一种崭新的经济，一种企业家经济。

二

所有这些新就业机会究竟从何处而来？答案是其来源不止一个。

在1982年以来，波士顿出版的《企业》杂志每年都会进行一次百家公司排名活动，每年的评选中，只有1/4是属于高科技企业，其余的3/4则大多为“低科技”含量企业。

对风险投资家所进行的所有调查结果都显示一个模式：在他们的投资组合中高科技通常是最不重要的投资对象。

三

这些成长性的机构除了自身不断快速增长和违反康德拉季耶夫经济停滞理论外，还有什么共同之处呢？事实上，它们都是“新技术”的代表，都是将知识全新地应用到人类工作中去的结果。这就是“技术”的定义。只是，这种“技术”不是电子学、遗传学或是什么新材料。这种“新技术”就是企业家管理。

一旦弄清楚这一点后，美国经济在过去20年间，尤其是最近10年中，就业机会的惊人增长就不足为奇了。它甚至可以和康德拉季耶夫周期理论相互调和。

从1873年至第一次世界大战这50年间，实际发生在美国和德国的状况与康德拉季耶夫周期理论并不吻合。随着1873年维也纳股市的崩盘，英国和法国都进入了漫长的工业停滞期。但是这种情况并没有出现在美国和德国。从“科技”方面来看，这些国家与深受经济停滞之苦的英国和法国并无二致。唯一可以解释的原因就是——企业家。以德国为例，在1870—1914年期间，德国最重要的经济事件就是世界银行（Universal Bank）的创立。它的特定任务是发掘企业家，为他们融资，并迫使他们实施有组织、纪律严明的管理。在美国历史上，像纽约的摩根（J. P. Morgan）那样为企业家服务的银行家，也扮演了类似的角色。

事实上，高科技并不处于“企业家的管理”这类“新技术”的一部分。硅谷的高科技企业家们至今还主要以19世纪的管理模式运行。当然，高科技公司也有许多特例，就是那些了解如何管理企业家精神和创新的高科技公司。在19世纪，德国人维尔纳·冯·西门子创立了一家至今为止仍以他的名字命名的公司。另外，美国人乔治·威斯汀豪斯不仅是伟大的发明家，同时也是成功的企业创建人。

这解释了高科技产业遵循着大起大落传统模式的原因。这种模式一开始的时候闪耀夺目，继而快速扩张，然后便是突然陨落。在5年之内，经历了“从赤贫到巨富，然后又从巨富跌为赤贫”的过程。大多数硅谷公司，以及许多新兴的生物高科技公司，仍然只是发明家而非创新家，是投机家而非创业家。恐怕这也可以解释为什么迄今为止，高科技产业与康德拉季耶夫理论如此吻合，并且无法产生足够的就业机会来重振整个经济。

但是，有系统、有目的、以创业精神管理的“低科技”含量的机构却可以做到这一点。

四

在过去的20~25年的时间里，相当多的美国青年的态度、价值观和抱负都发生了改变。显然，这种现象不是任何观察20世纪60年代末美国青年的观察家所能预料到的。例如，突然间出现那么一大批人愿意常年卖命工作，而且宁愿选择高风险的小公司而不愿选择有保障的大公司，这一现象我们应该如何解释呢？的确，企业家经济的出现，不仅是一种经济和技术问题，而是一种文化和心理问题。然而，不管原因如何，其结果最终还是属于经济范畴。

这种使态度、价值观以及最终的行为发生改变的媒介就是一种“技术”，我们称之为“管理”。正是管理的新应用促成了美国企业家经济的出现，这表现在以下几个方面：

——管理在新建机构中的应用，无论它是营利还是非营利机构。而大多数人迄今为止仍然认为，管理只适用于业已存在的机构中。

—— 管理在小型机构中的应用。仅仅几年以前，大多数人还一口咬定管理只适合于大型机构。

——管理在非企业机构中（如医疗保健、教育等）的应用。而大多数人遇到“管理”一词时，脑子里想到的仍然是“企业”。

——管理应用于根本不被视为“机构”的经济活动中，如地区性餐厅。

——最重要的是，管理应用于系统化的创新上，运用到为满足人类需求，而对新机遇进行的研究发展之中。

管理作为一种“有用的知识”，一种技术，与构成当今高科技产业基础的其他主要知识，如电子学、固态物理学、遗传学以及免疫学，有着同样悠久的历史。管理的起源，大概可以追溯到第一次世界大战前后，在20世纪20年代中期得以发展。但是，作为一种“实用性的知识”（这一点，管理和工程、医学一样的），管理在成为一门学科之前，必须首先通过实践不断地得以完善。到了20世纪30年代后期，美国出现了几家实施管理的大型组织（绝大多数是大型企业），如杜邦公司、通用汽车公司，还有大型零售商西尔斯公司。而在大西洋彼岸，有德国的西门子以及英国的玛莎百货连锁公司。但是管理发展成为一门学科，则是在第一次世界大战和战后的那几年。

大约从1955年开始，所有发达国家都经历了一次“管理繁荣期”。大约40年前，我们称之为“管理”的社会技术，首度展现在一般大众眼前。从此，管理成为一门学科，而不再是只有少数信仰者的漫无目标的实践活动。这40年来，管理与同时期所发生的所有“科学新突破”一样，产生了同样的影响力，或许管理所造成的影响可能更大一些。第二次世界大战后，每个发达国家都成了“组织的社会”，而管理可能算不上促成这一事实的主要因素，甚至也不是一个主要因素。今天，每个发达国家中的大多数人，以及绝大多数受过教育的人，都在组织中工作，其中也包括老板自己。这些人逐渐倾向于称为“职业经理人”，即是受雇者而非组织的所有者，而管理可能也不是造成这一事实的唯一因素，甚至也不是一个主要因素。但是，有一点可以肯定：如果管理没有成为一门系统化的学科，我们就不可能实现目前每个发达国家的社会现状：即“组织的社会”和“雇员的社会”。

诚然，对于管理，我们仍有许多东西要学习，尤其是对知识员工的管理最为迫切。但是，一些基本的管理原理到目前为止，已经得到适度的传播。40年前，即使是大公司的高级管理者，大部分人也没有认识到他们所做的就是管理工作。因为在当时，管理还是一件神秘的事情，而今天它已经变为寻常之事了。

但是，就整体而言，管理迄今为止仍被认为仅仅适用于营利机构，且仅仅用于那些“大机构”。20世纪70年代初，美国管理协会（American Management Association）曾邀请小型机构负责人前去参加它举办的“总裁管理课程”，当时得到的多数回答是：“管理？这不关我的事——那是只给大公司的人听的。”直到1970年或1975年，美国医院的管理人员仍排斥所有带有“管理”标签的事物。他们声称：“我们是医务人员，不是商人。”（在大学里，教职员工至今仍然会说类似的话，尽管他们同时也会抱怨他们的学校如何“管理不善”。）事实上，从第二次世界大战结束到1970年这段漫长的岁月里，“进步”意味着建立更大的机构。

这25年，社会的各个领域（企业、工会、医院、学校、大学等）都倾向于建立更大型的组织，造成这种局面的原因很多。但是其中的主要因素，是我们相信我们能够管理大型机构，但不知道如何管理小型机构。这种想法与当初社会成立大型联合高中的热潮有很大的关系。人们曾声称：“教育需要专业化的管理，机构只有做大才能发挥作用，小机构则办不到这一点。”

最近10年或15年里，这种趋势才得以逆转。事实上，美国现在的发展趋势可能是“限制机构化”，而非“限制工业化”。自20世纪30年代以来，近50年的时间里，美国以及西欧普遍存在着这样一个观念，

总之，我们逐渐认识到，同“管理良好”的大型机构相比，小型机构更需要管理，而且管理对它们的影响也会更大。最重要的是，无论是对新建的企业家型机构，还是对业已存在的注重管理、不断发展的机构而言，管理都会做出同样大的贡献。

举个具体的例子：自19世纪以来，汉堡包售货亭就在美国出现了。第二次世界大战后，它们更是如雨后春笋般出现在大城市的街头巷尾。但是，作为近25年来最为成功的企业之一，麦当劳汉堡包连锁店将管理应用到了昔日毫无规划的夫妻小店的经营模式中。首先，麦当劳设计了最终产品；随后，它重新设计了产品的整个制作工序；接着，它重新设计了操作工具，使得每一块肉、每一片洋葱、每一个圆面包、每一根炸薯条的大小都是一模一样的，结果产生了一个实践精确且完全自动化的制作流程。最后，麦当劳着手研究顾客所看重的“价值”，并将其定义为产品的品质和可预知性、快捷的服务、绝对的干净以及亲切。然后根据这些要求制定出相应的标准，按照标准进行员工培训，同时将员工的工资与这些标准挂钩。

所有这些举措都是管理，而且是相当先进的管理。

管理是引导美国经济迈向企业家经济的一种新技术，它也将促使美国走向企业家社会。事实上，在美国和所有发达国家中，在教育、医疗保健、政府和政治等方面，进行社会创新的天地远比企业和经济领域大得多。在我们这个社会中，引进企业家精神（如今我们正迫切需要）的一个首要前提是，将管理的基本概念和基本技巧应用到新问题和新机遇上。

第 2 章　制定决策

开篇导读

北京金手杖"候鸟旅居"养老模式

北京金手杖国际养老公寓（以下简称"金手杖"）隶属于北京宏福集团，坐落于昌平区 4A 级景区温都水城内，建筑面积达 14 多万平方米，含 5 栋五塔式公寓楼，是一个以养老、康复、休闲服务为主体，以"居住设施、科学管理、人性介护、康复旅游、健康食品、资产管理"全程服务体系为抓手，以全球管理与运营人才为核心资源打造的"候鸟旅居"式养老产业社区。自成立以来，金手杖在衣食住行医等基础层面遵循"老年人本位"思想，坚持用心和细节并举。通过以创新为导向，依托"5H+3E"运营模式，金手杖在行业内形成了独具特色的优势。

"5H+3E"模式实现 360° 全周养老

一直以来，金手杖为实现 360° 全周养老的理念，创新运用"5H+3E"模式。

"Hospital"。依托强大的医疗资源，金手杖在公寓一层设有昌平区北七家社区医院，且多家大型医疗机构近在咫尺，形成独特的区位优势，为提升医疗服务质量奠定坚实基础。

"Hotel"。结合智能科技与酒店管理模式，金手杖创建酒店医护式管理机制，通过 24 小时不间断的医疗信息化服务，充分保障老年人的健康安全。

"Home"。为了让老年人感受到家的温暖，金手杖打造温馨、舒适的个性化居家氛围，通过利用空中连廊将医院、酒店以及周边商业娱乐广场连接起来，实现全形态生活圈无障碍并通，使老年人出行更安全、方便、快捷。

"Hot spring"。依托得天独厚的温泉资源，金手杖创立"偏硅酸温泉群落"，让老年人足不出户享受温泉理疗的养生功效。

"Health"。为持续保证老年人的身体活力，金手杖提供多种多样的娱乐活动项目，包括室内高尔夫、桌球、乒乓球、健身房、舞蹈教室，还有棋牌室、书画室、图书馆、音乐室、电影播放厅、露天剧场等一应俱全，充分满足老年人的需求偏好。

“Environment”。金手杖地处国家4A景区，被环城水系包围，背靠成熟的社区服务，成为养生的绝佳之地。此外，由于临近众多国内知名院校，形成了浓厚的人文情怀。

“Entertainment”。在温都水城与优势媒体合作背景下，金手杖不定期举办大型文艺活动，各种国内外大型赛事频繁亮相，为社区注入时尚新鲜与娱乐元素。

“Economy”。金手杖独创“智慧养老”新模式，引领以养老带投资的新风尚。通过“以房养老”模式，以北京市闲置房产，通过权威机构评估，以委托经营方式置换水城“金手杖”的相应公寓类型，免会员费及相应服务费，享受养生公寓的所有贴心服务，解决老人养老的资金难题，真正做到“以房养老”。

开创“候鸟旅居”养老模式满足异质性需求

作为国家旅居养老示范项目，金手杖以其自身优势开创了“游住养生，旅居养老”的新模式。金手杖秉持“在最合适的季节，去不一样的城市，乐享候鸟择宜而栖的浪漫生活”理念，选择国内不同城市，开发“候鸟旅居”式养老模式。随着“一带一路”建设的推进，金手杖积极谋划国际化养老驿站，母公司北京宏福集团开拓了俄罗斯圣彼得堡、塞浦路斯等海外市场，金手杖养老公寓由原来会员老人“冬在海南博鳌，夏在东北五大连池，春秋驻北京”进一步发展为“畅游欧洲庄园，体验海外风情”，为老年人提供更为细致的养老服务，真正实现“颐养天年”。

同时，经过深入的调研与分析，依照当前北京养老问题实际情况，金手杖设计体验、一年期、五年期、三十年期、旅居五种模式，通过分级定价，满足不同家庭照顾老人的不同需求，极大地降低了家庭养老成本。

思考题：

1）金手杖的成功经验是什么？

2）你认为金手杖未来如何实现利润与社会效益最大化？

2.1 理论回顾

2.1.1 决策及其制定过程

1. 管理与决策

美国学者 P. 马文曾做过这样的一个调查，他向一些单位的高层管理者提出以下三个问题："你认为你每天最重要的事情是什么？""你每天在哪些方面花的时间最多？""你在履行你的职责时感到最困难的是什么事？"

结果 90%以上的回答都是决策。

管理就是决策。在管理决策理论学派看来，决策是管理的核心。管理的各层次，无论是高层，还是中层和下层，都是在进行决策。

延伸阅读 2-1：西蒙及其决策理论

赫伯特·西蒙（Herbert A. Simen）（1916—2001）是决策管理学派的主要代表人物，该学派是在社会系统学派的基础上发展起来的，他们把第二次世界大战以后发展起来的系统理论、运筹学、计算机科学等综合运用于管理决策问题，形成了一门有关决策过程、准则、类型及方法的较完整的理论体系。

西蒙 1945 年出版的《管理行为》是他最重要的著作。其主要内容有两个方面：首先是"有限度的理性"和"令人满意的准则"，其次是决策过程理论。

1978 年瑞典皇家科学院授予西蒙诺贝尔经济学奖时对他的学术贡献评价："组织决策理论已经被成功地用于解释和预测各方面的活动，如公司内部取得信息能力的分布和决策的制定，市场调整与有限竞争，选择证券投资和选择一个国家进行国外投资。现代企业经济学和管理研究大部分基于西蒙的思想。"

从管理学的观点看，决策的直接含义就是，在若干可供选择的行动方案中做出选择。在管理的五项基本职能中几乎都会遇到决策问题。对于管理者来说，决策是最重要、最困难、最花精力和最冒风险的事情。

实际上，企业出现的许多问题，如果仔细追究，大多是源头决策的问题。只要决策做正确了，大的方向定好了，其他的就变成细枝末节。

2. 决策制定过程

决策制定过程常被描述为"在不同方案中进行选择"，但这种观点显然过于简单了，为什么？因为决策制定是一个过程而不是简单的选择方案的行为。

如图 2-1 所示，决策制定过程从识别问题开始，到评价决策效果结束。

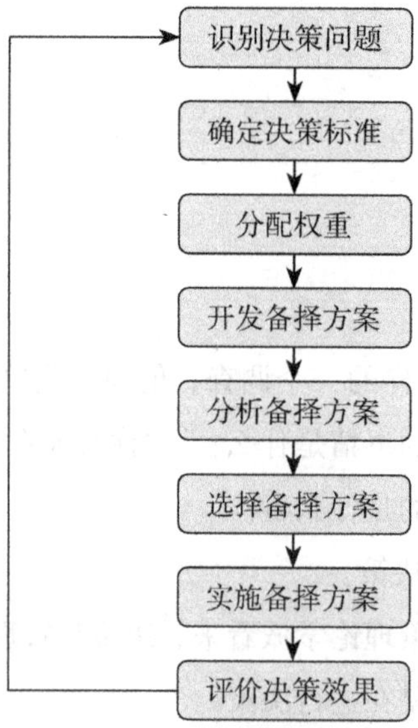

图 2-1　决策制定过程

（1）步骤 1：识别决策问题

决策制定过程始于一个存在的问题（Problem），或更具体一些，存在着现实与期望状态之间的差异。这种差异可能是内生驱动的，也可能是外生触发的。例如，A 出租汽车公司在 2007 年就面临一个重大决策问题：更新出租汽车。

北京市为成功举办 2008 年奥运会，决定从 2003 年到 2007 年 5 月间更新市内现有全部出租车，并出台了相关的鼓励措施。显然，对 A 出租汽车公司来说，更新出租汽车是一个现实存在的问题。

事实上，许多问题还需要管理者认真甄别。例如，销售额下降，有人认为是销售人员不努力，可销售部门认为是因为价格下调所导致，这就需要管理者予以认真分析，辨别是什么原因导致销售额下降。

我们都知道，问题识别带有很强的主观性。进一步，如果管理者解决了一个完全错误的问题，就如同管理者没有发现正确的问题以及什么都没做一样糟糕。问题的识别不是那么简单，以 2008 年宏观调控为例，2008 年年初，各项经济指标过热，国家确立了“双防”的宏观调控政策，就是要把防止经济增长由偏快转为过热、防止价格由结构性上涨演变为明显通货膨胀。可是，不久由于美国次贷引发的全球经济挑战，2008 年 7 月，宏观调控政策迅速调整为“一保一控”，也就是保持经济平稳较快发展、控制物价过快上涨。到 2008 年 10 月，随着美国次贷危机升级为世界金融危机，西方主要经济体陷入衰退的风险不断加大，国内房地产、钢铁、汽车等重要支柱产业产销大幅度下滑，宏观调控政策调整为“保增长、扩内需”。

因此，在现象、事情被确认为问题之前，管理者需要意识到问题，感到有采取行动的压力，以及拥有采取行动的资源。那么，管理者是如何意识到问题的存在呢？

首先，管理者需要比较现状与希望状态的差异。这就需要将事情的现状和某些标准进行比较。标准是什么？它可以是过去的绩效，也可以是预先设置的目标，或者是组织中其他一些单位的绩效，也可以是其他组织中类似单位的绩效。

其次，要有压力。一个没有压力的差异是一个可推迟到未来某个时间的问题。故作为决策过程的开端，问题必须给管理者施加某种压力，以促使其行动。压力也许包括组织政策、截止期限、财政危机、上司的期望，或即将来临的绩效评定等。

最后，管理者拥有解决问题的职权或职责。如果管理者觉得他们没有职权、资金、信息或其他采取行动所需的资源，他们不大可能将事情当作问题。当管理者觉察到一个问题并承受着采取行动的压力，可是他们感到资源不足时，他们常将情况描述成是因为不现实的期望造成的。

（2）步骤 2：确定决策标准

管理者一旦确定了需要注意的问题，则对于解决问题中起重要作用的决策标准（Decision Criteria）也必须加以确定。就是说，管理者必须确定什么因素与决策相关。

在更新出租车的实例中，“排量不低于 1.6 升，车长 4.2 米以上，装备 GPS 全球卫星定位系统”就可以被确定为决策标准，“实际油耗、保养费用、维修费用、便利性、采购价格”也可以被确定为决策标准。

无论明确表述与否，每一位决策者都有指引他决策的标准。在决策制定过程的这一步，什么不作为标准、什么作为标准是同等重要的。

（3）步骤 3：分配权重

步骤 2 中所列的各个决策标准，在决策时并非是同等重要的。因此，为了在决策中恰当地考虑它们的优先权，有必要明确步骤 2 所述各个标准的重要性，也就是赋权值（见表 2-1）。

表 2-1　出租汽车更新中的决策标准及权重

功能要求	指标描述	权重
实际油耗	实际运营（开空调）百公里不超过 10 升	40%
保养费用	质量担保之后每 10 万公里保养费用不能超过 5000 元	7.5%
维修费用	每 10 万公里维修费用不超过 8000 元	7.5%
便利性	在北京的 4S 店不能少于 4 家	5%
采购价格	单台车价格不能高于 115000 元	40%

从表 2-1 中可以看到，“实际油耗”和“采购价格”是 A 出租汽车公司最为关注的两个决策标准。进一步，A 出租汽车公司还细化了各个决策标准的评估要求（见表 2-2）。

表 2-2　A 出租公司对新出租汽车的采购评估表

<table>
<tr><td colspan="5">要求：必须满足“排量不低于1.6升，车长4.2米以上，装备GPS全球卫星定位系统”这一基本要求。在“一年或10万公里质量担保，维修备件享受一年或5万公里质量保修”之外，还评估以下这些指标：</td></tr>
<tr><th>功能要求</th><th>指标描述</th><th>权重</th><th>评估档次</th><th>评分</th></tr>
<tr><td rowspan="3">实际油耗</td><td rowspan="3">实际运营（开空调）百公里不超过10升</td><td rowspan="3">40%</td><td>10升>实际运营油耗≥9升</td><td>3</td></tr>
<tr><td>9升>实际运营油耗≥8升</td><td>7</td></tr>
<tr><td>8升以下</td><td>10</td></tr>
<tr><td rowspan="4">保养费用</td><td rowspan="4">质量担保之后每10万公里保养费用不能超过5000元</td><td rowspan="4">7.5%</td><td>5000元>保养（每10万公里）≥4000元</td><td>1</td></tr>
<tr><td>4000元>保养（每10万公里）≥3000元</td><td>3</td></tr>
<tr><td>3000元>保养（每10万公里）≥2000元</td><td>6</td></tr>
<tr><td>2000元以下</td><td>10</td></tr>
<tr><td rowspan="3">维修费用</td><td rowspan="3">每10万公里维修费用不超过8000元</td><td rowspan="3">7.5%</td><td>8000元>保养（每10万公里）≥6000元</td><td>4</td></tr>
<tr><td>6000元>保养（每10万公里）≥4000元</td><td>6</td></tr>
<tr><td>4000元以下</td><td>10</td></tr>
<tr><td rowspan="3">便利性</td><td rowspan="3">在北京的4S店不能少于4家</td><td rowspan="3">5%</td><td>多于8家</td><td>10</td></tr>
<tr><td>8家≥4S店数≥4家</td><td>8</td></tr>
<tr><td>4家以下</td><td>2</td></tr>
<tr><td rowspan="5">采购价格</td><td rowspan="5">单台车价格不能高于115000元</td><td rowspan="5">40%</td><td>115000元>价格≥105000元</td><td>2</td></tr>
<tr><td>105000元>价格≥95000元</td><td>4</td></tr>
<tr><td>95000元>价格≥85000元</td><td>6</td></tr>
<tr><td>85000元>价格≥75000元</td><td>8</td></tr>
<tr><td>75000元以下</td><td>10</td></tr>
</table>

（4）步骤 4：开发备择方案

步骤 4 要求决策制定者列出能成功地解决问题的可行方案。这一步无须评价方案，仅须列出即可。

A 出租汽车公司根据表 2-2 的决策标准对 J 车、K 车、F 车、Y 车四款车进行了列表评价，如表 2-3 所示。

表 2-3 出租汽车更新中四款车的评价

功能要求	J 车	K 车	F 车	Y 车
实际油耗	7	7	7	3
保养费用	10	10	6	10
维修费用	6	6	6	10
便利性	10	10	8	10
采购价格	6	8	10	10

（5）步骤 5：分析备择方案

方案一旦拟订后，决策者还需要认真地分析每一种方案。这些方案经过与步骤 2、3 所述的标准及权重的比较后，每一方案的优缺点就变得明显了（见表 2-4）。

表 2-4 出租汽车更新中四款车的评估结果

功能要求	权重	J 车	K 车	F 车	Y 车
实际油耗	40%	2.8	2.8	2.8	1.2
保养费用	7.5%	0.75	0.75	0.45	0.75
维修费用	7.5%	0.45	0.45	0.45	0.75
便利性	5%	0.5	0.5	0.4	0.5
采购价格	40%	2.4	3.2	4.0	4.0
合计		6.9	7.7	8.1	7.2

（6）步骤 6：选择备择方案

步骤 6 是从所列的和评价的方案中选择最优方案的关键步骤。既然我们已经确定了所有与决策相关的因素，恰如其分地权衡了它们的重要性，并确认了可行方案，那么我们仅须选择步骤 5 中得分最高的方案。

从表 2-4 中可以看出，F 车的得分最高，也就是说，A 出租汽车公司应将 F 车作为更新的替换车型。

（7）步骤 7：实施备择方案

尽管步骤 6 已完成了选择的过程，但如果方案得不到恰当的实施，仍可能是失败的。所以，步骤 7 涉及将方案付诸行动。

实施（Implementation）是指将决策传递给有关人员并得到他们行动的承诺。通常，群体或团队能够帮助管理者做出承诺。如果即将执行决策的员工参与了决策的制定过程，那么，他们可能会有更大的热情支持决策的执行，以及取得成果。

（8）步骤8：评价决策效果

决策制定过程的最后一步就是评价决策效果，看它是否已解决了问题。步骤6选择的和步骤7实施的方案，取得理想的结果了吗？

评价的结果如发现问题依然存在会怎样呢？管理者需要仔细分析什么地方出了差错。是没有正确认识问题吗？是在方案评价中出错了吗？是方案选对了但实施不当吗？对此类问题的回答将驱使管理者追溯前面的步骤，甚至可能需要重新开始整个决策过程。

2.1.2 管理决策

1. 问题和决策的类型

问题性质不同，决策也就不同。想想，员工晚上加班，是否替员工订个盒饭，这是一种问题类型；而经济危机之后，是否应该调整全员薪资，这是另一种问题类型。

（1）结构良好的问题与程序化决策

有些问题是一目了然的，决策者的目标是清晰的，问题是熟悉的，有关问题的信息收集也是便利的，如顾客退货、加班应加发工资等等，这类问题称为结构良好的问题（Well-structured Problems）。结构良好的问题是指那些直观的、熟悉的和易确定的问题，它们与完全理性假设接近一致。结构良好的问题下的决策被称为程序化决策（Programmed Decision）。

程序化决策是按原来规定的程序、处理方法和标准去解决管理中经常出现的问题，又称常规决策、重复性决策、例行决策。这类决策问题比较明确，有一套固定的程序来处理。在管理工作中，约有80%的决策属于程序化决策。

在程序化决策中有三种指南：

1）程序。程序（Procedure）是指相互关联的一系列顺序步骤，管理者遵循这些步骤对结构化问题做出响应。例如，酒店后厨经理上班后收到餐厅经理传过来的一份工作单，要求中午为240名顾客提供标准为80元、代码为A套的自助餐，随即，后厨经理根据备料情况向采购经理发出一份采购需求单。

2）规则。规则（Rule）是一种清晰的陈述，告诉管理者需要做什么不应该做什么。在电影《玩命速递》（*The Transporter*）中主角在片中就确立了三个规则：一是接下买卖就不再变动，二是不问姓名，三是不看包裹。

3）政策。政策（Policy）提供了引导管理者沿着特定方向思考的指南。与规划不同，政策试图为决策者确立一些参数，而不是具体说明应做什么，不应做什么。美国西南航空公司（Southwest Airlines）不仅仅以其低成本而闻名，其顾客服务亦非常出色。西南航空公司认为友善的工作环境能够让员工提供高质量的顾客服务。西南航空公司员工常常干些超越责任范围的工作，一次有位 87 岁客户因错过转机时间，公司业务代表请客户到他家过夜。公司甚至明文规定："只要员工使用正面性判断和传统的正面常识服务顾客，无论结果如何或公司是否有其他规定，将不会受到任何处罚。"显然，这种表述就是一种政策。

（2）结构不良的问题与非程序化决策

并不是所有问题都是结构良好的问题，很多情况下，管理者也要面临一些结构不良的问题（Ill-structured Problems）。结构不良问题具有多个抽象的目标，问题的已知条件可辨别性差，甚至不存在已知条件；问题有多种不可验证的解法，或者没有解法。例如，SARS 的防控就是一类典型的结构不良的问题，在此前并没有出现同样的病例，对其传染性没有深刻的认知。

面对结构不良的问题，管理者需要依靠非程序化的决策方法以及开发专门的问题解决方案。非程序化决策（Nonprogrammed Decisions）是解决以往无先例可循的新问题，具有极大的偶然性和随机性，很少发生重复，又称非常规决策、例外决策。其决策步骤和方法难以程序化、标准化，不能重复使用。

随着管理者地位的提高，面临的不确定性增大，决策的难度加大，所面临的非程序化决策的数量和重要性也都在逐步提高，进行非程序化决策的能力变得越来越重要。

2. 问题类型、决策类型和组织层次

图 2-2 描述了问题类型、决策类型以及组织层次三者间的关系。

通常，结构良好问题是与程序化决策相对应的，结构不良问题需要非程序化决策。低层管理者主要处理熟悉的、重复发生的问题，因此，他们主要依靠像标准操作程序那样的程序化决策。而越往上层的管理者，他们所面临的问题越可能是结构不良问题。为什么呢？因为低层管理者自己处理日常决策，仅把他们认为无前例可循的或困难的决策向上呈送。类似的，管理者将例行性决策授予下级，以便将自己的时间用于解决更棘手的问题。

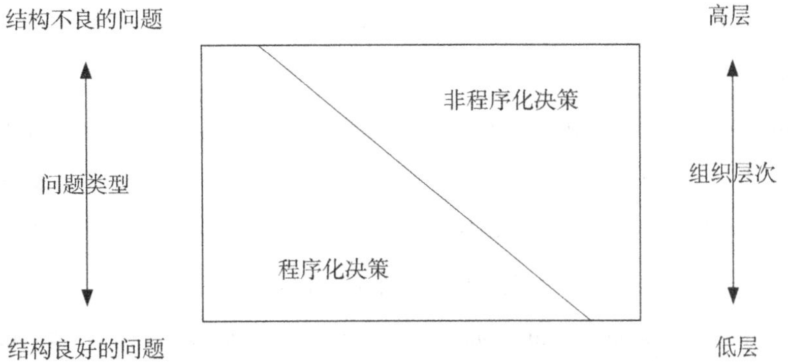

图 2-2　问题类型、决策类型和组织层次

在现实社会中，极少的管理决策是完全程序化的或完全非程序化的，这是两个极端，而绝大多数决策介于两者之间。极少有程序化决策完全排除了个人判断；另一方面，程序化的决策程序有助于做出那些毫无先例的、只有用非程序化决策方法制定的决策。我们最好将决策看作是程序化为主的或非程序化为主的决策，而不是绝对地将这两类决策看作非此即彼。

最后一点，采用程序化决策有利于提高组织效率，这可以说明为什么程序化决策得到广泛应用。只要可能，管理决策都应当程序化。显然，这对组织上层不太现实，因为高层管理所面临的许多问题不具有重复性。

延伸阅读 2-2：标准操作规程（SOP）

SOP（Standard Operation Procedure）是操作人员的操作指南，是质量体系中不可缺的部分，也是监督人员用于检查工作的依据；它是用来促进质量一致性和产品完整性的重要文件。

SOP 使得日常工作或反复性的操作、管理在产品的质量和完整性上保持一致。ISO 9001：2000 版就明确要求工作现场应具备 SOP。ISO 9000 质量管理标准是代表质量管理的哲学表现。它的精髓是“写你所做，做你所写”，它要求员工的操作必须按文件进行。这样，可便于检查员及管理人员监控，也便于新员工迅速掌握操作要领。

3. 决策制定条件

管理者在制定决策时可能面临三种条件：确定性、风险性和不确定性。

（1）确定性

对管理者来说，理想的情况是确定性（Certainty）条件，在这种情况下，管理者可以做出精确的决策，因为每一种方案的结果是已知的。

近代哲学一直寻求将知识奠基于确定性之上。笛卡尔将确定性理解为怀疑的不可能性。有些人在思想或经验中寻求确定性，它们是不可否认的，并可以提供一个基础来接受不那么确实的东西。

（2）风险性

更一般的情况是风险性（Risk）条件。所谓风险，是指那些决策者可以估计某一结果或方案的概率的情形。这种估计结果的概率的能力，可能来自个人经验或是对第二手资料的分析。在风险性条件下，决策者能够估计出每一种备择方案的可能性或结果。

风险的界定有两种观点：一种观点称为“主观风险说”，该观点认为，所谓风险就是损失的不确定性（Risk is uncertainty concerning loss）。另一种观点被称为“客观风险说”，这种观点认为，风险是存在的事物，可以用客观尺度加以衡量（Risk is measured by an objective probability）。

（3）不确定性

在既不属于确定性情况也无法估计概率的情况下，如果我们必须做决策会发生什么情况呢？我们称此情境为不确定性（Uncertainty）状态，这时的选择将受决策者心理导向的影响。

博彩或叫赌博之所以有吸引力，不仅是由于这种行为带有风险，还主要是由于这种游戏充满着不确定性，因为倘若赌博只有风险而没有不确定性，那么许多风险厌恶者或风险中性者都不会参与赌博，但在我们可以观察到的生活现象中，不少对风险厌恶及持中性态度的人都会参与赌博活动，由此亦可以证明博彩的吸引力不单是来自它的“风险”，还在于它的“不确定性”。

乐观的管理者会选择极大极大方案（决策者根据每个方案在未来可能取得的最大收益值来进行比较，从中选出能带来最大收益的方案，即大中取大）；而悲观的管理者会追求极大极小方案（决策者根据每个方案在各最差自然状态下的收益值来进行比较，从中选出能带来最大收益的方案，即小中取大）；持折中观点的管理者在决策时既不把未来想象得非常光明，也不将未来看得过于黑暗，会根据个人的估计，算出各方案的期望收益值，经过比较，从中选出期望收益值最大的方案。

延伸阅读2-3：奈特和《风险、不确定性和利润》

为了说明利润的来源，经济学家奈特（Frank Hyneman Knight，1885—1972）在其1921年出版的《风险、不确定性和利润》一书中首先区分了两种不确定性：用“风险”指可度量的不确定性，用“不确定性”指不可度量的风险。风险是一种人们可知其概率分布的不确定，但是人们可以根据过去推测未来的可能性；而不确定性则意味着人类的无知，因为不确定性表示着人们根本无法预知没有发生过的将来事件，它是全新的、唯一的、过去从来没有出现过的。

奈特认为，在不确定性假设下，所有的生产决策是在知识有限的情况下做出的，以至于对可能出现结果的概率计算成为不可能。由于每个决策只产生一种唯一的结果，所以，个体决策所导致的一系列可能的结果不受统计计量的约束。经济学分析是在完全竞争假设下对经济运行机制的研究，完全竞争是一个使产品价值与其成本趋于一致的过程，但是，在现实中两者总存在一个差额，这个差额就是利润。也就是说，由于现实中的竞争并非完全竞争，理论与实际的不一致性造成了不确定性，从而不确定性是利润存在的基础。

4. 决策制定风格

学者肯尼思·布鲁索（Kenneth R. Brousseau）、迈克尔·德赖弗（Michael J. Driver）、加里·胡里翰（Gary Hourihan）、里卡德·拉松（Rikard Larsson）对一个涵盖120000多名管理人员的数据库进行了研究，认为管理者的决策风格在两方面存在本质区别：一是信息使用方式，二是备选方案产生方式。在信息的使用方面，有的人在做任何决定之前都要研究大量数据，这些管理者可以被称为“最大化者”（Maximizer）。如果不能确信自己已经找到了最佳答案，他们决不罢休。因此，他们的决策通常有充分的依据，但可能会以牺牲时间和效率为代价。而另一类决策者只要关键事实。他们常常先迅速做出假设，然后在行动中加以验证，可以将他们称之为“易满足者”（Satisficer），因为他们一旦获得了可以满足自己要求的必要信息，便会毫不犹豫地采取行动。

可以用一个矩阵来区别四种决策风格：果决型（少量信息，单一方案），灵活型（少量信息，多种方案），层级型（大量信息，单一方案），以及综合型（大量信息，多种方案），如图 2-3 所示。

层级型 大量信息，单一方案	**综合型** 大量信息，多种方案
果决型 少量信息，单一方案	**灵活型** 少量信息，多种方案

图 2-3　决策风格

（1）果决型

此类决策者注重行动、速度、效率以及前后一致性。一旦决定实施某项计划，他们就会坚定不移，并准备做下一个决策。与人交往时，他们看重诚实守信、思路清晰、忠心耿耿的品质，尤其欣赏干练的风格。对他们来说一寸光阴一寸金。

（2）灵活型

与果决型决策者一样，灵活型决策者关注速度，但是强调的重点是适应性。碰到问题时，采取灵活型决策风格的人会收集刚好足够的数据，以便选择一个行动方案，并在必要时迅速改变行动方向。

（3）层级型

此类决策者不会仓促下结论。他们会分析大量的信息，还希望其他人献计献策，并且会迅速对他人的观点、分析和决定提出质疑。从层级型决策者的角度看，决策应该经得起时间的考验。

（4）综合型

此类决策者不一定要寻找唯一的最佳答案。他们倾向于十分宏观地看待任何形势，把可能互相重叠的多种相关因素纳入考虑范围。因此，他们制定的决策往往带有更宏观的视野，包含多个行动方案。与他人合作时，综合型决策者在得出任何最终结论前，喜欢收集各种信息，乐于研究各种不同观点，包括那些与自己的观点相左的看法。对他们来说，决策的制定并非一件事，而是一个过程。

当然，任何管理者不会纯粹属于某种风格。决策风格是否恰当还取决于具体环境，因此管理人员需要具备运用所有四种风格的能力。例如，在某个企业环境中，管理者可能会因为过往资料不足或者时间紧迫而无法进行深入分析和细致考虑。实际上，在相对不确定的环境中，多焦点的决策风格可能更为恰当，而在稳定的环境中，人们则会更多地采用单焦点决策风格。

除此之外，研究还表明，管理者在公开场合与在私人场合下做决策的方式有所不同，因为在公开场合，他们知道自己的一举一动有很多人关注，而独处时，他们没有必要解释或者说明自己的决策过程。我们可以把管理者在公开场合的决策方式称为“领导风格”，而把非公开场合的决策方式称为“思考风格”。

2.1.3 群体决策

1. 群体决策的优缺点

组织中的许多决策，尤其是对组织的活动和人事有极大影响的重要决策，是由集体制定的，很少有哪个组织不采用委员会、研究小组或类似的组织作为制定决策的工具。研究表明，管理者40%或更多的时间是花费在各种会议上。毫无疑问，这些时间的大部分都用于确定问题，找到解决问题的方案以及决定如何实施方案。事实上，将决策制定过程的八步骤中的任一步分派给某个群体去完成都是可能的。

（1）群体决策的优点

个人决策和群体决策都各具优点，但两者都不能适用于所有情况。

相对于个人决策而言，群体决策的优点有：

1）提供更完整的信息。“三个臭皮匠，顶个诸葛亮”，一个群体将带来个人单独行动所不具备的多种经验和不同的决策观点。

2）产生更多的方案。因为群体拥有更多数量和种类的信息，他们能比个人制定出更多的方案。当群体成员来自不同专业领域时，这一点就更为明显。例如，一个由工程、会计、生产、营销和人事代表组成的群体，将制定出反映他们不同背景的方案。

3）增加对某个解决方案的接受性。许多决策在做出最终选择后却以失败告终，这是因为人们没有接受该解决方案。但是如果让受到决策的影响或实施决策的人们参与了决策制定，他们将更可能接受决策，并更可能鼓励他人也接受它。通常，群体成员不愿违背他们自己参与制定的决策。

4）提高合法性。群体决策制定过程是与民主思想相一致的，因此人们觉得群体制定的决策比个人制定的决策更合法。拥有全权的个体决策者不与他人磋商，这会使人感到决策是出自独裁和武断。

（2）群体决策的不足

当然，群体决策并非完美无缺。其主要不足有：

1）消耗时间。组成一个群体显然要花时间。此外，一旦群体形成，其成员之间的相互影响常导致低效，结果造成群体决策总要比个人决策花更多的时间。

2）少数人统治。一个群体的成员永远不会是完全平等的。他们可能会因组织职位、经验、有关问题的知识、易受他人影响的程度、语言技巧、自信心等因素而不同。这就为单个或少数成员创造了发挥其优势、驾驭群体中其他人的机会。支配群体的少数人，经常对最终的决策有过分的影响。

3）屈从压力。在群体中个体要屈从社会压力。从而导致所谓的群体思维（Group Thinking），即群体对于从众的压力使群体对不寻常的、少数人的或不受欢迎的观点得不出客观的评价。在群体就某一问题或事宜的提议发表意见时，有时会长时间处于集体沉默状态，没有人发表见解，而后人们又会一致通过。通常是组织内那些拥有权威，说话自信，喜欢发表意见的主要成员的想法更容易被接受，但其实大多数人并不赞成这一提议。之所以会这样，因为群体成员感受到群体规范要求共识的压力，不愿表达不同见解。这时个体的思辨及道德判断力都会受到影响而下降。这种情形下做出的群体决策往往都是不合理的失败的决策。当一个组织过分注重整体性，而不能持一种批评的态度来评价其决策及假设，这种情况就会发生。

4）责任不清。群体成员分担责任，但实际上谁对最后的结果负责却不清楚。在个人决策中，谁负责任是明确具体的。而在群体决策中，任何一个成员的责任都被冲淡了。

5）群体偏移（Group Shift）。群体决策与群体成员的个人决策在决策风险上存在差异。群体决策也许会更保守，但多数情况会更冒险。

2. 群体决策的效果和效率

群体决策是否比个人决策更有效，取决于你如何定义效果。群体决策趋向于更精确。有证据表明，一般而言，群体能比个人做出更好的决策。当然这不是说所有的群体决策都优于每一个个人决策，而是群体决策优于群体中平均的个人所做的决策，但它们绝不比杰出的个人所做的决策好。

如果决策的效果是以速度来定义的话，那么个人决策更为优越。以反复交换意见为特点的群体决策过程，也是耗费时间的过程。

效果也可以指一种方案所表明的创造性程度。如果创造性是重要的，那么群体决策比个人决策更为有效。但这要求培养群体思维的推动力必须受到限制。在下一部分，我们将探讨几种医治群体思维病的疗法。

效果的最后一个标准是最终决策的接受程度。如前所述，因为群体决策参加的人更多，所以他们有可能制定出更广为人接受的方案。

群体决策的效果还受群体大小的影响。群体越大，异质性的可能性就越大。另一方面，一个更大的群体需要更多的协调和更多的时间促使所有的成员做出贡献。因此，群体不宜过大：小到5人，大到15人即可。有证据表明，5~7个人的群体在一定程度上是最有效的。因为5和7都是奇数，可避免不愉快的僵局。这样的群体大得足以使成员变换角色和退出尴尬的状态，却又小得足以使不善辞令者积极参与讨论。

延伸阅读2-4：董事会规模及效率

最早提出限制董事会规模的是Lipton和Lorsch（1992），他们认为董事会的规模最好为8到9人，最大不应超过10人。随后Jensen（1993）在分析前两者观点的基础上，提出随着董事会内人数的增加，尊敬和礼貌及不让CEO难堪的风气会占上风，坦率和追求真理的好作风会遭丢弃，因而他认为董事会人数若超过7到8人，则董事会易于受CEO操纵，不可能很好地发挥作用。Yermack（1996）则开创实证研究分析董事会规模的先例，他以《福布斯》1984—1991年度452家美国公司为样本，对董事会规模与公司价值之间的相关性进行的经验分析结果显示，董事会规模与公司价值（以托宾Q值表示）之间呈现出负相关的凹型曲线关系。当董事会规模从6人上升到12人时，公司价值的损失相当于董事会人数从12人上升到24人时的损失，即当董事会的规模从小型向中型变化时，公司价值的损失最大。

关于理想的董事会的规模至今尚没有令人满意的答案。经营的类型（或是非营利领域）、治理结构、所有权、公司发展阶段，以及调整的要求都将引起董事会规模发生大幅度的变化。

当然，有几个趋势正在发挥作用。近几年公司董事会的平均规模正在缩小。15人、20人，甚至更多成员的董事会都曾是可以接受的，而今天的平均人数是10到12个。非营利性组织董事会的规模倾向于比营利性组织的董事会更大一些，但原因是其更多的是考虑到政策而非效率（关于缩小非营利性组织董事会规模的有益的争论正在升温）。科技公司董事会的规模一般小于平均水平。而另有专业人士认为"8到12个董事会成员依然是中等公司董事会的适宜规模"。

离开了效率的评价，效果就无从谈起，群体决策者和个人决策者相比，其效率几乎总是稍逊一筹，几乎毫无例外，群体决策比个人决策消耗的工作时间更多。一般来说，群体决策的效率更低。在决定是否采用群体决策时，主要的考虑是效果的提高是否足以抵消效率的损失。

3.改进群体决策的方法

当群体成员面对面交流或相互作用时，他们就在形成潜在的群体思维，他们会自我检讨并对其他成员造成压力。有四种使群体决策更具创造性的方法：头脑风暴法、名义群体法、德尔菲法及电子会议法。

（1）头脑风暴法

头脑风暴法（Brain Storming）是为了克服阻碍产生创造性方案的遵从压力的一种相对简单的方法。它利用一种思想产生过程，鼓励提出任何种类的方案设计思想，同时禁止对各种方案的任何批评。

头脑风暴法是由美国创造学家 A. F. 奥斯本于 1939 年首次提出、1953 年正式发表的一种激发性思维的方法。在典型的头脑风暴会议中，一些人围桌而坐。群体领导者以一种明确的方式向所有参与者阐明问题。然后成员在一定的时间内"自由"提出尽可能多的方案，不允许任何批评，并且所有的方案都当场记录下来，留待稍后再讨论和分析。

实践经验表明，头脑风暴法可以排除折中方案，对所讨论问题通过客观、连续的分析，找到一组切实可行的方案，因而头脑风暴法在军事决策和民用决策中得到较广泛的应用。例如在美国国防部制订长远科技规划中，曾邀请 50 名专家采取头脑风暴法开了两周会议。参加者的任务是对事先提出的长远规划提出异议。通过讨论，得到一个使原规划文件变为协调一致的报告，在原规划文件中，只有 25%~30% 的意见得到保留。由此可以看到头脑风暴法的价值。

当然，头脑风暴法实施的成本（时间、费用等）是很高的，另外，头脑风暴法要求参与者有较好的素质。这些因素是否满足会影响头脑风暴法实施的效果。

（2）名义群体法

名义群体法（Nominal Group Technique）是指在决策过程中对群体成员的讨论或人际沟通加以限制，但群体成员是独立思考的。像召开传统会议一样，群体成员都出席会议，但群体成员首先进行个体决策。

名义群体法的主要优点在于，使群体成员正式开会但不限制每个人的独立思考，同时又不像互动群体那样限制个体的思维，而传统的会议方式往往做不到这一点。

具体来说，名义群体法遵循以下步骤：

1）成员集合成一个群体；但在进行任何讨论之前，每个成员独立地写下他对问题的看法。

2）经过一段沉默后，每个成员将自己的想法提交给群体。然后一个接一个地向大家说明自己的想法，直到每个人的想法都表述完并记录下来为止（通常记在一张活动挂图或黑板上）。在所有的想法都记录下来之前不进行讨论。

3）群体现在开始讨论，以便把每个想法搞清楚，并做出评价。

4）每一个群体成员独立地把各种想法排出次序，最后的决策是综合排序最高的想法。

（3）德尔菲法

德尔菲法（Delphi Method）是一种更复杂、更耗时的方法，除了并不需要群体成员列席外，它类似于名义群体法。

德尔菲法又名专家意见法，是依据系统的程序，采用匿名发表意见的方式，即团队成员之间不得互相讨论，不发生横向联系，只能与调查人员发生关系，以反复的填写问卷，以集结问卷填写人的共识及搜集各方意见，可用来构造团队沟通流程，应对复杂任务难题的管理技术。

德尔菲法是在 20 世纪 40 年代由 O. 赫尔姆和 N. 达尔克首创。1946 年，美国兰德公司为避免集体讨论存在的屈从于权威或盲目服从多数的缺陷，首次用这种方法用来进行定性预测，后来该方法被迅速广泛采用。20世纪中期，当美国政府执意发动朝鲜战争的时候，兰德公司又提交了一份预测报告，预告这场战争必败。政府完全没有采纳，结果一败涂地。从此以后，德尔菲法得到广泛认可。

德尔菲法是预测活动中的一项重要工具，在实际应用中通常可以划分三个类型：经典型德尔菲法（Classical Delphi Method）、策略型德尔菲法（Policy Delphi Method）和决策型德尔菲法（Decision Delphi Method）。

（4）电子会议法

电子会议法（Electronic Meetings）是群体预测与计算机技术相结合的预测方法。在使用这种方法时，先将群体成员集中起来，每人面前有一个与中心计算机相连接的终端。群体成员将自己有关解决决策问题的方案输入计算机终端，然后再将它投影在大型屏幕上。

专家们认为，电子会议法比传统的面对面的会议快55%。例如，某家大型采矿公司运用这种方法，使它们的年度计划会议从几天缩短到12小时。但这种方法也有缺点：那些打字速度快的人，与口才好但打字速度慢的人相比，能够更好地表达自己的观点；想出最好建议的人也得不到应有的奖励；而且这样做得到的信息也不如面对面的沟通所能得到的信息丰富。虽然这种方法现在正处于发展阶段，但未来的群体决策很可能会广泛地采用电子会议法。

（5）群体决策方法比较

头脑风暴法、名义群体法、德尔菲法及电子会议法，这四种群体决策方法各有优劣，详见表2-5。

表2-5 群体决策方法比较

效果＼决策方法	头脑风暴法	名义群体法	德尔菲法	电子会议法
观点的数量	中等	高	高	高
观点的质量	中等	高	高	高
社会压力	低	中等	低	低
财务成本	低	低	低	高
决策速度	中等	中等	低	高
任务导向	高	高	高	高
潜在的人际冲突	低	中等	低	低
成就感	高	高	中等	高
对决策结果的承诺	不适用	中等	低	中
群体凝聚力	高	中等	低	低

2.1.4 管理决策的新进展

1. 决策理论

决策理论的发展大致经历了统计决策、序贯决策、多目标决策、群决策、模糊决策理论、集成决策理论等几个阶段。

传统的统计决策理论只适合可以大量重复性的实际问题的决策情形。对于一次性事件或稀少事件，则统计决策模型就不适用了。有些实际决策问题不可能事先在相同条件下进行重复试验，或虽然可以在相同条件下做重复试验，但试验费用相当昂贵（如航天发射）而不可能多次重复试验，这种情况下就必须借助决策者或专家的主观判断对客观状态数目及其出现概率做出估计，为此在20世纪60年代由Raiffa和Schlaiffer等人发展了所谓的贝叶斯（Bayes）统计分析决策理论，以及西蒙教授提出的有限理性决策模型。

博弈论（Game Theory）是现代决策理论的另一重大分支。1928年冯·诺依曼（Von Neumann）证明了博弈论的基本原理，从而宣告了博弈论的正式诞生。1944年，冯·诺依曼和摩根斯坦（Morgenstern）共著的划时代巨著《博弈论与经济行为》将二人博弈推广到N人博弈结构并将博弈论系统地应用于经济领域，从而奠定了这一学科的基础和理论体系。

2. 行为决策

从现代决策理论的发展过程和研究范式来看，决策理论可以分为两种：理性决策理论和行为决策理论。2002年以前占主导地位的是以期望效用理论为基础的理性决策理论方法，随着理性决策悖论的研究和行为经济学的兴起，行为决策的理论越来越引起人们的兴趣。

延伸阅读2-5：阿莱斯悖论

20世纪50年代，法国经济学家阿莱斯（M. Allais）通过一系列可控实验，提出了著名的“阿莱斯悖论”，对期望效用理论构成了挑战。举例来说，若有两个投资机会A与B：A会稳赢3000元；B会以80%概率获4000元，20%概率得零。大多数人会选A。但再考虑投资机会C与D：C会以20%的概率获4000元，80%的概率得零，而D会以25%的概率得3000元，75%的概率得零，这时，上述在A与B中偏好A的大多数人又会选C。但是，其实，机会D只是0.25×A，而机会C也只是0.25×B，显然，人们在A、B之间的选择与在C、D之间的选择发生了不一致。这就叫阿莱斯悖论。

行为决策理论的研究有三个特点：①出发点是决策者的行为，以实际调查为依据，对在不同环境中观察到的行为进行比较，然后归纳出结论；②研究集中在决策者的认知和主观心理过程，如人们在做决策时的动机、态度和期望等，而不是这些行为所完成的实际业绩。即关注决策行为背后的心理解释，而不是对决策正误的评价；③从认知心理学的角度，研究决策者在判断和选择信息中的处理机制及其所受的内外部环境的影响，进而提炼出理性决策理论所没有考虑到的行为变量，修正和完善理性决策模型。

卡尼曼（D. Kahneman）和特沃斯基（A. Tversky）在 1979 年提出的前景理论（Prospect Theory）是行为决策研究的重要成果。卡尼曼等从心理学的角度对主观效用期望值模式作了修正，着重反映和描述了决策者的实际决策过程，并把决策过程分为编辑（Edit）和评价（Evaluation）两个过程。瑞典皇家科学院称，卡尼曼因为“将来自心理研究领域的综合洞察力应用在了经济学当中，尤其是在不确定情况下的人为判断和决策方面做出了突出贡献”，摘得 2002 年度诺贝尔经济学奖的桂冠。

2.2 热点研究

2.2.1 大数据时代的企业决策

1. 大数据时代的来临

最早提出“大数据”时代到来的是全球知名咨询公司麦肯锡，麦肯锡称：“数据，已经渗透到当今每一个行业和业务职能领域，成为重要的生产因素。人们对于海量数据的挖掘和运用，预示着新一波生产率增长和消费者盈余浪潮的到来。”“大数据”在物理学、生物学、环境生态学等领域以及军事、金融、通信等行业存在已有时日，却因为近年来互联网和信息行业的发展而引起人们关注。

国际数据公司定义了大数据的四大特征：海量的数据规模（Vast）、快速的数据流转和动态的数据体系（Velocity）、多样的数据类型（Variety）和巨大的数据价值（Value）。仅从海量的数据规模来看，全球 IP 流量达到 1EB 所需的时间，在 2001 年需要 1 年，在 2013 年仅需 1 天，到 2016 年则仅需半天。全球新产生的数据年增 40%，全球信息总量每两年就可翻番。而根据 2012 年互联网络数据中心发布的《数字宇宙 2020》报告，2011 年全球数据总量已达到 1.87ZB（1ZB=10 万亿亿字节），如果把这些数据刻成 DVD，排起来的长度相当于从地球到月亮之间一个来回的距离，并且数据以每两年翻一番的速度飞快增长。预计到 2020 年，全球数据总量将达到 35 ~ 40ZB，10 年间将增长 20 倍以上。

需要强调的是，所谓大数据并不仅仅是指海量数据，而更多的是指这些数据都是非结构化的、残缺的、无法用传统的方法进行处理的数据。也正是因为应用了大数据技术，美国谷歌公司才能比政府的公共卫生部门早两周时间预告 2009 年甲型 H1N1 流感的暴发。

2. 大数据带来的变革

就像电力技术的应用不仅仅是发电、输电那么简单，而是引发了整个生产模式的变革一样，基于互联网技术而发展起来的“大数据”应用，将会对人们的生产过程和商品交换过程产生颠覆性影响，数据的挖掘和分析只是整个变革过程中的一个技术手段，而远非变革的全部。“大数据”的本质是基于互联网基础上的信息化应用，其真正的“魔力”在于信息化与工业化的融合，使工业制造的生产效率得到大规模提升。

同时，大数据带给我们三个颠覆性观念转变：①是全部数据，而不是随机采样。在大数据时代，我们可以分析更多的数据，有时候甚至可以处理和某个特别现象相关的所有数据，而不再依赖于随机采样。②是大体方向，而不是精确制导。研究数据如此之多，以至于我们不再热衷于追求精确度，同时，拥有了大数据，我们不再需要对一个现象刨根问底，只要掌握了大体的发展方向即可，适当忽略微观层面上的精确度，会让我们在宏观层面拥有更好的洞察力。③是相关关系，而不是因果关系。我们不再热衷于找因果关系，寻找因果关系是人类长久以来的习惯，在大数据时代，我们无须再紧盯事物之间的因果关系，而应该寻找事物之间的相关关系；相关关系也许不能准确地告诉我们某件事情为何会发生，但是它会提醒我们这件事情正在发生。

3. 大数据时代的企业决策

大数据时代已经来临，企业的决策将日益基于海量数据的分析，而非基于决策者的经验和直觉。数据像土地、石油和资本一样，已经成为企业管理中的重要资源。

企业管理层应该充分认识数据的价值，建立相应的数据收集、处理系统，培养三种能力：整合企业数据的能力、探索数据背后价值和制定精确行动纲领的能力、进行精确快速实时行动的能力。

具备了以上观念和能力，在大数据时代，在面临大量数据时，企业将不是束手无策，而是成竹在胸，同时，从数据中得到的好处也将促进企业快速发展。例如，关于电脑翻译，20 世纪 90 年代 IBM 的研究人员使用了一套非常精确的文件（加拿大议会记录的法语和英语版）来训练计算机。尽管计算机完全按照规则行事，但基于此的翻译质量却非常低。后来，谷歌在 2006 年开始介入这一领域，他们没有使用来自加拿大政府的几百万句标准翻译，而是使用随手可得的任何语言。他们在整个互联网上，利用数十亿页质量参差不齐的翻译，这些翻译不怎么标准——但是，这是一个小的权衡——他们能够使用的数据大大增加了，结果翻译质量反而提高了。与更少、更标准的数据相比，更多凌乱的资料完胜了。

2.2.2 博弈论与决策

1. 博弈论

博弈论（Game Theory），又称为对策论，是研究具有斗争或竞争性质现象的数学理论和方法。它既是现代数学的一个新分支，也是运筹学的一个重要学科，已经成为经济学的标准分析工具之一，在金融学、管理学、政治学、军事战略和其他很多学科都有广泛的应用。

博弈论的思想古已有之，如研究象棋、桥牌、赌博中的胜负问题；中国古代的《孙子兵法》不仅是一部军事著作，而且算是最早的一部博弈论著作。但人们对博弈论的把握只停留在经验上，没有向理论化发展。

1928 年，冯·诺依曼证明了博弈论的基本原理，从而宣告了博弈论的正式诞生。1944 年，冯·诺依曼和摩根斯坦共著的划时代巨著《博弈论与经济行为》将二人博弈推广到 N 人博弈结构并将博弈论系统地应用于经济领域，从而奠定了这一学科的基础和理论体系。1950—1951 年，约翰·福布斯·纳什（John Forbes Nash）利用不动点定理证明了均衡点的存在，为博弈论的一般化奠定了坚实的基础。纳什的开创性论文《N 人博弈的均衡点》（1950）、《非合作博弈》（1951）等等，给出了纳什均衡的概念和均衡存在定理。此外，莱因哈德·泽尔腾、约翰·海萨尼的研究也对博弈论发展起到推动作用。今天博弈论已发展成一门较完善的学科。

博弈论的基本概念中包括局中人、行动、信息、策略、收益、均衡和结果等。其中局中人、策略和收益是最基本要素。

2. 纳什均衡与“囚徒困境”

纳什均衡（Nash Equilibrium），又称为非合作博弈均衡，是博弈论的一个重要术语。是一种策略组合，使得同一时间内每个参与人的策略是对其他参与人策略的最优反应。假设有 N 个局中人参与博弈，如果某情况下无一参与者可以独自行动而增加收益（即为了自身利益的最大化，没有任何单独的一方愿意改变其策略的，则此策略组合被称为纳什均衡。所有局中人策略构成一个策略组合（Strategy Profile））。纳什均衡，从实质上说，是一种非合作博弈状态。

在博弈论中，一个典型的纳什均衡例子是“囚徒困境”博弈模型。该模型用一种特别的方式为我们讲述了一个警察与小偷的故事。假设有两个小偷 A 和 B 联合犯事，私入民宅被警察抓住。警方将两人分别置于不同的两个房间内进行审讯，对每一个犯罪嫌疑人，警方给出的政策是：如果两个犯罪嫌疑人都坦白了罪行，交出了赃物，于是证据确凿，两人都被判有罪，各被判刑8年；如果只有一个犯罪嫌疑人坦白，另一个人没有坦白而是抵赖，则以妨碍公务罪（因已有证据表明其有罪）再加刑2年，而坦白者有功被减刑8年，立即释放。如果两人都抵赖，则警方因证据不足不能判两人的偷窃罪，但可以私入民宅的罪名将两人各判入狱1年。对A来说，尽管他不知道B做何选择，但他知道无论B选择什么，他选择“坦白”总是最优的。显然，根据对称性，B也会选择“坦白”，结果是两人都被判刑8年。但是，倘若他们都选择“抵赖”，每人只被判刑1年。“囚徒困境”是博弈论中具有代表性的例子，反映个人最佳选择并非团体最佳选择。虽然困境本身只属模型性质，但现实中的价格竞争、环境保护等方面，也会频繁出现类似情况。

2.3 技能构建

2.3.1 供讨论和实践的主题

1）回想你在过去一年里所做的一项重要决策，描述一下你的决策过程。

2）联系你的决策经历，谈谈你的决策风格是什么样的。

3）传统观点认为在经营管理实践中凭直觉决策是“拍脑袋”，是不科学的做法。新的研究表明凭直觉决策有其自身的优点，是管理决策的一种可行的决策方式。你认为呢？

4）举例说明你曾经遇到的个人决策问题，一个设计了确定性情境，一个包含了风险，一个包含了不确定性。

5）比较群体决策和个体决策的优劣。

2.3.2 管理技能培养

是否接受外商的订货

某电子玩具公司推出了一种新产品，年生产能力为9万件，产销固定成本为210万元，每件产品生产所花的人工费、材料费、电费等费用为50元。该厂在全国订货会上已有7万件的订单，每件价格为80元。最近有一外商要求用比较低的价格订一批货，如果价格为60元他就订1万件，价格是50元他就订2万件，价格再高他一件也不要。

你认为该公司应该接受外商的订货吗？

提示：确定型决策往往是指各备选方案都只有一种确定的结果的决策。对于确定型决策，可以用盈亏平衡（量本利）分析法、投资回报率分析法、现金流量分析法等方法。其中量本利分析法的计算公式为：利润 = 总收入 − 总成本 = 产销量 × 单价 −（产销量 × 单

位变动成本 + 固定成本，在盈亏平衡点上，利润等于零，所以盈亏平衡点产销量 = 固定成本 /（单价 − 单位变动成本）。固定成本，是指在一定时期内企业产销量变化时其总额保持不变的成本，如折旧费、租赁费、利息支出和一般管理费等。变动成本是指随产销量的增加而同时增加的费用，如直接人工费、原材料消耗费等。

2.3.3 小组练习

甲、乙两家公司，经过多次谈判，达成一个一揽子交易合同，这一合同分六笔交易。在实施合同的过程中，双方实施以下的交易规则（以出红、黑牌为例）。

1）六笔交易的出牌选择一次做出。

2）每一次交易双方同时出牌：若双方同时出红牌，则各得利润 20 万元；若双方均为黑牌，则双方各亏 20 万元；若一方为黑一方为红，则红方亏 20 万，黑方赚 20 万。其中第三轮和第六轮损益值加倍。

3）出牌选择由集体决策。

请大家分组模拟甲、乙两公司按以上交易规则进行交易，并由第三方组织交易过程并进行每次交易的利润核算，交易结束后，小组对自己的交易决策过程进行反思与总结。

2.3.4 专项作业

了解自己的决策风格。建议方法如下：

1）回想自己以往决策经历，利用本章所学知识进行反思。

2）借助决策风格测试。

3）询问熟悉自己的家长、老师、同学等。

通过以上方法对自己的决策风格进行全方面了解，并写出相应的分析报告。

2.3.5 案例分析

案例 1：万宝之争

2015 年 12 月 17 日，一份王石内部讲话公开挑战宝能系起，中国 A 股市场历史上规模最大的一场公司并购与反并购攻防战正式进入正面肉搏阶段。按照万科最新公告披露，宝能系持股比例已经达到了 25.04%，距离控股股东地位仅一步之遥。

宝能增持

2015 年 1 月，前海人寿（宝能系）就通过证券交易所买入万科 A 股股票，根据披露的信息，前海人寿于 2015 年 1 月、2015 年 2 月、2015 年 3 月、2015 年 4 月、2015 年 6 月和 2015 年 7 月都有所交易。

而第一次构成举牌为 2015 年 7 月。

万科公告显示，截至 2015 年 7 月 10 日，前海人寿（宝能系）通过二级市场耗资 80 亿元买入万科 A 股约 5.52 亿股，占万科 A 股总股本的约 5%。

半个月不到的时间，2015 年 7 月 24 日，前海人寿及其一致行动人钜盛华对万科二度举牌，持有万科股份 11.05 亿股，占万科总股本的 10%。而前海人寿与钜盛华的实际控制人均为姚振华。

值得注意的是，在完成本次增持后，姚振华方面持有的万科股票数量距离万科单一大股东华润已经非常接近。

2015 年 8 月 26 日，前海人寿、钜盛华通知万科，截至当天，两家公司增持了万科 5.04% 的股份，加上此前的两次举牌，宝能系合计持有万科 15.04% 的股份，以 0.15% 的优势，首次超越了万科原第一大股东华润集团。

但是，2015 年 9 月 4 日，港交所披露，华润耗资 4.97 亿元，分别于 8 月 31 日和 9 月 1 日两次增持，重新夺回万科的大股东之位。截至 2015 年 11 月 20 日，华润共持有万科 A 股 15.29% 股份。

2015 年 11 月 27 日—12 月 4 日钜盛华买入万科 5.49 亿股，合计持有万科 A 股股票约 22.1 亿股，占总股本的 20.008%，取代华润成为万科第一大股东。

宝能系“买买买”的节奏根本停不下来。截至 2015 年 12 月 24 日，宝能系对万科的持股比例增至 24.26%。

2016 年 6 月 26 日万科发出公告，收到宝能系要求罢免包括王石、郁亮在内的万科 10 名董事、2 名监事。至此，宝能系亮出了底牌，旨在终结万科的“王石时代”。

宝能系，则在万科 A 股复牌后，再度“买买买”，将持有万科的股份数提至 25.04%。

万科反击

2015 年 12 月 17 日，王石在北京万科内部谈话中表示，宝能系增持到 10% 的时候，自己曾在冯仑的办公室见过宝能系的老板姚振华，双方谈了四个小时。宝能系掌门人姚振华曾经承诺，宝能系成为大股东之后，王石还是旗手。

但是生性直白的王石当时表态，在那个时间点上选择万科的股票、增持万科是万科的荣幸，“但是你想成为第一大股东，我是不欢迎的”。

王石称，宝能系用短债长投方式强行进入万科，风险极大，就是一场赌博。当时王石表明不欢迎宝能的理由是其信用不足、能力不够、短债长投和风险巨大，以及华润作为大股东角色很重要。

就在王石表明“不欢迎”宝能的第二天，万科总裁郁亮也发声表明自己的立场，其表示和王石站同一战线，并称敌意收购都是不成功的。

在王石公开叫板宝能系后，王石曾于2015年12月23日在香港拜访瑞士信贷，并与投资者交流。席间，王石表示不会用“毒丸计划”击退宝能，但也承认“按照宝能现有的股权，进万科董事会是迟早的事”。

2015年12月23日深夜，万科以及安邦同时发布公告，表达双方结盟意图。万科表态欢迎安邦成为万科的重要股东，而安邦也发布声明称看好万科发展前景，会积极支持万科发展，希望万科管理层、经营风格保持稳定。

2015年12月24日平安夜，王石继续拜票，当日王石一行至少去了两家机构进行拜票，一家是香港的外资，另一家则是在深圳的国泰君安。

2015年12月24日，宝能系实际控制人姚振华在参加深圳市第四届金融发展决策咨询委员会全体会议时，回应称，“王石是我非常尊敬的人，他是地产界的老大哥。其实没有那么激烈，主要是媒体炒作，我们一直与万科在做良好的沟通”。而此前姚振华极少在媒体公开露面。

停牌——先发制人

2015年12月18日，万科A股发布临时停牌公告称，称正在筹划股份发行，用于重大资产重组及收购资产。彼时，宝能系已经通过二级市场连续增持万科，合计持有后者22.45%股份。这也被视为王石及万科管理团队对宝能系的正式反击。

2015年12月18日，宝能集团在官网发表声明称，公司重视风险管控，重视每一笔投资，恪守法律，尊重规则，相信市场的力量。

万科停牌时间历时六个月之久，重组对象始终扑朔迷离。直至停牌后的四个月，才首次公布了重组对象——深圳地铁。

重组——寻找靠山

在万科经历了君安之争之后，2000年，王石主动引入了央企华润集团，希望在股权结构上进行调整，吸引有实力的财团进入，使其成为战略性大股东。在此后的10多年，王石和郁亮多次公开表示，华润是万科最好的大股东，后者给万科提供了律师、会计方面的专业人士，在万科的组织建设上，在万科的整个管理架构上，在监督机构上，起到至关重要的作用。万科在2015年遭遇宝能系持股的时候，也一度求助于大股东，但是华润并未介入。

因此，万科转向找到了另一家国企深圳地铁，以解自身的危机。

按照万科发布的交易预案公告，万科拟以发行股份的方式购买深圳地铁持有的前海国际100%股权，初步交易价格为456.13亿元。万科将以发行股份的方式支付全部交易对价。出这一招，万科的计划是通过发行股份，稀释宝能系的股份。但是令万科意外的是，这一招同时也稀释了华润的股份，直接导致华润的激烈反对。在2016年6月17日的董事会上，华润系的三位董事对重组预案直接投了反对票，表现了鲜明的态度。

由于重组预案需要召开第二次董事会和股东大会，如今宝能系和华润的持股量高达40%，可以否决万科提出的任何议案。

面对华润的翻脸，王石在微博上坦言，最后的遮羞布被撤掉了。万科与宝能系的战争，突然杀入了华润，使得这场管理权之争的前景更为复杂和难测。

舆论——员工、股东齐上阵

2016年7月，宝能系要求罢免万科现有管理层，这直接激起了万科的强烈反对。万科工会委员会起诉宝能损害股东利益的诉讼，深圳市罗湖区人民法院已经受理此案。根据《民事起诉状》，万科工会的诉讼请求主要有五个，包括请求判令5名被告持有万科A股股票达到5%时及其后续继续增持万科A股股票的行为属于无效民事行为；以及要求不得对其违法持有的万科A股股票行使表决权、提案权、提名权、提议召开股东大会的权利及其他股东权利。万科工会的诉讼理由主要有三个：钜盛华、前海人寿等涉及未履行向国务院证券监督管理机构书面报告的义务、未严格按照《证券法》《收购办法》的要求履行信息披露义务、增持属于无效民事行为。

除此之外，越来越多第三方加入到该阵营。

万科第一大自然人股东向证监会、原银监会、原保监会等七个监管部门实名举报华润、宝能，质疑二者之间的关联关系。包括质疑华润和宝能系之间到底有多少重大利益关联；华润和宝能系在关于万科第一大股东地位的问题上何时开始谈判交易；双方在深铁重组事件上联手反对的原因；双方达成第一大股东易主的秘密协议是否已涉嫌内幕信息交易和市场操纵以及质疑宝能用于收购资金的来源是否合法。

此外，万科独董华生也曾在微博上公开质疑华润和宝能一致行动人的关系。相比上一次，万科的盟军阵容显然更强大。

讨论：

根据以上材料，你认为在万科发展过程中，王石的决策风格是什么？

案例2：Pinto车安全问题的决策

一位福特的官员曾经说过："你甚至不想谈起Pinto，就让它就此尘封吧。"

对抗甲壳虫的Pinto

谁也没有料到，1959年大众汽车旗下的甲壳虫在美国的销量突破了15万辆，要知道，1953年其销售量还不足2000辆。争相购买大众"甲壳虫"的有那些初期的移民者、陈规陋习的蔑视者、大学教授、新近的毕业生等等，他们追寻设计时尚的外部形象，更注重价值、品质和功用性。20世纪60年代，甲壳虫采用了不落俗套的广告宣扬，彻底打消了美国人心目中对德国车——特别是大众汽车的偏见。大众汽车的简捷耐用、质优价廉、做工细致的形象屹立在了公众的心目中。到了 20 世纪 60 年代后期，“甲壳虫”的年销量一度超百万辆，仅靠这一款车，就占据了美国新车销售 5% 的市场份额。

不得已，福特加快了小型车的推出速度。

在 1970 年福特汽车公司的产品定位中，Pinto 算是次等小型房车，然而当时并没有长度小于四公尺的车款，有鉴于定位在 Compact 的多在 4.6m 左右，所以 4338 mm × 1763 mm × 1285 mm 的 Pinto，在原厂心目中就变成 Sub-Compact 级距。

以平凡外形著称的 Pinto，依然具备 Model T 的精神，也就是平价，所以在 1970 年推出时，深受许多中产阶级与学生喜爱，除了双门斜背外，也提供三门旅行车，不过长度与高度增加些，分别为 4587 mm 与 1323 mm，两者间轴距略有差异，双门斜背为 2400 mm，旅行车则是 2407 mm。

自推出之后，Pinto 在美国市场可算是热销车款，销售节节攀高。

油箱设计的灾难

今天如果你把路上的每一辆车，都用顶高机架高，审视其车底，100 辆车之中最少 99 辆车的油箱都设置在后座椅下方的位置，而那唯一不同的车辆可能是后置引擎的保时捷 911，把油箱放在车头，不过也决不会超出前车轴。换句话说，现在生产的车辆绝对遵守一项铁律：将油箱设置在前后车轴之间，也就是中置式油箱的原则。

不料 Pinto 上市之后却因为置放在车尾的油箱每遭后方来车追撞时，容易导致汽油外泄起火，导致严重的火烧事件

福特汽车召回委员会的决策

1971，福特汽车公司新聘的汽车召回调查员丹尼斯·焦亚（Dennis Gioia）听到四处散播的传言，说公司畅销的新款紧凑型汽车 Pinto 如果发生追尾，将会燃烧起火。但是，直到焦亚在福特公司检查受损车辆以发现隐藏缺陷的场所中看到了一辆毁坏的 Pinto 后才开始怀疑，这款车是否真的存在严重问题。

焦亚把问题提交给福特公司的汽车召回委员会，但由于缺乏汽车存在系统性问题的证据，委员会一致投票决定，不予召回。大约一年以后，他们得到了部分相关证据。在试产阶段的碰撞测试中他们发现，发生撞击后，11 辆接受检验的 Pinto 车中有 8 辆“存在油箱发生严重裂隙的隐患”。其他三辆汽车的油箱之所以幸免于难，只是因为刺穿油箱的尖锐物堵住了漏油孔。

召回委员会第二次就这一问题进行表决，但再一次否决。他们的理由很明确：按照常理，小型汽车的安全性生来就相对较差，而且福特汽车公司总裁李·艾柯卡（Lee Iacocca）也曾说过，安全性不是卖点。若想解决问题，就得缩小本来就不太富裕的储物空间，而且从根本上来说，这项设计是合法的。

1977 年，这个问题第三次摆上了桌面，但这一次是《琼斯母亲》（*Mother Jones*）杂

志揭露了这个问题。记者马克·道伊（Mark Dowie）获得了一份福特公司 20 世纪 70 年代早期的成本效益分析材料，这份材料比较了召回所有油箱装在汽车尾部的福特汽车（Pinto 只是其中的一款车型）所需的成本，以及为赔偿由于此类缺陷造成的家庭伤亡所需支付的费用。

福特公司根据计算，认为全部召回该款汽车加以修复的成本为 1 亿美元，而车着火致人死亡每件赔偿 20 万美元，因而决定不召回。而在决策之前，销售的 200 万辆车中已有 27 人死于 Pinto 汽车被追尾引发的事故。

但实际上，通过分析比较，将车辆召回，为每辆车安装安全装置的成本仅为 11 美元。可是，错误的决策让福特汽车公司陷入了困境。

当时，美国公众尚未走出“水门事件”的阴影，如今却听说最伟大的公司之一的福特汽车竟然拿金钱和消费者的生命做比较，而且最终选择了金钱。福特公司斥巨资召回后，于 1980 年下令停止生产 Pinto 汽车，但人们对福特公司的信任危机却持续了很久。

讨论：

试分析案例中福特公司的决策过程和教训。

经典文献

赫伯特·A. 西蒙是一位因管理方面的研究获得诺贝尔经济学奖的人。作为决策理论学派的代表人物，赫伯特·A. 西蒙在其代表著作《管理行为》中强调，决策制定的过程是组织和管理的核心内容，现实生活中的决策判断取决于有限理性，在这种条件下，人们寻求的是满意解，而非最优解。

西蒙认为，人们通常将管理当成“完成任务”的艺术来讨论，这种管理思路强调的是保证行动深入开展的过程和方法。设定管理原则的目的是为了让团队成员采取协调一致的行动。但是，所有的相关讨论中，都不太关注采取行动之前的抉择问题，也就是在实际执行之前决定要做什么事情。下文是西蒙在其《管理行为》中关于决策制定和管理型组织方面的论述，相当于本书的一个总概述。

决策制定和管理型组织

虽然任何实践活动都包含“决策”和“执行”，但是“管理理论应该两者兼顾”的观点却没有得到大家的普遍认可。这种忽视，可能源于决策行为仅限于明确制定总方针的观念。但是事实刚好相反，组织的总目标确定后，决策过程并没有结束。“决策”工作同“执行”工作一样渗透到整个管理型组织中，事实上这两者紧密相连，缺一不可。因此一般管理理论既要包括保证决策正确制定的组织原则，又要包括保证决策有效执行的组织原则。

决策制定和决策执行

显然，执行组织目标的实际任务总是落在最低管理层级的人身上。制造实体汽车的不是工程师或经理，而是装配工人；灭火的不是消防队大队长，而是那一队手持高压水龙头的消防员。

同样，高于最低管理层级（也称为操作层级）的人员也并非多余，他们在实现组织目标的过程中也发挥重要作用。说到具体的因果关系，纵然开枪打仗的是士兵而非军官，但是军官对战斗结果的影响可能比任何单个士兵都大。

那么，组织的管理和监督人员如何影响该组织的运作呢？一个管理型组织中的非操作人员通过影响最低管理层级的操作人员的决策，来参与实现组织目标。军官通过指挥士兵的行动来影响战斗的结果。他通过战场上的兵力部署和具体任务的指派，来决定士兵所处的方位和目标。在小型组织中，所有监督人员都可能对操作人员产生直接的影响，但是无论大小，任何组织都在高层监督人员和操作人员之间插入了几层中间监督人员，他们受到上层的影响，并且对这些影响进行传输、详细描述和修改，再下达给操作人员。

如果以上正确描述了管理过程，那么建设有效的管理型组织就是一个社会心理学范畴的问题。其任务就是组织起各个操作人员，并在操作人员之上添加监督人员，他们能够影响整个操作团队的行动，使之产生一种协调一致的有效行动模式。这里使用“影响”而不是“指导”，是因为指导，也就是管理权威的使用，只是管理人员影响操作人员决策的几种方式中的一种，所以管理型组织的建设不仅仅包括职能安排和职权分配。

在组织的研究中，操作人员必须是关注的焦点，因为组织机构成功与否是通过操作人员在组织中的表现来判断的。分析组织和组织内部其他因素如何影响这类职员的决策和行为，是我们洞察组织结构和组织职能的最佳途径。

选择与行为

所有行为都是从行动者及其可以施加影响和权威的人可能采取的所有行动方案中，有意无意地选择特定行动的过程。这里的“选择”没有任何有意识或特意挑选的意思，只是指出一个事实，如果个人采取某种特定的行动方案，必定要放弃其他的行动方案。在很多情况下，选择过程只是一种既定的反射行为，比方说，打字员用某个手指敲击特定键，只是因为在打印字母和特定键之间已经建立了一种反射关系。所以这种动作至少从某种意义上来说是理性的，也就是以目标为导向的，但是不包括任何有意识或刻意的成分。

在其他一些情形下，选择本身就是称为“规划”或“设计”的一系列复杂行为的产物。比方说，一个工程师可能在广泛分析的基础上断定，某座桥应该采用悬臂式设计。他的设计方案通过对该桥结构的详细计划得以进一步实施，最终导致该桥梁建造者的一整套行为。

本书将举出各类选择过程的多个例子。所有例子都具备以下的共同特征：任何时刻都存在大量可能的备选行动方案，特定个人都会采取其中某一种行动；通过某种过程逐渐缩小备选方案的范围，最终剩下一个实际采纳的方案。在本书中，“选择”和“决策”可以相互替换使用，都表示上述的过程。由于这两个词一般有自觉的、刻意的和理性选择的含义，所以我们强调指出，任何选择过程无论自觉、刻意和理性的成分达到何种程度，这里都用这两个词表示。

决策中的价值和事实因素

大量行为，尤其是个人在管理型组织内部的行为，都是有目的的，也就是以目标为导向的意思。这种目的性会导致行为模式的整合。没有目的性的管理将毫无意义，因为如果说管理是设法让团队成员“完成任务”的方法，那目的就是决定应该完成什么任务的主要准则。

支配具体行动的小决策，是实际应用更大范围涉及目的和方法的决策的必然结果。比方说，行人收缩他的腿部肌肉是为了迈出一步，他迈出一步是为了继续向目的地——信箱进发，他靠近邮箱是为了寄信，而寄信是为了向他人传递某些信息，等等。每项决策都包括选择目标和与目标相关行为，而此目标可能又是实现另一个更远目标的中间目标。如此进行下去，直到达成相对的最终目标为止。只要是导向最终目标选择的决策，就称为“价值判断”；只要是包含最终目标实现的决策，就称为“事实判断”。

令人遗憾的是，管理者面临的问题，并没有按价值、事实两类要素区分妥当。一方面，政府组织和政府行为的目标或最终目标通常使用非常一般化和模糊的“公正”“一般福利”或“自由”等词语来描述；另一方面，指定的目标可能只是实现更远目标的中间目标。比方说，在一定行动范围里，人的行为一般是以“经济动机”为导向产生的，但是，对大多数人来说，经济利益本身通常不是最终目的，而是实现最终目的比如安全、舒适和名望的一种手段。

最后，在某些情况下，价值要素和事实要素还可以组合在同一目标中。比方说，拘捕罪犯一般是公安部门的一项目标。在一定程度上可以把这个目标本身设想成一个最终目标，也就是说，公安部门的目的是逮捕并惩罚违法者。但是从另一个角度来说，逮捕罪犯又是保护公民、改造罪犯和告诫潜在罪犯的一种手段。

决策层级系统

目的性的概念包含了决策层级的意思：每个较低层级的任务，都是实现上一层级各个标的的途径。只要受到总目标的指导，行为就有目的性；只要选择的行动方案有助于达到既定目标的，行为就是有理性的。

不应因此就推断，在任何真实行为上，这种金字塔式的目标都被完美组织协调了。例如，一个政府机构可能要同时考虑多种不同目标：城市的娱乐管理部门，一方面会谋求改善儿童健康状况，让他们更好地利用休闲时间，从而防止青少年犯罪；另一方面，也为该地区的成年人谋求同样的福利。即便有时决策过程中并没有有意或刻意地将这些目标结合成一个整体，我们也应当注意到，它们在实践活动中一般仍会结合在一起。比方说，娱乐部门的管理者在决策制定过程中，由于种种原因，没有权衡不同甚至相互冲突的目标的相对重要性；但是，他制定的真实决策及政策方针，实际上体现了这些目标的特定权重。比方说，如果某个项目以男性青少年的体育活动为侧重点，那么，这个目标在实践中确实会受到重视，但是策划该项目的管理者却不一定会意识。所以，虽然管理者可以拒绝刻意去构成综合目标体系，或对此无能为力，但他无法避免真实决策的实际效果，也就是事实上实现了目标的综合。

决策中的相对要素

从某种重要意义上来说，一切决策都是折中的问题。最终选择的方案，只不过是在当时的情况下可以选择的最佳行动方案而已，不可能尽善尽美地实现各种目标。具体的决策环境必然会限制备选方案的内容和数量，从而设定了实现目的的最大可能程度。

由于在实现目标的过程中存在这种折中的相对因素，因此当行为同时要实现多个目标时，寻找一个共同衡量尺度是必要的。例如，如果经验表明，像发展工程管理局这样的机构可以同时实现发放救济物品和兴建公共工程这两个没有相互冲突的目标，那么，该机构就能够力争同时达到这两个目标。另一方面，如果经验表明该组织的两个目标之间相互冲突，那么就必须选择其中一个作为目标，同时放弃另一个。在权衡这两大目标的重要性并努力寻找共同衡量尺度的过程中，不要将这两个目标本身当成最终目的，而是要把它们当成手段来实现某个远大的目标。

决策过程的一个例证

为了帮助读者更清楚地理解任何实际管理问题中存在的价值判断与事实判断之间的密切关系，现研究一个市政建设方面的例子。

在新街道的修建和维护问题上，包含哪些价值因素和事实因素呢？这个问题的决策，必须先确定：①街道设计方案；②街道设计方案与地区总规划的合理关系；③项目融资手段；④项目是采用工程承包方式，还是由官方组织完成；⑤这项工程与可能的后续修缮工程（如这条街道的公用管道设施修建工程）的关系；⑥自然环境等许多其他问题。我们必须找到这些问题的答案，每一个问题都混杂着价值要素和事实要素。通过区分工程实施的目的和工程施工的程序，我们可以对这两类要素实施部分的分离。

一方面，做出这些问题的决策，必须依据修建街道的目的和受其影响的社会价值，包括：①交通运输的速度和便利程度；②交通安全；③新街道布局对地产价值的影响；④筑路费用；⑤纳税人的费用分摊。

另一方面，就实现上述价值的具体措施所产生的效果而言，决策的制定工作，又必须依据科学和实用知识，包括：①各种铺设材料的相对平整度、持久性能和价格；②从费用和交通便利的角度看，备选路线的相对优缺点；③不同融资手段的总成本和费用分摊情况。

因此，最终决策将取决于不同目标的相对权重和备选方案实现每个目标的程度。

举出这个简短的例子，是为了说明决策过程的某些基本特征。本书稍后还要进一步详细讨论这些特征。

管理过程中的决策制定

管理行为是团队行为。个人策划并单独完成任务的简单情形，大家都很熟悉。不过一旦任务变成需要几个人才能完成的复杂工作，那种简单情形就不可能成立了，此时就有必要开发出应用组织力量完成团队任务的过程。促成上述应用过程顺利进行的技巧就是管理过程。

应当注意，管理过程就是决策过程：它们先分离出组织成员决策制定过程中的某些要素，再建立规范的组织程序，来选择和确定这些要素，并将要素的信息传递给组织内相关的成员。例如，如果团队的任务是建造一艘船，首先要画出该船的设计图，一经组织采用，该设计图就会限制和指导实际造船者的行为。

由此可见，组织剥夺了个人的一部分决策自主权，而代之以组织的决策制定过程。组织代替个人制定的决策，通常包括：①确定组织成员的职能，即职责的一般范围和性质；②职权分配，也就是确定组织中哪些人掌握制定决策的权力；③对组织成员的自主选择设置协调其他成员活动的必要限制。

管理型组织以专业化为特征。所谓专业化，就是委派组织的特定部分承担特定的任务。我们在上面已经指出，专业化可以采取“纵向”分工的形式。也就是说，我们可以建立一种具有一定正规性的权力金字塔（层级），再将决策的职能分解，各层级的组织成员各司其决策职能。

组织的分析研究工作大多侧重于“横向”专业化分工，以此作为有组织性的基本特征。例如，卢瑟·古利克在《组织理论札记》一文中写道：“业务分工是组织的基础，实际上也是组织存在的理由。”在本书中，我们主要讨论“纵向”专业化，即操作人员和监督人员之间决策职责的划分。我们要仔细探寻，操作人员被剥夺一部分决策自主权，并受到管理人员控制和影响的原因。

组织的纵向专业化，看来至少有三个原因。第一，在存在横向专业化的条件下，纵向专业化对于协调操作人员的行动至关重要。第二，横向专业化使操作人员能在执行任务的过程中培养更多的专业操作技能，纵向专业化同样也能保证在决策制定过程中，培养出更多的专业决策技术人员。第三，纵向专业化让业务人员对自己的决策负责：对企业组织来说，是向董事会负责；对公共机构来说，是向立法机关负责。

第3章　计划工作与方法

开篇导读

计划执行的好方法

某钢铁公司总裁张总向一位效率专家王教授请教“如何更好地执行计划的方法”。王教授声称：如果张总按照他的方法去做，在10分钟内能把他公司业绩提高50%。接着，王教授递给张总一张白纸，说：“请在这张纸上写下你明天必须做的几件事情。”张总用了约5分钟时间写完。王教授接着说：“现在用数字标明每件事情对于你和公司的重要性次序。”张总又花了约5分钟做完。王教授说：“好了，现在这张纸就是我要给你的。明天早上第一件事是把纸条拿出来，依次做这些事情，不看其他的，只做第一项，直到完成为止。然后用同样办法对待第2项、第3项……直到下班为止。即使只做完一件事，那也不要紧，因为你总在做最重要的事。你可以试着每天这样做，直到你相信这个方法有价值时，请按你认为的价值给我寄支票。”

一个月后，王总给张教授寄去一张2万元的支票，并在他的员工中普及这种方法。5年后，当年这个不为人知的小钢铁公司成了当地钢铁企业的龙头老大。

思考题：

1）王教授认为计划执行的关键在哪里?

2）效率专家认为“即使只做完一件事，那也不要紧，因为你总在做最重要的事”。你认为制订计划光是做最重要的事够吗?

3）效率专家执行计划的方法使这个不为人知的小钢铁公司成为当地钢铁龙头老大。为什么计划能有这么大的作用?

3.1 理论回顾

3.1.1 计划工作

1. 计划与计划工作

在管理学中，计划具有两重含义，其一是计划工作，是指根据对组织外部环境与内部条件的分析，提出在未来一定时期内要达到的组织目标以及实现目标的方案途径。其二是计划形式，是指用文字和指标等形式所表述的组织以及组织内不同部门和不同成员，在未来一定时期内关于行动方向、内容和方式安排的管理事件。

计划工作包含定义组织的目标，制定全局战略以实现目标，以及制订一组广泛的相关计划以整合和协调组织的工作。计划工作既关系到结果（做什么），也关系到手段（怎么做）。

计划工作可以是正式的，也可以是非正式的。所有的管理者在某种程度上都参与了计划工作，但并不表示他们的计划工作都是正式的。非正式的计划工作在中小企业中普遍存在，在这些企业中只是所有者兼管理者才考虑过企业想要达到什么目标，以及怎么实现目标。非正式的计划工作通常缺乏连续性，比较粗略。当然，非正式计划也存在于某些大型企业中，而一些小企业也有可能制订非常详细的正式计划。

2. 计划工作的内容

现实中，我们可以通俗扼要地将计划工作的内容概括为六个方面，即通常所说的6W。

（1）做什么（What）

要明确计划工作的具体任务和要求，明确每一个时期的中心任务和工作重点。例如，企业生产计划的任务主要是确定生产哪些产品，生产多少，合理安排产品投入产出的数量和进度，在保证按期、保质、保量完成订货合同的前提下，使生产能力得到尽可能充分的利用。

（2）为什么做（Why）

要明确计划工作的宗旨、目标和战略，并论证可行性。实践表明，计划工作人员对组织的宗旨、目标和战略了解得越清楚，认识得越深刻，就越有助于他们在计划工作中发挥主动性和创造性。正如我们常说的“要我做”和“我要做”的结果是大不一样的，其道理就在于此。

（3）何时做（When）

规定计划中各项工作的开始时间和完成的进度，以便进行有效的控制、对能力及资源进行平衡。

（4）何地做（Where）

规定计划的实施地点或场所，了解计划实施的环境条件限制，以便合理安排计划实施的空间组织和布局。

（5）谁去做（Who）

计划不仅要明确规定目标、任务、地点和进度，还应规定由哪个主管部门负责。例如，开发一种新产品，要经过产品设计、样机试制、小批试制和正式投产几个阶段。在计划中要明确规定每个阶段由哪个部门负主要责任，哪些部门协助，各阶段交接时由哪些部门和哪些人员参加鉴定和审核等。

（6）怎么做（How）

制订实现计划的措施，以及相应的政策和规则，对资源进行合理分配和集中使用，对人力、生产能力进行平衡，对各种派生计划进综合平衡等。

实际上，一个完整的计划还应包括控制标准和考核指标的制定，也就是告诉实施计划的部门或人员，做成什么样，达到什么标准才算是完成了计划。

3. 计划工作的作用

为什么管理者要制订计划？这是因为计划工作有四大作用：①计划工作指明了方向；②计划工作可以减少了环境变化的冲击；③计划工作可以使浪费和冗余减至最少；④计划工作设立了控制的标准。

首先，计划工作是一种协调过程，它给出了管理者和被管理者的努力方向。当员工认识到组织的目标（方向）以及他们如何为达到目标而做出贡献时，他们就会自觉协调他们的活动，相互合作，团队行动。如果组织或团队缺乏计划，会走许多弯路，会降低组织在实现目标过程中的效率。

其次，计划工作不能预见不确定性，却可以降低不确定性对组织运营的冲击。计划工作不能消除环境的变化，却可以通过估计、变化预测，以及制定适当的措施来响应环境的变化和不确定性。

再次，计划工作可以使浪费和冗余减至最少。当工作和活动围绕已经确定的计划展开时，时间、资源的浪费以及冗余就会降低到最小的程度，其假设前提是计划工作已经对时间、资源等进行了合理的配置。

最后，计划工作设定了目标，以及控制的标准。如果我们不清楚努力的目标是什么，那么，怎么判断我们是否已经实现了呢？在计划工作中，我们设定目标、制订计划，并通过控制，将实际的绩效与目标进行比较，发现存在的偏差或差异，以及采取必要的纠正措施。

4. 计划工作和绩效

计划工作能显著提升公司绩效吗？制订计划的组织，一定比没有计划的组织绩效更好吗？

对于企业战略计划与绩效的关系研究可以追溯到 20 世纪 70 年代，并出现了大量的理论研究和实证研究。尽管对于战略计划与绩效的研究正反结论并存，但总的来说具有如下结论。

第一，正式的计划工作通常与更高的利润、更高的资产报酬率及其他积极的财务成果相联系。

第二，计划工作的质量，以及适当的计划执行，通常要比计划工作本身对绩效的贡献更大。

第三，通常都是环境的急剧变化，才导致正式计划未能带来高绩效。

最后，计划与绩效的关系还受到计划的时间结构的影响。一般来说，至少需要四年期的系统性的正式计划工作。

5. 计划的类型

我们可以根据四个维度对计划进行划分，根据不同的维度，可以把计划分为不同的类型（见表 3-1）。

表 3-1　计划的类型

计划的广度	时间框架	具体性	使用频率
战略性计划	短期计划	具体性计划	一次性计划
运营性计划	长期计划	指导性计划	持续性计划

（1）战略性计划与运营性计划

战略性计划（Strategic Plans）是指应用于整个组织的，为组织未来较长时期（通常为 5 年）设立总体目标和寻求组织在环境中的地位的计划。而具体规定如何实现总体目标的细节的计划称为运营性计划（Operational Plans）。两种差异在于战略性计划覆盖的计划周期更长、领域更宽。

（2）短期计划与长期计划

通常定义超过 3 年期的计划为长期计划（Long-term Plans）。在环境不确定性越来越大的今天，10 年期的计划已经不多见了。正如美国通用电气公司前 CEO 韦尔奇所言，“预测十年以后的事，做十年规划，那是愚蠢的事”。企业计划应当尽可能短期，尽可能做到灵活应变。因此，短期计划（Short-term Plans）越来越受到关注。定义 1 年期或短于 1 年期的计划为短期计划。

（3）具体性计划与指导性计划

直观来看，具体性计划（Specific Plans）应当比方向性的指导性计划（Directional Plans）更具有操作性。具体性计划直接陈述目标，时间和资源配置非常清晰，无需太多解释。而方向性计划只是设立了一般性的指导原则。

（4）一次性计划与持续性计划

一次性计划（Single-used Plans）是指为满足特定需要而设计的一次性使用的计划，而持续性计划（Standing Plans）对重复活动提供持续指导方案。

6. 计划工作的权变因素

计划工作还受到组织的层次、组织所处的生命周期阶段、环境的不确定程度及计划工作的时间跨度等四个权变因素的影响。

（1）组织的层次

在大多数情况下，基层管理者的计划工作主要是制定运营性计划。随着管理层级的提升，战略性计划的份额会越来越大。当然，在小企业中，所有者兼管理者的计划角色兼有这两方面的性质。

（2）组织所处的生命周期阶段

组织都要经历一个生命周期（Life Cycle），在组织所处生命周期的不同阶段，计划的类型也会有所不同。相对而言，在计划的时间跨度上，成熟期更适合制订长期性计划，而形成期和衰退期更适合短期性计划。在计划的具体性上，形成期更适合指导性计划。

延伸阅读 3-1 企业生命周期

美国学者伊查克·爱迪斯（Ichak Adizes）曾用 20 多年的时间来研究企业如何发展、老化和衰亡，在其 1989 年出版的《企业生命周期》一书中，他把企业生命周期分为十个阶段，即孕育期、婴儿期、学步期、青春期、盛年期、稳定期、贵族期、官僚化早期、官僚期、死亡（见图 3-1）。爱迪斯准确生动地概括了企业生命不同阶段的特征，并提出了相应的对策，指示了企业生命周期的基本规律，提示了企业生存过程中基本发展与制约的关系。

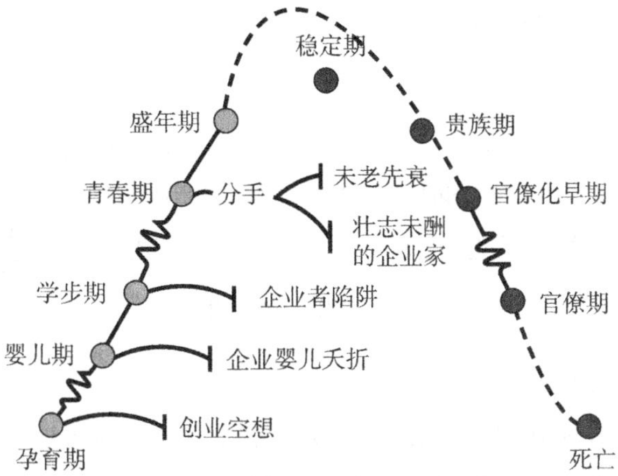

图 3-1　企业生命周期

（3）环境的不确定性程度

环境的可预测性越强，计划就应越具体；相反，指导性计划更受青睐，计划时间跨度也就越小。如 2008 年前后，国际大宗商品价格波动较大，企业需要认真制订计划，才能避害趋利。否则，就会大大亏损。以铁矿石进口为例，2009 年尽管国内需求下降，可是，铁矿石进口仍在快速增长。

（4）计划工作的时间跨度

计划工作的时间跨度也是非常重要的一个权变因素。计划对未来的投入和承诺的影响越大，计划设立的时间就应该越长。实际上，计划工作的时间跨度无论是实际需求的长还是短，都是一种缺乏效率的效果的现象。

3.1.2 制订计划

1. 制订计划的步骤

图 3-2 给出了一个实用的计划制订步骤。

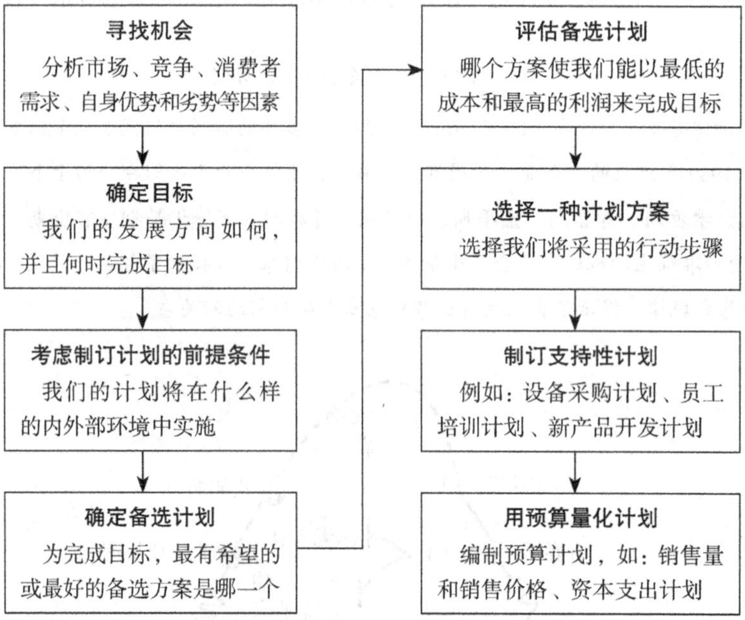

图 3-2　制订计划的步骤

（1）步骤 1：寻找机会

虽然寻找机会要在实际制订计划之前，从严格意义上讲也可以不属于计划过程的一部分，可是，寻找外界环境和组织内部的机会确实是计划制订的真正起点。管理者应当首先审视将来可能出现的机会，并结合组织内部的优势分析是否能够利用这些机会去推动组织发展。

（2）步骤2：确定目标

先确定组织的总体目标，然后确定每个下属工作单位的目标。目标规定了计划的预期结果，并标明要完成工作的具体结果、哪里是需要强调的重点，以及通过战略、政策、程序、规划、预算等要完成的最终目标。

（3）步骤3：考虑制订计划的前提条件

前提条件是关于计划实施环境的假设，重要的是，要使所有参加计划制订的管理人员都认同这些前提条件。实际上，拟定前提条件的原则是：参与制订计划的每个人越认同这些前提条件，计划工作就越协调。

预测在拟定前提条件方面非常重要：市场有多大？什么价格？哪些产品会比较畅销？如何筹集资金？……

（4）步骤4：确定备选计划

计划制订的第四个步骤是寻找和检查可供选择的，特别是那些暂时尚不明显的行动步骤。计划制订很少出现找不到备选方案的情况，有时常常不引人注意的方案也有可能是最佳之选。更常见的挑战不是找到更多的备选方案，而是减少备选方案的数量，以便方案分析、评估的工作量不至于过大。

（5）步骤5：评估备选计划

在找出了各种可供选择的备选方案和了解了它们的优缺点之后，下一步就是根据前提条件和目标，对各个备选方案进行评估。

（6）步骤6：选择一种计划方案

计划方案的选择是真正意义上的决策。有时，备选计划的分析和评估结果是两个或更多计划方案都是令人满意的，这时，管理者可能需要对这些方案进行综合，或者择其一。

（7）步骤7：制订支持性计划

为保障计划方案的顺利推进，还有必要制定支持性计划。

（8）步骤8：用预算量化计划

在做出决策和确定计划后，需要将计划转变成预算，对计划进行量化。组织的总预算体现为收入和支出的总额，包括所获得的利润或者盈余，以及资产负债表上大款项的结算，如现金支出和资本支出。

如果编制得当，预算就会成为汇总各种计划的一个方法，也是衡量计划过程的重要标准。

2. 目标设定

目标（Objective）是指期望的成果，这些成果可能是个人的、小组的或整个组织努力的结果。目标为管理决策指明了方向，并且作为标准可用来衡量实际的绩效。正是由于这些原因，目标设定成为计划工作的基础。

简单看来，组织的目标似乎是单一的，以企业为例，企业目标经历了从利润最大化、经济效益最大化、股东财富最大化到企业价值最大化的发展过程。但是，更深入的分析表明，所有组织的目标都是多重的，企业也不例外。尽管企业是非常典型的营利性组织，但企业家却是社会人，其结果是组织目标的多重性。同时注意，虽然生存目标没有被企业特别提到，但对所有组织来说却是重要目标。从目前来看，社会责任在组织目标中的重要性和地位是越来越大。

当然，还要区分组织的真实目标和宣称目标。

宣称目标（Stated Objectives）是一个组织对其目标的官方陈述，是要使公众相信该组织打算做什么。但是，宣称目标（这些目标可以从组织的章程、年度报告、公共关系通告，或组织管理者的公开声明中找到）通常是互相冲突的和受社会对组织应该做什么的舆论影响的。

有时，会看到一个组织所作所为与其宣称目标背道而驰，例如，有一家公司告知给股东的是一种目标陈述，向消费者宣布的是另一种目标陈述，而向雇员和公众宣布的又不一样。

因此，需要进一步了解组织的真实目标（Real Objectives）是什么。只需细心地观察组织成员实际在做什么，就可以知道其真实目标是什么，这是因为实际行动彰显了一个组织优先考虑的事情。有这样一所大学，在其宣称的目标中说要限制课堂的规模，促进师生之间的密切关系，让学生积极地参与学习过程。而实际上呢？这所大学经常把学生置于300人的大教室中。

3.目标管理法

传统的设定目标方法（Traditional Objective Setting）是由组织的最高管理者设定总体目标，然后强行分解成子目标落实到组织的各个层次上。这是一种单向的过程：由上级给下级规定目标。这种传统方式假定最高管理者最了解应当设立什么目标，因为只有他能够纵观组织的全貌。

传统的设定目标方法是自上而下的，很容易陷入易于表达却不易操作。如果最高管理者采用泛泛的语言定义组织的目标，如“获取足够的利润”或“取得市场领导地位”，这些模糊性目标在转化为具体目标的过程中，不得不经过组织的层层过滤。在每一层上，管理者都加上一些可操作性的含义，明确性的获得是靠每一级管理者用他自己的理解，甚至是偏见对目标进行解释。结果是，目标在自上而下的分解过程中，丧失了它的清晰性和一致性。如图3-3所示。

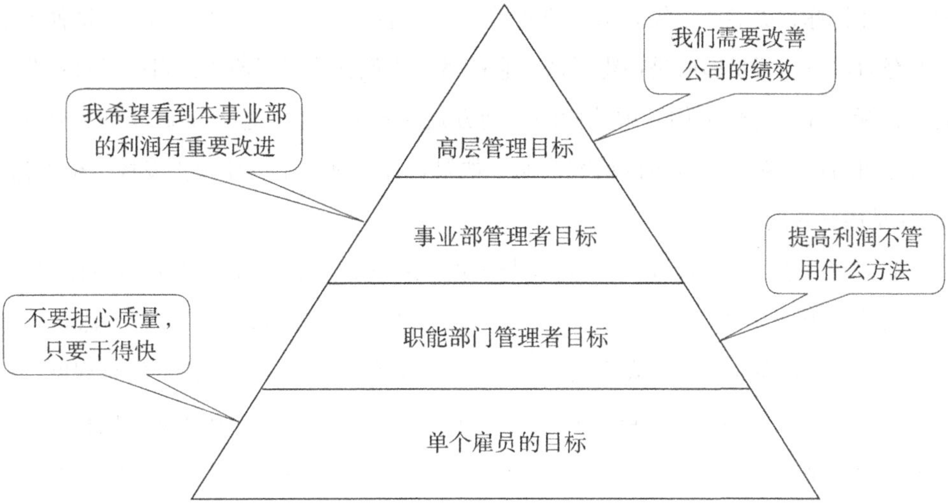

图 3-3　传统的目标设定过程

著名管理学家彼得·德鲁克所倡导的目标管理法（Management by Objectives，MBO）正受到越来越广泛的应用。在其 1954 年出版的《管理的实践》（The Practice of Management）一书中，首先提出了“目标管理和自我控制的主张”，认为“企业的目的和任务必须转化为目标。企业如果无总目标及与总目标相一致的分目标来指导职工的生产和管理活动，则企业规模越大，人员越多，发生内耗和浪费的可能性越大。”① 概括来说，目标管理也即让企业的管理人员和员工亲自参加工作目标的制订，在工作中实行“自我控制”，并努力完成工作目标的一种管理制度。

MBO 不是用目标来控制，而是用它们来激励下级。MBO 方式通常有 4 个共同的要素，它们是：明确目标、参与决策、规定期限和反馈绩效。

MBO 的典型步骤为：①制定组织的整体目标和战略；②在经营单位和部门之间分配主要的目标；③各单位的管理者和他们的上级一起设定本部门的具体目标；④部门的所有成员参与设定自己的具体目标；⑤管理者与下级共同商定如何实现目标的行动计划；⑥实施行动计划；⑦定期检查实现目标的进展情况，并向有关单位和个人反馈；⑧基于绩效的奖励将促进目标的成功实现。

MBO 的确有效吗？有证据表明，富有挑战性的目标通常能够导致更高的绩效。虽然对个人来说实现困难目标的可能性，要比实现容易目标小得多，但人们往往在实现困难目标的过程中发挥出更高的水平。当然，如果目标太难了，人们认为要实现它是不可能的，这对他们来说只不过是一种挑战，则他们的期望将会减退，他们放弃目标的可能性将会增大。此外，研究结果一致表明，具体的困难目标要比没有目标或像“尽你的最大努力”这

① 彼得·德鲁克：《管理的实践》，齐若兰译，北京：机械工业出版社，2009 年。

样的一般性目标，更能产生较高水平的成果。反馈对绩效也有积极的影响，反馈使人们知道他的努力水平是否足够或是还得增加，它能诱使人们在取得了原先的目标后进一步提高他们的目标，而且能使人们了解他们的行动方式的效果。MBO 隐含的假设是，目标必须被认为是可行的。对目标设定的研究表明，如果目标困难到足以使个人发挥出他的潜能，则 MBO 是最有效的。

MBO 强烈主张目标的设定必须是参与式的，那么研究结果是否表明参与设定目标，一定导致比由上司分派目标更高的绩效呢？有趣的是，对参与设定目标和分派目标与其绩效之关系的比较研究，没有表明任何很强的和一致的相关性。当目标的困难程度保持不变，分派目标通常与参与设定目标取得相近似的绩效，这显然与 MBO 的思想相矛盾。因此，主张参与是 MBO 的不可缺少的一个组成要素的观点是站不住脚的。可能，参与的一个主要优点，是能够诱导个人设立更困难的目标。因此，参与可能是通过增强个人的勇气对绩效产生积极的影响。

对实际的MBO计划的研究，肯定了MBO能够有效地提高雇员的绩效和组织的生产率。例如，对 70 个 MBO 计划的研究发现，其中有 68 个使组织的生产率得到改进，这项调查还发现，高层管理的承诺和参与，是 MBO 发挥其潜能的重要条件。当高层管理对 MBO 高度负责，并且亲身参与 MBO 的实施过程，生产率的平均改进幅度达到 56%；而对应高层管理低水平的承诺和参与，生产率的平均改进幅度仅为 6%。

3.1.3 计划的工具和技术

1. 分析环境的工具和技术

分析环境的主要方法有环境扫描技术和预测。

（1）环境扫描技术

环境扫描技术（Environmental Scanning）收集大量的环境信息，以便预测和解释环境正在发生的变化。在众多环境扫描技术之中，竞争者情报技术（Competitor Inteligence）发展最为迅猛。所谓竞争者情报技术是一个过程，组织借助这个过程收集竞争对手的信息，试图得到诸如下列一些问题的答案：

谁是竞争者？

他们在做什么？

竞争对手的行动对我们产生什么影响？

延伸阅读3-2：力拓间谍案

2009年7月9日，上海市国家安全局正式证实，澳大利亚力拓集团上海办事处的4名员工因涉嫌窃取中国国家机密在上海被拘捕，其中包括该办事处总经理、力拓铁矿石部门中国业务负责人胡士泰。

一直以来，在钢铁和铁矿石贸易业界，有关"内奸"的说法，就像某个流行的"潜规则"一样，几乎是人所共知的事实。对该领域非常熟悉的一位新闻界资深人士曾说，正因为存在吃里爬外的"内奸"，在铁矿石价格谈判时，三大矿业巨头总是步步为营，始终占据谈判的主动地位，这也是为什么中国钢企的态度一开始似乎很强硬，但要不了几个回合就会败下阵来，最后整个统一战线土崩瓦解，举手投降。

（2）预测

环境扫描为预测（Forecasts）奠定了基础，预测是对结果的预计。通常，预测技术可以分为定量预测和定性预测。

定量预测（Quantitative Forecasting）是根据已掌握的比较完备的历史统计数据，运用一定的数学方法进行科学的加工整理，借以揭示有关变量之间的规律性联系，用于预测和推测未来发展变化情况的一类预测方法。定量预测基本上可分为两类：一类是时序预测法。它是以一个指标本身的历史数据的变化趋势，去寻找市场的演变规律，作为预测的依据，即把未来作为过去历史的延伸；另一种是因果分析法，它包括一元回归法、多元回归法和投入产出法。回归预测法是因果分析法中很重要的一种，它从一个指标与其他指标的历史和现实变化的相互关系中，探索它们之间的规律性联系，作为预测未来的依据。

定性预测（Qualitative Forecasting）是指预测者依靠熟悉业务知识、具有丰富经验和综合分析能力的人员与专家，根据已掌握的历史资料和直观材料，运用个人的经验和分析判断能力，对事物的未来发展做出性质和程度上的判断，然后，再通过一定形式综合各方面的意见，作为预测未来的主要依据。

当环境基本上保持稳定时，预测技术通常可以获得较为准确的结果。环境的不确定性越大，预测的有效性就有可能会越差，可靠性会降低。此外，预测在非季节性的事件方面的效果是较差的，这些事件包括经济萧条、偶然事件、竞争对手行动等。

2. 配置资源的工具和技术

一旦组织确定了它的目标，计划工作的一个重要方面就是关注实现目标的手段，即决定如何实现目标。在管理者能够组织和引导目标的实现过程之前，他们必须拥有资源。资源（Resources）是一个组织的资产，它包括财务资源（债务、权益、留存收益以及其他金融资产）、物质资源（设备、建筑物、原材料和其他的有形资产）、无形资产（商标、专利、商誉、品牌、版权、数据库以及其他知识产权）、人力资源，以及组织资源（历史、文化、工作系统、工作关系、组织结构等）。

如何有效地配置资源，这就涉及资源配置技术，主要的技术有三种：预算、排程、线性规划。

（1）预算

预算（Budget）是一种数字性的计划，用以将资源分配给特定活动。管理者通常为收入、费用和资本支出（采购设备）编制预算。常见的预算有：收入预算、费用预算、利润预算、现金流预算、资本支出预算等。

管理者经常采用两种预算方法编制预算。最普遍应用的方法是传统的预算方法或称为增量预算。但是近年来，一些组织的管理者为了使预算更有效，正尝试采用零基预算法。

增量预算法（Incremental Budget）是指在上年度预算实际执行情况的基础上，考虑了预算期内各种因素的变动，相应增加或减少有关项目的预算数额，以确定未来一定期间收支的一种预算方法。增量预算具有两个显著特征；首先，基金被分配给部门或组织的单位，然后这些单位的管理者再将基金分配给适当的活动；其次，增量预算是从前期的预算中推演出来的，每一个预算期间开始时，都采用上一期的预算作为参考点，只有那些要求增加预算的申请才得到审查。

零基预算（Zero-base Budgeting）全称为"以零为基础编制计划和预算的方法"，最初是由德州仪器公司开发的。它是指在编制预算时对于所有的预算支出，均以零为基底，不考虑以往情况如何，从根本上研究分析每项预算是否有支出的必要和支出数额的大小。这种预算不以历史为基础做修修补补，在年初重新审查每项活动对实现组织目标的意义和效果，并在成本—效益分析的基础上，重新排出各项管理活动的优先次序，并据此决定资金和其他资源的分配。

与增量预算法相比，零基预算法有三个特点：

1）预算的基础不同。增量预算法的编制基础是前期结果，本期的预算额是根据前期的实际额调整确定的。零基预算法的基础是零，本期的预算额是根据本期经济活动的重要性和可供分配的资金量确定的。

2）预算编制分析的对象不同。增量预算法重点对新增加的业务活动进行成本效益分析，而对性质相同的业务活动不做分析研究。零基预算法则不同，它要对预算期内所有的经济活动进行成本—效益分析。

3）预算的着眼点不同。增量预算法主要以金额高低为重点，着重从货币角度控制预算金额的增减。零基预算法除重视金额高低外，主要是从业务活动的必需性以及重要程度来分配有限的资金。

（2）排程

在实践中，经常能够看到管理者定期详细计划应该进行什么活动，比如哪些订单需要完成，谁来完成，什么时间完成，等等，这就是排程工作（Scheduling）。常见的排程工具有甘特图、负荷图和计划评审技术。

甘特图（Gantt Chart）是亨利·甘特于 1917 年开发的，其内在思想简单，基本是一条线条图，横轴表示时间，纵轴表示活动（项目），线条表示在整个期间上计划和实际的活动完成情况。它直观地表明任务计划在什么时候进行，及实际进展与计划要求的对比。

负荷图（Load Chart）是一种改进的甘特图，它不是在纵轴上列出活动，而是列出整个部门或某些特定的资源。通过检查负荷图中的负荷情况，可以使管理者明了哪些资源是满负荷的，哪些资源未得到充分使用，还可以加载工作量。负荷图可以使管理者计划和控制生产能力的利用情况。

计划评审技术（PERT，Project Evaluation and Review Technique）最早是由美国海军在计划和控制北极星导弹的研制时发展起来的。简单地说，PERT 是利用网络分析制订计划以及对计划予以评价的技术，它能协调整个计划的各道工序，合理安排人力、物力、时间、资金，加速计划的完成。随着科学技术和生产的迅速发展，出现了许多庞大而复杂的科研和工程项目，它们工序繁多，协作面广，常常需要动用大量人力、物力、财力。因此，如何合理而有效地把它们组织起来，使之相互协调，在有限资源下，以最短的时间和最低费用，最好地完成整个项目就成为一个突出的重要问题。PERT 就是在这种背景下出现的。

（3）线性规划

线性规划（Linear Programming）所研究的是：在一定条件下，合理安排人力、物力等资源，使经济效果达到最好。一般地，求线性目标函数在线性约束条件下的最大值或最小值的问题，统称为线性规划问题。满足线性约束条件的解叫作可行解，由所有可行解组成的集合叫作可行域。决策变量、约束条件、目标函数是线性规划的三要素。

求解线性规划问题的基本方法是单纯形法，现在已有单纯形法的标准软件，可在电子计算机上求解约束条件和决策变量数达 10000 个以上的线性规划问题。为了提高解题速度，又有改进单纯形法、对偶单纯形法、原始对偶方法、分解算法和各种多项式时间算法。对于只有两个变量的简单的线性规划问题，也可采用图解法求解。这种方法仅适用于只有两个变量的线性规划问题。

3.2 热点研究

3.2.1 不确定性的研究

不确定性是未来事件（对企业而言就是其未来的预期收益）的基本特征，从严格意义上来说，不确定性是世界的普遍特征，不确定性是绝对的，确定性是相对的。不确定性既是主观的，也是客观的。

无论是自然科学还是社会科学，过去很长时间一直关注的都是确定性、精确性、规律性，认为对世界确定性规律的认识前进一步，不确定性就后退一步。然而，随着海森堡的不确定性原理、普利高津的非平衡系统自组织理论等重大成果的出现，人们开始认识到确定性与不确定性之间并非简单的此消彼长的关系，从不确定性世界到确定性世界的转变可能不仅仅是速度、时间问题，更是方向问题，完全致力于确定性的认识本身可能就是一条不归路。

对不确定性的研究涉及许多理论，从物理层面、哲学层面、数学层面到管理学、社会学等都在进行研究，取得了不少的成果。

物理层面的“不确定性原理”是由德国物理学家海森堡于 1927 年提出。该理论表明微观粒子体系存在着某种不确定性。物理学上的发现引发了哲学层面的思考。以爱因斯坦为代表的确定性论者不承认先天的不确定性，只认为后天的不确定性，而且认为通过理论进步与方法的改进就可以消除不确定性。而对于宿命者则认为，既然世界是不确定的，那么认识与把握世界都是不可能的，研究分析不确定性都是浪费时间与精力。

而在经济、管理领域，对不确定性的研究的取向更倾向于实用主义，大多应用数学方法来分析和理解不确定性。就不确定性而言，主要路径有三：借助统计数学描述随机性，借助模糊数学解释模糊性，借助非线性理论洞察混沌。

不确定性可分为四个级别：第一级，足够明朗的前景。管理者可以对未来做出一种预测，并可根据这一预测来制订计划和战略。第二级，多种可能的前景。未来可能出现多种结果或多种不同情境。虽然分析研究可能有助于判断各种结果的出现概率，但无法确定最终的结果。第三级，一定范围内的前景。未来的可能结果会落在某个范围之内。这个范围由少数几个关键变量决定，而实际结果则可能出现在该范围内的任何地方，且这些结果并非自然存在的独立情境。第四级，完全模糊的前景。各方面的不确定性相互作用，形成了一个根本无法预测的环境。

不确定性来源主要有四种：一是来自测量的不确定性。不管用什么测量工具、测量理论和测量手段，都存在不确定性。这与量子力学的“测不准原理”相一致。二是来自预测模型的不确定性。模型的不确定直接导致决策偏离实际，这种偏离实际的政策将导致运行的过程以及运行的结果偏离可控的路径。三是微小因素对系统影响的不确定性。随着时间的单向流逝，微小的因素也成为系统运行过程的参与者，甚至人的微小的心理变动也融入运行过程中，使主流成为支流或者被淘汰，而很多微小的因素是难于观察甚至不能被观察到的。这导致运行、观测与模型等出现不确定性。四是对结果解读的不确定性。不同的人对其感觉与认知不一样，出现对同一结果解读的不确定性。

3.2.2 标杆管理

标杆管理（Benchmarking Management）起源于 20 世纪 70 年代末 80 年代初，在美国学习日本的运动中，首先开辟标杆管理先河的是施乐公司，后经美国生产力与质量中心系统化和规范化。西方管理学界将其与企业再造、战略联盟一起并称为 20 世纪 90 年代三大管理方法。

标杆管理的概念可概括为：不断寻找和研究同行一流公司的最佳实践，并以此为基准与本企业进行比较、分析、判断，从而使自己的企业得到不断改进，进入或赶超一流公司，创造优秀业绩的良性循环过程。其核心是向业内或业外的最优秀的企业学习。通过学习，企业重新思考和改进经营实践，创造自己的最佳实践，这实际上是模仿创新的过程。

实际上标杆就是榜样，这些榜样在业务流程、制造流程、设备、产品和服务等方面所取得的成就，就是后进者瞄准和赶超的标杆。中国有句古话，“以铜为鉴，可以正衣冠；以人为鉴，可以明得失；以史为鉴，可以知兴替”。其实，做企业也是这样。在自己面前树立一面镜子，明得失，找差距，而后才能进步。

一般说来，一个完整的内外部综合标杆管理的程序通常分五步：

第一步，计划。主要工作有：①组建项目小组，担当发起和管理整个标杆管理流程的责任；②明确标杆管理的目标；③通过对组织的衡量评估，确定标杆项目；④选择标杆伙伴；⑤制订数据收集计划，如设置调查问卷，安排参观访问，充分了解标杆伙伴并及时沟通；⑥开发测评方案，为标杆管理项目赋值以便于衡量比较。

第二步，内部数据收集与分析。主要包括：①收集并分析内部公开发表的信息；②遴选内部标杆管理合作伙伴；③通过内部访谈和调查，收集内部一手研究资料；④通过内部标杆管理，可以为进一步实施外部标杆管理提供资料和基础。

第三步，外部数据收集与分析。主要包括：①收集外部公开发表的信息；②通过调查和实地访问收集外部一手研究资料；③分析收集的有关最佳实践的数据，与自身绩效计量相比较，提出最终标杆管理报告。

第四步，实施与调整。该步是前几步的归宿和目标之所在。根据标杆管理报告，确认正确的纠正性行动方案，制订详细实施计划，在组织内部实施最佳实践，并不断对实施结果进行监控和评估，及时做出调整，以最终达到增强企业竞争优势的目的。

第五步，持续改进。标杆管理是持续的管理过程，不是一次性行为，因此，为便于以后继续实施标杆管理，企业应维护好标杆管理数据库，制订和实施持续的绩效改进计划，以不断学习和提高。

3.3 技能构建

3.3.1 供讨论和实践的主题

1）举例说明计划的作用。

2）制定一个旅游计划，谈谈计划工作的内容。

3）有人说，“变化太快，计划跟不上变化快，所以计划没用”，你怎么看？

4）你认为目标管理法的精髓是什么？

5）谈谈你对标杆管理的理解。

3.3.2 管理技能培养

计划能力自我评估

请根据自己的实际情况，回答下列问题，对每一个问题只需回答是与否。

1）我的个人目标能以文字的形式清楚地说明。

2）多数情况下我整天都是乱哄哄的和杂乱无章的。

3）我一直都是用台历或约会簿作为辅助计划工具。

4）我很少仓促地做出决策，总是仔细研究了问题之后再行动。

5）我利用“速办”或“缓办”卷宗对要办的事情进行分类。

6）我习惯于对所有的计划设定开始日期和结束日期。

7）我经常征求别人的意见和建议。

8）我想所有的问题都应当立刻得到解决。

你的答案是什么？优秀的计划人员可能的答案是：第 2 道题和第 8 道题的答案为

“否”，其余为“是”。

3.3.3 小组练习

创业我先行

随着我国加快落实创新驱动发展战略，主动适应和引领经济发展新常态，大众创业、万众创新的新浪潮席卷全国。与此同时，伴随着社会就业压力的不断加剧，创业逐渐成为在校大学生和毕业大学生的一种职业选择方式，涌现出了一批批创业先锋。在创业过程中，计划工作很重要。创业计划是创业者叩响投资者大门的“敲门砖”，一份优秀的创业计划往往会使创业者达到事半功倍的效果。创业计划是创业者计划创立的业务的书面摘要，它用以描述与拟创办企业相关的内外部环境条件和要素特点，为业务的发展提供指示图和衡量业务进展情况的标准。

请分组成立一个创业团队，撰写一份创业计划书并进行课堂展示。

3.3.4 专项作业

标杆管理方法较好地体现了现代知识管理中追求竞争优势的本质特性，因此具有巨大的实效性和广泛的适用性。如今，标杆管理已经在市场营销、成本管理、人力资源管理、新产品开发、教育部门管理等各个方面得到广泛的应用。其中杜邦、福特、IBM 等知名企业在日常管理活动中均应用了标杆管理法。而在中国像海尔、联想等知名企业也通过采用标杆管理的方法取得了巨大成功。

请继续沿用前面模拟创业分组情况，分析计划创业领域的标杆企业及其成功之道，分析如何向标杆企业进行学习。

3.3.5 案例分析

案例 1：北新房屋绿色装配式建筑发展计划

多年以来，中国建材集团有限公司（以下简称“中国建材集团”）一直有个事业梦想，就是一定要把新型房屋做好。作为中国建材集团新型房屋事业发展平台，北新房屋有限公司（以下简称“北新房屋”）正致力于打造全球规模最大的新型房屋产业。近年来，国家对装配式建筑推进力度不断加大，这为北新房屋发展新型房屋事业提供了千载难逢的历史机遇。面对机遇和挑战，北新房屋正积极推动产业转型升级，实现从新型房屋到绿色小镇的跨越，着力打造具有一定规模、生机盎然的绿色生态城。

从北新建材到北新房屋

1978年我国开始实行改革开放，当时国内建筑水平非常落后，城市很少有像样的饭店、楼宇，农村的建筑条件更差。北新建材集团有限公司（以下简称“北新集团”）在北京建了几个新型房屋的样板实验楼，1979年8月邓小平同志参观后认为房子非常好，提出“要尽快把新型建筑材料工厂办起来，要大批生产；新材料的生产一定要工厂化、专业化；新型住宅要让农民住得起”。但那时，我国没有新型建筑材料，只有砖瓦灰砂石，“巧妇难为无米之炊”，如果做工厂化新型房屋，材料从哪里来？过去主要靠进口解决。近20年来，在中国建材集团所属北新集团建材股份有限公司（以下简称“北新建材”）的推动下，我国的新型建筑材料逐渐从过去的空白向成熟发展，现在已经有了很大的生产规模，其价格也有竞争优势，为北新房屋发展新型房屋创造了条件。

2002年，北新建材和日本三菱商社、新日铁、丰田合资成立了北新房屋，引进日本薄板钢骨体系。北新建材为什么选择这种技术方案？一是因为北新建材做轻钢龙骨是行家，对轻钢龙骨有独到深刻的理解；二是因为北新建材是这种房屋体系的原材料生产集成商，石膏板、轻钢龙骨、外墙屋面瓦等业务做得都很好，把它们结合起来就是北新房屋。

目前，北新房屋所建新型房屋的建筑节能标准可达75%以上，9度地震设防，抵御12级台风，2小时防火，建筑物终老时90%以上的材料可以回收。从这些年的实践来看，无论是最早在北京平谷，还是后来陆续在北京密云、山东枣庄、成都青白江、广安协兴和岳池等地建设的示范绿色小镇，住户一致认为房屋质量很好、居住舒适，充分展现了新型房屋的优势。

北新房屋的五大优势

第一大优势是工厂化生产。汽车工业化可以带动相关产业的发展，但其实影响最大的是住宅产业化。北新房屋突出住宅产业化，从以前传统的现场房屋建造转变为由工厂制造相关部件，然后到现场成片组装的模式，实现了从房屋建造到房屋制造的转型。将来，农村在大规模建设新型房屋前，可先建房屋工厂，安装自动化机器设备生产龙骨等部品部件，构建各种造型的房子。北新房屋将延伸产业链，带动更多产业的发展，为国家开创新的制造业领域，迈向住宅产业化的新时代，助力县域经济和城乡统筹经济的发展。

第二大优势是“四节一环保”，即节能、节地、节水、节材和环境保护。节能方面，过去的房屋是内保温，在外墙结构的内部进行保温，或在轻钢龙骨之间保温，因为冷桥效应，并不能真正实现有效的保温。但如果房屋是外保温，等于给墙体穿上“保暖衣”，在建筑外围加上保温材料，房屋楼上楼下的温度均匀，更加节能舒适，有效避免了“冬天结露、夏天返潮”的现象。节地方面，因为新型房屋墙体薄，房屋内部空间使用效率高，建筑面积和使用面积差不多，节约了大量土地。节水方面，新型房屋有节水措施，房屋下面设计有集水箱，可以把屋顶上的雨水收集起来作中水用于浇花、洗车等。节材方面，新型房屋所需材料自重很轻，每平方米约用 30 公斤的钢材，大部分是石膏板等新型建材，自重一般仅为砖混结构的 1/5，这样节约了红砖、水泥等传统建材。另外还有绿色环保，利用沼气解决了农民生活燃料的问题，改变了农民传统的生活习惯。现代化的绿色小镇应该有零能源、零排放的理想新型房屋。

第三大优势是建造周期短。过去建房屋时工地噪声大，完工后会生成大量建筑垃圾，如何处理建筑垃圾便成了棘手的问题。现在日本的房屋是在工厂定制，不会产生建筑垃圾，被称为“建筑魔术”。北新房屋现在已具备“建筑魔术”的特点，建筑施工过程均为干法作业，用水量仅为传统房屋的 10%，且不受季节气候的影响；现场组装，不会产生建筑垃圾和建筑噪声，施工速度快捷，单体房屋通常两到三个月就可完工。

第四大优势是基本可以满足住户订制化和个性化的需求。新型房屋的房型有几千种，窗户有几十或上百种，门也有很多种。客户可根据需求自行选择喜欢的房型，企业可依靠网络技术提供个性化服务。通过辅助设计，把相关信息上传到计算机，龙骨机按照计算机指令把整套房屋所需的龙骨全部轧出来，然后在现场按编号组装建好客户选定的房屋，就像编鸟笼一样，不浪费任何材料，用类似 3D 自动打印的方式组合生成客户理想中的新型房屋。北新房屋在未来发展中会引入更高级的网络、智能元素，寻求更完善的设计。

第五大优势是把“乡愁”结合起来。关于城镇化建设，习近平总书记强调要“让居民望得见山、看得见水、记得住乡愁”，于是北新房屋提出了“新型乡愁”，且为避免千篇一律，提出要建设拥有整体生态社区的绿色小镇，重视环境。从远处望去，青山、绿水、房屋相互融合，北新房屋打造出了具有“新型乡愁”的绿色小镇。

从北新房屋到绿色小镇

当前我国正在推进全面深化改革，着力城市基础设施建设和城镇化健康发展，需要大量的建筑材料和房屋，但同时我国经济社会又面临资源和环境瓶颈的约束，企业在发展过程中如何解决这一矛盾？北新房屋一直致力于服务国家新农村和城镇化建设，早在 2002 年就被原建设部确定为“国家住宅产业化示范基地”，2017 年再次被住房和城乡建设部评为“国家装配式建筑示范基地”，拥有完整的绿色装配式建筑产业链，已在北京、四川、江苏、黑龙江、海南等地建成房屋基地，并形成全国性的产业布局。

北新房屋最初做房屋时打算按一家一户“交钥匙”的商业模式，但后来发现做不起来，因为房屋是个系统，如果只是单个房屋去建，并不适合北新房屋的发展。如何改造房屋呢？从村庄改造谈起，其实我国很多农村地区都需要翻建村庄，因为建筑水平落后，现有房屋常常徒有四壁，不具备居住的功能和条件。为避免出现以往单建房屋影响村庄整体形象的问题，在与地方合作时北新房屋考虑以村为单位成片进行改造，推动绿色小镇目标计划的实施。

绿色小镇是中国建材集团较早提出的概念，是北新房屋建设的品牌。绿色小镇建有居民区，还有社区服务中心、超市、邮政、卫生所、学校、托儿所等完善的生活配套。2014年，在纪念邓小平同志诞辰110周年之际，北新房屋在四川广安建设了“绿色、低碳、美丽、乡愁”绿色小镇，打破了新型房屋原有的欧式、美式、日式等风格，在设计理念上融合当地风俗特色，全球首创成功研发“中华民居”风格新型房屋，采用现代节能环保房屋技术的同时传承和弘扬了中华民族建筑文化，让更多的人“记得住乡愁”。在广安协兴园区新型房屋示范项目中，绿色小镇里除百姓住宅外，商业用房、观景台、戏台等设施一应俱全，来参观的人络绎不绝，成为当地一道亮丽的风景线。目前北新房屋在广安打造的中国最大的新型房屋示范项目——绿色低碳新型城镇化新农村建设示范项目一期工程已全部竣工交付。

打造全球化房屋集成商

日本建筑业中规模最大的公司既不是建筑公司，也不是建材公司，而是10家左右年营业收入在800亿至1000亿元的大型工厂化房屋公司。中国建材集团新型房屋业务未来的发展目标是聚焦国内外市场，打造全球化房屋集成商。

北新房屋作为全球化房屋集成商进行采购集成，可以用较小的投资获得较好的收益。中国建材集团把绿色小镇的理念带向全球，把产品出口到亚、欧、非、拉美、大洋洲等多个地区，已在赞比亚成功设计和建设完成全球最大的60万平方米绿色生态城示范项目，共4527户住宅，极大改善了非洲人民的起居条件。委内瑞拉绿色小镇是北新房屋在海外建设的又一大型项目，是委内瑞拉“国家住房计划”的重要组成部分，受到政府及甲方的广泛赞誉。巴布亚新几内亚1000栋绿色小镇共829户，是北新房屋与巴布亚新几内亚当地银行家、地产开发商共同打造的，该小镇房屋还有专门设计的吊脚楼，符合当地生活习惯。通过这些小镇的建设，北新房屋已经打造出具有全球影响力的中国新型房屋名片，为进一步推动中国新型房屋全球化发展奠定了坚实基础。

面向未来，北新房屋将在绿色小镇的基础上，串联成片，打造绿色生态城。北新房屋将为人们提供更节能环保、居住更舒适、对环境更友好的美好家园，从而成功完成北新房屋绿色装配式房屋、绿色小镇和绿色生态城的转型升级。

讨论：

北新房屋绿色小镇计划的成功经验是什么？试制订一个北新房屋绿色装配式建筑发展的长期计划。

经典文献

作为古典管理理论的主要代表人物之一，管理过程学派的创始人亨利·法约尔认为，“格言‘管理即预见’让我们认识了工商企业中计划的重要性。诚然，即便计划不是管理的全部，那它至少也是一个重要部分。预见，这里同时表示预估未来和为未来准备，预见本身已经是在行动中了”。他同时指出，“计划有多种表现方式和不同的表现场合。它的主要表现形式、明显特征及最有效工具，就是行动计划”。

下文便是法约尔在其经典管理理论著作《工业管理与一般管理》中关于好的行动计划应具备的特征的论述。

一个好的行动计划的一般特征

人们对行动计划的作用毫不怀疑。我们必须在行动前知道我们到底能做什么，要做什么。我们知道，缺乏机会会引起犹豫不决、错误作业、不适时地改变目标方向，这些都是企业衰败，甚至导致破产的原因。因此没人会质疑行动计划的必要性，我相信，一般人都认为行动计划是必要的。

但是，计划千差万别：简单的或复杂的，简明扼要的或详尽的，耗时长的或耗时短的，草率决定的或经过仔细研究制定的，计划也有好的、平庸的或错误的之别。

如何把好计划和其他计划区别开来呢?

计划的真实价值，即它能给公司带来的效用，只有实践才是检验它的最高标准。但是也应该重视使用的方法，美妙的乐曲要有好的演奏家加上好的乐器才能完美。

但是，无须实践证明，我们就能预先认识一些好的行动计划的一般特征。

例如，计划的统一性。一次只能执行一个计划：两个不同的计划可能导致双重领导，造成困惑，引起混乱。

但是一个计划可以分成几个部分。我们发现在一个大企业中有整体计划、技术计划、商业计划、财务计划等。或者，除了整体计划之外，各部门还有自己的专门计划。但是，所有计划都彼此联系配合，一环扣一环，任何一环的改动都会在整体计划中反映出来。

计划的指导作用应该是“持续的”。然而，人的洞察力有限，这必然会限制计划的持久性。为了计划的指导作用不中断，应该有第二个计划无间隔地接替第一个计划，第三个接替第二个，依此类推。

在大企业里，年度计划几乎被当成整体计划来使用。其他计划，不论长短，总是严格地同年度计划协调一致，和它同时发生作用。

计划应该是“相当灵活的”，以便视正确需要而调整。这种调整或者是因为环境压力，或者是因为其他什么原因。无论是改变前还是改变后。它总是我们要服从的法规。

计划的另一个特征，是在那些影响企业命运的未知因素所能允许的范围内，明确一切可能明确的细节。最近的发展计划可能会很精确地规划和确定，遥远的未来就只适合简单地泛泛“指导”。因为只有在即将执行之前，我们才能对事态有更清晰的认识，这样我们才能精确地决定管理路线。当未知事物相对太多时，计划就不能有任何精确性，企业也要走上冒险之旅。

统一、持续、灵活和精确性，这些是一个好的行动计划的一般特征。

至于其他应具备的特征，这取决于制订计划的企业的性质、规模和条件，有一些好计划已经被同类企业所认知，我们只能通过与之所做的比较来确定这些特征。因此，如同建筑师要设计完成建筑物一样，我们应该针对每种情况，在企业实践中寻求可比较的因素和模式。比管理者幸运之处在于，建筑师能求助于图纸和建筑学课程，而行动计划无图纸可依、无课本可循，因此应该建立管理学说。

好的行动计划并不缺乏，但人们只能通过事物的发展进程去猜测计划的作用，却无法为了更好地认识和评判它而在足够近的距离内观察它。然而，对每个想成为管理者的人来说，了解那些经验丰富的领导者如何制订计划也是很有用的。有一些经过精挑细选的例子就足够了。

第 4 章　战略管理与企业家精神

开篇导读

深圳瑞捷技术股份有限公司

深圳瑞捷技术股份有限公司（以下简称“瑞捷”）总部位于广东省深圳市，成立于2010年，是国内第三方工程评估领域首家上市企业（股票代码：300977）。长期以来，瑞捷致力于为“产业类、保险类、政府类、施工企业类、房地产类、城投类”等六类客户提供专业的第三方评估和项目管理服务，聚焦于“质量＋安全”两大基础价值，通过专业技术和数字化手段，助力客户提升质量，降低安全风险，推动客户运营管理水平和综合效益提升，实现高质量可持续发展。服务范围广泛，除中国外，还拓展至印度尼西亚、马来西亚、新加坡以及刚果（金）等国家和地区。

国内业务方面，瑞捷累计服务客户700余家，业务覆盖全国32个省级行政单位，累计服务50多万项目次，沉淀全行业风险数据1600多万条。通过深厚的技术沉淀，瑞捷已建立起行业级的质量安全大数据平台。瑞捷主导或参与国家标准及行业规范制定28项，拥有专利52项、软件著作权89项，主编行业风险管理报告10余份，有效促进了行业正向、可持续发展。

科研及业务数智化方面，瑞捷联合清华大学、香港科技大学、哈尔滨工业大学等国内知名高校开展风险管理相关课题工作，探索行业前沿技术，提升第三方风险管理综合服务成效，引领行业发展。并通过数字化平台，为客户构建综合的风险管理驾驶舱，助力客户实现风险管理的可视化。

思考题：

1）试分析瑞捷的经营环境。

2）瑞捷的竞争优势是什么？

4.1 理论回顾

4.1.1 战略管理概述

1. 战略管理的界定及应用轨迹

战略管理是指对一个组织的未来方向制定决策和实施这些决策。战略管理作为一门学科，也有其界定。美国战略管理协会（Strategic Management Society，SMS）于 1994 年召开会议研讨战略管理的发展前景时，受亚当·斯密（Adam Smith）和罗纳德·科斯（Ronald Coase）的启发，与会学者提出了战略管理学科面临的四个基本问题：

第一，企业如何作为（How do firms behave）？

第二，企业为什么会不相同（Why are they different）？

第三，公司总部的作用是什么（What are the duties of a headquarter in a multi-business firm）？

第四，什么决定了企业跨国竞争的成败（What determines success or failure in international competition）？

从战略管理应用实践的历程来看，企业战略源于企业计划，企业战略管理脱胎于企业长期规划，其间还经历了一个短暂的战略规划过渡时期。

一项对企业所有者的新近调查发现，69% 的企业所有者制订战略计划，并且，在他们当中，89% 的人认为他们的计划是有效的，用他们自己的话来说，战略计划使他们有了具体的目标，并且使他们的员工取得了一致的认识。今天，战略计划已经超出了工商企业的领域，包括政府机构、医院、教育组织在内，都制订战略计划。例如，面对学院教育费用的急剧上升，政府对学生和研究资助的削减，高中毕业生绝对数量减少的形势，令许多高校尤其是民办高校重新评估学校的目标和尽力发掘能使他们生存和发展的细分市场。

2. 企业战略的构成要素和层次

（1）构成要素

企业战略一般由四个要素构成：

1）经营范围。经营范围是指企业从事生产经营活动的领域。它是企业所处的行业，自己的产品和市场等所涉及的生产经营范围，反映企业目前与其外部环境相互作用的程度，也反映企业计划与外部环境发生作用的要求。

2）资源配置。资源是企业从事生产经营活动的基础，包括实物资源、货币资源、人力资源、技术专利、商标信誉等。资源配置是指企业过去和目前资源和技能配置所达到的水平和模式。资源配置的好坏会极大地影响企业实现自己目标的程度。因此，资源配置又称为企业的特殊能力。资源配置的目的，是要通过适当的使用资源，来形成特殊技能，以便更好地开展生产经营活动。反之，如果企业资源配置不当，就会影响企业的经营能力，影响企业的生产和发展。

3）竞争优势。竞争优势是指企业通过其资源配置的模式与经营范围的决策，在市场上形成的与其竞争对手不同的竞争地位。竞争优势既可以来自企业在产品和市场上的地位，也可以来自企业对特殊资源的正确运用。一般来说，产品和市场的定位对于企业总体战略来讲相当重要，而资源配置则为经营战略起着十分重要的作用。

4）协同作用。在制定战略时，企业力求利用已有的设备、专利、生产技术、销售网络、商标等，进行合理组合，以形成相互协同作用。即要实现各经营单位之间的优势互补，达到 1+1 ≥ 2 的整体效应。

（2）战略层次

战略在组织内是分层的，一般而言可以分为三个层次：公司战略、竞争战略或业务战略、职能战略。

公司层的战略就是公司战略。公司战略（Corporate Strategy）主要关注整个公司的经营范围，从结构和财务的角度来考虑如何经营，如何分配资源，如何与公司的投资人或投资机构进行沟通等，具体表现为公司是否从事多元化经营，还是通过垂直整合或购并或国际化实现增长等。以四川长虹为例，该公司是国内优秀的家电生产企业，其主要产品包括电视、空调、视听产品和电池这四大类，那么四川长虹的公司战略就应该考虑如下一些问题：长远来看是否集中精力于彩电的生产还是上马其他生产线，长虹四大类产品是否应该共享销售渠道，电视业务应占到长虹整个投资的份额多少等战略性决策问题。

从企业战略的四个构成要素来看，公司战略主要是回答应该在哪些经营领域进行生产经营活动的问题，因此，经营范围和资源配置是其主要的构成要素，对应的主要战略问题就是“我们应该从事什么业务”“如何在多个业务之间配置资源”等。而竞争优势和协同作用这两个要素则因企业的不同而需要进行具体分析。在生产相关产品的多角化企业里，竞争优势和协同作用就会非常重要，主要用来解决企业内部各产品的相关性和在市场上进行竞争的问题。在多种行业联合的大型企业里，竞争优势和协同作用相对来讲则不是很重要，因为企业中各经营业务之间存在一定的协调性，可以共同形成整体优势。即使某个业务经营不善，其他的经营业务也可以支持整个企业形成优势。

竞争战略或业务战略（Competitive or Business Strategy），主要涉及如何在市场中竞争，因此，其主要问题是关心应开发哪些产品或服务，以及将其提供给哪些市场；关心目标市场顾客的满意程度，以及公司目标的实现程度。对于四川长虹而言，竞争战略或业务战略应该考虑如下一些问题：精显彩电这一高端产品如何进一步扩大市场占有率和盈利能力，空调产品线是否应该增加品种种类，在某个区域市场上应该如何与竞争对手展开竞争等问题。因此，我们可以看到，公司战略涉及组织的整体决策，而竞争战略或业务战略则更关心组织内的某个战略业务单位。对于战略业务单位来说，竞争战略是最重要的战略内容，其目的就是如何在竞争中获胜。

业务战略或竞争战略主要是针对不断变化的环境，在各自的经营领域里有效地开展竞争。为了保证企业获得竞争优势，各业务单位要有效地控制资源的分配和利用，同时，业务战略还要协调各职能层面的战略，使之成为一个统一的整体，因此，从战略构成要素的角度来看，资源配置与竞争优势通常是业务战略中最重要的组成部分。在多数情况下，经营范围与产品和细分市场的选择有关，与产品所处生命周期阶段和市场所处发展阶段有关，而与产品和市场的深度与广度的关系甚少。在这个层次上，协同作用则变得更为重要，要把业务单位中不同职能领域的活动加以协调。

战略的第三个层次在组织的职能层，这一层的职能战略（Operational Strategies）关心公司的不同职能，即营销、财务、生产制造、人力资源部门如何为其他各级战略服务，以实现其他各级战略的目标。对于四川长虹，则是其下属各个职能部门的战略，如营销部门就应该考虑如何进一步发展品牌，如何提升品牌的忠诚度，应不应该推出新的品牌等。

从战略构成要素来看，协同作用和资源配置是职能战略的关键要素，而经营范围的重要性较低。协同作用是单个的职能中协调各种活动，并将这些活动联合起来。

3.基本竞争战略

美国著名战略管理大师迈克尔·波特在其1980年出版的《竞争战略》一书中，提出了三类基本竞争战略：总成本领先战略、差别化战略、专一化战略。波特的竞争战略研究开创了企业经营战略的崭新领域，对全球企业发展和管理理论研究的进步，都做出了重要的贡献。

（1）总成本领先战略

成本领先要求坚决地建立起高效规模的生产设施，在经验的基础上全力以赴降低成本，抓紧成本与管理费用的控制，以及最大限度地减小研究开发、服务、推销、广告等方面的成本费用。

为了达到这些目标，就要在管理方面对成本给予高度的重视。尽管质量、服务以及其他方面也不容忽视，但贯穿于整个战略之中的是使成本低于竞争对手。该公司成本较低，意味着当别的公司在竞争过程中已失去利润时，这个公司依然可以获得利润。

赢得总成本最低的有利地位通常要求具备较高的相对市场份额或其他优势，诸如与原材料供应方面的良好联系等，或许也可能要求产品的设计要便于制造生产，易于保持一个较宽的相关产品线以分散固定成本，以及为建立起批量而对所有主要顾客群进行服务。

总成本领先地位非常吸引人。一旦公司赢得了这样的地位，所获得的较高的边际利润又可以重新对新设备、现代设施进行投资以维护成本上的领先地位，而这种再投资往往是保持低成本状态的先决条件。

（2）差别化战略

差别化战略是将产品或公司提供的服务差别化，树立起一些全产业范围中具有独特性的东西。实现差别化战略可以有许多方式：设计名牌形象、技术上的独特、性能特点、顾客服务、商业网络及其他方面的独特性。最理想的情况是公司在几个方面都有其差别化特点。例如卡特彼勒公司（Caterpillar）不仅以其商业网络和优良的零配件供应服务著称，而且以其优质耐用的产品质量享有盛誉。

如果差别化战略成功地实施了，它就成为在一个产业中赢得高水平收益的积极战略，因为它建立起防御阵地对付各种竞争力量，虽然其防御的形式与成本领先有所不同。波特认为，推行差别化战略有时会与争取占有更大的市场份额的活动相矛盾。推行差别化战略往往要求公司对于这一战略的排他性有思想准备。这一战略与提高市场份额两者不可兼顾。在建立公司的差别化战略的活动中总是伴随着很高的成本代价，有时即便全产业范围的顾客都了解公司的独特优点，也并不是所有顾客都将愿意或有能力支付公司要求的高价格。

（3）专一化战略

专一化战略是主攻某个特殊的顾客群、某产品线的一个细分区段或某一地区市场。正如差别化战略一样，专一化战略也可以具有许多形式。虽然低成本与差别化战略都是要在全产业围内实现其目标，专一化战略的整体却是围绕着很好地为某一特殊目标服务这一中心建立的，它所开发推行的每一项职能化方针都要考虑这一中心思想。这一战略依靠的前提思想是：公司业务的专一化能够以更高的效率、更好的效果为某一狭窄的战略对象服务，从而超过在较广阔范围内竞争的对手们。波特认为这样做的结果，是公司或者通过满足特殊对象的需要而实现了差别化，或者在为这一对象服务时实现了低成本，或者二者兼得。这样的公司可以使其赢利的潜力超过产业的普遍水平。这些优势保护公司抵御各种竞争力量的威胁。

但专一化战略常常意味着限制了可以获取的整体市场份额。专一化战略必然地包含着利润率与销售额之间互以对方为代价的关系。

4. 增长战略

增长战略，又称发展战略、扩张战略，从企业发展的角度来看，任何成功的企业都应当经历长短不一的增长战略实施期，因为从本质上说只有增长战略才能不断地扩大企业规模，使企业从竞争力弱小的小企业发展成为实力雄厚的大企业。

企业的扩张可以通过一体化战略或多样化战略来实现，具体表现形式既可以是内部发展，也可以是外部发展。内部发展是现有企业通过新股票发行或自身资金积累，而扩大现有生产规模，或建立新厂、新的部门、新的子公司等；外部发展是指企业通过并购等手段来扩张规模，增强实力。

（1）一体化战略

一体化战略又可分为横向一体化（水平一体化）和纵向一体化（垂直一体化）。

横向一体化指企业现有生产活动的扩展并由此导致现有产品市场份额的扩大。该类增长可以从三个方向进行：①扩大原有产品的生产和销售；②向与原产品有关的功能或技术方向扩展；③与上述两个方向有关的向国际市场扩展或向新的客户类别扩展。通过横向一体化，可以带来企业同类产品生产规模的扩大，实现规模经济。由于该类增长与原有生产活动有关，比起其他类型增长更易于实现，故一般来说，企业早期的增长多以此为主，且实现的方式以内部增长为主。

纵向一体化指企业向原生产活动的上游和下游生产阶段扩展。现实中，多数大型企业均有一定程度的纵向一体化。该类扩张使企业通过内部的组织和交易方式将不同生产阶段联结起来，以实现交易内部化。纵向一体化包括后向一体化和前向一体化。后向一体化指企业介入原供应商的生产活动；前向一体化指企业控制其原属客户公司的生产经营活动。如化学工业公司可向石油冶炼、采油方向扩展，以实现后向一体化；也可向塑料制品、人造纤维等方向扩展，以实现前向一体化。纵向一体化是公司增长到一定阶段的主要扩张战略。

（2）多样化战略

多样化是一个意义广泛的概念，它可以涉及相关产品的活动，也可以涉及不相关产品的活动。由于横向一体化已涉及同类产品的多样化，纵向一体化已涉及相关但不同生产阶段产品多样化，所以这里的多样化仅指不相关产品的多样化。但是，严格区分相关与否，并不容易。因为在实际中，多数公司多样化扩张的部门均多少与其原有市场营销和技术开发有联系。尤其是研究与开发，多来自现存生产活动的需求，但可用于其他无关部门的生产之中。

多样化扩张是基于对市场风险和环境的不确定因素的防范意识。具有多样化经营的公司，可以减少某种不可预测因素的冲击。此外，一些原生产产品市场需求的下降，也会促使公司寻求多样化机会，以充分利用其生产能力。而当某一产品出现旺盛市场需求时，也会诱发新的公司介入此类生产活动。

4.1.2 战略管理过程

战略管理过程（Strategic Management Process）是一个战略计划实施和评估的过程，一般包括 9 个步骤，如图 4-1 所示。

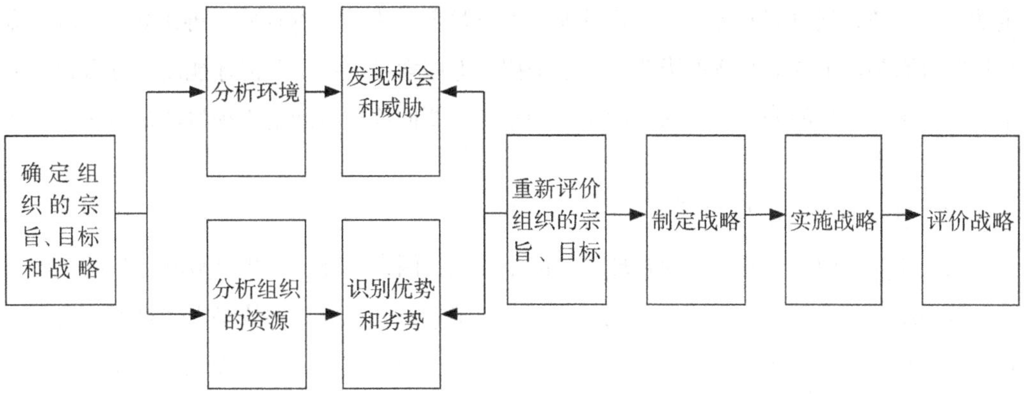

图 4-1 战略管理过程

（1）步骤 1：确定组织当前的宗旨、目标和战略

每个组织都有一个宗旨（Mission），它规定了组织的目的和回答了下述问题：我们到底从事的是什么事业？定义企业的宗旨促使企业仔细确定企业的产品和服务范围。如美国西南航空公司认为自己是低成本运输企业，只不过恰好在航空业而已。

对一个组织来说，对一个期待长期运营的企业来说，宗旨能够告诉、帮助企业界定做什么和不做什么，正是因为这种界定，才有可能是维系员工、凝聚员工、感召顾客的长久之道，也许，这就是经常所说的“商道”。

延伸阅读 4-1：谷歌（Google）的“不作恶”信念

在 Google 公司众多独树一帜的行为当中，没有比“不作恶”（Don’ t be evil）更引人注目的了。公司的管理层说：“搜寻和整理世界上所有的信息，是极其重要的任务，应该由值得信赖和热心公益的公司去执行。我们相信，运转顺畅的社会，应该有充裕、自由和公正的管道，取得高品质的信息。Google 因此对这个世界负有责任。”

在一次公开会议时，谷歌前 CEO 施密特表示，“不作恶”是为了激发公司内部对企业道德准则的讨论，而非绝对的道德标准，“我们并没有一个‘罪恶标杆’，用于判断恶与善”。

施密特还透露，自己 2001 年加盟谷歌出任 CEO 时，曾以为“不作恶”只是谷歌创始人谢尔盖·布林（Sergey Brin）和拉里·佩奇（Larry Page）讲给自己的一个“笑话”。

施密特回忆道，有一天，他在办公室里参加一项新广告产品的战略讨论，一位工程师中途插话说：“那是在作恶。”“这句话就像在屋子里扔下了一颗炸弹，大家将工作放在一边，开始讨论道德和伦理问题，那个产品也最终被取消了。”施密特说，“所以说，‘不作恶’是一种文化规则，一种强制大家讨论的方式，尤其是在一些发展并不明朗的领域。”

决定组织从事的事业性质，对于非营利性组织来说同样重要。医院、政府机构和学校也必须确立自己的宗旨。比如，学院究竟是训练学生从事某项职业，还是训练学生从事特定的工作，还是通过周密计划的丰富的文科教育培养学生的基本素质？再比如，学院究竟是招收分数最高的5%的高中毕业生，还是招收那些学习成绩较差但才能测试分数很高的学生，还是从大量的处于中间状态的学生中招生？要回答这些问题必须搞清楚组织当前的目的。

（2）步骤2：分析环境

在企业经营中，环境被视为管理行动的主要制约因素，环境分析是战略过程的关键要素，因为组织的环境在很大程度上规定了企业可能的选择。成功的战略大多是那些与环境相适应的战略。环境变化是企业经营的大背景，企业应因应环境变化而做出调整。所有企业都需要分析它所处的环境，需要了解市场竞争的焦点是什么，拟议中的法规会对组织有什么影响，以及组织所在地的劳动供给状况，等等。

（3）步骤3：发现机会和威胁

分析了环境之后，企业需要评估有哪些机会可以发掘，以及组织可能面临哪些威胁。企业需要记住的是，即使处于同样的环境中，由于组织控制的资源不同，可能对某个组织来说是机会，而对另一些组织却是威胁。例如我国小商品在中欧、东欧很受欢迎，可是，随着中欧、东欧经济水平的提升、人民生活的改善，低价位的小商品却面临挑战，而高质量、高品位的小商品却更受欢迎。可见，环境变化对一个组织来说，究竟是机会还是威胁，取决于该组织所控制的资源。

（4）步骤4：分析组织的资源

现在我们的视角从组织外部转向组织内部。组织的雇员拥有什么样的技巧和能力？组织的现金状况怎么样？在开发新产品方面一贯很成功吗？公众对组织及其产品或服务的质量怎么看？这一步的分析促使企业认识到，无论多么强大的组织，都在资源和技能方面受到某些限制。我国知名企业宁波奥克斯就曾因为仅仅看到轿车市场消费在中国处于快速上升通路，在没有认真分析评估组织的资源和能力情况下而贸然进入汽车行业，结果13个月就不得不退出市场。

（5）步骤5：识别优势和劣势

第4步的分析应当引出对组织的优势和劣势的明确的评价，从而，企业能够识别出什么是组织核心能力（Distinctive Competence），即决定作为组织的竞争武器的独特技能和资源。例如，2000年销售收入还只有152亿元的华为，2015年实现销售收入3950亿元，为何？熟悉华为的人都知道，在专利方面，华为已经连续多年位居中国企业发明专利申请数量第一，2015年专利申请数量全球排名第一。所有这些，来源于华为公司多年在研发方面人员和资金的巨额投入和对知识产权的高度重视、长期积累。该公司把知识产权视同企业的核心能力，每年将不低于销售收入的10%用于产品研发和技术创新，其中的10%用于技术预研。

理解组织的文化和力量及它们赋予企业的责任，是第 5 步分析的关键部分，这些只是最近才得到应有的重视。特别是企业应该认识到，文化的强弱对战略起着不同的作用，而文化的内容对战略的内容也有很大的影响。在强文化中，几乎所有的雇员都能够清楚地理解组织的宗旨，这使得企业很容易把组织的与众不同的能力传达给新雇员。事实上，王安电脑公司的强文化无疑妨碍了公司最高管理层对顾客需求的觉察，致使在 20 世纪 80 年代未能采取新的公司战略适应计算机产业的变化。具有强文化的成功组织，可能成为它们过去成功的囚徒。

文化在鼓励冒风险、开拓创新和奖赏绩效的程度上存在很大差异。由于战略选择包含这些因素，因此对于某些战略，文化的价值观影响企业的倾向性。比如，对于厌恶风险的文化，企业更愿意采取那些防御性的和财务风险最小的战略，更倾向于对环境的变化做出反应，而不是试图预测变化事先采取行动。凡是在回避风险的公司中，你不必对企业一味强调消减成本和改进现有产品感到奇怪。相反，在创新受到高度重视的公司中，企业更倾向于开发新技术和新产品，而不是开辟更多的服务场所或加强销售力量。

（6）步骤 6：重新评价组织的宗旨和目标

将步骤 3 和步骤 5 合并在一起，导致对组织的机会的再评价，通常称为 SWOT 分析，它把对组织的优势（Strengths）、劣势（Weaknesses）、机会（Opportunities）和威胁（Threats）的分析结合在一起，以便发现组织可能发掘的细分市场，制订出指导组织生存和发展方向的战略方案，如图 4-2 所示。

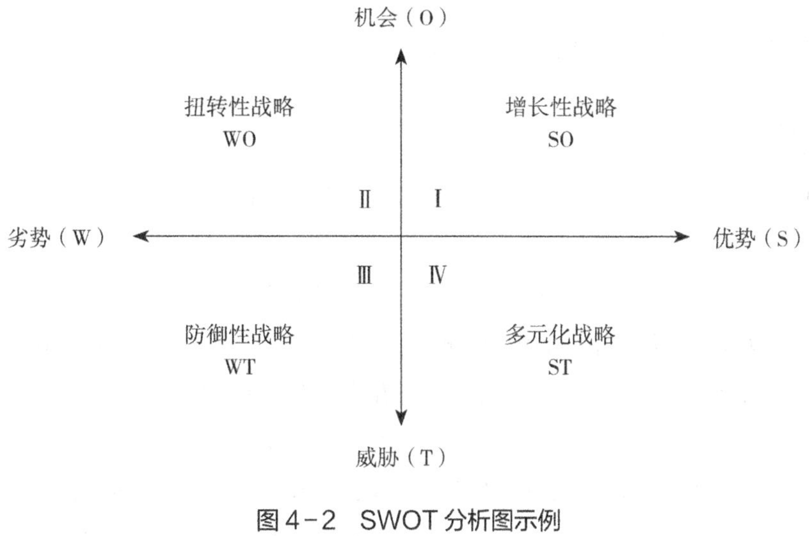

图 4-2　SWOT 分析图示例

按照 SWOT 分析和识别组织的机会的要求，企业需要重新评价公司的宗旨和目标，它们是实事求是的吗？宗旨需要修正吗？如果需要改变组织的整体方向，则战略管理过程可能要从头开始。如果不需要改变组织的大方向，企业则应着手制定战略。

（7）步骤7：制定战略

战略需要分别在公司层、事业层和职能层设立。企业需要开发和评价不同的战略选择，然后选定一组符合三个层次要求的战略，这些战略能够最佳地利用组织的资源和充分利用环境的机会。

在这一步上，企业将寻求组织的恰当定位，以便获得领先于竞争对手的相对优势。成功的管理者所选择的战略将使组织获得最有利的竞争优势，并使这种优势能够长期地保持下去。

（8）步骤8：实施战略

无论战略计划制订得多么有效，如果不能恰当地实施仍不会成功。

通常，企业战略发生重大转变，组织也应进行相应调整。在现实中，我们经常能够看到，企业在进行战略调整之后，通常都会进行业务重组和组织调整，更直观的就是企业重大人员调整。

高层管理者的领导能力是战略成功的一个必要因素，而中层和基层管理者执行高层管理者的计划的主动性也同样关键。

当然，企业也需要招聘、选拔、培训、处罚、调换、提升，以及甚至可能解雇员工，以实现组织的战略目标。如果新战略要取得成功，通常要求雇佣具有不同技能的新人员，将某些雇员转换到新的岗位上和解雇某些雇员。

（9）步骤9：评价结果

战略管理过程的最后一个步骤是评价结果。战略的效果怎么样？需要做哪些调整？

4.1.3 企业家、企业家精神与企业战略

1. 企业家

成功的企业，成功的企业战略，往往伴生着优秀的企业家。正如王石之于万科、张瑞敏之于海尔、柳传志之于联想。

关于企业家有不少的定义。在现代企业中企业家大体分为两类：一类是企业所有者企业家，作为所有者他们仍从事企业的经营管理工作；另一类是受雇于所有者的职业企业家。

其实，企业家“Entrepreneur”一词是从法语借来的，其原意是指“冒险事业的经营者或组织者”。法国早期经济学家萨伊认为，企业家是冒险家，是把土地、劳动、资本这三个生产要素结合在一起进行活动的第四个生产要素，他承担着可能破产的风险。英国经济学家阿尔弗雷德·马歇尔（Alfred Marshall）认为，企业家是以自己的创新力、洞察力和统帅力，发现和消除市场的不平衡性，创造交易机会和效用，给生产过程提出方向，使生产要素组织化的人。美国经济学家约瑟夫·熊彼特（Joseph Alois Schumpeter）认为，企业家是不断在经济结构内部进行“革命突变”，对旧的生产方式进行“创造性破坏”，实现生产要素重新

组合的人。管理大师德鲁克也认为，企业家是革新者，是勇于承担风险、有目的地寻找革新源泉、善于捕捉变化、并把变化作为可供开发利用机会的人。

需要指出的是，不要把管理小企业与企业家行为混为一谈。因为并非所有的小企业管理者都是企业家，许多小企业管理者并不进行创新，相当多的小企业管理者，不过是许多大型组织和公共机构中保守的、循规蹈矩的职员的缩影。

今天，企业家被认为是自由企业世界的英雄。他们中的许多人，通过革新和创造，使幼小的企业发展成为资产雄厚的大企业。他们创造了新的产品，新的服务，并且承担了随之而来的风险。许多人认为企业家是生意场上在前线活动的先锋。

企业家和传统管理者有很大不同，应该说，管理者不一定是企业家，但企业家一定是管理者，简单而言，管理者追求的是“从 1 到 100”的优化过程，而企业家追求的是“从 0 到 1”的创新过程。两者的主要区别如表 4-1 所示。

表 4-1 企业家与传统管理者的比较

	传统管理者	企业家
主要动机	晋升及其他传统的公司奖赏，如拥有办公室、下属和权力	独立性、创新机会、财务收益
时间导向	实现短期目标	实现 5~10 年的企业成长活动
风险倾向	低	适度
管理倾向	授权和监督	直接参与
对失败和错误的观点	避免	接受

2. 企业家的特征

对企业家研究得最多的题目之一，是试图确定企业家共同的心理特征。迄今为止相关研究学者已经提出了许多特征，包括勤奋工作、自信、乐观、果断，以及精力充沛。而有三种要素经常处于企业家个性一览表的顶端，它们是，对成就的高度欲望，对把握自己命运的强烈的自信，以及对冒风险的适度的节制。

企业家往往具有这样鲜明的个性特征：他们趋向于独自担当解决问题、设定目标和依靠努力实现目标的责任；他们崇尚独立和特别不喜欢被别人控制；虽然他们不怕承担风险，但他们决不盲目地冒险，他们更愿意冒那些他们认为能够控制结局的风险。企业家的这些鲜明的个性特征，可使我们得出两个结论：第一，在典型的大公司或政府机构中，具有这种性格的人不大可能是那些富于生产性的、满足于现状的雇员，这类组织的规则、制度和控制，阻碍了企业家的涌现；第二，创办自己的企业的内在挑战和状况，与企业家的个性十分吻合，尤其对愿意冒风险和掌握自己命运的人有很大的吸引力。由于企业家相信他们的未来完全掌握在自己手中，因此他们认为的适度的风险，在不具备企业家素质的人看来通常是高风险。

什么力量促使一个人成为企业家？企业家在崇尚创新和创业的环境中更容易繁盛。比如，美国的文化高度评价自主和争取个人的成功。相反，在其他一些国家里，包括爱尔兰和挪威，生意上的失败常被看作一种耻辱，这就是为什么在美国，企业家活动如此普遍的原因。此外，一个国家的某些地区常常成为企业家亚文化的温床。在美国，波士顿地区128大道周围地带、硅谷（Silicon Valley）等地区是鼓励和支持企业家的典型例子。

父母的支持对后代的企业家倾向有重要影响作用，企业家们的父母一般都鼓励子女有所成就，保持独立性和对自己的言行负责。企业家们通常都有自己崇拜和试图仿效的偶像。因此毫不奇怪，研究发现许多企业家都有一位自由职业或企业家的父亲。

与企业家活动有关的另一个重要变量是先前的创业经历，过去的行为是未来行为最好的预报器。由于开办第2家、第3家或第4家新企业要比开办第1家新企业容易得多，因此，创办第1家企业的人趋向于将这种创业活动不断地继续下去。

3. 企业家精神

彼得·德鲁克承继并发扬了熊彼特的观点。他提出企业家精神中最主要的是创新，进而把企业家的领导能力与管理等同起来，认为“企业管理的核心内容，是企业家在经济上的冒险行为，企业就是企业家工作的组织”。

世界著名的管理咨询公司埃森哲（Accenture），曾在26个国家和地区与几十万名企业家交谈。其中79%的企业领导认为，企业家精神对于企业的成功非常重要；在全球高级主管心目中，企业家精神是组织健康长寿的基因和要穴；正是企业家精神造就了二战后日本经济的奇迹，引发了20余年美国新经济的兴起。那么，到底什么是真正的企业家精神呢？

创新是企业家精神的灵魂。熊彼特关于企业家是从事“创造性破坏”（Creative Destruction）的创新者观点，凸显了企业家精神的实质和特征。一个企业最大的隐患，就是创新精神的消亡。一个企业，要么增值，要么就是在人力资源上报废，创新必须成为企业家的本能。但创新不是“天才的闪烁”，而是企业家艰苦工作的结果。创新是企业家活动的典型特征，从产品创新到技术创新、市场创新、组织形式创新等等。创新精神的实质是“做不同的事，而不是将已经做过的事做得更好一些”。所以，具有创新精神的企业家更像一名充满激情的艺术家。

冒险是企业家精神的天性。法国经济学家理查德·坎蒂隆（Richard Cantillon）将企业家精神与风险或不确定性联系在一起。没有甘冒风险和承担风险的魄力，就不可能成为企业家。企业创新风险是二进制的，要么成功，要么失败，只能对冲不能交易，企业家没有别的第三条道路。在美国 3M 公司有一个很有价值的口号："为了发现王子，你必须和无数个青蛙接吻。""接吻青蛙"常常意味着冒险与失败，但是"如果你不想犯错误，那么什么也别干"。同样，对 1939 年在美国硅谷成立的惠普、1946 年在日本东京成立的索尼、1976 年在中国台湾成立的宏碁、1984 年分别在中国北京、青岛成立的联想和海尔等众多企业而言，虽然这些企业创始人的生长环境、成长背景和创业机缘各不相同，但无一例外都是在条件极不成熟和外部环境极不明晰的情况下，他们敢为人先，第一个跳出来吃螃蟹。

合作是企业家精神的精华。正如艾伯特·赫希曼所言：企业家在重大决策中实行集体行为而非个人行为。尽管伟大的企业家表面上常常是一个人的表演（One-Man Show），但真正的企业家其实是擅长合作的，而且这种合作精神需要扩展到企业的每个员工。企业家既不可能也没有必要成为一个超人（Superman），但企业家应努力成为蜘蛛人（Spiderman），要有非常强的"结网"的能力和意识。西门子是一个例证，这家公司秉承员工为"企业内部的企业家"的理念，开发员工的潜质。在这个过程中，经理人充当教练角色，让员工进行合作，并为其合理的目标定位实施引导，同时给予足够的施展空间，并及时予以鼓励。西门子公司因此获得令人羡慕的产品创新纪录和成长记录。

敬业是企业家精神的动力。马克斯·韦伯在《新教伦理与资本主义精神》中写道："这种需要人们不停地工作的事业，成为他们生活中不可或缺的组成部分。事实上，这是唯一可能的动机。但与此同时，从个人幸福的观点来看，它表述了这类生活是如此的不合理：在生活中，一个人为了他的事业才生存，而不是为了他的生存才经营事业。"货币只是成功的标志之一，对事业的忠诚和责任，才是企业家的"顶峰体验"和不竭动力。

学习是企业家精神的关键。荀子曰："学不可以已。"彼得·圣吉在其名著《第五项修炼》中说道："真正的学习，涉及人之所以为人此一意义的核心。"学习与智商相辅相成，以系统思考的角度来看，从企业家到整个企业必须是持续学习、全员学习、团队学习和终生学习。日本企业的学习精神尤为可贵，他们向爱德华兹·戴明学习质量和品牌管理；向约瑟夫·M. 朱兰学习组织生产；向彼得·德鲁克学习市场营销及管理。同样，美国企业也在虚心学习，企业流程再造和扁平化组织，正是学习日本的团队精神结出的硕果。

执着是企业家精神的本色。英特尔前总裁葛鲁夫有句名言："只有偏执狂才能生存。"这意味着在遵循摩尔定律的信息时代，只有坚持不懈持续不断地创新，以夸父追日般的执着，咬定青山不放松，才可能稳操胜券。在发生经济危机时，资本家可以用脚投票，变卖股票退出企业，劳动者亦可以退出企业，然而企业家却是唯一不能退出企业的人。正所谓"锲而舍之，朽木不折；锲而不舍，金石可镂"。

诚信是企业家精神的基石。诚信是企业家的立身之本，企业家在修炼领导艺术的所有原则中，诚信是绝对不能妥协的原则。市场经济是法制经济，更是信用经济、诚信经济。没有诚信的商业社会，将充满极大的道德风险，显著抬高交易成本，造成社会资源的巨大浪费。美国经济学家、制度经济学鼻祖凡勃仑在其名著《企业论》中指出，有远见的企业家非常重视包括诚信在内的商誉。诺贝尔经济学奖得主弗里曼也是明确指出："企业家只有一个责任，就是在符合游戏规则下，运用生产资源从事利润的活动。亦即须从事公开和自由的竞争，不能有欺瞒和欺诈。"

4.2 热点研究

4.2.1 国际化战略

当今世界经济全球化和一体化正向纵深发展，企业的生产和发展日益离不开世界市场，不可避免地要参与国际竞争。国际化战略是企业产品与服务在本土之外的发展战略。随着企业实力的不断壮大以及国内市场的逐渐饱和，有远见的企业家们开始把目光投向本土以外的全球海外市场，尤其是中国企业，在经历由中国制造向中国创造的转变过程中，需要更多地融入全球经济中去，主动对接世界形势，进行国际化发展。

1. 国际化战略的种类

按国际化程度来划分，国际化战略可分为本国中心战略、多国中心战略和全球中心战略。

本国中心战略是在母公司的利益和价值判断下做出的经营战略，其目的在于以高度一体化的形象和实力在国际竞争中占据主动，获得竞争优势。这一战略的特点是母公司集中进行产品的设计、开发、生产和销售协调，管理模式高度集中，经营决策权由母公司控制。这种战略的优点是集中管理可以节约大量的成本支出，缺点是产品对东道国当地市场的需求适应能力差。

多国中心战略。在统一的经营原则和目标的指导下，按照各东道国当地的实际情况组织生产和经营。母公司主要承担总体战略的制定和经营目标分解，对海外子公司实施目标控制和财务监督；海外的子公司拥有较大的经营决策权，可以根据当地的市场变化做出迅速的反应。这种战略的优点是对东道国当地市场的需求适应能力好，市场反应速度快，缺点是增加了子公司和子公司之间的协调难度。

全球中心战略是将全球视为一个统一的大市场，在全世界的范围内获取最佳的国际化战略资源并在全世界销售产品。采用全球中心战略的企业通过全球决策系统把各个子公司连接起来，通过全球商务网络实现资源获取和产品销售。这种战略既考虑到东道国的具体需求差异，又可以顾及跨国公司的整体利益，已经成为企业国际化战略的主要发展趋势。但是这种战略也有缺陷，对企业管理水平的要求高，管理资金投入大。

2. 国际化战略的模式

传统的企业国际化战略模式主要有三种：①自有产品直接出口。这种模式投入资本少，风险小，往往是企业进行国际化初期阶段常常采用的模式。②海外设厂，生产本地化。这种模式虽然避免了贸易保护主义对出口的限制，但生产成本高，不利于形成竞争优势。③跨国并购。跨国并购是一国企业以现金或发行股票方式对另一国企业的股份或资产进行购买或交换，使外国企业纳入该企业的控制或共同组建为一个新企业的活动。跨国并购是企业扩大海外投资，推进跨国经营的有效方式，可以节省建厂时间，迅速进入东道国并占领市场，但往往对企业的国际化经营能力要求高。

伴随着创业经济的兴起和经济全球化的发展，越来越多的国家和地区的企业国际化出现了一种非传统国际商务理论所能解释的新现象：一些企业从创立之初或成立之后短短的几年内就定位国际市场，迅速开展国际商务活动并寻求重大竞争优势。学者们开始质疑国际化渐进模式的全球普遍适用性并日益关注这一被称为"国际新创企业"（International New Ventures，简写为 INVs）的国际化发展问题。这种"成立伊始就在多个国家通过运用各种资源并销售产出来寻求重大竞争优势的企业组织"① 的战略问题日益成为理论界和实业界研究的热点。

4.2.2 战略组合

在管理实践中，许多大型企业并不局限于实施单一的战略，而是将战略组合起来，从而使几种战略形成一个有机的整体。

一般的战略组合方式主要有两种：顺序性战略组合和同时性战略组合。

顺序性战略组合是指一个企业根据生存与发展的需要，先后采用不同的战略方案，从而形成自身的混合型战略方案，因而这是一种在时间上的战略组合。常见的顺序性战略组合有：①在某一特定时期实施增长型战略，然后在另一时期使用稳定性战略。这样做，是为了使企业能够发挥"能量积聚"的作用。②首先使用抽资转向战略，然后在情况好转时再实施增长战略。采用这种战略的企业主要是利用紧缩战略来避开外界环境的不利条件。

同时性战略组合是指不同类型的战略被同时在不同战略业务单位执行而组合在一起的混合型战略。在企业具有多种不同经营业务或多个事业部的情况下，通常采用同时性组合的战略组合方式。同时性战略组合常见的形式有：①在撤销某一战略经营单位、产品系列或经营部门的同时增加其他一些战略经营单位、产品系列或经营部门。这其实是对一个部

① Oviatt, B. M., McDougall, P. P. : *Toward a theory of international new ventures*. Journal of International Business Studies, 1994, 25 (1) : 45-64。

门采取清算战略，同时对另一个部门实施增长战略。②在某些业务领域或产品实施抽资转向战略的同时在其他业务领域或产品实施增长战略。在这种情况下，企业实施紧缩战略的业务单位可能还并未到应该放弃或清算的地步，甚至有些可能是仍旧有潜力的发展部门，但是为了提供其他部门发展所需要的资源，只有实施紧缩型战略。③在某些产品或业务中实施稳定战略而在其他一些产品或部门实施增长战略，这种战略组合一般适用于资源相对丰富的企业，因为它要求企业在并没有实施收缩而获取资源的前提下以自己的积累来投入需要增长的业务领域。

需要特别指出的是，大型公司不可避免地要在多种战略环境中经营，因此需要执行多种战略，并且这些环境也会随着时间变化，因此企业管理层必须应对选择、结合及有效组合战略以适应挑战，并在环境变化时动态调整。管理层要防止主导思想使其短视，以绘制出符合时代环境特征的战略组合。很多首席执行官都强调，绘制战略组合是区分有效及无效战略设定及执行的关键。

4.3 技能构建

4.3.1 供讨论和实践的主题

1）你认为新创企业应该怎样制定战略？与成熟的企业一样吗？

2）当企业领导者重新制定了战略，但是无法精准预测公司的表现时，这时作为首席执行官如何说服股东支持自己的战略？

3）小企业主能够等同于企业家吗？解释你的原因。

4）“机会不会从天而降，必须发现或者创造机会”，举例说明如何发现或创造创业机会。

4.3.2 管理技能培养

领导者的八种角色

面临当今复杂多变的国内外环境，企业领导者需要成为多种战略动态组合的绘图师，能够迅速适应八种角色并表现优异。

1. 诊断者

你是否具备不断从外部视角判断每种业务环境下的可预测性、可塑性及环境严苛性，将之与公司的每个部分需要的战略相匹配？

2. 细分者

领导者是否对自己的组织进行正确的区分，是否可以将不同战略应用正确？是否可以精细地将战略分解与业务单元部门之间高度匹配?

3. 颠覆者

领导者是否不断根据环境变化审视与区分，避免组织僵化，并在需要时调整或者改变战略?

4. 指导者

领导者是否可以选择正确的人来管理战略组合中的各个部分，从沟通、理解和经验等方面帮助他们加深对战略调色板的理解以及深入沟通达成共识?

5. 推销者

领导者是否将战略选择作为整体，以清晰连贯的方式向投资者及员工推广并交流战略选择?

6. 提问者

领导者是否设定并调整每种战略的正确环境，提出探索性问题，而非口述答案，帮助整个组织刺激每种战略恰当的关键思维流?

7. 接受者

领导者是否经常了解外部，并对外界信息保持高度敏感，选择放大重要信号，确保组织每个业务单元与外部环境变化保持一致。

8. 推动者

领导者是否在战略选择后，加强和鼓励战略执行? 尤其是战略已经改变，并不熟悉且可能遭到反对时。

根据以上对领导者需要扮演的八种角色的描述，以某知名企业家为例，分析其表现情况。

4.3.3 小组练习

博士伦的领导者——布伦特·桑德斯

博士伦公司的领导者布伦特·桑德斯解释了他在凝聚人心和尽快应对苛刻环境这两件事中发挥的作用："开始工作的第一天，我去了罗切斯特（博士伦总部所在地），召开了一次所有员工参加的大会。我与主要高管做了一对一交流，然后我离开了，四周，我花了整整四周跟客户或者负责生产、销售我们产品的人打交道，我那样做是为了对客户如何看待我们公司有一个深刻的理解。我用了同样的方式对待全世界我们公司涉及的所有业务。"

最重要的是，你必须采取一种自上而下的领导方式，把重点放在设置、沟通、跟踪规划上。桑德斯解释道："这个规划很大程度上是我做的，规划带来了秩序。规划中的一些东西变了，但规划本身几乎没变。"此外，纪律和速度至关重要，同时还要关注细节。桑德斯说："你必须做出艰难的抉择，并且迅速行动。如果你不愿意做出艰难抉择提高运营效率、优化人员分配的话，那你可能就不适合这个位置。"

与此同时，你必须为长期愿景做准备并调动员工和市场的热情。"首席执行官负责制定战略，"桑德斯说道，在这一过程中，你需要传达一种乐观精神，"当你保持焕然一新的状态时，你会收获很多能让公司也能焕然一新的好机会，人们会听你把话说完，你正好利用人们紧张的心理让他们把你的话听进去。"

请分组讨论以下问题，建议小组成员的人数在 3~5 名。讨论后请选出一名小组代表陈述小组观点。

1）结合前述领导者的八种角色，你认为博士伦的领导者桑德斯表现出哪些卓越品格值得学习？

2）分析桑德斯身上具备哪些企业家精神。

4.3.4 专项练习

请继续沿用管理技能培养中所描述的领导者的八种角色，完成以下专项作业。

假设你就是未来企业战略家，结合你现在自身的优势和劣势，说明以上的八种角色哪些你更擅长？哪些方面需要进一步发展？从现在开始你准备有哪些行动方案？

4.3.5 案例分析

案例："市场将军"汪海

他将一个制鞋小企业打造成全国闻名的大企业，是名副其实的"市场将军"。他是中国"首届全国优秀企业家"获得者中唯一经历改革开放 40 多年全程且至今仍活跃在企业一线的"长寿企业家"，被业界称为"东方鞋王"，被《中国 CEO 杂志》称为中国伟大的企业家。

他是第一个提出"国有企业家要把企业当成自己的家"的企业家。1988 年，党和国家领导人在中南海接见 20 位"首届全国优秀企业家"时，他的这一观点受到原国家经委主任袁宝华的高度赞赏。

他是最早提出名牌发展战略的企业家。早在 20 世纪 80 年代，他就提出了创世界名牌的战略目标，并主动找到在《人民日报》工作的艾丰同志，联名在《人民日报》发表了中国第一篇论述名牌战略的文章，之后相继提出名牌、品牌、民族品牌的理论观点。

他是最早把中华优秀传统文化应用到现代企业管理的企业家。1995年，他在新加坡演讲时把佛文化应用到现代企业管理，引起轰动，被美国名人传记协会评为世界风云人物。

他是创出市场理论、提出思想观点、形成管理体系的企业家。他提出“名牌是市场经济的核武器、原子弹”“创名牌是最好的爱国”“创名牌是最大的政治”“创民族品牌，树企业魂”等一系列新理论新观点，被媒体称为中国唯一的一位“市场将军”。

他领导的企业第一个获得自营出口权，20 世纪 90 年代实现年出口总额突破 5000 万美元，成为全国创汇第一大户，受到原化工部部长顾秀莲的亲笔贺电嘉奖。

他领导的企业生产制造出世界第一条彩色轮胎。

他就是曾任双星集团总裁兼党委书记、现任双星名人集团总裁的汪海。

首届优秀企业家，创民族品牌

青岛市国营第九橡胶厂的前身是 1921 年成立的维新织带厂，曾是中国最早的民族制鞋企业之一，历尽艰辛和磨难，举步维艰，1949 年在新中国的政策支持下重获新生，1950 年给入朝志愿军做了第一双军鞋（即“解放鞋”）。但“文革”期间，造反派的革委会掌管了工厂，企业的发展遭到重创，管理混乱，产品粗制滥造，生产的五和牌胶鞋质量低下。当时《青岛日报》刊登了一幅讽刺漫画：一个消费者从百货公司出门时不慎跌倒，怀里抱着一双刚买的五和牌胶鞋和一个暖水瓶，结果暖瓶没事，鞋却摔坏了。可以想象，当时橡胶九厂的管理是何等混乱，产品质量是何等低劣。为扭转局面，青岛市委工作组进驻橡胶九厂，汪海是当时工作组成员之一。面对管理无人抓、生产无人管的混乱状况，青岛市委将企业整顿和改革的重任，交给了汪海。

汪海，1941 年出生在山东微山湖畔的一个小村庄，20 岁参军，参加过抗美援越，在战场上经历了生与死的考验，军人的经历使汪海具备敢打、善打硬仗的勇气和智慧。他第一个冲破计划经济的束缚，偷着卖鞋进市场，闯出了市场经济的新路子。20 世纪 80 年代初，由于人民生活水平提高，解放鞋不再受老百姓欢迎，相关部门也停止了继续收购解放鞋，导致销售困难、产品大量积压，工人工资都发不出来。在这种情况下，汪海受命任橡胶九厂的党委书记。他想，既然能够做鞋，为什么就不能自己卖鞋呢？他就带领员工偷着到市场上卖鞋，打破了原有的计划经济统购统销机制，迈出了进入市场的第一步，成为第一个“敢于吃螃蟹的人”。偷着卖鞋的壮举，救活了企业，使橡胶九厂成为国企改革中第一家实行“自营自销、自负盈亏”的企业。就这样，整整一年时间，积压的 200 多万双解放鞋全部售罄。这种主动进市场偷着卖鞋找饭吃的冒险精神，让汪海深深地感受到，企业要冲破计划经济的束缚，必须找市场！

解决工人工资问题后，汪海又开始向计划经济的旧体制、旧机构、旧观念发起进攻。在中央改革开放精神指引下，他领导的双星主动接标，成为青岛市第一家承诺完成 666 万元利润指标的国有企业。之后他开始进行内部承包、内部整顿和体制改革，大刀阔斧砍出

"六刀"，即砍掉铁交椅、铁饭碗、铁工资，砍掉人浮于事的老机构，砍掉涣散的旧体制，砍掉不合理的分配方式（当时的"大锅饭"），砍掉落后的管理模式，砍掉阻碍企业发展的旧观念，一步步打击歪风邪气，并组织思想教育学习班、开展加强纪律性强化管理大讨论，逐渐树立了企业正气，生产和管理逐步好转。在整顿中，那些失去"特权"的人向上级告状，丢掉利益的人造谣中伤他，他先后被扣上了"黑老大""大吃大喝、挥霍国家钱财""比日本鬼子还坏""游山玩水，不务正业""有野心、想往上爬、看不起地方领导""搞封建迷信"等帽子，共30顶。汪海被扣上的30顶"帽子"，每一顶"帽子"都是一段历史，每一顶"帽子"都是一场正与邪的较量，每一顶"帽子"都是双星鞋服产业发展的见证，在诉说着企业家的传奇经历。

"两眼盯在市场上、功夫下在管理上"。对体制进行改革的同时，面对管理混乱的局面，汪海积极深化改革，创出了中国人自己的管理法——"九九管理法"。这一方法开始却不被认可，因为当时很多人崇尚西方的管理，走西方企业管理的路子。但"九九管理法"深深折服了前来调研的中国社会科学院的专家们，他们高度评价这是具有中国特色的企业管理方法，丰富和发展了社会主义市场经济理论体系。后来，这一管理方法荣获全国现代化企业管理创新成果一等奖，中国企业管理协会、中国企业家协会将其列入了向全国推广的22种现代化管理方法，在全国的企业界进行推广。

文化是企业的"魂"。在进行了一系列整顿改革、深化管理之后，汪海发现企业要想长远发展，必须有自己的企业文化来凝聚队伍、指引方向、焕发力量。他结合诸多的管理理论和创造民族品牌的实践经验，以"实事求是"为准则，以中国传统文化思想做基石，不断总结提炼市场经济的思维观念、企业文化、管理理论，形成了双星独特的经营管理思想和具有民族特点的企业文化——ABW理论。详细阐释该理论的图书《市场将军的商战之道：汪海的ABW理论》被翻译成英文，被200多所高校收入图书馆。双星的文化理念，是从管理经验中高度总结、提炼出来的理论精髓，是来自生产管理实践，又用于生产管理的、独具双星特色的企业文化。

企业要想长远发展，必须有规划愿景，有战略方向和发展目标。汪海以超前意识，为双星确立了"立足山东，面向全国；冲出亚洲，走向世界"的发展战略。在这个战略目标的激励下，创造了无数个"第一""最早"，取得了骄人成绩。

他带领双星鞋服人最早研发了荣获国家金鞋奖的足球鞋，最早生产出了第一双国内高档运动鞋。最早研发专业排球鞋，助力女排夺得五连冠；给马家军做专业跑鞋，伴随运动健儿夺得世界冠军；研发了三批宇航员穿的航天鞋等。最早关注老人穿鞋难问题，开发老人健身鞋，举办全国健康老人大会，给百名开国老将军送鞋。最早成立亚洲最大羽毛球俱乐部，双星篮球俱乐部。最早与文艺结缘，六上春晚，与媒体合作宣传双星鞋服。最早进军国际市场，在德国杜塞尔多夫鞋展上，创造性地用鞋文化表演进行营销，成为文化营销创新的典范。最早进入中国企业500强，形成了规模化、多元化、集团化运作的大双星，成为跨行业、跨地区、跨所有制，用文化兼并、用文化管理的国有企业的成功典范，正像媒体说的那样，成为工业战线国企改革的“小岗村”，闯出了具有中国特色社会主义市场经济的成功之路。

“市场将军”，铸造企业魂

汪海更喜欢被称为“市场将军”。这么多年，他始终像当年在抗美援越的战场上一样，在商战中延续着他顽强的拼搏精神和不懈的奋斗精神。

质量就是企业的战斗力。在双星，什么都可以改革，唯独质量第一不能改革，质量永远是一票否决制。管理无句号、市场无止境是他们永不停止的攀登。汪海不仅要让高质量的双星鞋走向运动场，走向全国，更要走向世界。

1992年夏天，汪海在美国纽约举行新闻发布会。会上，纽约当地一时报记者问道：“汪海先生，您脚上穿的可是双星鞋？”汪海沉着冷静地脱下自己脚上的鞋，举起来高声说道：“CHINA　DOUBLESTAR，地地道道的中国‘双星’鞋……”。汪海美国脱鞋打广告的壮举一时成为媒体佳话。

双星在自我发展的过程中，没有忘记自己肩负的社会责任。他们在对外开放的同时，更强调对内开放；强调向东“出海”发展的同时，也注意向西部的农村发展，公司将发展的触觉延伸到西部的革命老区，与当地村民一起分享发展的成果。20世纪90年代初，汪海先后在沂蒙老区建起鲁中公司和瀚海公司，标志着“出城、下乡、上山”战略大转移进入了“西部开发”的新阶段。公司扎根老区近30年，先后使十几万人次的职工脱贫走上致富路，带动周边十几个乡镇经济发展，是实实在在的精准脱贫。

1998年10月，双星运动鞋获国家出口免验证书，是全国制鞋业唯一获此资格的企业，但汪海却提出国家免验自己不免验的更高标准和要求。

2005年，经权威机构评估，双星品牌价值达到492.92亿元，汪海身价321亿元。双星发展起来了，但汪海已经不满足于当鞋匠为人做鞋，他要为汽车做“鞋”，做轮胎大王。这既是原有的橡胶行业和产品的延伸与升级，也是企业多元化现代化发展的需要。双星早在1998年就涉足轮胎领域了，后来，双星轮胎实现跨越式大发展，跃居中国轮胎行业前5强，荣膺“中国名牌”称号，业界号称双星轮胎是闯出的一匹黑马。

2018年，在中国经济媒体协会组织的“纪念中国改革开放40周年新时代企业家精神研讨会”上，汪海做了题为《改革开放再出发——新时代需要新的企业家精神》的主旨演讲，提出了新时代的企业家应该具备八种新精神，即牢记使命创民族品牌的精神、不忘初心为社会奉献的精神、敢于担当弘扬正能量的精神、一丝不苟的工匠精神、勇于挑战的竞争精神、艰苦奋斗的创业精神、敢为天下先的开拓精神、永不满足追求卓越的精神。

他把市场企业家叫“市场将军”，认为“市场是看不见流血的战争，这场战争更残酷、更难打，甚至不知道‘敌人’的情况，不知道‘敌人’什么时候出来，打输了还找不到人举手投降要饭吃。所以说在市场经济的大潮中拼杀出来的、能打赢的企业家应该叫‘市场将军’”。

在探索汪海之所以成为一个长寿企业家的奥秘时，人们发现汪海身上有一种特殊的东西，那就是他独有的企业家魂，并且他把这个魂深深地烙在企业上，铸造了企业魂。这个企业魂就是，他把自己创造的企业文化，总结出的理论，落实的管理方法，实施的管理模式，创造出的品牌，聚在一起，形成的正能量，赋予企业的员工，聚起了企业魂；更重要的是他铸造的企业魂里面包含企业家的作风，企业家的人品，企业家的道德，企业家的诚信，企业家的精神，企业家的担当，企业家的爱国情怀，以及企业家带出的骨干团队，打造出的一支拖不垮、打不烂、冲得上、过得硬、打得赢的商战中的企业铁军，聚大、铸强了企业魂。这就是双星成功的奥秘，这就是这个民族品牌长盛不衰的奥秘，更是汪海这个长寿企业家“长生不老”的奥秘，这位市场“常胜将军”的成功奥秘。

讨论：

你认为何为企业家精神？汪海身上体现了哪些企业家精神？商战中的“市场将军”和硝烟弥漫的战场上的将军有什么区别？

经典文献

日本管理大师大前研一是享誉全球的战略专家，曾任国际著名的战略咨询公司麦肯锡日本分公司的总裁。本文是他经典著作《无国界的世界》中的一个章节，着重讲述拥有战略的公司必须考虑的因素，或者说环境因素。

大前研一将公司经营的内外部环境形象地比喻为战略家的调色盘，而对于跨国界经营的公司经营者而言，其“调色盘”更为绚丽多彩。除了早已被认同的顾客、竞争者以及企业的优缺点这一块“战略三角”外，跨国界经营的公司还需要考虑国家和货币因素对企业经营的影响。

在新的竞争环境下，即使是传统的被公认的“战略三角”也拥有全新的含义。顾客已经不是以往的顾客，变得越来越苛刻；竞争环境也随着全球经济一体化的推进变得越来越艰难；而企业自身的优点随着高额的运营成本走向失败，“低成本战略”依然有很广的应用空间。而与跨国界相关的两个核心因素——货币和国家因素——也在企业经营者或主动或被动的“跨”国界的营销和经营之中发展为至关重要的研究要素。

在企业的日常经营中，我们始终无法避开这些因素，更何况是面对更加复杂的跨国经营环境，因为，“我们都是同一个经济体系里的一部分”。

战略家的调色盘

虽然我在日本需要花时间写作和经营麦肯锡公司，但我的大部分时间还是花在咨询项目上面。我马不停蹄地穿梭于铁三角经济区（美、日、欧）和亚洲新兴工业经济体（即新加坡、韩国、中国香港和中国台湾）的每个角落，与当地的高级经理人员合伙工作，帮助他们设计和发展新的经营战略。然而，我却没有发现有任何可以让企业走上成功轨道的公式或计算方法。我曾在《企业参谋》一书中对战略产生的过程有过一番描述。我以为有效的战略并非是从特定的分析方式中产生出来的，而是来自于一种特别的心智，这种心智其实就是：过人的眼光和追求成就的动机。这种和使命感相似的东西，其思想基本上是一种非理性、创造与直觉的过程。战略家并不排斥分析。真的，没有分析是不行的。然而，使用分析是要来激发创造，或对头脑中浮现出来的种种想法加以试验，或是达成战略上的种种运用，或者让一些难以派上用场却又深具潜力的“荒诞不经”的理念能够具体实现。伟大的战略，正如同伟大的艺术作品或科学发现一样，其中当然要求技巧纯熟，可是过人眼光的产生是分析所触及不到的。

对此，我现今的看法还是跟以前差不了多少，某些观念和处理事情的方法——无论是战略允许的自由度，或者是成功的制胜因素，都有助于激发战略家的创造力。根据市场、顾客和产品的实际状况来做分析，在这日益复杂的世界里至关重要。而这些就像调色盘的涂料一样，是战略家在心里构图的素材。

对我而言，撇开所有的教科书不谈，以上所谈的，对于想着手建立战略的公司而言，的确是不容忽视的因素。然而，我早先曾讨论过，好的战略必须理解并触及“战略三角”——顾客（Customers）、同行竞争者（Competitors）和公司（Company，企业的优缺点），并努力在这三者中间求取平衡。在今天，因为真正的关联经济已经出现，因此还必须增加另外两个 C。第一个为国家（Country），在此是指由政府创造出来的环境，跨国公司必须在其中运转操作。另外一个是货币（Currency），这是指跨国公司暴露于外汇汇率波动之下的种种影响。

这最后两个 C 的重要性自不待言。今天负责任的公司若想在一个无国界的环境下运转的话，就得真正注意到它们。它们不再是“战略三角”分析时的试验品，而早已成为运用战略思维时调色盘上的涂料了。在贸易政策突然改变，或外汇汇率振荡不已的时候，它们就很有可能把一个光彩的战略变成血本无归的败局。如何来处理这种波动情形是战略的核心所在，而不再是一种附带的考虑。

顾客：汹涌的力量

真正称得上是“全球性”的产品不多，然而全球性的销售市场却在兴起，这大部分是集中在某些特定的国家里。比方说，非公路的交通工具，其市场集中在美国，而其他各地也有增长的趋势。在此，最重要的是要认识到，面对顾客时，厂商们之所以会被个个击倒，是因为顾客缺乏忠诚度的缘故。

此话怎么说呢？大选期间，经济民族主义满天飞，这不但影响到立法，也影响到利益团体所提的种种要求。然而，个人在掏钱包时，也就是走进商店或展览室时，不管是在欧洲、美国，还是在日本也好，早把由民族主义所带来的中伤流言都置之脑后了。

你会不会因为基于民族感情的考虑才使用威迪文（Waterman）或万宝龙（Montblanc）牌钢笔，或在旅游的时候带着路易威登的手提箱呢？可能不会吧。你之所以会用这些东西可能是它们代表着一种你所要寻的价值吧！

站在收银机前面，你不会考虑到产品的原产国和你的国籍这件事，也不会想到失业数字或贸易赤字，更不会担心产品是哪里做的。你不会在意，原来英国的锐步（现为一家美国公司）球鞋是在韩国生产的，德国的阿迪达斯球鞋原来是在中国台湾生产的，法国的Rossignol滑雪板是在西班牙制作的；你所在意的是产品的品质、价格、设计和价值等这些吸引你的因素。据我过去十多年全球旅行的观察，发达国家里的年轻人越来越没有国籍的区分，而越来越像关联经济体中美、欧、日三角国度里的“加州人”了。

但这种情形并不是只限定在一小部分的消费品而已，商业客户也一样。比如说，买IBM电脑和东芝电脑的人并没有地理国界之别，而主要是视其对它们的吸引而定。大家是不管厂房在哪里的。

芯片制造商之所以买下尼康的产品并非它是日本公司的缘故，而是因为它是最好的。厂商买Tralfa工业机器人的情况也是一样，绝不是因为它是挪威公司的缘故。DeVilbiss在美国情况也是如此。全世界的公司都使用IBM的物料需求计划以及计算机集成制造来缩短产品制造时间和工作处理过程，而由于目前制造方面的需求，厂商纷纷使用富士通数控机床横扫全世界的数控机床市场。其在日本市场的占有率为70%，而在全球则为50%。这一切并非侥幸得来或只是流行风潮。这些数控机床由于改进了生产率，其价值大大提高，这一点是每个人都知道的。

政府方面仍然可以借垄断信息或市场保护来迫使其人民购买高价牛肉（日本就是这样）或者低品质的汽车（印度和巴西），然而产品商标已传至世界各个角落，而产品性能好坏的消息也难以压制了。与此同时，公司以及同行竞争者的地位也被削弱了。这使得市场的关键在于公司是否有能力为其顾客创造出具有新价值的产品来（这是产品战略），而不是为其竞争者树起壁垒障碍来。

竞争：科技的分工

时下的产品多为各种不同关键性科技的结晶，所以大部分的公司已经无法维持全面独霸市场的局面。曾经掀起电脑界一阵狂热的IBM个人电脑，它安装的商业软件亦非是IBM的产品，而是其他软件公司的创作。IBM个人电脑里面的大部分组件都是外来的。

假如 IBM 想要拥有百分之百的所有权的话，不但新机器的开发延误费时，而且费用不菲。IBM 个人电脑成功的关键在于，具有管理外界供应商的能力和远见。

Lotus 公司提供应用软件，微软公司在英特尔微处理器上运行其操作系统。当然，Lotus 公司、微软、英特尔并非仅卖给 IBM 公司，它们希望将产品推广到尽可能多的客户手中。就好像 IBM 公司需要依赖诸多的外部厂商一样，任何厂商也需要尽可能多的客户。由此带来的后果便是科技的迅速普及。

没有公司能同时包办一切。再也没有公司像通用汽车在 20 世纪 30 年代和 40 年代所做的，把相关的科技锁在自家库房里。这也意味着，所有关键性的重要科技都无法避免在全球市场竞争的局面。

即使原厂设备的科技结晶也无法免除掉这种分工的结局，NEC 可以为自己的主要组件发展出巧夺天工的存储芯片，但这种芯片若同时卖给其他电脑制造厂商的话，在数量上可达原先的 5 倍之多。如此一来，不但现金滚滚而来，单位成本也会降低，还能建立起迈向更高一级科技所需的经验，也能使正在发展的公司为其新产品取得更为先进的配件。外面的顾客比起企业内部的情形来说，更能提供较为严格的反馈。NEC 若想成为世界级的制造商，就应该为全球的客户提供最好的科技，而客户当中有些甚至是同行竞争者。

因为新科技一般都传播得很快，所以时间在战略的运用上成了更具关键性的因素。再也没有万能球员这一回事了。因此，在全球开发就是指跟人合伙开发，而这又意味着科技的进一步扩展。

公司：控制成本的重要性

为了想在全球市场跟人一争长短，跨国公司一定会面临如何支付巨额固定成本这个问题。它们再也玩不起什么都得花钱的游戏了。这些公司需要合伙人帮着它们来分摊成本，也得跟合伙人共同来拟出战略，好让固定成本能有最大可能的收益。

自动化的结果已把劳动力的各种开销剔除掉了，生产制造已慢慢变成一种固定的成本。由于开发种种突破性观念并将之转化为产品的费用已经飙涨，研发也变成了一种经常性成本。由于全球化的影响，使得各行业的主要生产公司都在市场上展开肉搏战了，你无法预知别人（或自己）是否会进入市场某一项的专门产品市场。你当然需要合伙人，但你也得有自己的人员与品牌，这是固定的开销。

同样，品牌的建立与维持也是一项固定的成本开销。有不少产品假如达不到一定水准是没有什么价值的，比如说，一家公司若决定要买复印机时，通常是按它所熟知的品牌顺序叫来两三家厂商做比较。假如你的复印机没有被列入考虑的对象，你连销售自己产品的机会都没有。顾客们是相当精明的。这也意味着品牌信誉的建立是有其代价的。

过去十多年，我们看到销售和零售网络在固定成本方面此消彼长的情形。你可以利用零售商来玩不固定成本的游戏，但你的销售力量还是需要提供支持、训练和指导手册等，所有这些都是固定成本。

或许你个人可试着把其中的一些成本开支加以变动。比方说，把生产线移到发展中国家。但这点对你没有多大帮助。在过去，你可通过分时（Time-sharing）系统来对电脑和信息管理系统的花费做变动性的利用。然而经验显示，假如你想要拥有一套能充分配合你需要并提供竞争优势的系统，则不能使用分时系统，所以时至今日，信息技术已变成固定成本开销。长期看来，所有这些固定成本开销可经由投资层次上的调整来做变动。但短时间内这些成本还是固定的，而对这些固定成本升级改进的情形也一样。

十几年来，企业的固定成本发生了根本的变动。在以前成本开销不固定的环境下，管理者的着眼点主要是：如何降低原料、工资和劳动力等成本以创造利润。而在一个成本开销固定的情况下，着眼点已经转移到如何在成本固定的基础上，尽量争取不亏本，也就是如何推动销售。这个新逻辑迫使经理人将其固定成本加在越来越大的市场上面。而如此一来，他们就迈向全球化了。

货币

我们在规划战略时，两个新“C”或是新的趋势一定得考虑进去。第一个是货币问题。现在汇率变动的情况比起20世纪80年代初要大得多。日元兑换美元的比率在此期间一直在240∶1与120∶1间波动。为了把汇率所带来的冲击减至最低，国际化公司所采取的对策基本上是让成本与税收的情形保持一致（内部化），并设法让自己的公司在铁三角地区里都有强有力的据点，确保即使一方受到负面影响的话，其他方面也会有正面的影响。此外，传统所采用的应对之道还有很多，如把生产线移到低成本的国家，增进自己在国际金融市场上运作的能力，还有生产自动化等。如此的话，大部分居领先局面的公司已能成功地让“货币中立”（Currency Neutral）了。

当你考虑厂房利用、必要收支平衡能力、在某国可能会有的销售等情形的时候，除非把“货币中立”列为首要目标，否则这一目标将难以实现。然而在如今汇率还是变动无常的情况下，“货币中立”仍旧是国际化公司的一大目标，政府官僚一直在干预外汇市场的运作，我想汇率变动的情形也会跟着持续下去。因为一些官员误以为如此干预外汇，就能保持本国公司的出口优势，其实这是自欺欺人。

国家：全球化新市场

第二个新“C”是指国家，大部分的公司若想在某国规避货币冲击以及减少保护主义所可能带来的影响，就必须更积极地介入该国。再者，为了给顾客提供更好的服务，公司至少在主要市场上要接近消费者所在地。如何针对不同国家市场的共通性与差异性来提供服务，是战略上必须加以考虑的主要因素。只有真正全球化的公司才有办法来达到“全球区域化”的目标，也就是说，要像当地公司一样对市场了如指掌，同时也能创造出以全世界为经营范围来运作的利润。

不同国家的不同情况当然是跨国公司在 20 世纪 60 年代和 70 年代考虑投资的要素。而考虑市场大小、市场成长以及当地同业竞争时，不免要评估一国的政治风险和有利条件。选择某国投资的主要目的就是寻找一片沃土，适合复制、繁殖母公司的产品和服务。

当代的全球公司则有着根本的不同之处。它们得为不同地区的顾客提供不同的服务，它们已经不再教育所谓的“野蛮人”如何喝可口可乐或吃玉米片，取而代之的是发现顾客的吃喝习惯以便投其所好。有时这些区域的分公司甚至想出总部梦想不到的新产品和服务，可口可乐公司在日本之所以成功的原因在于销售网的建立，以及它所迅速引进的产品对日本来说是独一无二的。而在日本，美仕唐纳滋（Mister Donut）除了其商标不变之外，产品和服务跟它在美国已完全不一样了。

发达国家 VS 发展中国家

我们很容易把一国的经济想成是由第一产业、第二产业和第三产业组成的。然而，我们现在应该认识到，世界正连为一体，单一产业已经被综合产业所代替。这一观念确实会导致我们在经济上互助互利。而由于互助互利关系的建立，也就不会有害群之马的出现。这怎么说呢？因为发展中国家的人们可以购买跟美国一样价格的发达国家的产品，而发达国家也可以解放纳税人，让他们不用老是背着购买老旧企业的产品的包袱。

现代政府所考虑的一个重要问题就是就业问题，政府之所以对本国产品和资本采取保护主义的主要原因之一即在保障本国就业市场，然而根据我们对过去 10 年所做的观察，这一见解是错误的。在里根主政的 8 年期间，美国的进口激增，然而美国在这段时期所创造的就业机会却也创下历史上最高的纪录。日本由于受到经济合作与发展组织其他成员国的压力，不断地开放各种市场，然而失业情况在日本并没有激增。倒是由于劳工的严重缺乏，不得不有组织地从邻近的亚洲国家输进外籍劳动力。其他快速成长的经济体也有同样的经验。而一旦市场自由化，工资也会跟着提高。消费的习惯也跟着让步，经济体系也迅速地转移到以服务业为主，服务业在就业市场的比重也就愈来愈高。在美国，有 70% 的劳动力集中于服务部门，在日本有 60%，而中国台湾则有 50%。这些劳动力并非就是指餐厅的打杂工人和帮家的女佣。他们所赚的钱不一定比工厂员工少，甚至更多。在一个相互关联的世界经济系统中，第一产业（农、林、牧）的流失，或第二产业（制造业）转移海外的事实，从就业观点看来，并非就是世界末日。

大部分政府都希望外国的厂商到国内建工厂。有好多政府的官员常常要我们帮他们吸引日本的厂商。然而，他们却没有理解到，现在制造业的成本，已经占了消费者购买价格的 25%。以消费者的眼光看，制造本身所增加的价值极少，通常无法创造比劳动力成本更高的价值。此外，各行各业的领先制造厂商都在生产过程中裁撤简单的劳动力与工种，因为机器人包办了大半的工作。这类公司所谓的“制造人员”通常只是控制机器人，进行品质检验，出货以及生产线的维修。假如公司能把研发、工程、财务和销售功能做好，则其所回收的种种成果才真正是企业的重心所在，然而却没有一位政府官员要把我这种企业上的重头戏讲给他们听。

世界各地的政府都想保护其市场、企业和就业机会，但最后却办不到。为什么呢？因为他们不了解一个全球经济所带来的附加价值。这种价值增加的情况最常发生于今天的企业市场上。一个国家若开放其市场，向世界各地提供最具竞争力的产品的话，大部分企业都能利用这一机会创造出更好的就业，诸如经销、仓库管理、财务管理、零售营销、系统整合和各项服务等工作都是企业系统里不可或缺的部分。如此一来，便能创造出比单单是制造处理和工厂更多的就业机会。假如满脑子生产观念的话，一定会使得政府在老旧而且彼此不相容的产业中徘徊不去，没办法为其纳税人与消费者提供更好的服务。一成不变的就业情形阻碍了新产业的活力和成长。我们不用担心东京、纽约和洛杉矶变成以服务业为主的第三产业经济区，也不用去担心国家会变成东京或纽约的样子。在相互关联的全球经济中，生产国家必须收下东京或纽约用来买“真正”产品的钱。这也就是说，这些钱又会被用来买纽约或东京的东西，比方像软件、设计、科技、不动产或品牌，这种情形下跟加州的人在曼哈顿买下一栋多层办公室的情况一样。我们都是同一个经济体系里的一部分。

第 5 章　组织

开篇导读

护士长的辞职信

尊敬的 A 院长：

您好！我叫 ××，是医院内科的护士长，我当护士长已经有半年了，但我再也无法忍受这种工作了，我实在干不下去了。我有两个上司，他们都有不同的要求，都要求优先处理自己布置的事情。然而我只是一个凡人，没有分身术，我已经尽了自己最大的努力来适应这样的工作要求，但看来我还是失败了，让我给您举个例子吧。昨天早上 8:00，我刚到办公室，医院的主任护士 B 叫住我，告诉我她下午要在董事会上做汇报，现急需一份床位利用情况报告，让我 10:00 前务必完成。而这样一份报告至少要花一个半小时才能写出来。30 分钟以后，我的直接主管，基层护士监督员 C 走进来突然质问我为什么不见我的两位护士上班。我告诉她外科 D 主任因急诊外科手术正缺人手，从我这借走了她们两位，尽管我表示反对，但 D 主任坚持说只能这么办。C 听完我的解释，叫我立即让这些护士回到内科来，并告诉我一个小时以后，他回来检查我是否把这事办好了！像这样的事情举不胜举，每天都要发生好几次。这样的工作我实在无法胜任，特向您辞职，请批准！

××

2024 年 2 月 5 日

思考题：

1）这家医院的护士长为什么辞职？这家医院的组织结构有问题吗？

2）要避免案例中的这种结局，谈谈你的建议。

5.1 理论回顾

5.1.1 组织与组织职能

1. 组织概述

（1）组织的含义

企业的运营离不开组织，因为企业的许多工作都是通过组织来完成的。

组织一词有两种含义：其一为实体，是指人们为了实现共同的目标而在一起工作所形成的有机整体；其二为过程，是指组织行为，一种管理协调的动态过程。

管理大师们对组织的定义也各有不同，例如："组织理论"之父韦伯提出了"理想行政组织"的概念，他把理性合法权力看作组织的基础和支柱。巴纳德认为"组织不是集团，而是相互协作的关系，是人们相互作用的系统"。哈罗德·孔茨则把组织定义为"正式的、有意识形成的职务结构或职位结构"。我们认为，组织是一个过程，在这个过程中确定组织成员的分工与协作关系，建立科学合理的组织结构，使组织内部各部门的责、权、利相一致，并彼此协调，以保证组织目标能够顺利实现。

组织是管理的一项重要职能，它由三个基本要素构成，即目标、部门和关系。目标，任何组织都是为目标而存在的，不论这种目标是明确的还是模糊的，目标总是组织存在的前提；部门，是一个组织的机构，通常一家公司会分成很多部门；关系，是部门及其活动的联系方式。

（2）非正式组织

组织又有正式组织和非正式组织之分[①]。非正式组织指的是人们在共同工作或活动中，由于具有共同的兴趣和爱好，自发的、无意识的，行动无规律，以共同利益和需要为基础而形成的群体。非正式组织也是有一定的结构的，但是这种结构通常不是人们有意设计和形成的，非正式组织的结构是自发形成的。虽然非正式组织是非正式的，但是管理者对非正式组织的影响必须予以足够的重视，通过梅奥的霍桑实验我们可以认识到这一点。管理者有时利用非正式组织能够取得意想不到的益处，而在某些情况下非正式组织可能会对正式组织的活动产生阻力。所以管理者必须认识到非正式组织的存在及其作用，避免与之冲突和对立，应策略性地对非正式组织加以利用和指导，使正式和非正式组织和谐共存并共同为组织服务。

（3）建立组织的意义

管理的目的使企业的运营更加有效，而建立一个有效的组织则可以形成清晰的职权

① 没有特别说明，本书涉及的组织概念是指正式组织。

线，从而使企业的管理从无序到有条不紊。俗话说：三人同心，其利断金。组织的建立正是起到了这样的作用。群体的合作和劳动分工可以极大地提高工作效率和质量，这对企业的发展无疑是巨大的推进作用。此外，组织的存在，为内部成员的沟通建立了一个有利的平台，可以确保组织内的有效沟通和信息传递。

2. 组织职能

艾尔弗雷德·P. 斯隆（Alfred P. Sloan）[①] 曾说过："若拿走我的财产，但留给我这个组织，五年之内，我就会卷土重来。"由此可见组织的重要性和巨大作用，而组织的重要作用和功能都是通过其职能的有效发挥而实现的。关于组织职能的定义有多种说法，我们认为，组织职能是指组织整个系统在一定的环境中，为了谋求稳定、高效的运转，为了保证自身生存和发展需要所体现出来的功能。实现这些功能的途径包括建立组织机构，确定职权、职责及人员配备，协调相互关系等一系列活动。例如，对一家生产型企业来说，它的职能按专业分工来划分，可分为生产管理、技术管理、劳动人事管理、财务管理等。每一类还可再细分，如技术管理可以分为设备管理、工具管理、工艺管理等。

为使组织高效、稳定地运行，管理者必须充分发挥组织的职能，这需要从以下四个方面入手。

（1）建立组织结构

根据企业所处的外部环境，建立适合企业自身发展的结构形式，其内容简单来说就是纵向的分层次、横向的分部门。关于组织结构的内容后面章节会具体论述。

（2）建立组织有效运行模式

管理者要为组织构建一个合理的内部体系，设计相应的职权、职责关系，同时为组织内部制定制度规范，否则没有规矩，不成方圆。此外，畅通有效的沟通渠道也是组织健康发展的有力保障。通过以上措施建立起组织有效运行的模式。

（3）人员配备与人力资源开发

科学地配备组织各职位所需人员，注重人力资源管理与开发，全面提高人员素质，使组织成员全面发展，更好地为组织服务。

（4）组织协调和变革

组织在运行过程中会出现各种问题和面临多重阻碍，这就需要进行协调以解决问题。同时，组织还要为更好地适应所处环境的变化而进行自身的变革。

① 艾尔弗雷德·P. 斯隆（Alfred P. Sloan，1875—1966），美国企业家，通用汽车公司的第八任总裁，事业部制组织结构的首创人。

5.1.2 组织结构

1. 组织结构的概念及特点

组织结构是组织的框架体系，体现了组织对于工作任务如何进行分工、分组和协调合作，同时也是界定正式组织的界限。从组织结构中我们可以看出，组织是怎样获取和利用资源，组织内的信息是如何传递，决策是怎样做出和实施的。组织结构具有一定的自身特点，主要体现在三个方面。

（1）复杂性

组织结构的复杂性和组织的分工有关。一个组织的分工越细，组织层级就越多，组织活动就越困难。

（2）正规性

正是由于组织结构的正规性，才使得正式组织区别于非正式组织。正规性主要体现在制定的工作程序、规章制度、规则引导员工行为等方面。

（3）集权性

组织结构体现出了组织权力在管理层级中的分布与集中的程度。有些组织从它的组织结构中可以看出决策权力主要集中在高层，基层主要是问题的反映和决策的执行，这种组织集权化较高。反之，有些组织的基层人员也有一定的决策权，这类组织集权化便较低。

2. 组织结构的类型

对于不同性质、不同规模的组织来说，其组织结构是多种多样的，但都是由一些基本类型组合而成的。传统的组织结构类型主要有直线结构、职能结构、直线职能结构、矩阵结构和事业部制。随着管理实践的发展，近几年又出现了虚拟结构等新兴组织结构形式。

（1）直线结构

直线结构的组织从最高管理层到最基层，实行直线垂直领导，职权集中于高层管理者并沿直线向下递减。这种结构形式中不同层次的联系是垂直关系，所有成员按照指挥链接受命令，各级主管负责人对所属单位的一切问题负责，一切管理职能基本上都由主管人员自己执行（见图 5-2）。这种形式的组织结构多用于小型组织。

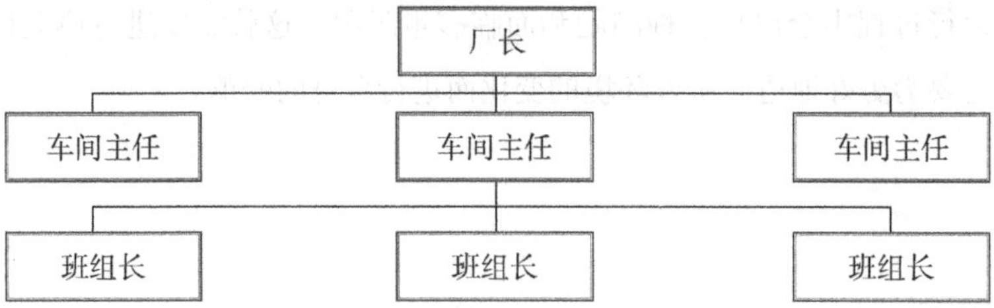

图 5-2　直线结构示意图

直线结构的优点在于：组织结构简单，分工十分明确，每个成员的职责明晰，有助于组织快速反应和防止责任的推诿。缺点在于：这种结构会使高层管理人员的责任和压力过大，导致工作的效率降低。

（2）职能结构

职能结构是一种强调专业分工的大跨度组织结构模式，其特点是，强调管理职能的专业化，由总负责人将相应的管理职权和权力交给各个职能部门负责人，后者在其职权范围内直接指挥下级单位（见图 5-3）。它的优点是有利于发挥各职能机构的专业管理能力，提高工作效率。但其缺点比较明显，即这种结构形式命令源不唯一，形成了多头领导。这种结构比较适用于中小型组织。

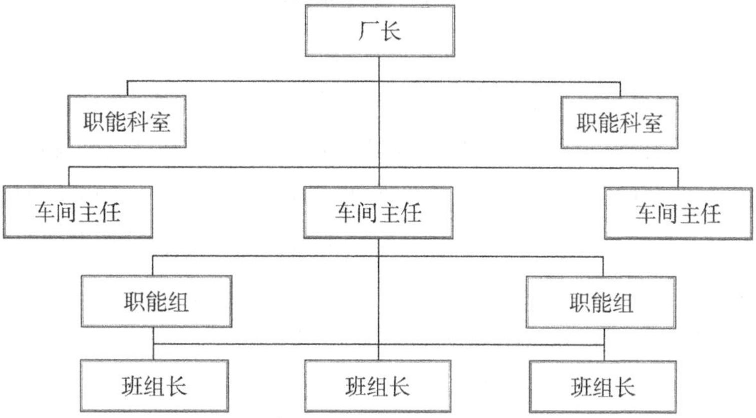

图 5-3　职能结构示意图

（3）直线职能结构

直线职能结构是在直线制和职能制的基础上取长补短，吸取这两种形式的优点而建立起来的。直线职能结构是指在组织内部既设置纵向的直线指挥系统，又设置横向的职能管理系统，以直线指挥系统为主体建立的二维的管理组织结构。组织内部高层管理者可以按命令统一原则对各级组织行使指挥权；同时组织内部设置职能部门，按专业化原则从事组织的各项职能管理工作，职能机构和人员则是直线指挥人员的参谋，不能对直接部门发号施令，只能进行业务指导。绝大多数组织均采用这种组织模式。

这种结构比直线结构显得更加专业化和更具有灵活性。这种结构既有直线结构的统一指挥的特点，还有专业分工带来的好处，便于专业化管理。缺点在于直线人员与参谋人员之间容易产生冲突。因为参谋人员只是直线人员的建议者，没有直接权力，直线人员知道自己是最终的决策者，所以有时对参谋人员的意见置之不理，从而导致参谋人员抱怨不应只处在建议的职务上。直线职能结构如图 5-4 所示。

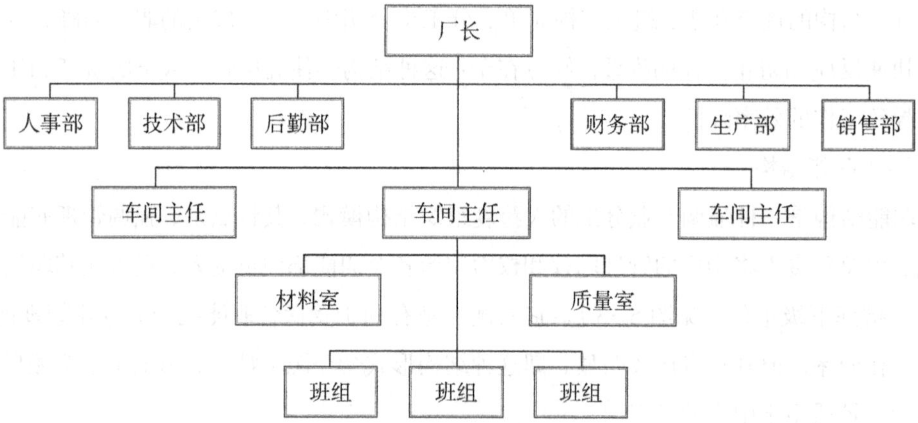

图 5-4　直线职能结构示意图

（4）矩阵结构

矩阵结构也称项目形式，是在传统的直线职能结构内建立项目小组的方式。但是项目小组是为完成特定目标而设立的，会随着项目的结束而解散。矩阵结构就是将项目小组融入组织之中，运用管理和组织项目的方法，使得现有的组织结构不会由于项目小组的解散而受到影响，并且使组织保持原有的效率。在矩阵结构中，项目管理者拥有一定的职权，同时也有在一定经费范围内按照规定的质量和时间完成任务的职责。在项目组内是一种水平的直线结构，这是由组织垂直结构发展而来的。当项目完成以后，项目人员又回到各自部门参与新的项目，或是加入一个新的项目团队。

这种结构的优点在于：人员和资源都可以灵活组合，富有弹性，可以根据项目变化进行及时调整，这也有利于高效地开展工作。同时组织结构上纵横交错有利于组织内部各部门之间更好地配合。缺点在于：这种结构不便于统一指挥，对管理人员的职权描述要求更高，否则容易造成角色冲突。此外，构建项目小组也要花费大量的时间和费用。矩阵结构如图 5-5 所示。

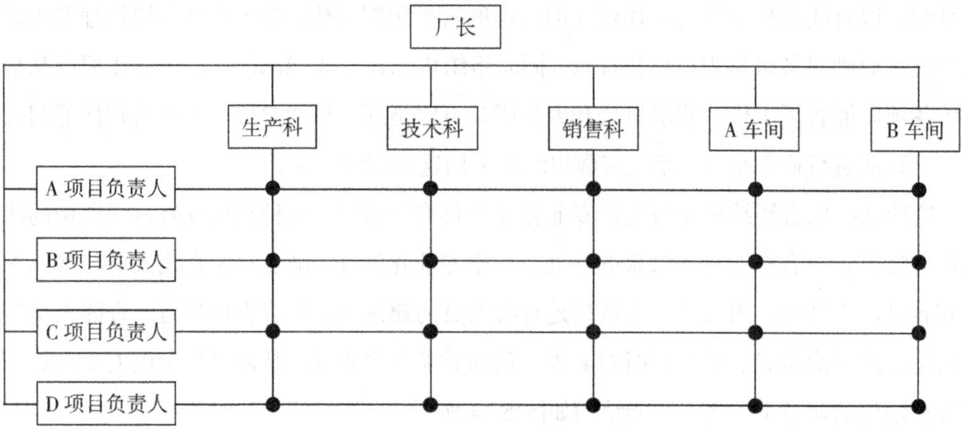

图 5-5　矩阵结构示意图

（5）事业部制结构

事业部制结构最早起源于美国的通用汽车公司。20 世纪 20 年代初，通用汽车公司并购了许多小公司，企业规模急剧扩大，产品种类和经营项目增多，而内部管理却很难理顺。当时担任通用汽车公司常务副总经理的斯隆参考杜邦化学公司的经验，以事业部制的形式于 1924 年完成了对原有组织的改组，使通用汽车公司的整顿和发展获得了很大的成功，成为实行事业部制的典型，因而事业部制又称“斯隆模型”。

事业部制，就是按照企业所经营的事业，包括按产品、按地区、按顾客（市场）等来划分部门，设立若干事业部。事业部是在企业宏观领导下，拥有完全的经营自主权，实行独立经营、独立核算的部门，既是受公司控制的利润中心，具有利润生产和经营管理的职能，同时也是产品责任单位或市场责任单位，对产品设计、生产制造及销售活动负有统一领导的职能。事业部制是在组织领导方式上由集权制向分权制转化的一种改革（见图 5-6）。

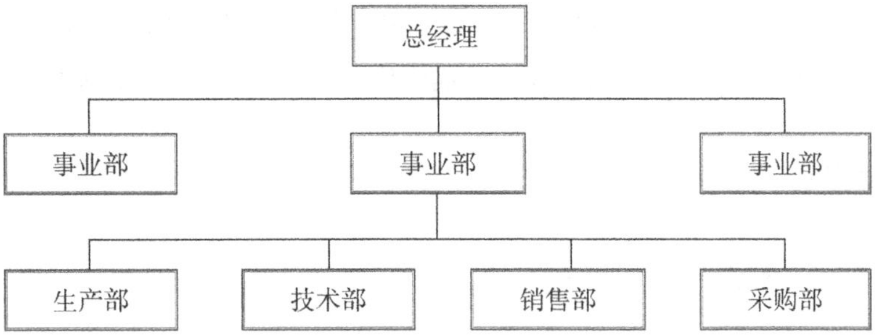

图 5-6　事业部制结构示意图

事业部制结构的主要优点有：①每个事业部都有自己的产品和市场，能够规划其未来发展，也能灵活自主地适应市场出现的新情况并迅速做出反应，所以，这种组织结构既有高度的稳定性，又有良好的适应性。②权力下放，有利于最高领导层摆脱日常行政事务和直接管理具体经营工作的繁杂事务而成为坚强有力的决策机构，同时又能使各事业部发挥经营管理的积极性和创造性，从而提高企业的整体效益。③事业部经理虽然只是负责领导一个比所属企业小得多的单位，但是，由于事业部自成系统，独立经营，相当于一个完整的企业，所以，他能经受企业高层管理者面临的各种考验。显然，这有利于培养全面管理人才，为企业的未来发展储备干部。④事业部作为利润中心，既便于建立衡量事业部及其经理工作效率的标准，进行严格的考核，又易于评价每种产品对公司总利润的贡献，用以指导企业发展的战略决策。⑤按产品划分事业部，便于组织专业化生产，形成经济规模，采用专用设备，并能使个人的技术和专业知识在生产和销售领域得到最大限度的发挥，因而有利于提高劳动生产率和企业经济效益。⑥各事业部门之间可以有比较、有竞争，由此增强企业活力，促进企业的全面发展。⑦各事业部自主经营，责任明确，使得目标管理和自我控制能有效地进行，在这样的条件下，高层领导的管理幅度便可以适当扩大。

事业部制结构的缺点有：①由于各事业部利益的独立性，容易滋长本位主义；②一定程度上增加了费用开支；③对公司总部的管理工作要求较高，否则容易发生失控。

一般来说，事业部制结构主要适用于产业多元化、品种多样化、各有独立的市场，而且所处市场环境变化较快的大型企业。

（6）虚拟组织

科学技术的进步、信息网络技术的飞速发展极大地推动了经济全球化，任何一家企业都不能忽视来自本国和外国的竞争者，也不能忽视消费者的需求。现代企业为了适应日新月异的消费者需求和管理需求，一种新的组织结构形式便出现了，这就是虚拟组织。这种组织形式是组织借助于信息技术跨越地理上的局限而联系在一起工作。

虚拟组织中的成员必须以相互信任的方式行动，合作是虚拟组织存在的基础。虚拟组织具有较大的适应性，在内部组织结构、规章制度等方面具有敏捷性。虚拟组织的价值就在于能够整合各成员的核心能力和资源，从而降低时间、费用和风险，提高服务能力。

5.1.3 组织设计

1. 组织设计的概念

组织设计是以组织结构为核心的组织系统的整体设计工作，是指管理者将组织内各要素进行合理组合，建立和实施一种特定组织结构的过程，是有效管理的必备手段之一。组织设计不是单纯的静态的设计，而是一个动态的工作过程，在这个过程中包括了很多具体的环节。科学、合理地进行组织设计，要根据组织设计的内在规律性有步骤地进行，才能取得良好效果。通常人们进行组织设计就会想到组织应该包括哪些部门，有哪些职能，然后画出组织的结构框架图。但是仅仅这么做是不够的，进行了组织结构的设计之后，还应该考虑为设计好的组织结构配备制度和规范，以保证组织结构正常运行。

进行组织设计可能有三种情况：①新建的企业需要进行组织结构设计；②原有组织结构出现较大的问题或企业的目标发生变化，原有组织结构需要进行重新评价和设计；③组织结构需要进行局部的调整和完善。

2. 组织设计的影响因素

组织设计恰当与否直接影响着组织的运行效率。设计良好的组织能更好地适应内外环境的变化，不断创新和发展。组织设计也不是一成不变的，随着主客观条件的改变，组织设计也要相应调整。组织内外的各种变化因素，都会对其组织内部的结构设计产生重大影响。归纳起来，影响组织设计的因素主要包括以下五个方面。

（1）组织的外部环境

任何组织总是在一定的环境中生存与发展，外部环境的复杂程度、不确定性对组织的有效运转产生重要影响。如在稳定的环境中运作有效的组织结构，一旦处于动态的、不确定的环境中将不能适应，从而使组织效率降低。当今社会，日趋激烈的全球竞争，日益加速的产品创新，乃至顾客对产品越来越高的要求，使组织处于不断变化的动态环境中。传统的组织结构已越来越不适应快速变化的环境。因此，越来越多的管理者开始致力于组织变革，力求使其精干、快速、灵活，更具有机动性。

（2）组织战略

组织结构只是实现组织战略目标的手段，因此，组织结构的设计和调整必须服从于组织战略。如果管理者对组织战略进行了重大的调整，就需要同时改变组织结构，以适应和支持这一变革。艾尔弗雷德・D. 钱德勒曾对美国100家大公司进行了考察，在追踪了这些组织长达50年的发展历程，并广泛收集历史案例资料后得出的结论是：公司战略的变化的先行，导致了组织结构的变化。组织通常起始于单一产品或产品线生产。这种简单的战略要求相对简单、松散的组织结构形式。此时，决策可以集中在一个高层管理人员手中，组织的复杂性、正规性程度较低，而集权化程度较高。随着组织不断发展壮大，公司战略逐渐由单一产品纵向一体化、再向多样化经营转变。战略的实施对控制手段和协调手段的要求也日益复杂，这就要求重新设计组织结构，采用相对复杂、严格的结构形式，以适应变化了的组织战略。

（3）组织规模

组织的规模对其结构具有明显的影响作用。对于一个生产单一产品，只有几十人的小型企业来说，采用直线制的组织结构形式将是最好的选择。而对于一个拥有成千上万人的大型企业来讲，如果没有复杂而严密的组织结构、健全的规章制度以及分权，要使企业保持正常运行并取得高效率是很难想象的。一般而言，组织规模越大，工作越专业化，标准操作化程序和条例制度越多，组织的复杂性和正规化程度也就越高，组织结构越倾向于机械式。但需要注意的是，这种关系并不是线性的。也就是说，随着组织的扩大，规模对结构的影响强度在逐渐减弱。例如，一个拥有2000名员工的组织已经建立了相当机械式的结构，当它再增加500名员工时，不会对其组织结构产生多大的影响；而对一个仅有200名员工的组织来说，同样增加500名员工，则可能会使其转变为更为机械式的结构。

（4）技术因素

任何组织都需要利用某种技术，将投入转换为产出。而无论采用什么样的技术和生产方式，都会对组织结构产生一定的影响。组织结构必须与之相适应才能使组织更有效。技术是在产品和服务的设计、生产和分销中所运用的技能、知识、工具、机器、电脑和设备的结合。通常，一个组织运用的技术越复杂，管理者和工人就越难以对技术施加严格的控制或有效的监控。反之，技术越常规，规范的结构就越适合，因为任务是简单的，生产产品和服务所需要的步骤可以事先拟订出来。

（5）人力资源的特点

一般而言，组织的劳动力技术含量越高，需要团结成集体或团队来执行任务的人越多，组织越可能使用弹性分权制结构。具有较高技能的员工，或把较强专业价值和行为规范内化为他们所受培训的一部分的员工，往往渴望自由和自治，而且不喜欢被严密监督。例如，会计师知道诚实公正地报告公司账务的必要性，医生和护士理解尽可能给予病人最佳护理的义务。弹性结构，以分散化的职权和被授权的员工为特征，比较适合高技能人员的需要。这样，在设计一个组织结构时，管理者必须密切注意劳动力及工作本身。

总之，一个组织的外部环境、战略、规模、技术和人力资源都是管理者为一个组织设计最优结构时要考虑的因素。在一个组织的环境中，不确定性越大，组织的战略和技术越复杂，它的劳动力素质越高、技能越高，管理者越有可能设计一种弹性结构。而一个组织的环境越稳定，组织的战略或技术越简单，越容易理解，劳动力的技能越少，管理者则越可能设计一个规范而可控的组织结构。

3. 组织设计的原则

组织设计的原则是在长期的管理实践中的经验积累，应该为组织设计者所重视。

（1）任务与目标原则

进行组织设计时要首先考虑组织结构是否能够为企业的战略任务、经营目标服务，是否能够促进企业目标的实现，要使目标活动的每一项内容都能落实到具体的岗位和部门，要因事设职，因职用人，同时重视人的特点和能力。

（2）精干高效原则

组织设计要以机构最精、人员最少、管理效率最高为原则。要能够保证组织业务活动正常开展的前提下，尽可能减少管理层次、简化部门机构，并配置少而精的主管人员。坚持这个原则的优点是非常明显的，第一个优点是组织精干，反应敏捷，协调工作量小，工作效率高；第二个优点是节省人员的费用和组织的管理费用。

（3）分工与协作原则

分工是提高组织工作效率的基本手段，可以使每一个部门或个人专心从事某一方面的工作，增加熟练程度和技巧，配备专业化的仪器设备。同时，组织是一个系统，作为其子系统的各个部门不可能相互脱离而独立运行，必须相互协调才能高效率地完成各自的任务，最终实现组织的总目标，所以分工与协作是相辅相成的。在组织设计时，要按照不同专业和性质进行合理的分工，并规定各个部门之间或部门内部的协调关系和配合方法，这是提高组织运行效率的有效手段。

（4）指挥统一原则

组织中要服从统一的指挥，即组织中每一个人只能接受同一个命令。如果有两个或两个以上领导人同时指挥，则必须在下达命令之前，进行相互沟通，达成一致意见后再下达命令，以免下级无所适从。指挥统一原则排除了组织中更高级别的主管或其他部门的主管越级指挥或越权发布命令的现象，有利于组织的政令统一、高效率地贯彻执行各项决策。但是，在实践中，这一原则有时过于刻板，使组织缺乏必要的灵活性，同层次的不同部门之间的横向沟通困难，因此，在组织结构设计和沟通方式设计时应采取适当的措施予以弥补。

（5）集权与分权相平衡原则

集权与分权相平衡原则就是根据组织的实际需要来决定集权和分权的程度。集权是指组织的大部分决策权都集中在上层。分权是指将组织的决策权根据各个层次职务上的需要进行分配。集权和分权的程度完全是根据组织在不同时期、不同环境下为了完成组织目标的需要而决定的，例如，当组织的外部环境比较稳定时宜采用集权，当外部环境变化激烈时宜采用适当程度的分权；当组织规模较小时宜采用集权，当组织规模较大时宜采用适当程度的分权；集权和分权的程度没有固定的尺度，关键是组织的决策者要高瞻远瞩、审时度势，根据需要把握好这个程度。

（6）责权一致原则

责权一致原则是指在赋予每一个职务责任的同时，必须赋予这个职务自主完成任务所需的权力，权力的大小需要和责任相适应。有责无权，无法保证完成所赋予的责任和任务，有权无责将会导致权力滥用，组织赋予每一个职务的权力不能太小，也不能太大，一定要与所赋予的职责相适应，这是组织设计时必须注意的问题。

（7）稳定性与适应性相结合原则

组织设计要保障组织的稳定运行，同时还要充分考虑内外部环境，使组织结构适应于外部环境，谋求企业内外部资源的优化配置。

4. 部门划分

部门是指组织为完成规定的任务而设置的有权管辖一个或多个特定领域事务的机构。如一本书要经过编辑、排版、印刷、发行等部门，然后才能跟读者见面。部门划分是组织的横向分工，其目的在于：确定组织中各项任务的分配与责任的归属，分工合理、职责明确，有效地达到组织的目标。部门划分的方法主要有7种。

（1）按人数划分

这种划分方法是一种最原始、最简单的划分部门的方法，即每个部门规定一定数量的人员，由主管人员指挥完成一定的任务。这种划分的特点是只考虑人力因素，在企业的基层组织的部门划分中使用较多，如每个班组人数的确定。这种方式主要适用于组织的工作成果只取决于总的人数，或每个人的劳动都是单纯无差别的。这种方法在高度专业化的社会中有被逐渐淘汰的趋势。

（2）按时间划分

这种划分方法常用于基层组织划分。如许多工业企业按早、中、晚三班制进行生产活动，那么部门设置也是早、中、晚三套。这种方法适用于由于经济的、技术的或其他的一些原因，在正常的工作日不能满足市场需求的企业。此外，交通、邮电、医院等组织也采用这种轮班制的方法来进行部门的划分。

（3）按产品划分

这种划分方式主要应用于大型企业，其生产多样化的产品，为了便于管理而按照产品来划分部门。组织将有关某产品或产品系列的生产、销售、服务等职能活动方面的权力授予该产品分部的经理，使他们对该产品经营的利润负起责任。

随着企业规模的扩大和产品品种的增加，管理工作变得越来越复杂，组织中管理的工作负担也越来越重，而通常的管理幅度的客观限制又使得管理者难以通过增加直接下属的办法来解决问题，因而，此时按照产品或产品系列来重新组织企业活动就成为必要。

（4）按职能划分

这种划分方式最为常见。因为任何组织都是由不同职能部门组成的，按职能划分也符合组织运行的规律，同时也能在职能范围内保证资源和设备的有效利用、潜在的规模经济和协调人员的休假。以这些基本职能为依据，便可以将组织划分为生产部门、销售部门、财务部门等。在划分时，由于各种组织的活动领域以及同一职能在不同组织中的重要程度不同等原因，现实中这些职能部门在不同类型的组织中会有不同的具体名称。

（5）按区域划分

这种划分方式，主要用于经营活动在地域上比较分散的企业。它是将某一地区的业务活动集中起来，并委派相应的管理者，形成区域性的部门。这种方法有利于地方部门参与总部的决策，促进地区活动的协调；有利于管理者注意当地市场的需要和问题；生产的当地化有利于降低运输费用，缩短交货时间；有利于培养能力全面的管理者。但是这样划分会造成由于机构重复，使得费用增加，同时对各个部门的控制难度较大。

（6）按客户划分

这种划分方式从客户角度出发，有利于服务型的企业更好地为顾客提供人性化的服务，从而提高自身竞争力，如银行为了给不同的客户提供服务，设立了商业信贷部、农业信贷部和普通消费者信贷部等。在激烈的市场竞争中，客户的需求导向越来越明显，企业应当在满足市场客户需求的同时，努力创造客户的未来需求，按客户划分部门顺应了需求发展的这一趋势。这种方法能满足目标顾客各种特殊而广泛的需求，获得用户真诚的意见反馈；可有针对性地按需生产、按需促销；发挥自己的核心专长，创造顾客需求，建立持久性竞争优势。但这种方法增加与顾客需求不匹配而引发的矛盾和冲突；需要更多能妥善处理和协调顾客关系问题的管理人员；只有当顾客达到一定规模时，才比较经济。

（7）按技术或设备划分

这种方法常常和其他划分方法结合起来使用。这种划分方法的优点在于能经济地使用设备，充分发挥设备的能力，便于设备的维修和材料供应，同时也有利于发挥专业技术人员的特长。

以上仅仅是组织在实现目标的过程中划分部门的基本方法，但不是唯一的。划分部门的目标是要按照某种方式划分部分业务，以起到最好地实现组织目标的作用。在现实的管理活动中，常常是用混合的方法划分部门。

5. 管理层次划分

组织的管理层次设计是十分重要的一个环节，正如我们前面提到的一样，管理幅度小，则层次多；管理幅度大，则层次少。要在保证有效管理幅度的前提下，尽量减少管理层次。谈到管理层次，就会涉及一个概念——管理幅度。管理幅度是指一名管理者直接管理下级的人数。一个管理者的个人能力是有限的，因此他所涉及的管理幅度也是有限的。而影响管理幅度的因素有很多，例如：工作的性质、管理者的素质与管理能力、被管理者的素质与工作能力、工作条件与工作环境等等。

所谓管理层次，就是在职权等级链上所设置的管理职位的级数，也就是组织内部从最高一级管理组织到最低一级管理组织的组织等级。由于有效管理幅度的限制，组织必须通过增加管理层次来实现对组织的控制。而当规模的扩大导致管理工作量超出了一个人所能承担的范围时，为了保证组织的正常运转，管理者就委托他人来分担自己的一部分管理工作，当规模在此基础上继续扩大时，管理者就采用同样的委托办法，以此类推，从而形成组织的等级制或层次性管理结构。

（1）管理层次划分的制约因素

在进行管理层次划分时，要因地制宜，全面考虑影响企业职能结构的各种因素，包括企业经营领域、产品结构、规模、生产技术特点等。因为这些因素反映了企业外部环境和企业内部条件的客观要求，需要不同的层次结构。

同时，管理层次设计必须有助于提高组织效率。如果管理层次太少，致使主管人员管理的下属人数过多，超过有效管理幅度，那就必然降低组织效率。合理的、适合组织自身的层次划分是最佳的。

（2）管理层次划分的步骤

进行管理层次的划分有以下几个步骤：

首先，分析企业自身情况以及纵向上的职能分工情况，确定层次划分的框架。

其次，在框架的基础上，按照管理幅度分析、调整具体的管理层次。

第三，再加入组织效率因素，进一步对管理层次进行调整。

最后，在了解不同部门的情况后，做局部调整，最终确定组织的管理层次。

6. 职权的划分

职权是构成组织结构的重要部分，是组织联系的主线，对于组织的有效设计与运行具有关键性作用。

职权来自于职位，是与职位相匹配的权力，并且是能够被大家认同、合法使用的权力。它表现为职权拥有者能够发布命令并且命令能够得到有效的执行。

职权的类型主要有 3 种：①直线职权。管理者直接命令和指挥下属的权力。②参谋职权。参谋人员拥有的建议和提供咨询和指导的权力。③职能职权。是上述两种职权的结合，是指参谋人员本来只拥有建议和提供咨询和指导的权力，但是有时这种权力不能满足管理实践的需求，于是管理人员将自身的部分直线职权授予参谋人员从而形成了职能职权。

7. 集权与分权

集权（Centralization）和分权（Decentralization）就是管理者对下属授权的程度。组织中的权力较多地集中在组织的高层，即为集权；权力较多地下放给基层，则为分权。通常中低层管理人员较多，那么该组织的分权程度较高，反之，集权程度较高。

当今发展趋势是向分权化发展。由于管理实践的发展进步，企业所面临的因素增多，采用分权的方式更加有利于灵活行动和迅速应对变化的情况。而集权使更多的决策在高层，所有决策在高层了解并做出之后往往有一定的滞后性，同时也加重了管理者的负担。组织在进行职权的划分时应该清楚认识到这一点，合理安排集权、分权程度。

8. 授权

授权（Empowerment）就是上级给下级一定的权力责任，使下属在一定的监督下，拥有相当的自主权。授权使得员工有权力做出一些决策，这也激励了他们表现出更强的主动性和更大的决心为组织绩效更好地工作。同时，授权也有利于领导者从日常事务中解脱出来，集中力量处理重要决策问题。

授权的过程包括任务的分派、权力的授予、责任的明确、监控权的确立这些基本的步骤。进行授权时要注意适度问题，该放给基层的权力一定要放下去，但也要防止授权过度；授权后要使下级职、责、权、利相当，保持命令的统一性，及加强对被授权者的监督控制。同时，上级授权给下级，但对工作的最终责任还是要由上级来承担。

5.2 热点研究

5.2.1 企业再造

1. 企业再造的内涵

企业再造是指企业抛弃长时间以来所运用的工作程序，重新探索为使公司推出新产品、新服务，向顾客提供价值所必需的那种经营活动。企业再造要针对企业业务流程的基本问题进行反思，并对它进行彻底的重新设计，以便在成本、质量、服务和速度等当前衡量企业业绩的这些重要的尺度上取得显著的进展。它意味着提出这样的问题："假定我已经了解了情况，又具备了现代的技术条件，而今天要我重建这家公司的话，公司应该是什么样子的呢？"再造一家公司意味着要把旧的制度扔在一边，重新开始——或者说，回到出发点，开辟一条做好企业经营工作的更佳的途径。

企业再造包含四个基本要素：企业再造的对象是流程，企业再造的相关对象是支持系统和组织，企业再造的目标是显著提高企业绩效，企业再造的途径是借助信息技术彻底变革。

2. 企业再造的缘由

彼得·德鲁克曾说，企业再造是新事物，企业不搞再造不行。

迈克尔·哈默和詹姆斯·钱皮在其经典著作《企业再造》一书中的序言里指出，"随着20世纪90年代后期以来的经济繁荣日益泡沫化，来自各个行业的企业都纷纷开始强调，越来越难的客户服务，日益激烈的竞争乃至无情的变革都是今天的企业必须面对的现实"。在哈默和钱皮看来，企业唯有选择去"再造"公司的流程，才能得以生存和发展。他们从企业经营的外部环境角度指出企业再造的必要性和紧迫性。

当时他们提出"再造"概念是在20世纪90年代后期，而时至今日，我们依然感受到这种经济繁荣"泡沫化"的压力，甚至比当时更深刻地认识到"客户服务的艰难"。换句话说，"企业再造"的提出，是为了应对外部市场的快速变化而对企业自身"骨骼"和"血液"的重新调整。

由此，我们可以将企业进行"再造"的缘由归纳为以下三个方面：

1）业务流程和管理流程的复杂化，导致了企业在生产和管理上的效率低下。

2）经济繁荣泡沫化导致的残酷的市场竞争，促使企业进行自我反思和变革。

3）信息技术催化作用。信息技术的突飞猛进，为企业的改进和再造提供了技术基础。

3. 企业再造对组织工作的改变

在对业务流程进行再造之后，每一名雇员的工作也就从狭窄的、以任务为导向的劳动转变为多方面的劳动。具体地看，可以有以下几个变化：

1）工作单位——从职能部门变为流程执行小组。

2）工作任务——从简单的任务转变为多方面的工作。

3）人的作用——从受控制转变为授权。

4）职业准备——从职业培训变为学校教育。

5）衡量业绩和报酬的重点——从按照活动转变为按照成果。

6）晋升的标准——从看工作成绩转变为看工作能力。

7）价值观——从维护性转变为开拓型。

8）管理人员——从监工变为教练。

9）组织结构——从等级制转变为减少层次。

10）主管人员——从记分员转变到领导人。

上述的10条工作的变化其实就是反映了流程再造对组织结构、激励以及人力资源各要求的影响。

4. 企业再造的实施者

公司本身并不能再造流程，而是由公司的人实施的。具体地说，参与流程再造的人员主要有以下五类。

（1）领导人

领导人是有权批准和发动整个再造的高级主管人员。

（2）流程主持人

流程主持人是主要负责一个特定流程及其再造工作的管理人员。

（3）再造小组

再造小组由若干名致力于某个特定流程再造的个人组成的小组。他们调查研究线性流程存在的问题并监督流程的重新设计及贯彻实施。

（4）指导委员会

指导委员会是由若干名高级经理组成的决策机构，策划本公司的总的再造策略并监督再造进度。

（5）再造总管

再造总管是公司内负责指定再造的方式、方法和手段的人，同时负责公司内各个分散的再造项目的协调工作。

在理想的环境中这些人之间的关系是这样的：领导人任命流程主持人，流程主持人在再造总管的帮助和指导委员会的支持下召集流程再造小组进行流程的再造。

5. 企业再造方式的选择

企业再造的实施方式主要有两种：渐进式实施和激进式实施。

哈默和钱皮提倡的就是激进式的“再造”，并建议“12 个月的时间足够了”。他们认为企业再造是一个要么失败要么成功的提案，它不能谨小慎微地计划，再造必须是彻底的，在很短的时间内完成。渐进式实施方式是指，企业再造随着时间的推移越来越渐进，并将关注的焦点放在组织的软系统如人、价值观、行为等方面，而人的再造需要“几年时间来完成”。

再造的时间和规模应该是随着企业的具体情况不同而不同，再造的时间可长可短，这并非根本性的问题，关键是企业能否承受长时间的再造；再造的规模也需随着企业的具体情况而定，再造的关键是首要找到关键的业务流程并进行再造，从而达到企业绩效明显提升和鼓舞再造士气的效果，这样才能使再造在企业中坚持下去。

不论是渐进式还是激进式，都需要按照一定的模式对企业进行再造。企业再造可以按照以下的三个阶段进行：

第一阶段，寻求再造机会：选择要再造的业务流程，确定再造流程的顺序，了解客户需求和分析流程。

第二阶段，重新设计流程：召开重新设计会议，运用各种思路和方法重构流程。

第三阶段，着手再造：向员工说明再造理由，前景宣传，实施再造。

5.2.2 虚拟组织

1. 虚拟组织的产生与内涵

20 世纪 90 年代以来，世界经济发生了重大变化。消费者对产品的各方面需求越来越高，企业因此面临着更加变化莫测的市场环境。在多变和不确定性以及全球化取向为特征的市场环境中，企业为求得生存与发展必须具有高度的柔性和快速反应能力。为此，现代企业逐渐向组织结构简单化、扁平化方向发展，于是就产生了能将知识、技术、资金、原材料、市场和管理等资源联合起来的虚拟组织。

1991 年，美国艾科卡研究所（Lacocca Institute）为国会提交了一份题为“21 世纪制造企业战略”的研究报告，在报告中富有创造性地提出了虚拟组织的构想，即在企业之间以市场为导向建立动态联盟，以便能够充分利用整个社会的制造资源，在激烈的竞争中取胜。

虚拟组织是为了抓住稍纵即逝的市场机会而快速组合起来的、临时性的企业网络。虚拟组织不是一个企业，而是一个由独立企业组成的企业群体，组成虚拟组织的独立企业称为虚拟组织单位。组成虚拟组织的每一个独立企业拥有各自的核心能力和资源。为了一个共同的市场机会，这些独立的企业联合起来，贡献各自的核心能力和资源，相互协作，以谋求实现共同的市场目标，同时使虚拟组织整体价值最大化。虚拟组织不具有法人资格，也没有固定的组织层次和内部命令系统，而是一种开放的组织结构。虚拟组织中的成员可以遍布在世界各地，彼此也许并不存在产权上的联系，不同于一般的跨国公司，相互之间的合作关系是动态的，完全突破了以内部组织制度为基础的传统管理方法。网络的发展推动了虚拟组织的发展。

2. 虚拟组织的特点

虚拟组织与传统的直线或直线职能组织结构有根本区别，传统的组织结构有多层次的垂直管理体系，有各自划分的职能部门。研究开发在自己的实验室内进行，产品制造在本公司下属制造厂里实施，有自己的销售网络。为保证公司的有效运作，必须雇佣大批财会、销售、后勤、人力资源管理等人员。虚拟组织则不同，它要到组织外部去寻找这些资源，把各种日常业务部门推到组织外部去，把制造部门、销售网点、广告宣传等交给其他企业，跟这些企业建立伙伴关系，自己则集中精力于自己擅长的业务上。这种组织往往只负责产品设计、营销战略、产品质量和标准等重大问题。因此，这种组织有很大的灵活性和反应的敏捷性。

具体地说，虚拟组织具有以下五个特点。

（1）共享核心竞争力

虚拟组织是通过整合各成员的资源、技术、顾客市场机会而形成的。它的价值就在于能够整合各成员的核心能力和资源，从而降低时间、费用和风险，提高服务能力。它是一种强强合作，网络中的成员均具有自身的核心专长。因此，虚拟组织中的每一项功能或流程都是最佳的，而不是任何一个单一的企业可以单独达成的。

（2）组织边界模糊

虚拟组织不是法律意义上完整的经济实体，不具有独立的法人资格，而是打破了传统企业间的明确组织界限，形成了一种“你中有我，我中有你”的网络形式。

（3）组织扁平化

扁平化的网络组织能对市场环境变化做出快速反应。信息技术的高度发展将极大地改变企业内部信息的沟通方式和中间管理层的作用，虚拟组织通过社会化协作和契约关系，使得企业的管理组织扁平化、信息化，削减了中间层次，使决策层贴近执行层。企业的组织结构是“橄榄型”或“哑铃型”，组织的构成单位就从职能部门转化成以任务为导向、充分发挥个人能动性和多方面才能的过程小组，使企业的所有目标都直接或间接地通过团队来完成。组织的边界不断被扩大，在建立起组织要素与外部环境要素互动关系的基础上，向顾客提供优质的产品或服务。企业能随时把握企业战略调整和产品方向转移、组织内部和外部团队的重新构成，以战略为中心建立网络组织，通盘考虑顾客满意和自身竞争力的需要，不断进行动态演化，以对环境变化做出快速响应。

（4）以信息网络为依托

虚拟组织以信息网络为依托，选用不同公司的资源，把具有不同优势的企业综合成单一的靠电子手段联系的经营实体，企业成员之间的信息传送、业务往来和并行分布作业模式都主要由信息网络提供技术支持。

（5）以互信为基础

合作是虚拟组织存在的基础。但由于虚拟组织突破了以内部组织制度为基础的传统管理方法，各成员又保持着自己原有的风格，势必在成员的协调合作中出现问题。但各个成员为了获取一个共同的市场机会结合在一起，他们在合作中必须彼此信任，当信任成为分享成功的必要条件时，就会在各成员中形成一种强烈的依赖关系。否则，这些成员无法取得成功，顾客也不会同他们开展业务。

3. 虚拟组织的优势和不足

根据上述虚拟组织的特点，我们可以归纳出虚拟组织的优势和不足。

（1）虚拟组织的优势

1）市场优势。虚拟组织在内部组织结构和规章制度等方面都具有很强的灵活性。虚拟组织是一个由市场机会推动并由机会定义的各种核心能力的统一体，这些核心能力分散于许多独立企业之中，各独立企业随合作的需要而组建，随任务的完成而解散。虚拟组织正是以这种动态结构、灵活的方式来适应市场的快速变化。虚拟组织的这些特点决定了其具有很强适应性和市场反应能力。

2）成本优势。虚拟组织打破了组织的界线，使得组织可以大量利用外部人力资源条件，从而减轻了组织内部人工成本压力。在此基础上，组织可以大力精简机构，重新设计组织构架，使人员朝有利于组织发展的方向流动，促使组织结构扁平化。此外，团队柔性的工作模式减少了成员的办公费用、为聚集开会而支付的旅行费用等，也减少了重新安置员工的费用，从而降低了管理成本。

3）信息优势。虚拟组织成员来源区域广泛，能够充分获取世界各地的技术、知识、产品信息资源，这为保持产品的先进性奠定了基础。同时，成员可以采集各地顾客的相应信息，反映顾客的需求，并能及时解决客户的相关问题，从而能够全面地了解顾客，有利于组织尽快设计和开发出满足顾客需求的产品和服务，建立起良好的顾客关系。

4）人才优势。现代通信与信息技术的使用大大缩短了世界各地的距离，区位不再成为直接影响人们工作与生活地点的因素，这就大大拓宽了组织的人才来源渠道。组织可以动态地集聚和利用世界各地的人才资源，这为获得通常很难招聘到的具有专门技能的人才创造了条件，同时也减少了关键人才的流失。

5）效率优势。团队是高效组织应对环境变化的有效手段之一，而虚拟组织利用最新的网络、群件、移动电话、可视电话会议等技术实现基本的沟通，在技术上的诱惑力更是显而易见的，团队成员之间可以及时地进行信息交流，防止信息滞留，从而缩短了信息沟通和交流所用的时间，确保及时做出相对正确的决策。

（2）虚拟组织的不足

虚拟组织不同于传统的实体组织，成员不再依赖于一个看得见摸得着的办公场所而运作，而是就职于一个虚拟的空间，主要依赖于现代通信与信息技术实现远程的沟通与协调。这种虚拟组织的出现，也面临着一系列的问题。

1）沟通的障碍。首先，虚拟组织的成员之间缺乏相互接触时所具备的特征，如无法感知语言信息、形体信息、行为信息所表达的意见、观点、态度等，而这些特征往往是提高组织效率，创造一流业绩的先决条件。其次，成员具有不同的文化背景、宗教传统、风俗习惯等等，不可避免地会产生文化冲突。此外，成员之间的沟通一般仅限于正式沟通，非正式沟通减少，然而非正式沟通往往有助于成员人力资本的积累和组织的技术创新，有助于成员体验组织文化，有助于成员之间建立良好的协作关系，有助于组织凝聚力的形成。这种交往的减少容易使成员产生孤立感和焦虑感，成员之间、上下级之间的关系会趋于疏远，并导致缺乏对组织目标的认同。

2）协调的难题。首先，虚拟组织每一成员都有自身的核心竞争力，要把这些强势个体糅合在一起，本身就具有很大的挑战性。其次，每个成员都处在不同的区域，有着不同的作息时间、不同的工作顺序、不同的工作方式等，这也给整个组织的协调增加了难度。此外，成员间的沟通依赖于现代信息技术，而有的成员可能不会使用这些技术，如不会收发 E-mail，不会上网，等等，每个成员的技术熟练程度也可能不同，这势必会导致信息的单向流动和反馈的不及时，进而影响整个组织的效率。

3）成员的道德风险。虚拟组织的特点决定了远程管理是其主要管理方式，这就给成员个体充分利用自己的优势来规避义务或责任留下了广阔的空间。每个组织成员都是理性的，都拥有自身的核心竞争力，可以轻易离开所处的组织。这不仅会造成组织人才的流失，影响项目工作的顺利进行，而且也可能造成知识、信息、技术的泄漏，给组织带来严重损失。

4）交流手段的脆弱。现代通信设施是构造虚拟组织的基础，通信设备一旦出现故障，如停电、机器损坏、线路断裂、网络阻塞等，沟通就会被完全中断，从而影响组织的正常运转。

4. 虚拟组织的实践价值

有人预言，随着信息技术的发展、竞争的加剧和全球化市场的形成，没有一家企业可以单枪匹马地面对全球竞争。虚拟组织日益成为公司竞争战略“武器库”中的核心工具。这种组织形式有着强大的生命力和适应性，它可以使企业准确有效地把握住稍纵即逝的市场机会。

我们应该看到，真正吸引顾客的是虚拟组织天衣无缝的合作。购买了福特汽车的顾客不会了解是一个虚拟设计工作室在负责福特汽车的款式设计，它通过电子手段将世界各地的设计人员组合在一起。这些人员实际上分属福特的 7 个设计中心。越来越多的航空公司，如美国航空公司与英国航空公司，西北航空公司与荷兰皇家航空公司，联合航空公司与汉莎航空公司正在整合他们的飞行业务，以便向乘客提供更多的飞行航线。对于顾客来说、一体化实现以后，他们在面对的好像只是一家航空公司。

但是，我们还应该看到，尽管宣传使用虚拟组织的概念十分容易，但是虚拟组织的组成与运作并不简单，最为明显的是实施上的困难。例如，各组成部分如何做实体上的接触及协调上的困难。人们寄希望于信息高速公路作为虚拟组织的实现工具，但信息高速公路本身还需要发展完善，企业不可能在漫长的等待中丧失市场机会。

总之，尽管虚拟组织有许多不足之处，但是虚拟组织灵活地将各虚拟组织单位的资源整合在一起，从而显示出其强大的生命力。但是，虚拟组织作为一种创新型的组织形式，在理论上还很不完善，在实践中的应用还非常有限。因此，还需要从理论和实践上进行不断的探索。

5.3 技能构建

5.3.1 供讨论和实践的主题

1）你是否认为在今天高度机械化和高效的社会中过度强调了劳动分工？

2）请找出一个工作范围较广、工作深度较小的工作，再找出一个工作范围狭窄、工作深度较大的工作。

3）许多人确信，授权理论是讨论容易实施难。你如何看待这种观点？请找一个现实中的案例加以说明。

4）请找一个企业案例，讨论伴随着组织的成长与成熟，组织所经历的不同阶段。

5）公认的看法是，随着组织的壮大，组织中的员工队伍也迅速扩张。请讨论以下观点：有没有什么方法既使得组织扩大，又使组织的员工保持在较小的规模。

6）组织结构变化的趋势是什么？一个组织越扁平化越好吗？

5.3.2 管理技能培养

小错误

最近你发现，一个与你老板同级的主管给了你一件苦差事，让你写一份报告交给她。

在最近检查这份报告时，你发现报告中有一些本应该发现的小错误。但是你认为这些错误并不重要，他们并不足以成为使你受到批评的理由。你的老板和这个主管的关系历来不好，这可能就是导致她对此事的态度和做出小题大做的反应的原因。

当你在考虑如何最好地处理这个问题时，你可以有以下选择方案：

·私下和这位主管谈谈，并问她为什么如此严厉。

·什么也不做。相信这只是暂时的，给予过分的关注反而会使事情变得更糟糕。

·由于可能会牵涉到你的老板，你和她讨论，并让她为你提些建议。

·尽力去提高报告质量，确保以后不会再发生这类事情。

·与你的老板商量，让她知道，你认为这种建设性的批评通常是有益的，以此使你的老板不注意或不介意这种紧张局面。

你也可以选择其他方案，但假定你只能考虑选择其中一种方案。

1）不和任何人讨论，自己决定将选择哪个方案，并说明你的选择。

2）哪种组织原则与这种情境关系最密切？

3）你认为这是一个组织问题还是一个个性问题？为什么？

5.3.3 小组练习

比较虚拟组织与传统组织

虚拟组织是商业伙伴和团队借助信息技术跨越地理界线或组织界线在一起工作的组织。已经确定的虚拟组织的基本类型主要有以下的三种：一种是通过计算机、电话、视频会议将有技术的工人组成一个公司；第二种是将具有特定职能的几家专业化公司，例如生产或营销公司，组织在一起；第三种是大公司通过使用现代信息技术把信息传递给其合作公司的方式，将许多业务外包给它们的合作公司，从而使大公司能够集中精力做它最擅长的业务。

试分别让小组成员找出几个实际的虚拟组织加以相互比较，并比较与传统组织的异同与优缺点，另外，考虑一下是不是所有的组织都适合过渡到虚拟组织。

5.3.4 专项作业

一种新的组织结构

昨天，Tom Andrews 被正式提升为 Cobb General 医院的院长。这家医院位于新奥尔良市郊外，有 600 个床位。Tom 对自己被提升感到十分兴奋，但同时也很担心。

Tom 在这家医院工作了三年，以前是医院的副院长。虽然他只是副手，但是他总是为前任院长Bill Collins着想。鉴于Tom的教育背景（他获得了医院管理硕士学位）和他对医院的忠诚，医院董事会上周接到Bill Collins的辞呈后，就决定让Tom接手院长的职位。

Tom正在分析医院的组织结构图，它是Bill Collins去年设计的（见图5-7）。事实上，每次设立新的部门或实施一项新的职能时，Bill只安排专人直接向他一人汇报工作。Tom担心在新的职位上，他自己是否有管理这些人的能力，让他们直接向他汇报。

问题：

1）你同意Tom的观点吗？为什么？

2）你打算如何重新编制一份组织结构图？

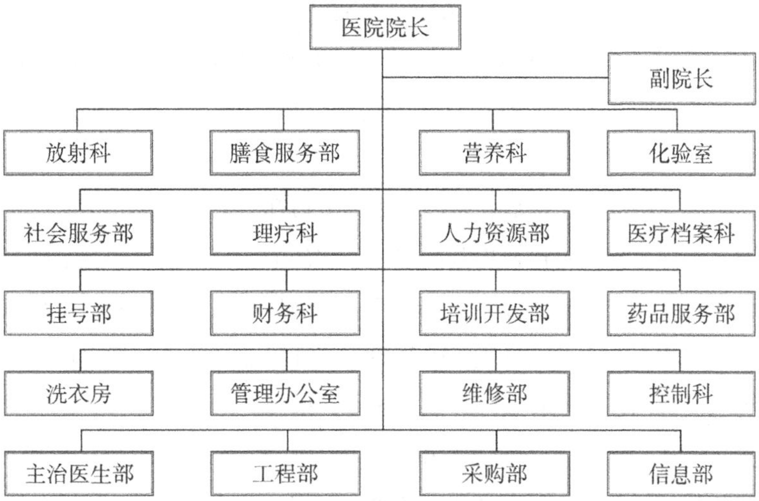

图5-7　Cobb General医院的组织结构

5.3.5 案例分析

案例1：美国联合航空公司的外购举措

当美国联合航空于2003年夏天关闭了其在印第安纳波利斯和奥克兰的维修中心的时候，数以千计的机械维修工作就进行了外购。联合航空已经进行了更多工作职能的外购，例如，货物卸载、飞机清理、燃料供应等。同样，濒临破产的联合航空希望通过外购和其他一些节约经费的举措每年节省大约9亿美元的经费。Amos Kazzaz是联合航空母公司掌握财务计划和分析的副经理，他将外购潮流解释为：“专家到处都有。我们需寻找外部的比我们做得更好的合作伙伴。”

特别地，联合航空希望通过将燃料供应转包给摩根士丹利资本公司，以从每年的燃料支出的28亿美元中节省500万美元。摩根士丹利得到的好处是它将降低存货并增加2.5亿美元的营运资本。公司希望通过飞机清理工作的外购节省2000万美元。问题是公司的这种节省是否能实现，这些节省是否能够拯救公司。

讨论：

结合联合航空公司的案例，讨论外购是否是节约成本的良好举措。

案例2：中国外运集团的重组和再造

中国对外贸易运输（集团）总公司（以下简称“中国外运”）是中国外运长航集团有限公司的前身，成立于1950年，是以国际货运代理为主业，集海洋运输、汽车运输、航空运输、铁路运输、国际多式联运、仓储、船舶经营、船务代理、船舶租赁、进出口贸易、对外劳务、旅游、房地产等业务于一身。在跨国经营方面，中国外运从1980年起就迈出国门，在境外成立了第一家海外公司。经过几十年的努力，中国外运在跨国经营方面也初具规模。

在组织体系上，中国外运先后在全国各重要城市和口岸相继建立了所属机构，并与国内外的贸易界、运输界以及外国政府部门建立了广泛的业务联系，形成了服务外贸运输的国内外庞大的组织体系。在整个计划经济时期，中国外运及中国租船公司与原外贸部运输局是政企合一的机构，负责全国外贸运输行政管理和企业经营的双重责任，并与交通、铁路和民航等各有关部门建立了有效的外贸运输协调机制。

在计划经济时代，这是一个有效率和有执行力的体系。位于北京的中国外运总公司，实际上是外贸运输的行业政策制定者和行政管理部门，而遍布全国各地的分机构是外贸运输业务的具体执行单位。整个中国外运体系以与生俱来的行政垄断方式独占了整个国家的外贸货物运输业务。

然而，这一切都是因计划经济体制而起的。当计划经济体制逐渐退出历史舞台、市场经济体制一步步向我们走来的时候，中国外运的生存依据和业务来源就发生了质的变化。

随着改革开放的逐步推进，我们国家的外贸运输领域发生了重大变化。首先是市场化的运输企业及国外物流公司开始进入中国的外贸运输市场，中国外运开始丧失“独占”外贸运输业务的垄断地位。中国外运总公司一步步从一个行业性的行政管理部门转变成为自己企业内部的管理协调机构。

丧失了业务垄断权力的中国外运总公司，既无权力保证各地分机构的业务供应和收入来源，也无财力负担各地分机构的运营支出和人员费用。于是，各地分机构出于自身生产的压力和利益的考虑，开始面向市场各找门路、各自为战。整个中国外运体系从此分崩离析，裂变成为“大牌子底下的一群小公司或个体户”。在这种情势下，中国外运集团何去何从，生存还是死亡，就像一座难以跨越的大山，沉重地摆在了全体中国外运人的面前。

讨论：

公司重组和组织再造涉及哪些内容？如何对一个类似于中国外运集团这样的企业进行“旧城改造”？

经典文献

克里斯托弗·巴特利特（Christopher Bartlett）等在其合著的《跨国管理》一书中系统地分析了跨国公司的管理问题，以及跨国公司管理者面临的管理挑战，是跨国公司总裁们案头上的必备书籍。他们认为，在当今快速变化的商业环境下，跨国公司不得不建立能够有效运行的组织能力。面对战略上的挑战，跨国公司需要同时最优化地满足全球效率、国家反应力和全球学习能力这三者的需求。并将满足这些复杂而矛盾的需求的新型组织形式，称为跨国组织，并重点阐述了这种组织的特征。下文便是关于跨国组织的组织特征的论述。

跨国组织的组织特征

跨国组织有三种重要的组织特征区别于多国、国际或全球组织：它建立并规范了多种不同的内部管理思想；它的物质资产和管理能力在国际上扩散的同时又相互依赖；它发展了一种强大而灵活的内部整合流程。

1. 多维度的管理思想

在战略因素多样化而又易变的环境中经营，跨国公司必须发展一种能力去把握和分析它在世界各地将面对的大量且经常冲突的机会、压力和需求。这需要有效的地方分公司管理，去感知和体会当地消费者不断变化的需求以及来自东道国政府不断增长的压力；这需要有效的全球业务管理，去追踪全球竞争对手的战略，并在适当的时候能够给予回应并进行协调；这需要有效的职能部门管理，去汇集公司的知识、信息和专业技术，并将它们传递到各个组织部门。

不幸的是，在许多公司中，其权力常集中在曾经执行过最重要战略任务的特定管理团体手中——代价是使其他团体所代表的不同需求无法得到实现。例如，在多国公司，主要的决策常由分散在各国的管理部门做出，因为它们对保证各公司的快速反应能力做出了最重要的贡献，而快速反应正是这类公司战略手段的核心。在全球公司，世界各地产品部的经理通常是最有影响力的，因为强大的业务管理人员在公司寻求全球效率的工作中扮演着重要角色。而在国际公司，职能经理团体自认为他们的地位非常重要，因为他们在形成、积累和传递公司的技能、知识与能力的过程中起着重要作用。

然而，在跨国公司内，通过内部培养居于次要地位的管理团体的能力、信誉和影响力，同时保障主导团体的士气和能力，就能够消除决策过程中的种种偏见。这样做的目的是建立一个多维度的组织，在其中三种管理团体的影响能够得到平衡。

2. 分散却相互依赖的能力

当跨国公司觉察到它所面对的多种机会和需求时，必须能够在其中做出选择，并能及时有效地回应那些具有重要战略意义的机会和需求。如果公司的决策制定过程和组织能力集中在公司总部——如全球型组织的集中管理结构——它通常难以对多样化的全球需求做出快速的反应。中央管理团体由于远离第一线的机会和威胁，其适时、有效的行事能力受到它所依赖的复杂而广泛的国际沟通的制约。另一方面，由于多国组织的反应能力分散在各个独立的分散联合体中，这会使得它们遇到重复劳动、低效率运作以及国际学习障碍等困难。

很多公司认为需要集中公司的活动，因为全球规模或专业化的知识是非常重要的，但是在跨国组织中，管理层已经从这种狭隘的观点中解脱出来。他们相信通过对子公司进行专业化分工并赋予其责任感，可以使之成为公司某种产品或技术的全球发源地，这样充满活力的子公司也可以获得全球规模。他们通过合作参与相关子公司的活动，无论重大的技术进步和市场扩展发生在哪里，都能够迅速介入。

分散资产和责任的一个主要结果是全球各子公司间的相互依存度不断提高。简单的组织结构，如分散联合体、协调联合体和集中管理，不足以完成跨国组织所面临的任务。跨国公司所需要的是我们称为“整合网络”（Integrated network）的结构。在整合网络结构中，管理层认识到这些遍布世界各地的子公司或运营单位是有利于整个组织发展新的思想、技能、能力、知识的。高效率的地方工厂可转变为国际化的生产中心；具有创新力的各国或各地区的实验室，可能会因一个特定的产品或流程的进展而被命名为“卓越中心”；具有创造性的子公司营销部门，可能会在制定某个产品或业务的全球营销战略中发挥重要作用。

3. 灵活的整合流程

最后，跨国组织需要的是一个能解决利益和观点的差异性并整合各种不同责任的管理流程。但是，这一流程不应该受到组织流程对称性的限制，不应该仅仅用简单和静态的术语来描述（例如，责任应该集中还是分散）。很显然，对全球研发或制造活动进行控制所获得的利益，可能要比对销售和服务职能进行全球协调获得的利益要多。我们也清楚职能协调的方式会因行业和地域的差异而不同（例如，飞机引擎公司比多国食品包装企业需要更多的中央决策控制权；在发展中国家经营的子公司比在发达国家经营的子公司更需要来自母公司的支持）。此外，所有的协调需要根据时间而变化。

因此，管理人员必须能够辨别各种运作关系，并能根据职能、行业、地域和时间的差异变换决策角色。管理流程应该能够根据产品、国家以及决策的不同而相应地变化。这就要求基于三种不同却又相关的管理流程发展出颇为复杂而微妙的决策机制：第一种是既能够支持又能形成制约的流程，它让高层管理者人员直接干预某些重要决策（如主要资源的分配）——这是一种微妙且谨慎的集中管理形式。第二种管理组织流程，其主要的管理任务是建立个体决策和支持体系的构架，以便通过规范化来影响特定的关键决策。第三种是一种自我规范能力，在这种情况下，高层管理人员的作用是建立一个宽容的组织文化和一套为分权提供相应背景的组织关系——一种通过社会化来驱动的复杂管理流程。

第 6 章　人力资源管理

开篇导读

北京华夏基石企业管理咨询有限公司

北京华夏基石企业管理咨询有限公司（以下简称“华夏基石”），成立于 2003 年，由我国管理咨询业开拓者之一、著名管理咨询专家、中国人民大学教授彭剑锋创办。公司致力于整合、传播国内外先进管理智力成果，并推进其在中国管理实践中的运用，为国内外企业提供管理咨询、招聘猎头、企业内部培训等人力资源服务。2010 年，公司销售收入跨越亿元门槛。经过近 20 年的迅速发展，华夏基石积累了丰富的经验。

行动为基，理念先行。结合丰富的咨询案例成果，华夏基石提出了中国企业事业合伙制新价值主张，即以事业合伙机制为战略动力机制，凝聚和激励企业知识创新者与经营管理人才，持续奋斗，突破企业事业发展瓶颈，实现企业事业与业务新增长的 32 字方针，即“志同道合，利他取势；共担共创，增量分享；相互赋能，自动协同；价值核算，动态进退”。32字方针与华夏基石“为客户创造价值，与客户共同成长”的核心价值观相互契合，成为引领华夏基石发展的价值源泉。例如，尽管公司依靠咨询服务营收，但一直坚持选择最有价值的客户来合作，即要么是行业领先企业，要么是具有高成长潜力的企业，且必须是守规则、有道德底线的企业。也正因为如此，很多客户企业都在合作中实现了突破性且良性的成长。

打造核心竞争力，因势利导。华夏基石自成立以来，一直围绕战略咨询、培训等主营业务，打造核心竞争力。以培训业务为例，从最初的一体化培训模式，即制定以战略为导向的培训方案、建立资格评价与内部认证制度、建立以任职资格为基础的人员任用机制，到人才评价全面服务体系的构建，均凸显了华夏基石顺应时代发展、以客户为中心的服务理念。

思考题：

1）你认为华夏基石成功的主要原因是什么？

2）中国企业事业合伙制的核心价值是什么？

6.1 理论回顾

6.1.1 人力资源计划

一个组织素质的高低在很大程度上取决于其所聘用的雇员的素质。大多数组织的成功也都有赖于能够发现并使用具有高水平技能的员工。IBM 的创始人托马斯·J. 沃森的一句名言“广厦的构建离不开资本，企业的经营需要人才”概括了人力资源对于任何组织的重要性。人力资源管理（Human Resources Management，HRM），是指组织用于影响员工行为的各种理念、政策和实践，具体包括人力资源计划、招聘与甄选、人员培训与开发、职业发展、绩效评估与反馈、薪酬管理等活动，是任何组织不可或缺的重要职能。有效的人力资源管理活动能够改善组织绩效和提升组织竞争力，因此，人力资源管理的质量与水平对于组织的发展具有战略性的重要意义。

吸引合格的人力资源的起点是计划，人力资源计划是一个管理过程，在这个过程中，管理者能够确保在适当的时间、适当的地点获得适当数量和种类的员工，这些员工能够既有效率又有效果地完成各项工作，进而实现组织的整体目标。人力资源部门经理通过工作分析了解组织的现有人力资源状况，根据组织的整体计划预测人员数量和质量的需求，同时预测劳动力的供给来源，以达到组织人力资源供需平衡。图 6-1 总结了人力资源计划最常见的步骤。

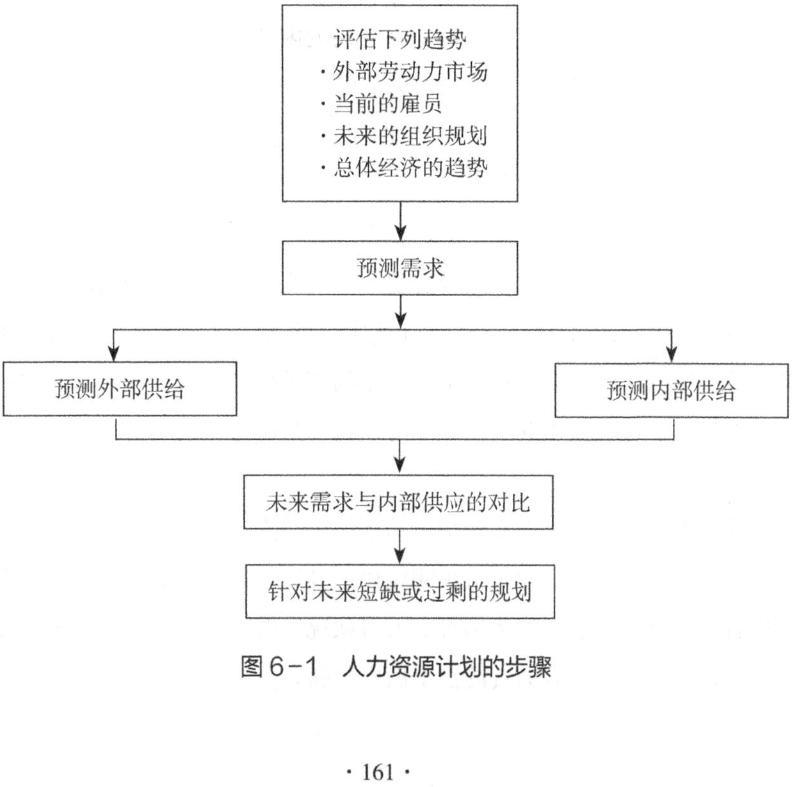

图 6-1 人力资源计划的步骤

1. 评估现有人力资源状况

人力资源管理是从考察现有的人力资源状况开始的。这种考察的结果通常会形成一个人力资源库（Human Resources Inventory），它是有关组织当前人力资源的汇总信息。它包含了组织每个员工的基本信息，如员工的姓名、性别、年龄、教育程度、工作经历、技能状况等。计算机信息技术的应用，使该项工作更加完善，处理起来也更加准确快捷。通过对人力资源库的分析，组织能够评估当前组织的人力资源质量和数量情况。

人力资源现状评估的另外一个内容是工作分析（Job Analysis）。工作分析是组织内对工作的系统分析。工作分析的结果包括工作说明书（Job Description）和工作规范（Job Specification）。工作说明书是关于员工做什么、如何做以及为什么要这样做的书面描述。它通常给出工作的内容、条件以及员工所处的环境。工作规范描述的则是员工成功完成工作所必要的知识、技能和态度。在招聘和甄选时，工作说明书和工作规范是两份重要的文件。例如，工作说明书可以用来向应聘者说明其未来的工作内容，工作规范则使管理者关注员工完成工作所必需的资格并确定应聘者是否符合要求。

2. 预测人力资源的供求

在管理者们充分地理解了组织内的工作之后，他们可以开始进行未来人力资源管理的计划工作。管理者们首先要进行趋势评估，包括过去的人力资源使用、未来的组织规划和总体经济的趋势。

预测未来人力资源供给事实上是两项工作：预测内部供应（将来某一时刻在公司里的员工人数和类型）以及外部供应（劳动力市场上可供雇用的劳动力的数量和类型）。

组织内部的人力资源供给预测的方法很多。如：人员替换图法，它记录各个人员的工作绩效、晋升的可能性以及所需要的培训等内容，由此决定有哪些人员可以补充组织的重要职位空缺。人员核查法是为了追踪员工的工作经历、教育程度、特殊技能等与工作有关的信息而设计的一套系统，它可以输入计算机，以便在需要人力资源时随时查用，帮助管理者估计现有员工调换工作的可能性大小和测定哪些人员可以补充组织当前的职位空缺等。马尔可夫转换矩阵法的假定前提是组织员工的流动模式与流动概率有一定的规律，而且该规律在计划期内不会发生变化。因此，可以找出过去员工流动的规律，并据此推测组织员工未来的变动趋势。

企业内部的人力资源供给一般来说很难满足组织对人力资源的需求，企业需要不断地从外部招聘人员。与内部人力资源供给预测相比，预测外部人力资源供给是一个完全不同的问题。管理者更多是根据宏观经济形势、人口状况、劳动力市场状况、政府政策法规等外在影响因素来对未来市场的人力资源供给做出判断。

3. 人力资源的供求平衡

在对未来人力资源的需求和供应进行对比后，管理者们就可以制订计划应对未来的过剩或短缺。如果预测将出现短缺，则可以招聘新员工，或将老员工培训后转入人手短缺的部门，还可以劝说退休人员留下来，或者安装节省人力的设备。

如果预计将出现人员过多的情况，相应的选择就是过剩员工转岗、取消离职员工的职位、鼓励提前退休和裁员。

6.1.2 人员招聘与甄选

通过人力资源计划，管理者可以清楚地了解组织的人力资源需求及需要填补的空缺岗位，下一步就是通过招聘与甄选满足组织的人才需求。

1. 招聘

招聘（Recruitment）就是增加组织的人才储备以供不同岗位的选择。招聘可以在组织内部（考虑现有员工的提升和转岗）或者外部进行。两种方法各有利弊。

外部招聘是指管理者在组织外部寻找潜在的员工，包括到大学、人才招聘会、专业协会或通过职业介绍所去物色对象，也可以在网络、报纸、专业杂志上刊登广告招聘。要使外部招聘有效地实施，对组织空缺岗位的能力和资格要求必须描述清楚，否则会增加许多不必要的工作量。此外，组织内部成员的引荐也是一个有效的途径。外部招聘最大优势是为公司带来“新鲜的血液”，激发了改革与创新。但它也有局限之处，由于缺乏对求职者的全面真实的了解，要确定某一职务的最佳人选相当不易，风险相对较大。有时，尤其是管理者的外部招聘会挫伤内部员工的积极性。

内部招聘可以是内部员工的转岗或提升。它的优势是雇主了解雇员，雇员熟悉组织，而且组织内部的提升可以激励雇员和组织一同成长，努力工作并获得成功。内部招聘也有不足之处，主要是：①组织中没能得到某项职务或未被提升的员工会产生不满情绪，工作热情受到挫伤；②易导致“近亲繁殖”，不利于引进新思想和新方法；③当组织所需人才在组织内部找不到合适的人选时，仍坚持内部提升和培养，则会影响组织的绩效。

表 6-1 对主要的招聘来源进行了比较。管理者所采用的来源应当反映当地劳动力市场的实际、职位类型和级别以及组织规模。

表6-1 招聘来源比较

来源	优点	缺点
内部搜寻	成本低；提高士气；候选人熟悉组织情况	来源有限、水平有限；会导致“近亲繁殖”；可能造成内部矛盾，影响士气
广告	媒介覆盖面广；可以有目标地针对某一特定人群	会有许多不合格的申请者，增加选择成本
员工推荐	良好的推荐可以找到很好的应聘者	可能不会增加员工的多样性和融合性
校园招聘	大量、集中的候选人	受初入者级别职位的限制
猎头公司	针对性强，质量高	费用高
招聘会	直接面对，效率较高	质量难保证；持续时间短
公共就业机构	免费或正常费用	虽然可以获得某些熟练员工，但总体来讲，大多数应聘者的技能水平较低

2. 甄选

甄选（Selection Process）是在招聘的基础上，在具有资格的候选人中挑选最终受雇者的过程。甄选的意图是收集能够预测申请者是否将会成功的信息，然后雇用最有可能成功的雇员。信息在预测未来工作表现中的可靠程度称为效度（Validation）。效度的两种计算方法是预测效度和内容效度。预测效度（Predictive Validation）是用测量工具收集雇员和申请者的得分，然后将其得分与实际的工作绩效进行相关性分析。如果出现显著正相关，则该测量工具是有效的工作绩效预测工具。内容效度（Content Validation）用逻辑和职位分析数据建立选择工具，用于测量成功的工作绩效所需要的那些技能。内容效度的关键是仔细进行工作分析，明确工作中需要承担哪些责任，然后，再测量申请者是否具有承担这些责任的能力。常用的甄选工具如下：

申请表与简历。申请表和简历提供了有希望成为本公司雇员的求职者的基本信息。雇主往往会首先通过浏览申请表和简历对求职者的背景和经历有一个概略的了解，以便做出初步的选择。申请表和简历提供的信息一般包括：求职者的姓名、教育背景、籍贯、工作经验、文凭和证书等等。尽管这些资料提供了很多重要的信息，但还不足以做出最后的决定。

测试。能力测试和个性测试是用于人员甄选的两种主要形式。能力测试评估应聘者是否具备实现工作绩效所必需的技能，如文字理解能力或计算能力。如百事食品公司在雇用理货员时，会对应聘者进行心算能力的测试。个性测试被用于测评与工作绩效相关的个性特点和特征。例如，一些企业对应聘者进行心理测试，评价他们的个性是否与特定岗位的要求相匹配。

面试。面试是一种常用的挑选工具，但有时它并不是一个好的预测工作成功的方法。例如，人们感受和判断他人的初次印象中的偏见可能影响后来的判断。对此，可以通过培训，让面试官了解自己可能的偏见以及改善面试的结构安排以提高面试的效果。在结构化面试中，问题是事先准备好的，所有的面试都要按照相同的顺序来进行，这一做法可以在面试程序中体现一致性。非结构化面试的过程更像是一次日常的谈话。面试者不是用事先准备好的问题提纲，而是针对应聘者的资料问一些试探性的问题，以判断应聘者是否具备特定的能力。

评估中心法。评估中心是对管理工作的主要部分进行的内容模拟。评估通常持续2~3天，由大约6~12名人员参加各种管理练习，其中包括面试、公开演讲和标准化的能力测试。由几位经过培训的观察人员对候选人进行评估，这些人通常是候选人将要工作的部门的各层次经理。如果设计得当，评估中心法是一种非常有效的方法。AT&T公司是评估中心法的先驱，这家公司在选拔所有的管理职位时都使用了该法。

其他甄选技术。根据情况的不同，组织也会使用其他甄选技术。如测谎器、信用调查等。

6.1.3 人员培训与开发

大部分员工在工作过程中，都需要接受某种培训和发展来适应新的工作方法，保持较高的绩效水平。对于组织新聘用的员工来说，需要进行培训使他们尽快适应组织文化，胜任新工作。培训（Training）的目的在于保持和改进目前的工作绩效，而发展（Development）则是为将来的工作发展技能。为确保人员培训与开发的有效性，支持组织目标的实现，需要系统地评估培训与开发需求，选择合适的培训与开发方法并实施，最后必须对培训与开发项目进行评估。

1. 新员工的培训

培训新员工的主要目的是：减轻新员工在开展新工作之初的焦虑；帮助新员工熟悉工作岗位、部门乃至整个组织；完成从“外部人”向“内部人”的转化。新员工的培训又称为定向（Orientation），是组织将新聘用的员工导入到工作岗位、使他们融入组织文化的过程。

定向活动是由同事和组织来提供的。来自同事的定向活动通常是未经计划的和非正式的，可能会给新员工不准确的信息和误导他们。这也说明了由组织来提供定向工作的重要性。一份有效的定向计划，对新员工有立竿见影的和持续性的作用；另外，它对新员工在此后工作中的成功或失败也有重要的影响。

求职者得到对组织的定向信息甚至是在其被雇用之前就开始了。有时，这种定向来自组织的声誉，如组织如何对待自己的员工，对待它所提供的产品或服务类型。而且，在招聘与甄选过程中，求职者经常可以了解到组织其他主要方面的情况，了解他们可能承担的职责、可能得到的工作条件与薪酬将是什么样的。公司定向计划中通常会提到的目标有：①减轻新员工的压力；②降低将新员工整合到组织中的启动成本；③最终减少由于不能理解组织规章制度和文化而造成的员工流动率；④缩减将员工与工作相结合所需的时间；⑤帮助员工更快地适应工作团队或工作环境。

组织的正式定向计划是在员工被雇用之后开始的。对各种类型的组织而言，定向通常应该在截然不同的两个层次上实施：一是组织的一般定向，介绍与全体员工相关的事务及权益；二是部门与岗位定向，包括与新员工所在的具体部门和岗位相关的特定内容。

一般来说，组织的一般定向是由人力资源部门提供的，部门与岗位定向是由新员工的主管来安排的。每位新员工应得到一整套的相关信息或信息包，以补充说明组织一般定向计划的内容。定向信息包通常是由人力资源部门准备的，它包含内容广泛的素材。信息包应该认真地设计，而且只提供必需的信息。定向信息包可以涵盖组织图、组织设备图、政策与流程手册、绩效评估表格与流程、公司通讯等内容。

许多组织要求员工签署一份表格，声明员工本人已获得并阅读过整套定向信息。这样如果员工抱怨不了解公司的特定政策与流程，尤其是在雇员起诉雇主的案件处理时，上述行为可以对公司起到保护作用。

定向确实导致了一些问题。通常被提到的问题包括新员工信息量过载、过量的文书工作、非必要的信息、组织的过分“自我推销”、缺乏现有员工的支持（例如有经验的同事告诫新员工不要听信公司路线）、缺乏长期性的定向（许多定向仅在一天之内完成）、缺乏正确的跟踪措施和不能纠正定向计划中的缺陷。

组织应该认识到，无论来自同事的还是来自组织提供的定向，都会对新员工的绩效有强烈的影响。所以，拥有一套设计精良、执行有效的定向，完全符合组织的利益。

2. 人员培训与开发的程序

人员培训与开发是一个系统化的过程，它包括人员培训与开发的需求评估、培训方法选择与实施和员工培训的评估。

（1）需求评估

组织在一定时间内能用于人员培训与开发的资源必定是有限的。“把资源用在什么地方”就成为组织管理者必须做出的决策。而这一决策过程有赖于对组织的人员培训与开发需求进行系统、准确的分析。图 6-2 对人员培训与开发的程序进行了分解。

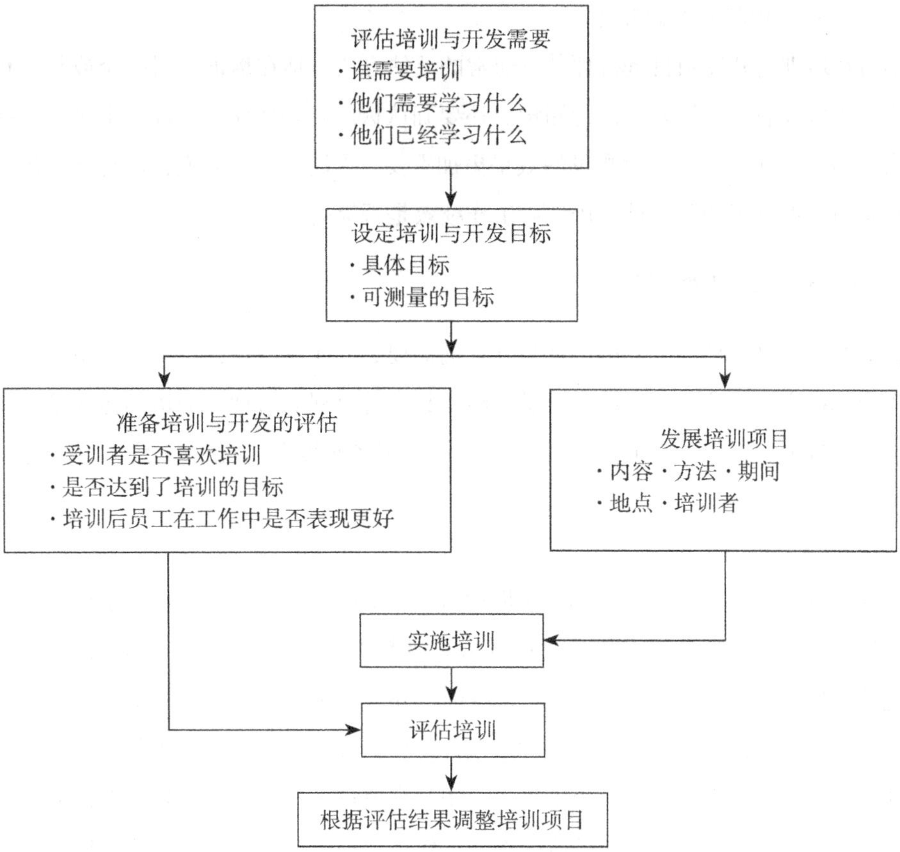

图 6-2　人员培训与开发的程序

（2）方法选择与实施

人员培训与开发的方法有很多种。方法的选择取决于多方面的考虑，其中最重要的是培训的内容。如果培训的内容是事实性的材料，如公司的规定或解释如何填表格，则指定阅读材料、程序化学习和讲课的方法效果较好。如果培训的内容是人际关系或群体决策，在培训方法上就要运用人际接触，例如角色扮演或案例讨论。如果雇员要学习的是一种操作技能，那么必须让他们实际地进行操作和使用工具或材料。

基于网络和其他电子媒介的培训现在很流行。这些方法令培训的内容更加综合，更容易更新和修改，参与者在时间上更具灵活性。但是，另一方面，这些方面在模拟真实活动和面对面交互活动方面存在局限。此外，绝大多数培训实际上综合采用多种方法。例如，波音公司将经理送去进行两周的密集培训项目，包括考试、模拟、角色扮演练习和飞行模拟练习。

最后，许多组织开办了企业大学，拥有完备的培训设施。麦当劳是第一批开办企业大学的组织，称为汉堡包大学。所有的管理受训人在那里参加培训项目，学习如何烤汉堡包，如何保持服务质量，等等。

（3）人员培训与开发的评估

必须对培训与开发项目进行评估。通常的评估方法包括在培训前对一个或数个相关的标准指标（例如态度或绩效）进行测量，还要确认标准是否变化。培训结束时采集评估结果较为容易，但在工作中实际测量的效果更加重要。受训者也许会说自己喜欢培训并且学到很多东西，但真正的测量是在培训后工作绩效是否提高。

3. 人员培训与开发方法

若干方法可以满足组织人员培训与开发的需要，并实现组织的目标。组织可以根据培训的内容选择方法，这里需要注意的是，组织越来越重视对管理者的培训与开发，也就是管理开发（Management Development），它是对管理者态度和技能的开发，以使之成为一名有效的管理者。

（1）常用的培训方法

1）在职培训与职务轮换。在职培训（On-the-Job Training，OJT）通常由一位资深员工或主管来提供。培训师将工作方法示范给受训者，后者被允许在培训师的监督下工作；职务轮换（Job Rotation），有时称为交叉培训（Cross-training），是在职培训的一种形式。在职务轮换中，一位员工学习做若干种不同的工作，并在每个职位上工作一段时间。职务轮换使部门具有灵活性，例如，当工作单位中某个成员不在的时候，其他人也可以胜任其工作。同时，职务轮换为员工提供适应不同工作任务的机会，提高了员工的技能，降低了长期从事一项工作带来的工作单调感、职业倦怠感。

2）仿真培训。在仿真培训中（Vestibule Training），需要设立一个称为“仿真室”的专门工作场所，在那里，工作程序和设备都与实际工作中所用的相似。然后，由技能熟练的人员指导受训者如何工作，因为没有生产计划的压力，受训者能够以一种轻松自在的节奏对工作进行学习。这种方法的主要优点是：培训师可以强调专用技术的理论和应用而非强调产出，且受训者也能边干边学。但是，这种方法费用昂贵，并且员工仍需适应实际的工作环境。仿真培训已经被用来培训文字处理器操作员、银行出纳员、办公室职员，以及其他类似职务的人员。

3）课堂培训与计算机辅助教学。课堂培训是在脱产条件下进行的。对于人数多，且对所要培训的内容知道甚少或一无所知的人员来说，课堂培训是迅速获得知识的有效方法。它对讲授新材料、概念、原则和理论都非常有用。新员工培训的部分内容通常都是以某种形式的课堂教学来进行的。然而，课堂培训更经常用于对技术人员、专业人员和管理人员的培训。对一般员工，最常用的课堂培训方法有讲座法、讨论法、视听教育法和计算机辅助培训法；计算机辅助培训（Computer-based Training）允许员工从一个预置的计算机程序中提取信息，并且以自定节奏的形式学习更多知识。与传统的问题练习手册相比，这种方法更有效，但它要求使用和通晓计算机设备。互联网技术的发展及普及，增加了这种方法的培训效果，扩大了它的培训范围。

（2）管理开发方法

对管理者的培训与开发方法，有些与对一般员工的培训方法一样，如职务轮换和课堂培训，但二者的侧重点不同。以下是一些常用的管理开发方法：

1）教练法。教练法（Coaching）的基本理念是在资深管理者的建议下，允许受训者去发展自己的管理方法。它由有经验的管理者来执行，它强调所有的管理者都有协助其下属员工发展的责任。在这一管理开发方法中，管理者在解决管理问题的过程中对受训者提供建议和指导。教练法的优点在于，受训者能够获得实际的经验，并看到自己决策的结果。但它也存在缺陷：许多管理者不能或不愿训练其下属，管理者可能向下属传授不适当的管理手段，因此，身为教练的管理者的专业知识、经验、培养下属发展的意愿，都是教练法成功的关键。

2）案例研究。案例研究（Case Study）是由哈佛商学院推广开来的一种技术，它给受训者提供了分析活动所需的真实的和假设的情境。在理想状况下，案例研究应该促使受训者思考问题、提出解决方案、在各种方案中进行选择，并分析决策的结果。案例研究的主要优点是将现实主义风格引入了教学过程。然而，案例研究通常比经理们面对的真实情境要简单一些。案例研究的另一个缺陷是，在讨论案例时，参与者通常缺乏感情投入，这样就不太可能产生态度和行为上的改变。此外，案例研究方法能否成功，极其依赖于教师的技能水平。

3）角色扮演。利用角色扮演的方法，受训者被分配以不同的角色，并根据要求在一个现实的情境中将这些角色表演出来。此方法使受训者从所分配角色的扮演中进行学习。这种方法的成功，依靠的是受训者实际承担角色的能力。可以用录像来回顾和评价演练过程，以提高角色扮演的效力。

4）文件筐技术。文件筐技术（In-basket Techniques）是对现实情境的模拟，方式是要求每位受训者回复一位主管的邮件和电话，重要的职责散置于日常事务当中。比如，电话可能是一位愤怒的重要客户打过来的，而当地某市区的俱乐部也许会发一封索求捐款的来信。受训者对情境加以分析，并提出行动备选方案，对他们的评价基础是，在每一个情境下所委托任务的轻重缓急与所做决策的数量与质量。

5）经营游戏。经营游戏（Business Game）一般提供一家公司的背景和所处环境，并要求一组参与者制定关于公司运营的决策。经营游戏的优点是：可以模拟现实、在竞争环境下作决策、提供关于决策的反馈，以及在信息不完全的条件下制定决策。主要缺点是：许多参与者只是试图确定获胜的关键因素而已。当这种情况发生时，作为一种学习方式的经营游戏就不能完全发挥它的潜在效用了。

6.1.4 职业发展

职业发展（Career Planning），又称事业发展、职业生涯规划，是指一个人遵循一定的道路和途径，去实现所选定的职业目标。几乎没有人会一直从事某项工作。有的人在组织内部变换工作，有的人在组织间变换工作，有的人两者都有。如果变动是突然的和没有任何预兆的，这对于组织和个人都不利。因此，预先进行职业发展符合各方的利益。

从个人角度来说，职业发展是以实现个人发展的成就最大化为目的的，通过对个人兴趣、能力和个人发展目标的有效管理实现个人的发展愿望。从组织角度来说，职业发展的最终目的是通过帮助员工完成职业发展，以求组织的持续发展，实现组织目标。组织职业发展是以提高组织人力资源质量，发挥人力资源管理效率为目的，通过个人发展愿望与组织发展需求的结合实现组织的发展。

职业发展理论是一个纵向研究的理论体系，它站在自我发展、角色发展的高度，用动态的、发展的观点研究问题。其基本假设是：职业发展是一个终生的过程，职业发展乃至职业辅导应该依据个人在一生中各阶段的需求而设计。关于职业发展，已有许多专家和学者进行了研究，为员工的职业发展计划及管理提供了理论依据。

1. 萨帕的生涯发展理论

萨帕（Donald E. Super）经过多年的研究，他把人的职业生涯发展划分为五个主要阶段。

（1）成长阶段（0~14岁）

属于认知阶段。在这一阶段，个人通过对家庭成员、朋友以及老师的认同及他们之间的相互作用，逐渐建立起了自我的概念。经历对职业从好奇、幻想到兴趣，到有意识培养职业能力的逐步成长过程。萨帕将这一阶段，具体分为3个成长期：①幻想期（10岁之前）：儿童从外界感知到许多职业，对于自己觉得好玩和喜爱的职业充满幻想并进行模仿；②兴趣期（11~12岁）：以兴趣为中心，理解、评价职业，开始做职业选择；③能力期（13~14岁）：开始考虑自身条件与喜爱的职业相符与否，有意识地进行能力培养。

（2）探索阶段（15~24岁）

属于为学习奠定基础阶段。这一时期，个人将认真地为自己探索各种可能的适合自己的职业选择，对自己的智力和能力进行现实性评价。同时，根据未来的职业选择，做出相应的教育规划和教育决策，实现择业和初步就业。这一阶段又可具体分为三个时期：①试验期（15~17岁）：综合认识，并考虑自己的兴趣、能力及所要从事的职业的社会价值、就业机会等，随后进行择业尝试；②过渡期（18~21岁）：正式进入人才市场，了解人才市场的需求，再选择是否进入专门的职业培训机构，获得相关的经验，使自己由一般性的职业选择转为对专业生涯发展特定目标的选择；③尝试期（22~24岁）：确定工作领域，开始从事该项职业，同时，对选定的职业发展目标进行可行性的试验。

（3）确立阶段（25~44 岁）

属于选择、安置阶段，是大多数人职业生涯周期中的核心部分，是整个人生的高产期。经过早期的试探与尝试后，在这一时期，最终确立个人的稳定的职业，并谋求发展，获得晋升，实现个人的专业生涯发展。这一阶段一般分为三个时期：①尝试期（25~30 岁）：对初就业时所选定的职业不满意。对职业进行再选择，并变换职业工作。变换次数因人而异。当然，也存在对初选职业满意而不变换的情况；②稳定期（31~44 岁）：最终确定稳定的职业目标，并致力于实现这些目标；③职业中期的危机阶段（30~40 岁）：又称为转折期。此时，可能会发现自己并没有朝着目标靠近或发现了新的目标，因而需重新评价自己的需求和目标。

（4）维持阶段（45~64 岁）

属于升迁和专精阶段。这一阶段，一般达到常言所谓的“功成名就”情景，已不再考虑变换职业或工作，只力求维持已取得的成就和社会地位。

（5）衰退阶段（65 岁以上）

适应退休生活，发展新角色。

2. 伊莱·金斯伯格的职业生涯发展理论

伊莱·金斯伯格（Eli Ginzberg）研究的重点是从童年到青少年阶段的职业心理发展过程。他将人们的职业选择心理的发展分为幻想期、尝试期和现实期三个阶段。

（1）幻想期（11 岁以前）

在这一时期，儿童们对于大千世界，特别是对于他们所看到的或接触到的各类职业工作者，如教师、医生、护士、警察、军人、飞行员、演员、售货员等，充满了新奇、好玩之感，幻想着自己长大后成为什么样的人、当什么等，并常常会在游戏中扮演他们各自所喜爱的角色，甚至还会在日常穿着打扮与语言行动上进行效仿。这一时期的职业需求特点是单纯由自己的兴趣爱好所决定，并不考虑也不可能考虑自身的条件、能力水平和社会需要与机遇，完全处于幻想之中。

（2）尝试期（11~17 岁）

该时期是指在初中、高中学习，由少年向青年过渡的时期。在这一时期，人的心理和生理均在迅速成长、发育和变化。开始拥有独立的意识，价值观念也初步形成，知识和能力显著增长与增强，初步懂得社会生产与生活的经验。这一时期的职业需求特点是：不仅注意自己的职业兴趣，而且还更多地和客观地审视自身各方面的条件、能力和价值观；开始注意职业角色的社会地位、社会意义，以及社会对该职业的需要。

（3）现实期

指 17 岁以后的青年和成年期。在这一时期，即将参加社会劳动，能够客观地把自己的职业愿望或要求同自己的主观条件、能力以及社会现实的职业需要密切联系和协调起来，寻找适合于自己的职业角色。这一时期的职业需求已经不再模糊不清，而是有着具体而现实的职业目标，其表现出的最大特点是客观性、现实性、讲求实际。

金斯伯格的职业生涯阶段理论，实际上是就业前人们职业意识或职业追求的变化发展过程。

3. 埃德加·H. 施恩的职业锚理论

（1）职业锚的含义

职业锚理论（Career Anchors）由埃德加·H. 施恩（Edgar H. Schein）于1978年首次提出，该理论是在对美国麻省理工学院斯隆商学院毕业生的职业生涯研究中演绎成的。

所谓职业锚，又称职业系留点。锚，是使船只停泊定位用的铁制器具。职业锚，实际上就是人们选择和发展自己的职业时所围绕的中心，是指当一个人不得不做出选择的时候，他无论如何都不会放弃的职业中的那种至关重要的东西或价值观，是自我意向的一个习得部分。个人进入早期工作情境后，由习得的实际工作经验所决定，与在经验中自省的动机、价值观、才干相符合，达到自我满足和补偿的一种稳定的职业定位。职业锚强调个人能力、动机和价值观三方面的相互作用与整合。职业锚是个人同工作环境互动作用的产物，在实际工作中是不断调整的。

了解职业锚的概念，要注意以下四个方面：

职业锚以员工习得的工作经验为基础。职业锚发生于早期职业阶段，新员工已经工作若干年，习得工作经验后，方能够选定自己稳定的长期贡献区。个人在面临各种各样的实际工作生活情境之前，不可能真切地了解自己的能力、动机和价值观以及在多大程度上适应可行的职业选择。因此，新员工的工作经验产生、演变和发展了职业锚。换句话说，职业锚在某种程度上由员工实际工作所决定，而不只是取决于潜在的才干和动机。

职业锚不是员工根据各种测试测出来的能力、才干或者工作动机、价值观，而是在工作实践中，依据自省和已被证明的才干、动机、需要和价值观，现实地选择和准确地进行职业定位。

职业锚是员工自我发展过程中的动机、需要、价值观、能力相互作用和逐步整合的结果。

员工个人及其职业不是固定不变的。职业锚，是个人稳定的职业贡献区和成长区。但是，这并不是意味着个人将停止变化和发展。员工以职业锚为其稳定源，可以获得该职业工作的进一步发展，以及个人生物社会生命周期和家庭生命周期的成长、变化。此外，职业锚本身也可能变化，员工在职业生涯的中、后期可能会根据变化了的情况，重新选定自己的职业锚。

（2）职业锚的发展及内容

最初，施恩根据研究把职业锚理论概括为五种类型：自主型、创业型、管理能力型、技术职能型、安全型职业锚。随着相关研究的深入，职业锚的类型又增加了三种：服务型、挑战型和生活型。

技术／职能型（Technical Functional Competence）：技术／职能型的人，追求在技术／职能领域的成长和技能的不断提高，以及应用这种技术／职能的机会。他们对自己的认可来自他们的专业水平，他们喜欢面对来自专业领域的挑战。他们一般不喜欢从事一般的管理工作，因为这将意味着他们放弃在技术／职能领域的成就。

管理能力型（General Managerial Competence）：管理型的人追求并致力于工作晋升，倾心于全面管理，独自负责一个部分，可以跨部门整合其他人的努力成果，他们想去承担整个部分的责任，并将公司的成功与否看成自己的工作。具体的技术／功能工作仅仅被看作是通向更高、更全面管理层的必经之路。

自主／独立型（Autonomy Independence）：自主／独立型的人希望随心所欲安排自己的工作方式、工作习惯和生活方式。追求能施展个人能力的工作环境，最大限度地摆脱组织的限制和制约。他们宁愿放弃提升或工作扩展机会，也不愿意放弃自由与独立。

安全／稳定型（Security Stability）：安全／稳定型的人追求工作中的安全与稳定感。他们可以预测将来的成功从而感到放松。他们关心财务安全，例如：退休金和退休计划。稳定感包括诚信、忠诚以及完成老板交代的工作。尽管有时他们可以达到一个高的职位，但他们并不关心具体的职位和具体的工作内容。

创业型（Entrepreneurial Creativity）：创业型的人希望使用自己的能力去创建属于自己的公司或创建完全属于自己的产品（或服务），而且愿意去冒风险，并克服面临的障碍。他们想向世界证明公司是他们靠自己的努力创建的。他们可能正在别人的公司工作，但同时他们在学习并评估将来的机会。一旦他们感觉时机到了，他们便会自己走出去创建自己的事业。

服务型（Service Dedication to a Cause）：服务型的人指那些一直追求他们认可的核心价值，例如：帮助他人，改善人们的安全，通过新的产品消除疾病。他们一直追寻这种机会，即使这意味着变换公司，他们也不会接受不允许他们实现这种价值的工作变换或工作提升。

挑战型（Pure Challenge）：挑战型的人喜欢解决看上去无法解决的问题，战胜强硬的对手，克服无法克服的困难障碍等。对他们而言，参加工作或职业的原因是工作允许他们去战胜各种不可能。新奇、变化和困难是他们的终极目标。如果事情非常容易，它马上变得非常令人厌烦。

生活型（Life Style）：生活型的人是喜欢允许他们平衡并结合个人的需要、家庭的需要和职业的需要的工作环境。他们希望将生活的各个主要方面整合为一个整体。正因为如此，他们需要一个能够提供足够的弹性让他们实现这一目标的职业环境。甚至可以牺牲他们职业的一些方面，如：提升带来的职业转换，他们将成功定义得比职业成功更广泛。他们认为自己在如何去生活，在哪里居住，以及如何处理家庭事情，及在组织中的发展道路是与众不同的。

个人在进行职业规划和定位时，可以运用职业锚思考自己具有的能力，确定自己的发展方向，审视自己的价值观是否与当前的工作相匹配。只有个人的定位和要从事的职业相匹配，才能在工作中发挥自己的长处，实现自己的价值。尝试各种具有挑战性的工作，在不同的专业和领域中进行工作轮换，对自己的资质、能力、偏好进行客观的评价，是使个人的职业锚具体化的有效途径。

对于组织而言，通过雇员在不同的工作岗位之间的轮换，了解雇员的职业兴趣爱好、技能和价值观，将他们放到最合适的职业轨道上去，可以实现组织和个人发展的双赢。

6.1.5 绩效评估与反馈

绩效评估（Performance Appraisal）是指对照工作目标或业绩标准，采用科学的方法，评定员工的工作目标完成情况、员工的工作职责履行程度和员工的发展情况等。绩效反馈（Performance Feedback）是管理者与其下属分享考核信息，使下属对自身业绩进行反思和改进，并和下属一起制定其未来发展计划的过程。

绩效评估能够为管理者提供一些重要信息，而这些信息将为加薪、奖金、晋升和职位调动等人力资源管理决策提供依据。绩效评估还可以帮助管理者确定组织需要在哪些项目对员工进行培训和发展。绩效反馈有助于强化员工的工作动机，提高他们的工作业绩。

1. 绩效评估的内容

由于绩效评估的对象、目的和范围复杂多样，因此绩效评估的内容也比较复杂。但基本方面而言，主要包括德、能、勤、绩四个方面的内容。

德。德是人的精神境界、道德品质和思想追求的综合体现。德决定一个人的行为方向——为什么而做；行为的强弱——做的努力程度；行为的方式——采取何种手段达到目的。德的标准不是抽象、一成不变的，不同时代、行业、层次对德有不同的标准。

能。能是指人的能力素质，即认识世界和改造世界的能力。当然，能力不是静态、孤立存在的。因此，对能力的评估应在素质考察的基础上，结合其在实际工作中的具体表现来判断。一般包括动手操作能力、认识能力、思维能力、表达能力、研究能力、组织指挥能力、协调能力、决策能力等。对不同的职位，在评估过程中应各有侧重，区别对待。

勤。勤是指一种工作态度，它主要体现在员工日常工作表现上，如工作的积极性、主动性、创造性、努力程度以及出勤率上。对勤的评估不仅要有对量的衡量，如出勤率，也要有质的评估，即是否以满腔的热情，积极、主动地投入工作。

绩。绩是指员工的工作业绩，包括完成工作的数量、质量、经济效益。在组织中岗位、责任不同的人，其工作业绩的评估重点也有侧重。对绩的考评是对员工绩效评估的核心。

2. 绩效评估的方法

绩效评估的方法随着人力资源管理的实践而不断发展，出现专业化的趋势，常用的绩效评估方法如下。

（1）关键事件法

关键事件法（Critical Incidents）要求管理者在事件发生时保留一份书面记录，包括说明被评估者令人满意和不满意的绩效。记录了一段时间以后，这些事件就会为绩效考评提供了一个基础并提供了员工的反馈。这种方法的主要缺点是要求管理者经常简略地记下事件，这是个繁重和耗时的工作，而且关键事件不易定义清楚，不同的管理者对其有不同的理解。当员工们认为管理者记了一本他们的“账”时，这会导致管理者和员工之间的摩擦。

（2）评分表法

评分表法（Graphic Rating Scales）是管理者根据设计的等级评估量表来对员工进行评价的方法。其具体做法是：先设计等级评估表，列出有关绩效因素，如工作量、工作知识、合作态度等，再把每个绩效因素分成若干等级并赋予一定的分数，说明每一级分数的具体含义。管理者根据评估表对员工每个考核项目进行打分或评级，最后加总得出总的评估结果。该方法提供了量化数据，比较节省时间，但存在潜在的缺点：一个是管理者由于背景、经历和个性的不同，对绩效因素的等级描述的理解不同；另一缺点是管理者有可能会选择和工作绩效几乎没有关系的因素或者忽略对工作绩效有重要影响的因素。

（3）行为定位评分法

行为定位评分法（Behaviorally Anchored Rating Scales， BARS）综合了关键事件法和评分表法的主要要素，考评者按某一序数值尺度对各项指标打分。其侧重于具体可衡量的工作行为。它将职务的关键要素分解为若干绩效因素，然后为每一绩效因素确定有效果或无效果行为的一些具体示例。其结果可以形成诸如“预测”“计划”“实施”“解决眼前问题”“贯彻执行命令”以及“处理紧急情况”等的行为描述。虽然使用BARS非常费时费力，需要针对不同的工作开发各种不同的量表，但经过BARS考评后，员工可以有针对性地改善自己的工作绩效，而且，BARS的考评内容和标准是工作执行人员和管理者共同开发的，增加了员工对它的接受程度。图6-3是对专业连锁商店经理就“库存控制”这一维度的等级评价，其他的评价维度还包括“处理顾客投诉”“计划特别的促销”“遵守公司的程序”“监督销售人员”“诊断和解决特殊问题”。

职位：专业商店经理
维度：库存控制

评分行为定位

7 总是在正确的时间订购合适的数量
6 总是在正确的时间订购，但偶尔对某一产品可能多订或少订
5 通常在正确的时间订货，几乎总能做到准确订货
4 通常能够在正确的时间订购正确的数量
3 偶尔在正确的时间订购，但通常数量不准确
2 偶尔能够订购正确的数量，但通常时间不准确
1 总是不能在正确的时间订购正确的数量

图 6-3 行为定位评分法示例

（4）目标管理法

目标管理法（Management By Objective，MBO）不仅是一种有用的引导组织的目标设立过程的方法，也能用于绩效考评过程。把 MBO 计划和考评过程联系起来的价值在于：只要员工们认为目标是可以实现的，而且他们通过努力能获得成功，他们就倾向于支持目标。典型的 MBO 过程包括以下要点：明确和清楚地界定有关员工工作的目标；设计一个说明如何实现这些目标的行动计划；使员工能执行这项行动计划；基于目标实现的绩效考评；必要时采取改正行动；确定未来新的目标。

如果要用 MBO 过程中设立的目标评估一个员工，必须满足几个要求：首先，目标应该是可以计量和可测量的；其次，应该尽可能地避免使用不能测量或不能核实的目标；最后，目标应该是具有挑战性、可以实现，而且它们应该可以用清楚而简练、无歧义的书面语言表达。

（5）360 度绩效考核法

360 度绩效考核法，又称 360 度绩效反馈（360° Feedback）、全方位考核法，最早由被誉为“美国力量象征”的典范企业英特尔首先提出并加以实施。360 度绩效考核是指由员工自己、上司、直接部属、同仁同事甚至顾客等全方位的各个角度来了解个人的绩效，如沟通技巧、人际关系、领导能力、行政能力等，通过这种理想的绩效评估，被评估者不仅可以从自己、上司、部属、同事甚至顾客处获得多种角度的反馈，也可从这些不同的反馈清楚地知道自己的不足、长处与发展需求，使以后的职业发展更为顺畅。

360 度绩效考核法优点明显，它打破了由上级考核下属的传统考核制度，可以避免传统考核中考核者极容易发生的“光环效应”“居中趋势”“偏紧或偏松”“个人偏见”和“考核盲点”等现象，可以反映出不同考核者对于同一被考核者不同的看法，防止被考核者急功近利的行为（如仅仅致力于与薪金密切相关的业绩指标），较为全面的反馈信息有助

于被考核者多方面能力的提升。360度绩效考核法实际上是员工参与管理的方式，在一定程度上增加他们的自主性和对工作的控制，员工的积极性会更高，对组织会更忠诚，提高了员工的工作满意度。

360度绩效考核法的不足在于：考核成本高。当一个人要对多个同伴进行考核时，时间耗费多，由多人来共同考核所导致的成本上升可能会超过考核所带来的价值；成为某些员工发泄私愤的途径。某些员工不正视上司及同事的批评与建议，将工作上的问题上升为个人情绪，利用考核机会“公报私仇”；考核培训工作难度大。组织要对所有的员工进行考核制度的培训，因为所有的员工既是考核者又是被考核者。

3. 绩效反馈

绩效反馈，就是将绩效评价的结果反馈给被评估对象，并对被评估对象的行为产生影响。绩效反馈是绩效评估工作的最后一环，也是最关键的一环，能否达到绩效评估的预期目的，取决于绩效反馈的实施效果。

（1）绩效反馈的内容

绩效反馈的内容主要有四点。

通报员工当期绩效考核结果。通过对员工绩效结果的通报，使员工明确其绩效表现在整个组织中的大致位置，激发其改进现在绩效水平的意愿。在沟通这项内容时，主管要关注员工的长处，耐心倾听员工的声音，并在制定员工下一期绩效指标时进行调整。

分析员工绩效差距与确定改进措施。绩效管理的目的是通过提高每一名员工的绩效水平来促进企业整体绩效水平的提高。因此，每一名主管都负有协助员工提高其绩效水平的职责。改进措施的可操作性与指导性来源于对绩效差距分析的准确性。所以，每一位主管在对员工进行过程指导时要记录员工的关键行为，按类别整理，分成高绩效行为记录与低绩效行为记录。通过表扬与激励，维持与强化员工的高绩效行为。还要通过对低绩效行为的归纳与总结，准确地界定员工绩效差距。在绩效反馈时反馈给员工，以期得到改进与提高。

沟通协商下一个绩效考评周期的工作任务与目标。绩效反馈既是上一个绩效考评周期的结束，同时也是下一个绩效考评周期的开始。在考核的期初明确绩效指标是绩效管理的基本思想之一，需要各主管与员工共同制定。各主管不参与会导致绩效指标的方向性偏差，员工不参与会导致绩效目标的不明确。另外，在确定绩效指标的时候一定要紧紧围绕关键指标内容，同时考虑员工所处的内外部环境变化，而不是僵化地将季度目标设置为年度目标的四分之一，也不是简单地在上一期目标的基础上累加几个百分比。

确定与任务与目标相匹配的资源配置绩效反馈不是简单地总结过去的上一个绩效周期员工的表现，更重要的是要着眼于未来的绩效周期。在明确绩效任务的同时确定相应的资源配置，这样可以使员工得到完成任务所需要的资源，同时管理者可以积累资源消耗的历史数据，分析资源消耗背后可控成本的节约途径，还可以综合有限的资源情况，使有限的资源发挥最大的效用。

（2）绩效反馈的原则

将绩效评估的结果反馈给员工对管理人员和下属都不是一件轻松的事情。员工们想要知道他们做得如何，但通常又为反馈的信息感到不安。如果说向别人发出负面反馈信息是令人痛苦的，那么得到这种信息的人更痛苦，即使如此，反馈这一过程是必不可少的。有效的管理者应当以一种能够诱发积极行为反应的方式向员工提供明确的绩效反馈。下面的原则将有助于增强绩效反馈的效果。

反馈应当是经常性的，而不是一年一次；为绩效讨论提供一种好的环境；在评价面谈之前让员工本人先对绩效进行自我评价；通过赞扬肯定员工的有效绩效；把重点放在解决问题上；尽量避免使用批评；制定具体的绩效改善目标，然后确定检查改进的进度安排。

（3）绩效改进辅导

每个员工都有需要改进的地方，但又都有优点。主管首先要挖掘出下属的优点。此外，业绩辅导重在绩效，而非人格，唯有这些品格与绩效有关时才值得一提。因此，主管在制定员工改进辅导计划时应注意：首先做好一名导师，率先垂范，身体力行，这样才能赢得部属的尊重。其次，要帮助制定培训规划，与下属员工一起做好全面的培训规划与设计，并做好培训效果的评估，保证培训达到预期效果。再次，要做好职业辅导，帮助下属员工进行职业生涯规划，把员工自身发展的需求变为不断提高绩效的动力。最后与下属员工一起合力确定选取改进项目和制定改进计划。

6.1.6 薪酬

当一个组织聘请了员工，员工付出了劳动之后，他就应该得到回报。然而，他如何获得以及组织怎样去给他这样的回报呢？这就是薪酬管理的问题。

1. 薪酬的内涵及构成

员工为组织付出劳动，组织对员工的劳动做出回报。这种回报在不同时期，不同场合被冠于不同称号，较为常见的有工资（Wages 或 Salary）、报酬（Rewards 或 Pay）和薪酬（Compensation）。

汉普顿（Hampton，1977）认为若实施某种行为之后，员工若能得到快乐的体验，那这种行为就可能再发生，使那种行为持续下去的力量统称为报酬（Rewards）。米勒（Miller，1979）认为若员工觉察的报酬正是他们所渴求的，而且报酬是在工作表现之后才会给予，工作表现越好，报酬越多，于是良好的工作绩效所得到的加薪、升迁，都应该算作组织对员工工作的报酬。罗宾斯（Robbins，1997）把报酬分为了内部报酬（Intrinsic Rewards）和外部报酬（Extrinsic Rewards）。前者是员工从自身得到的报酬，这多半是员工对自己的工作比较满意的结果，如参与决策、更大的工作自由和权限、更多的责任等带来的满意。后者包括直接报酬、间接报酬和非金钱性报酬。报酬的类型如图6-4所示。

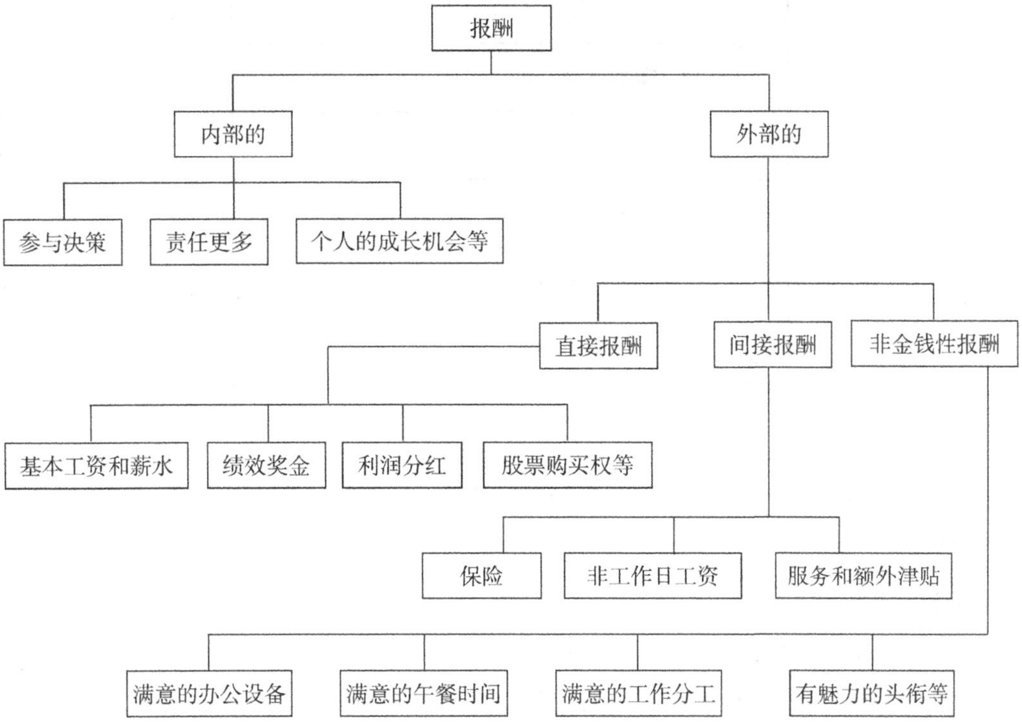

图6-4 报酬的类型

资料来源：斯蒂芬·P.罗宾斯.组织行为学[M].北京：中国人民大学出版社，1997。

美国薪酬管理专家约瑟夫·J.马尔托奇奥（Joseph J. Martocchio）认为“薪酬是指雇员因完成工作而得到的内在和外在的奖励”。他也把薪酬分为内在薪酬（Intrinsic Compensation）和外在薪酬（Extrinsic Compensation），并用工作特征理论解释了内在薪酬。内在薪酬是雇员由于完成工作而形成的心理思维形式。工作特征理论（Job Characteristic Theory）描述了这些主要的心理状态。根据工作特征原理，当雇员工作的以下五个方面——技术多样性、工作特性、工作意义、自主权和反馈的程度都很高时，雇员的心理状态（也就是说内部报酬）就会得到改善。缺乏这些核心特征的工作提供的内在薪酬很少。组织发展专业人员通过有效的工作设计来提高内在薪酬。外在薪酬包括货币薪酬和非货币薪酬。薪酬专业人员根据雇员工作表现的好坏程度，或对与工作相关的知识和技术的掌握来制定货币薪酬方案。有六种货币薪酬，或称为核心薪酬（Core Compensation）（见表6-2）。

表 6-2 核心薪酬因素

基本工资
·小时工资
·年薪
如何调整基本工资
·生活费用调整
·资历工资
·业绩工资
·激励工资
·知识工资或技术工资

资料来源：约瑟夫·J. 马尔托奇奥. 战略薪酬：人力资源管理方法［M］. 北京：社会科学文献出版社，2002。

非货币薪酬包括保障计划、带薪的非工作时间和服务。大多数薪酬专业人员把非货币薪酬称为员工福利（Employee Benefits）或边缘薪酬（Fringe Compensation）。

由此可以看出，薪酬是一个宽泛的概念，它既包括和工作有关的内在报酬，也包括外在的货币收入和福利。

2. 薪酬的功能

薪酬一方面是组织的一种投资行为及成本的支出，另一方面也是组织提供给员工的一种回报与奖励，它是组织与员工之间的一种公平交换，它保证了组织与员工双方生存与发展的需要，同时通过这一交换活动，使得社会的总体效益也有所增加，所以薪酬的功能可以从组织、员工和社会这三个层面上来讲。

从组织层面上讲：①获得投资回报、控制经营成本。对组织而言，员工对组织做了贡献，组织就应该为此而支出薪酬，如此循环往复，组织才能正常运转，从这个角度讲薪酬是一种人力资本的投资，组织因此而取得的回报则是员工努力的、有绩效的工作，为组织创造更多的财富与价值。在组织获得回报的同时，组织还可以通过薪酬控制经营成本。对于组织来说薪酬成本的可控程度和可操作性都相当高，所以组织可以通过合理的控制薪酬成本，来降低总成本。②帮助组织吸引、保留、激励员工。首先在组织的不同发展阶段，往往会需要新员工的加入，组织可以通过具有市场竞争力的薪酬水平去吸引优秀的或具备特定素质、技能的人才加入组织，为组织服务。其次，组织在日常的薪酬管理活动中，可以通过合理的、公平的薪酬来留住人才，使优秀人才贡献自己的知识与技能，为组织创造价值。与此同时，由于薪酬是对员工工作绩效的一种评价，是一项影响员工工作态度、方式的重要因素，组织的薪酬决策和薪酬制度以及员工得到薪酬的方式将对员工产生影响，因此薪酬具有激励功能。③塑造组织文化、支持组织变革。薪酬可以对组织文化起到强化作用，可以帮助组织塑造优秀组织文化。由于薪酬对员工的工作行为、工作态度以及工作绩效都有很强的引导作用。许多组织的文化变革往往都伴随着薪酬管理的变革，甚至以薪酬的变革为先导，这也从一个侧面反映了薪酬对组织文化的重要影响。薪酬作为一种强有力的激励手段，可以培养员工的忠诚度和对组织的感情，帮助员工接受和认可变革，从而创造出与组织变革相适应的内部和外部氛围，有效地支持和推动组织的变革。

从员工层面上讲：①补偿、保障功能。员工为组织工作，付出了劳动，员工只有在得到了补偿，取得了薪酬之后，才能满足员工的各种消费需求，保障其衣、食、住、行、自我发展、学习、养育子女等各种需要，从而实现劳动力的生产和再生产。②激励功能。薪酬一方面是对员工过去工作的肯定和补偿，同时也是对员工未来工作将得到回报的预期，所以薪酬可以激励员工在现在和将来努力工作。薪酬激励是多方面的，既包括物质激励，也包括精神激励等多个层次。薪酬不但是一种有形的供求契约，而且是个人和组织之间的一种心理契约。这种契约通过员工对薪酬状况的感知而影响员工的行为、工作态度以及绩效，从而对员工产生激励作用。③标识功能。目前，随着人才流动的频繁，薪酬已成为人们对职业、工种及个人的一种评价，它取代了学历、资历、年龄、身份等成为人才流动中的一种明显的标识，人们可以据此来标识特定人群的职业、消费、生活质量等多个层面。

从社会层面上讲：①资源优化配置。薪酬对社会具有人力资源的优化配置功能。薪酬作为一种价格信号，调节着人力资源的供求和流向。当某一行业、某一地区、某一层次的人才供不应求时，薪酬就会上升，就会促使人才从其他行业、地区及层次向紧缺的地方流动，反之亦然，通过这种流动就可以达到一种平衡，从而实现人力资源的优化配置。②维持社会稳定、促进和谐发展。薪酬不但对组织和员工有着重大意义，它对于整个社会也具有独特的作用。公平、合理的薪酬水平可以满足人们的生存需求和日益增加的物质文化的需要，从而保障社会的安定团结、稳定协调发展，反之如果薪酬水平连基本的补偿、保障功能都不能实现的话，则会引起老百姓不满和社会动荡，进而影响整个社会的和谐发展。

6.2 热点研究

6.2.1 企业 ESG 治理

在全球范围内，环境、社会及治理（ESG）日益成为企业经营的重要组成部分，同时也为全球的投资潮流指引了方向。在中国，ESG 理念高速发展，越来越多的企业和投资者认识到只有在经营中积极关注 ESG 议题，才能行稳致远。ESG 不仅是一种商业理念，更是一种可持续发展的使命，是我们对子孙后代的承诺。

1. ESG 的含义

ESG 是 Environment（环境）、Social（社会）和 Governance（治理）的缩写，是一种可持续发展的企业评价标准，该标准关注企业的环境、社会和治理绩效，而并非企业的财务绩效。

2. ESG 评价标准

ESG 主要从三个方向对企业进行评价。

环境方面，主要关注企业对环境的影响，包括企业在生产过程中如何管理和控制污染物排放以及自身生产经营所产生的温室气体排放，对废物的处理方式造成气候变化影响等，这些污染具体包括自身生产经营产生的直接污染和带动上下游产生的间接污染。

社会方面，主要关注企业对社会造成的各种影响，包括员工管理、福利薪酬、员工安全、与上下游供应商及服务商的关系、产品安全性以及企业对所在社区产生的影响等。

治理方面，主要考虑公司组织架构、股东和管理层利益关系、是否存在腐败和财务欺诈、信息披露的透明度及商业道德等。

3. ESG 的全球应用

在当前复杂的国际形势和世界经济形势下，全球投资者重新审视企业的增长模式，更加重视企业的可持续发展，从而利用 ESG 衡量企业社会责任和可持续发展能力，并基于 ESG 理念进行可持续发展投资。根据全球可持续投资联盟的数据，截至 2022 年，ESG 投资在欧洲等发达地区的管理资产总额占比已经超过 1/3。截至 2023 年 6 月，签署加入联合国负责任投资原则组织（UN PRI）的中国内地机构已达 140 家，中国成为过去 3 年签署数量增长最快的国家之一。

4. ESG 在中国的发展现状与趋势

相比于国际市场，中国的 ESG 披露、ESG 评级和 ESG 投资还处在发展阶段。《中华人民共和国国民经济和社会发展第十四个五年规划和 2035 年远景目标纲要》提出，经济社会发展要“以推动高质量发展为主题”“贯彻新发展理念”“推动经济社会发展全面绿色转型”。这给 ESG 理念在中国的落地实践提供了宝贵的历史机遇。构建具有中国特色的 ESG 生态体系，完善 ESG 体系各项制度安排，对于推动中国经济的新质生产力发展、促进共同富裕具有重要意义。

（1）我国 ESG 信息披露的发展现状

目前我国 ESG 信息披露要求不断完善，日趋严格：一方面，强制信息披露的范围逐渐扩大，目前国内部分板块已强制要求披露 ESG 信息；另一方面，信息披露的标准也在逐渐统一。目前国内 ESG 披露标准较多，国务院国资委、深交所和上交所等机构都发布了与 ESG、可持续发展报告信息披露相关的指引。预计国内将借鉴国际 ESG 信息披露标准的优点，结合国内实践情况，统一国内信息披露标准。

（2）我国 ESG 评价标准的发展现状

ESG 评级作为衡量企业 ESG 绩效的重要方法，能够为 ESG 相关投资提供重要的数据依据，同时为企业实践提供衡量标准。随着我国 ESG 投资的快速发展，ESG 评级标准呈现“百花齐放”的态势，例如国内的华证 ESG 评级与和讯 ESG 评级标准都具有较大影响力。

（3）我国 ESG 投资的发展现状

基于有效的信息披露与评价标准，我国的 ESG 投资也在快速发展，近年来，ESG 投资理念在中国进一步深化，风电、光伏、储能、新能源车以及生物降解塑料等领域及其产业链都是 ESG 投资的关注重点。

5. 企业的 ESG 发展措施

（1）企业要做好 ESG 治理的顶层设计

企业应建立由决策层、管理层、执行层构成的 ESG 组织体系。决策层面，董事会对 ESG 工作负责，要确立董事会 ESG 治理工作机制；管理层面，应明确 ESG 工作责任部门、岗位和职责，制定与业务匹配的 ESG 工作目标和绩效指标；各相关部门和业务单位作为执行层面，具体落实 ESG 指标，形成完整的组织和工作架构。

（2）企业要构建符合自身特点的 ESG 指标体系

企业应基于业务战略，构建适合行业和企业业务特点的、具有可量化标准的 ESG 关键指标体系。ESG 关键要素和核心指标体系应分层、分级、分类，为要素评价和风险管控提供可量化的工具。

（3）企业要建立 ESG 治理的闭环管理

企业不仅应将 ESG 理念融入业务战略、业务规划、投资决策、运营管理等流程，还需将ESG纳入考核、评价体系，与绩效挂钩，形成闭环管理，以实现企业ESG治理的长期价值。

（4）企业要支持本土ESG评级体系建设

ESG评级结果是国内外投资机构衡量企业ESG绩效的重要参考依据，影响企业的融资成本、品牌塑造。企业应该支持ESG评级体系建设，并围绕ESG绩效体系进行企业可持续发展。

（5）企业要加强ESG信息的沟通和传播

在监管机制日趋严格的要求下，企业要更加重视ESG信息披露工作，主动发布ESG报告，稳步提升报告质量，塑造企业可持续发展的品牌形象；同时，企业要及时研究和了解ESG的政策制定、规则修订、评价等最新动态，结合最新政策调整企业ESG治理工作，保证企业的可持续发展。

6.2.2 知识型员工的管理

真正才华横溢的有用之才，往往又是充满个性而难于驾驭的。达尔·尼夫在《知识经济》导言中写道："在新的以知识为基础的经济中，企业已不能通过用低技能、低工资的雇员不断重复生产商品来保证增长。今天，企业的发展依靠创新，创新依靠知识……最能利用其知识优势的组织将会增大其产品在整个产出中的份额。"

1. 知识型员工的界定

"知识型员工"这一概念是由彼得·德鲁克于1959年在其著作《明天的里程碑》中最早提出，他将知识型员工的内涵界定为"那些掌握和运用符号和概念，利用知识或信息工作的人"，当时他指的是经理或执行经理。加拿大著名学者弗朗西斯·赫瑞比于2000年在她的著作《管理知识员工》中指出："简而言之，知识型员工就是那些创造财富时用脑多于用手的人们。他们通过自己的创意、分析、判断、综合、设计给产品带来附加值。"现在，被大家普遍接受的知识型员工的定义是：本身具备较强的学习知识和创新知识的能力，并能充分利用现代科学技术知识提高工作效率的脑力劳动者。

2. 知识型员工的特点

（1）独立性

一般来说，知识型员工更倾向于独立自主，这种特性表现在工作场所、工作时间方面的灵活性以及组织气氛的宽松性。与流水线上的操作工人被动地适应机器设备的运转相反，知识型员工不仅不愿意受制于物，甚至无法忍受上司的遥控指挥，而更强调工作中的自我引导。

（2）创新性

知识型员工从事的不是简单的重复性工作，而是在易变和不完全确定的系统中充分发挥个人的资质和灵感，创新是知识型员工最重要的特征。库珀曾解释说，知识型员工之所以重要，并不是因为他们已经掌握了某些秘密知识，而是因为他们具有不断创新有用知识的能力。

（3）追求成就感

与一般员工相比，知识型员工更在意实现自身价值、热衷于具有挑战性的工作并强烈期望得到社会的承认与尊重，他们把攻克难关看作一种乐趣、一种体现自我价值的方式。

（4）劳动过程很难监控

知识型员工的工作主要是思维性活动，依靠大脑而非肌肉，劳动过程往往是无形的，而且可能发生在每时每刻和任何场所。因此，很难对知识型员工的劳动过程进行监控。

（5）流动性强

知识经济对传统的雇佣关系提出了新的挑战，企业之间的竞争更加突出表现在知识型员工的竞争，这一大环境为知识型员工的流动提供了宏观需求。另一方面随着全球化不断深入，国界日益模糊，这为知识型员工的流动提供了可能，与其长期保持雇佣关系的可能性不断降低。

3. 知识型员工的管理策略

（1）提供一种自主的工作环境

为了鼓励知识型员工进行创新活动，企业应该建立一种宽松的工作环境，使他们能够在既定的组织目标和自我考核的体系框架下，自主地完成任务。企业一方面要根据任务要求，进行充分的授权，允许员工制定他们自己认为是最好的工作方法，而不应进行详尽监督和指导甚至强制规定处理的方法；另一方面为其提供其创新活动所需的资源，包括资金、物质上的支持，也包括对人力资源的调用。

（2）实行弹性工作制

知识型员工更多地从事思维性工作，固定的工作场所和工作时间对他们没有多大的意义，而知识型员工也更喜欢独自工作的自由和刺激以及更具张力的工作安排。因此，组织中的工作设计应体现员工的个人意愿和特性，避免僵硬的工作规则。灵活的工作方式使员工能更有效地安排工作与闲暇，从而可以达到时间的合理配置，这显然切合知识员工的实际需要。

（3）实行分散式管理而不是等级制的管理

对知识型员工应该建立一种善于倾听而不是充满说教的态度、使信息能够真正有效地得到多渠道沟通的管理制度，使员工能够积极地参与决策，而非被动地接受指令。在知识经济时代，分散化管理已经成为一种必要。在组织中拥有较高职位的管理人员并不一定拥有更多的信息，电脑网络的存在使我们进入了一个平行的世界，知识型员工也由于自己的专长而自负，对权威的顶礼膜拜已经成为历史。谋求决策的科学性，更重要的是求得知识型员工对决策的理解，定期与知识型员工进行事业的评价与探讨，吸收他们的意见和建议，应是知识经济时代管理的一种趋势。

（4）重视知识型员工的个体成长和职业生涯的发展

知识型员工更注重个体的成长而非组织目标的需要。首先应该注重对员工的人力资本投入，健全人才培养机制，为知识型员工提供受教育和不断提高自身技能的学习机会，从而使其具备一种终身就业的能力。其次要为员工提供一份与其贡献相称的报酬，使其分享到自己所创造的财富，而且要充分了解员工的个人需求和职业发展意愿，为其提供符合其要求的上升道路。也只有当员工能够清楚地看到自己在组织中的发展前途时，他才有动力为企业尽心尽力地贡献自己的力量，与组织结成长期合作、荣辱与共的伙伴关系。

6.3 技能构建

6.3.1 供讨论和实践的主题

1）讨论人力资源管理体系和组织战略及目标相互保持一致的重要性。

2）通过参访当地一家组织的管理者，了解该组织如何招聘与甄选雇员。

3）讨论为什么当今所有组织注重人员培训与开发。

4）描述中层管理者最需要哪些方面的开发。

5）评价360度绩效考核法的优缺点，请问你是否希望你的绩效通过此种方法考核？为什么？

6）在同一街道的两家餐厅支付员工不同的薪酬水平，讨论此种情况为什么存在。

7）请讨论下面小故事中所折射出的薪酬功能。

一个修女站在一群孩子面前，手里举着一枚闪闪发光的金币，对孩子们说：“谁能说出世界上已故的最伟大的人，我就把这枚金币给他。”

“是牛顿吗？”一个胖胖的英国小女孩问。“不。”修女回答说，“牛顿是一位杰出的科学家，但他还算不上是最伟大的人。”

“我知道，是秦始皇！”一个平头的中国小男孩跳起来举着手说。修女回答道：“不是，秦始皇是中国第一个皇帝，但他也不是世界上最伟大的人。”

其他几个小孩子也说出不同的答案，但修女都认为不正确。最后一个美国小孩子迈克举起手说：“我知道他是谁，他就是耶稣基督。”

“说得对。”修女答道，并把那个金币给了他。同时那个修女对那个美国小孩子的回答有些惊讶，心想：这么一个小孩子他怎么就知道呀！到课间休息时，她找到那个小男孩，问他：“迈克，你真的相信耶稣基督是最伟大的人吗？”

“当然不是。”迈克回答道，“我父亲说，富兰克林是世界上最伟大的人。但我想要那枚金币。你是修女呀，所以我想你会认为耶稣基督是最伟大的人。”

6.3.2 管理技能培养

管理技能培养一

请思考你目前的工作或你过去从事过的工作，若你从未有过工作经历，请采访有工作的朋友或家人，然后回答下列问题：

1）该工作岗位的人员招聘与甄选当时是怎样进行的？所用的招聘与甄选方法是否有效？为什么？

2）从事该项工作的人员参加过何种培训与开发？是否合适？为什么？

3）该工作的绩效评估是如何进行的？绩效反馈是否有利于激励员工和提高业绩？

4）该工作的薪酬待遇如何？薪酬水平如何？为什么？

管理技能培养二

假如你是管理咨询师，请根据下面的材料给出你的建议。

Walter Michaels 是一家从事门窗制造的中型规模公司的人力资源主管，他最近在公司引进针对包括他自己在内的中高层管理者（领导高层除外）的 360 度绩效考评系统。但对此的反馈令他很烦恼。

近段时期，Walter Michaels 对公司的绩效考评系统进行了大的革新。中高层管理者的绩效考评采用 360 度绩效考评技术，他们的下属基于 20 个问题的 BARS（侧重于行为）考评技术对其上级进行考评。公司的绩效考核结果是和员工的报酬增长和奖金发放直接挂钩。Walter Michaels 对新的绩效考评体系的有效性深信不疑，他希望得到下属的认可反馈。但实际结果并非如此，Walter Michaels 吃惊地了解到无论是管理者还是属下员工都认为 BARS 评分是不公平的、不实际的、浪费时间的。事实上，管理者向 Walter Michaels 反映他们的绩效考评正在受到不利的影响，因为他们的下属对新的考评体系充满敌意，因此片面地指责他们的主管。一些管理者甚至承认给予下属一样的评分，这样他们的报酬增长和奖金发放就不会受到影响。

面对如此糟糕的反馈，Walter Michaels 简直不能相信自己的眼睛。他认为对一般员工的 BARS 考评体系是如此理想，对此他投入了大量的精力。显然，由于未知的原因，他们对此排斥，不给新的考评体系任何机会。更糟糕的是，Walter Michaels 的上司也清楚了这些抱怨和不满，要求他第一时间解决此事（暗示 Walter Michaels 对此事负责），Walter Michaels 急需帮助，求助于你，人力资源管理咨询师。Walter Michaels 应该怎么做？请给出你的建议。

6.3.3 小组练习

小组练习一

建立人力资源管理系统

老师把全班同学分组，每组成员 4~5 人，每个小组根据以下情景进行讨论，然后根据老师安排，每个小组选派一位代表面向全班发言。

管理情景：假设你和你的三四名同伴是工程师，并且大学时选修过工商管理课程，现在准备创办一家咨询公司，提供制造工程及其他方面的工程服务。你们预测越来越多的组织将此类业务外包，几家大企业的管理者也对你们的业务表现出极大兴趣。你们的创业基金也已准备充足。现在要建立人力资源管理系统。你们制定的人力资源计划显示你们需要招聘 5 到 8 名经验丰富、善于沟通的工程师，2 名行政 / 秘书人员，2 名 MBA 人员（具备财会、人事管理技能），你们希望通过建立一个完善的人力资源管理系统促进业务的发展。

1）按职位分别描述你们的招聘与甄选步骤。

2）你们将对以上工作岗位的人员进行哪些培训与开发？

3）描述你们将对员工的绩效进行怎样的考核与反馈。

4）描述你们咨询公司的工资水平和结构。

小组练习二

规划你的职业生涯

简单地讲，职业规划就是达到人职匹配，复杂来说，它是对自己职业生涯的合理决策。图 6-5 显示职业规划决策过程要分析的八大因素。

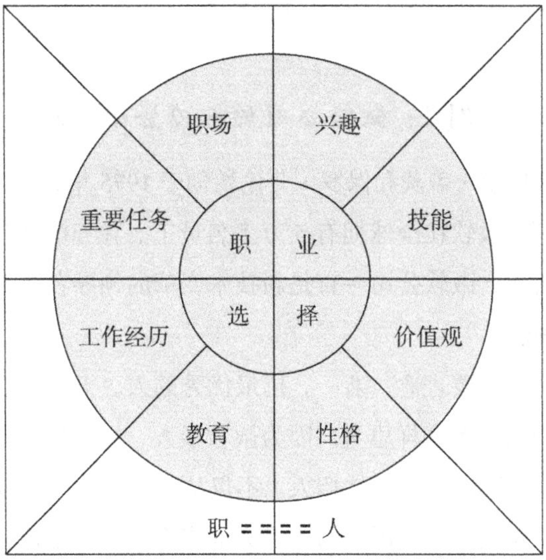

图 6-5　职业规划决策过程需要分析的八大因素

老师把全班同学分组，每组成员 5~8 人，然后让小组对小组某位成员的职业兴趣、个人技能、价值观、性格、教育背景、工作（实习）经历、重要人物及职场现状进行分析，对该小组成员的职业发展进行规划。然后每个小组选一位代表发言，最后，老师进行指导总结。老师可以给出关于职业兴趣、性格的心理测量工具或相关网站。

6.3.4 专项作业

1）什么是人力资源计划？

2）什么是工作分析、工作说明书和工作规范？工作分析在人力资源管理工作中起什么作用？

3）什么是招聘？阐述招聘的途径。

4）什么是甄选？阐述人员甄选的方法。

5）常用的培训方法有哪些？请分别阐述。

6）管理开发的方法有哪些？

7）阐述绩效评估的内容。

8）列举绩效评估的方法。

9）绩效反馈应遵循哪些原则？

10）职业发展的理论有哪些？

11）薪酬的内涵是什么？它具有哪些功能？

6.3.5 案例分析

案例1：微软公司的人力资源管理

微软公司由美国人比尔·盖茨和保罗·艾伦始创于1975年，正式组建于1981年6月，总部位于美国的雷德蒙。微软在全球拥有5万多名员工，在60个国家和地区设有分公司。作为全球最大的软件公司，微软公司一直是新技术变革的领导者。

微软公司的招聘理念

在微软，招聘有四个主要理念：第一，招最优秀的人。很多人会谈到，某某人对某岗位是正好合适的人，微软并不这样思考。因为微软很大，只要你是人才，微软一定会想办法帮你找到合适的位置；第二，为微软招人。不仅从某个岗位的角度，而且从整体上看应聘者对微软是否合适，从文化、发展潜力等多方面来看他是不是适合微软，这样可以保证人才进来之后，有很大的灵活性；第三和第四则分别是看重潜力和多元化。

微软中国有限公司人力资源部经理谈到，微软的面试通常五至六轮。对于亚太区全球技术支持中心来说，一般的环节里面会有笔试，里面包含的内容有逻辑，跟专业相关的和其他的测试。由于CSS（微软全球技术支持中心）是对全球的客户提供技术支持服务，所以第二轮是用英文面试，而且请外籍的专业人士把关。之后会请一些技术专家来测试技术方面的能力、经验。再之后就是业务经理面试，重点放在软技能，比如文化、团队协作等方面的能力。最终通常还会有一个比较高层的人从整体上考察人员素质和思维能力。

员工发展：灵活而有章可循

对于招进来的人，微软的培训有两块：一个是技术培训，二是软技能培训——管理能力、沟通能力、演讲的能力、跨文化的能力等。此外，公司还有导师制度——让经验丰富的员工帮助辅导新人。

微软在人才的培养和发展上一直秉承70%、20%、10%的原则：70%是在工作中学习，20%是向他人学习，10%是课堂培训。

另外，微软很鼓励员工内部流动。微软公司的员工职业发展模型，使所有的员工可以在网上查到和自己现在所做的职位相关的所有的信息，包括对能力、结果和经验方面的要求。微软所有职位都可以点进去。如果一个现在做技术支持的人，想做财务，就可以去查财务的职位，了解需要掌握哪些技能、积累哪些经验，需要参加什么样的培训。这些信息对所有的员工都是公开的，能帮助员工针对自己下一步的职业方向制定系统的行动方案。

每年3月份，微软所有员工都会做MYCD（Mid-Year Career Discussion，年中职业讨论）。在这个时间段，员工会和经理讨论自己的职业发展，并得到经理的指导和资源上的支持，如让员工参加跟下一个工作相关的一些项目、培训，帮他找一个相关领域的导师等。

因此，在微软很多人经历跨度很大的职业变化。如在CSS里有一个员工，他加入微软时是技术支持工程师，现在是财务总监；也有从HR转做业务经理的。

在微软，员工可以根据自己的能力和职业兴趣选择技术或管理两条职业发展轨迹。针对那些一时不能确定自己适合走管理路的员工，微软还专门有一个项目帮助员工了解管理岗位的职责和能力要求增进自我了解，明确自己的职业取向。即便那些走上管理岗位的员工，如觉得不适合，再回到技术岗位，也没有什么问题。

业绩衡量和薪酬制度

微软公司对员工的业绩考核采取经理和员工双方沟通的形式。在每财政年度工作伊始，经理会和员工总结上年度的工作得失，指出改进的地方，然后订出新一年的目标。目标以报表形式列出员工的工作职能和工作目的，经双方共同讨论后确定下来，大概过半年时间，经理会拿出这张表来和员工的实际工作对照，做一次年中评价。年底时，经理还会和员工共同进行衡量，最后得出这个员工的工作表现等级，依此来决定员工的年度奖金和配股数量。这种办法的好处在于能使公司的发展目标和员工的业务目标结合在一起，也使员工有了努力的方向。另一方面，员工也可以提出，要实现目标希望公司给予什么样的发展和培训机会。这样，这种形式就不是一个简单的目标制订，而是双向沟通，更好地体现公司尊重员工、发展员工主动性的一面。

微软公司为了更深入地考核员工，一般付给他们相对较低的工资。但是，公司有年度奖金和给员工配股。一个员工工作18个月后，就可以获得认股权中25%的股票，此后每6个月可以获得其中12.5%的股票，10年内的任何时间可以兑现全部认购权。每2年还配发新的认购权。员工还可以用不超过10%的工资以8.5折优惠价格购买公司股票。这种薪酬制度，对员工有长久的吸引力。在微软工作5年以上的员工，很少有离开的。很多人知道，比尔·盖茨是世界首富，这并不是在于他的工资，而是在于他拥有公司25%的股票。当微软公司的股票价格持续上涨时，盖茨的财富就会水涨船高。同样，持有股票的微软员工也就有许多人成了百万富翁。

微软高层跳槽事件

微软高层跳槽事件频发，是微软的人力资源管理问题还是跳槽人的问题，是一个很有争议的话题，下面列举一些微软高层跳槽事件：

1998年4月，微软中国的首任总裁杜家滨出任思科中国首任总裁。

2002年3月，微软（中国）公司总经理高群耀离职，同年6月任美国Autodesk公司大中华地区总裁。

2004年2月，微软中国原总裁唐骏出任盛大网络总裁。

2005年7月，微软全球副总裁李开复担任Google中国区总裁。

2008 年 9 月，已在微软效力 10 年的高管莉萨·尤兹内德尔（Lisa Utzschneider）跳槽到亚马逊任国际广告部高级副总裁。

讨论：

你认为微软的人力资源管理怎么样？你怎么看微软高层的跳槽事件？

案例 2：联想集团的岗位责任考核制度

联想集团成立于 1984 年，由中国科学院计算所投资 20 万元人民币、11 名科技人员创办，1994 年在香港证券交易所成功上市，到今天已经发展成为一家在信息产业内多元化发展的大型企业集团。联想集团的绩效考核体系围绕静态职责和动态目标展开，建立目标与职责协调统一的岗位责任考核体系。考核实施体系分为职责分解、目标分解、目标与职责结合以及考核评价四部分。

静态职责分解

静态职责分解是以职责和目标为两条主线，建立以“工作流程”和“目标管理”为核心，适应新的组织结构和管理模式的大岗位责任体系。

首先，在明确了公司宗旨以后，将宗旨细化到部门，确立部门职责。部门职责是部门为实现其宗旨而应履行的工作责任和应承担的工作项目，它确定了部门在公司增值流程中的工作范围和职责边界。例如，物控部的宗旨是：在公司宗旨和发展战略指导下，健全并完善合理的库存结构，有效地利用资金，在有竞争力的时限内最大限度地满足用户订单需求，不断优化公司的物流运筹模式，提高公司的经营效益和竞争力。

职责划分明确后，开始建立工作流程。工作流程包括工作本身的过程、信息与管理控制过程。例如，一台电脑的工作流程是：需求调研——生产规划——产品定义——产品开发——测试鉴定——工程转化——采购——生产准备——生产制造——品质测试——产品运输——市场准备——代理分销——用户服务信息反馈。

在理清了由公司宗旨、部门职责以及部门为履行职责而应遵循的工作流程后，需要将具体职责最终落实到每个岗位上，即制定岗位职责。岗位职责具体明确一个标准岗位应承担的职责、岗位素质、工作条件、岗位考核等具体规定。它以《岗位指导书》的形式存在，职责来源于部门职责的细化和工作流程的分解。例如，一个部门经理的职责由三部分组成：一是由本人具体完成的职责；二是将一部分职责分解为下属承担的职责；三是由本部门牵头，几个部门共同承担的职责。

动态目标分解

一个岗位仅仅知道“做什么”“怎么做”还不够，还要知道什么时间要做到什么程度、达成什么目标。动态目标分解就是按照职责这条横线，与时间、目标这条纵线的有机整合，使各部门、岗位之间的职责和工作关系有机地协调起来。

将企业目标具体化的首要过程是战略规划。联想集团的战略规划分为三个层次：集团战略发展纲要、子公司战略规划和业务部门战略规划。子公司层次的战略规划是业务部门年度业务规划的重要指导，业务规划的结果落实到每年的经营预算，各业务模块的预算都必须与业务规划相联系，在“能量化的量化、不能量化的细化”的原则指导下，业务规划按责任中心和时间进度，分解落实成具体的成本、利润、销量、时间、满意度等指标。业务规划要求首先确立宗旨、职责，根据宗旨和职责，在非常详细的环境分析基础上得出全年的目标。之后，进行经营预算、业务规划、管理规划。

为保证各项规划的实施，各牵头部门在与相关部门进行沟通与交流的基础上，将目标按职责分解到相关部门。各部门根据年度发展规划，按职责——时间分解为部门内各处的年度目标、各季度的工作目标和实施计划，形成部门季度计划。重要干部或岗位，要按月分解，制定月工作计划。具体到员工则要落实到与岗位责任书对应。比如电脑公司采用了“目标任务书”进行方针目标管理，其要点是：针对部门目标和薄弱环节，重点抓关键环节和重要步骤，对重点工作制定改进措施和计划，并重点推进监控实施，以保证最终实现目标。

目标与职责相结合

将目标落到实处，首先需要在目标与职责之间建立清晰的分解和对应关系，为了建立这种联系，集团管理部门协助建立了大量的各种运作和核算模型，最具特色的是联想电脑公司的“屋顶图”。

“屋顶图”是联想电脑公司根据管理会计原理，结合自己的产品成本结构建立的一个量化的产品经营核算体系。这个体系类似于财务的损益表，不同的是管理者可以通过该体系直观清晰地看到某个产品的费用和成本。在工作流程的每一阶段都有相应的部门进行控制，而且每个部门都可以非常容易地在这张图上找到自己的定位，找到它和整个利润指标的关系。

电脑公司台式机事业部通过“屋顶图”，将所有的费用细分成广告费、部门费，成本分成材料、制造、运输、技术服务、积压、财务六块，再把前两年的历史数据装进去，就得到清晰的产品成本结构。这六块成本都可以落实到一个最直接的部门，比如说广告费是由市场部负责，部门费用是经营管理部负责，等等。这样就建立起一个架构，使开源节流的任务分解到每一个部门，控制成本的任务进而分解到每一个岗位上去，就把每项费用变成它最直接的部门考核指标。

考核评价

设定职责和目标后，联想集团利用制度化的手段对各层员工进行考核评价。考核定期进行，联想集团干部每季要写对照上季工作目标的述职报告、自我评价和下季工作计划。

述职报告和下季工作计划都要与直接上级商议，双方认可后方可通过。业务单元的业绩报告每月都要向集团汇报，重要的业务部门每个季度都要向子公司总经理汇报总结。制度化的业务汇报都形成规定的形式，比如，电脑公司几十个处的半年工作小结都遵循以下的内容安排：宗旨——职责——目标和策略回顾——目标完成情况——策略执行情况——原因分析和改进措施——下季度工作计划。此外，联想集团总部的财务、审计部门每年都要对各子公司的经营业绩进行核实，以防徇私舞弊，保证公开透明。

联想集团实行量化考核，细化到人。以电脑公司为例，其综合考核评价体系分为部门业绩考核和员工绩效考核两部分。部门业绩考核的目的是通过检查各部门中心工作和主要目标完成情况，加强公司对各部门工作的导向性，增强公司整体团队意识，促进员工业绩与部门业绩的有机结合；员工绩效考核是通过了解组织目标，将个人表现与组织目标紧密结合，客观评价员工，建立有效沟通反馈渠道，不断改进绩效，运用考核结果实现有效激励，帮助组织进行人事决策。考核形式是360度全方位考核，包括上级对下级的考核、平级之间的互评、下级对上级的评议、民主评议以及部门互评等。部门业绩考核每季度进行，员工绩效考核、部门互评和民主评议，每年综合考评一次。

电脑公司的部门业绩考核均围绕“利润中心”进行考核，同时要体现各自的主题业务。各部门在制定年度规划的同时，制定各自的年度考核方案及季度分解方案。各部门方案上报企管部门，由企管部门负责组织相关业务考核部门与被考核部门沟通、协商，最后确定部门考核方案，包括考核项目、权重、考核数据来源、评分标准等。人力资源部根据考核方案，计算考核得分，再根据部门类别对应，计算分值并反馈给各部门。

员工绩效考核的内容分两部分：一是工作业绩结果导向，占80%。针对员工根据直接上级与员工预先商定的目标业绩工作计划，以“激励指导、公正考评”为原则评价员工个人业绩效果；二是行为表现及能力，占20%。这部分为过程导向，按普通员工、各级管理人员分别制定不同的考核标准和权重。员工绩效考核由个人根据述职报告、绩效考核表自评打分，再与直接上级共同商定下一季度工作计划、考核表，作为下一季度业绩考核的主要依据。直接上级在员工自评基础上，对照工作计划考核表和员工的实际业绩和表现打分，同时对其下一季度的工作计划、完成效果、考核建议等进行审批，通常采用面对面交流或每季一次的干部民主生活会形式。部门总经理对员工及所属部门的考核等级进行审核调整后，汇总到人力资源部。通过绩效面谈告之考核结果，肯定成绩，提出改进意见和措施，同时确定下季度工作计划，面谈结果双方签字认可。员工如果对考核评定有重大异议，有权向部门经理或人力资源部提出申诉，所在部门及人力资源部为每位员工建立考核档案，考核结果作为工薪、年度奖金、干部任免、评选先进、岗位调换以及辞退的重要依据。

讨论：

联想集团的岗位责任考核制度有哪些优缺点。

经典文献

在当今的工商界，人力资源管理已经被提到了前所未有的重要地位，人力资源的管理者们也正面临着前所未有的重大责任和挑战。不断涌现的“人”的问题该如何解决，人力资源的未来又会是什么样子？这已经成为人力资源管理者乃至企业领导者在构建企业竞争力、谋划企业战略时，必须首先思考的问题。

下文摘自迈克尔·洛赛（Michael Losey）、苏·麦辛吉（Sue Meisinger）和达夫·尤里奇（Dave Ulrich）的著作《人力资源管理的未来》，本书凝练了人力资源管理的学术与实践最前沿的大师们的最新理论观点和实践经验，全面而深刻地指出了人力资源管理所面临的挑战、未来的发展趋势和对于从业者提出的新要求。

获得、保留和成长

通往明天的钥匙往往存在于过去……

当我在 1994 年春天加入沃尔玛公司时，我感到它的人力资源管理部门面临着艰巨的任务：要控制好一个有着 485549 名员工，总收入达 500 亿美元的大公司。但是我又多少受到些鼓励，因为沃尔玛公司是用了 30 年时间发展到当前规模的，所以我相信自己可以在它真正的增长到来之前适应这个新环境。当时的我并不知道 10 年后的今天，我们会拥有 150 万名员工，总收入达到 2500 亿美元。

反思过去，我在当时应该用一个经过良好设计的计划来应对这些要求。但是预测未来，尤其预测一个充满动力、不断发展着的企业未来，并不是一件容易的事，有时甚至是难以想象的复杂。

但是，正像山姆·沃尔顿有一个简单却非常有效的成功战略一样，我很高兴我们的 HR 部门能够意识到简单比复杂更有效，少能胜多的道理。这个道理对于这本书的作者探索人力资源管理的未来同样非常重要。

山姆的经营哲学是以把消费者置于首要战略上为基础的。他相信只要将消费者的需求放在首位，企业的合伙人、股东、社团以及其他投资者的利益就也能得到保证。我们沃尔玛的 HR 部门的目标就是将山姆先生的企业文化应用到 HR 战略中，保证战略的简单和高效。

10 年后的今天，当问起我作为沃尔玛 HR 部门的执行副总裁所扮演的角色时，我会简单地回答那就是获得和保留优秀人才，并推动他们的成长。我们今后也会继续扮演这样的角色。

事实上，这就是 HR 从业者们的职责。如果我们很好地贯彻这些基本的职责，我们的企业就能得到更好的发展。我并不是想要弱化灵活、多元化、报酬以及福利的重要性。我所要强调的是如果我们做好了公司人才的获得、保留和培养工作，那么其他的 HR 功能也将得到很好的发挥。

优秀人才的获得

这是所有事情的开始。但是有人询问山姆·沃尔顿使用了什么特殊的培训计划来训练出如此积极乐观且关注消费者的员工时，据说山姆表情奇怪地想了一会儿，然后回答“为什么不雇用友好而乐观的人呢？”事实上，我们HR部门大部分的力量和资源都集中地运用在最初雇用决定的制定和提高上。我们在提高和升级专业技能以及收集和提高工作行为方面下了很大的功夫。沃尔玛公司中典型的例子就是对著名的零售业职员高替换率问题的解决。

在分析中，我们发现，我们的人员替代率从作为基准的1994年（这一年我加入了沃尔玛然后开始测算）到1999年（这一年我们制定了更强的人才保留战略）间一直持续增长。在这段时间内，我们企业的内部环境和外部环境开始发生变化。在企业内部，我们从只有4万平方米的日常用品专卖便利商店发展为18万平方米，既出售日常用品也出售食品的大型购物中心。许多分店还采取了24/7的新运营方式：那就是每天24小时营业，每周营业7天。这对于商店的经营体系是非常大的震动。

在1994年的时候，许多州还都在实行“蓝色法令”，即这些州的零售商店不在星期天营业。但是，随着这些州一一解除了这一法令，经营一家全年无休的商店的动力使我们提高到了另外一个层次。

最后一个需要考虑的问题就是“人才之战”。当时的经济已经得到了第二次生机，从1994年到1999年，失业率从6.6%降到了4.3%。就业机会变得多了，许多有工作的人选择经常变换工作。

在沃尔玛，我们开始实行一个旨在降低持续上升的人员更替率的战略。这一战略的第一部分就是获取。在分析招聘战略时，我们意识到应该从雇用的时机以及雇用的人员着手，开始扭转人员的更替率。我们中的很多人很好地利用了我们替换下来的员工，这样的例子非常多。

一个员工在入职的前90天内就离开了公司，这也许是由于时间安排上的冲突，也可能是由于他更喜欢在其他地方工作。在提供给他这份工作之前，我们考虑过这方面的事情吗？或许是由于出勤及迟到问题的出现使我们把大部分精力花在了严肃纪律上，却忽视了工作技能和与消费者相关的技能培训。那么我们会问，我们是否应该对员工的背景有所了解？我们忽略了什么？

在我刚刚从大学毕业的早期职业生涯里，我选择了一门人才挑选与测评的课程作为我研究生课程的一部分。我们第一天上课的时候，教授的开场白是：“记住面对面地面试可能是所有现存人才选拔方法中最没有意义的。”当然，我对这一明显的错误言论表示十分震惊，因为我感觉自己在面对应聘者时的评估能力是十分准确的。后来，通过学习，我知道了在做出招聘决定时要了解很多东西，以及如何保证你的选择可以加强整个团队的力量。

这位优秀的教师想要告诉我们的是，存在着许多的行为测评和确定工具，它们可以帮助我们了解我们想知道的行为特点。这就是为什么我们要加强对于挑选优秀人才的关注和培训。培训是指从训练招聘人员的课程，到对面试技巧的电脑培训在内的一切事情。这些努力将对我们最后的成就做出巨大的贡献。此外，时间和努力在另两个关键领域也发挥着重要作用，这两个领域就是：人才的保留和人才的成长。

优秀人才的保留

已经有很多关于人们为什么离开他们公司或组织的调查。即便如此，我还是认为自己有必要向经验丰富的人力资源部门主管咨询这一问题。而他们甚至不用看最新的调查，就可以说出三个主要原因，它们是：

· 管理不善

· 工作机会的缺乏

· 收入

我们可以对这几项原因的顺序提出疑义，但是我们都知道，员工不会离开好公司，他们只会离开不好的公司。员工与公司的感情以及公司将来为员工的未来创造什么样的条件是关键问题。沃尔玛公司的前任副董事长唐·索德奎斯特经常引用联邦特快总裁弗莱德·史密斯关于员工在企业中寻求什么的名言。他主张，一个公司在建立与其雇员长期关系的过程中应该回答三个问题：

· 你们关心我吗？

· 我需要做什么才能获得成功？

· 我从哪里能得到正义？

（注意：我相信史密斯先生还说了其他两个问题；但是，因为这三个问题特别能引起我的共鸣，所以我总是注意到它们）

不论我们是在招聘一个入门水平的临时员工，还是一个高报酬的技术管理者，我们都需要一个将新人引入企业的完善战略。它包括在开始阶段应该怎样招聘，新入职员工在企业最先遇到什么人，以及他们要被告知“在这儿”什么是最重要的。

哈佛的教授罗萨贝斯·莫斯·肯特在其著作《企业文化》中将企业文化简要地定义为“我们在这儿如何做事情”。一个人在某职业中最初几个月的表现可以反映出他的整个职业生涯（我们在沃尔玛的研究表明，前90天内离职的计时员工数是第一年员工替换总量的67%）。

不论你的公司属于零售业、制造业还是电讯业，对你所在行业的了解都是至关重要的。所以给新人以机会，让他们了解这一行业的主流产品和活动是非常必要的。首先，新雇员需要同其教练——经营该公司的领导见面。在商店或分店或部门中的工作者与决策者的联系愈多愈好。

在我对我们的商店、俱乐部以及全球各地区的旗舰店进行访察的时候，我最喜欢做的事情就是与正在工作的店员交谈。我经常随便地询问他们工作的情况、他们对工作的喜爱程度等等。我总会在最后问他们一些关于管理者的问题，有一个问题是我最喜欢问的："你们商店或分店或旗舰店经理的名字叫什么？"这个问题的答案可以极大地反映出员工对于管理者的熟悉程度，员工知道管理者的名字吗？他们能够快速地说出他的名字吗？在每一个运行良好的企业中，都会有领导者清晰的足迹。

同时，我们的员工保留战略强制要求地区经理出现在新员工见面会上，我们希望我们的员工从一开始就认识他们的领导。我相信一个员工对于"我们从哪里得到公正"的感觉在很大程度上取决于他们对管理者的信任度和满意度。

人才的成长

几乎没有人是出于完全自私的动机来工作的。所以我们通常都会对怎样做才能成功这个问题感兴趣。

我们生活在一个躁动不安的"微波"社会，每一分钟的过程延迟都会带来失败。作为HR从业者，我们知道，职业生涯的发展是时间与经验的结合。真正的发展是深深根植于实践的，即所做的事情。

如果是这样的话，在我们的企业中，如何使员工对他们的机会和未来的工作前景感到乐观？以下是两个关键性的因素：

·我们如何告诉他们机会的存在

·明确每一个对这些机会有兴趣的人，都可以公平进行竞争

我们渴求着对这些需求的回应，围绕着这些回应，我们开始了职业生涯管理的过程。这些努力可以帮助我们减少人员的替换，并提高多元化和选择。我们将在这一年中，继续将这种选择过程应用到更多岗位上，而它的原则是相同的。当然，对企业最有影响力的莫过于听到一个来自加利福尼亚沃尔玛商店的来自单亲家庭的电话接线员，最终成为整个企业的负责招聘与调换工作的副主席。真实的故事有着真实的影响力。

员工希望看到机会，即使是在沃尔玛这样的员工升职率达9%的公司中，还是有人认为他们没有得到机会，然而无论如何，沃尔玛内70%的管理人员均是从计时工做起的，这个事实就是机会存在的最有力证据。

总结

获得、保留、发展人才是HR活动的基础。这些因素的结合使我们将人员替换率从1999年的70%（此行业当时的平均水平是63%）降低为2003年的44%（这时的行业平均水平变为65%）。

如果有一天，我们的人力资源管理问题严重到无法控制，我也会将他们分解成这3个部分，进行分析和解决。那些能够获得人才、保留人才、发展人才的公司将会最终获得成功。

第 7 章　激励

开篇导读

猎人和猎狗的故事

一条猎狗将兔子赶出了窝，一直追赶它，追了很久仍没有捉到。牧羊犬看到此种情景，讥笑猎狗说："你们两个之间小的反而跑得快得多。"猎狗回答说："你不知道我们两个的跑是完全不同的！我仅仅为了一顿饭而跑，他却是为了性命而跑呀！"

这话被猎人听到了，猎人想：猎狗说的对啊，那我要想得到更多的猎物，得想个好法子。于是，猎人又买来几条猎狗，规定凡是能够在打猎中捉到兔子的，就可以得到几根骨头，捉不到的就没有骨头吃。这一招果然有用，猎狗们纷纷去努力追兔子，因为谁都不愿意看着别人有骨头吃，自己没得吃。

就这样过了一段时间，问题又出现了。大兔子非常难捉到，小兔子好捉。但捉到大兔子得到的奖赏和捉到小兔子得到的骨头差不多，猎狗们善于观察发现了这个窍门，专门去捉小兔子。慢慢地，大家都发现了这个窍门。猎人对猎狗说："最近你们捉的兔子越来越小了，为什么？"猎狗们说："反正没有什么大的区别，为什么费那么大的劲去捉那些大的呢？"

猎人经过思考后，按照捉到兔子的总重量决定猎狗的待遇。于是猎狗们捉到兔子的数量和重量都增加了。但是过了一段时间，猎狗们捉兔子的数量又少了，猎人问为什么，猎狗们说："我们把最好的时间都奉献给了您，主人，但是当我们老了，捉不到兔子的时候，您还会给我们骨头吃吗？"

猎人做出论功行赏的决定。规定如果捉到的兔子超过一定数量之后，即使捉不到兔子，每顿饭也可以得到一定数量的骨头。猎狗们于是都努力去达到猎人规定的数量。一段时间过后，终于有一些猎狗达到了猎人规定的数量。这时，其中有一只猎狗说："我们这么努力，只得到几根骨头，而我们捉到的猎物远远超过了这几根骨头。我们为什么不能给自己捉兔子呢？"于是，有些猎狗离开了猎人，自己捉兔子去了。

故事还在继续……

思考题：

1）这个故事说明了什么道理？

2）如果你是猎人，你如何解决正在面临的问题？

7.1 理论回顾

7.1.1 激励本质

1. 激励的概念

激励是一个心理学名词，原意为促动、驱使人们行动的各种动力组合，这些动力包括个人内在性的动力和源于个人以外的外在性动力。从组织管理角度，激励是指管理者针对员工的行为产生变化的内在规律，利用能够激发、引导、强化和修正人的行为的各种力量，对员工的行为施加影响的各种活动的总和。

约翰·W. 阿特金森（John W. Atkinson，1964）认为激励就是“此时此刻对行动的方向、强度与持续性的（直接）影响”。

加雷斯·R. 琼斯（Gareth R. Jones，1955）指出，激励涉及“‘行为是怎样发端’，怎样被赋予活力而激发，怎样延续，怎样导向，怎样终止，以及在所有一切进行过程中，该有机体是呈现成何种主观反映的”。

维克托·H. 弗鲁姆（Victor H. Vroom，1964）认为激励是“一个过程，这个过程主宰着人们……在多种自愿活动备选形式中所做出的抉择”。

我们认为，这些对激励的定义都包含了如下三个相同的要素：

1）人的行为是由什么激发并赋予活力的。这一点是指个体自身有什么样的内在能源或动力，这种能源或动力能驱使他们以一定的方式表现出某一特定的行为，以及有哪些外在的因素会触发这种行为。

2）又是什么因素把人已被激活的行动引导到一定的方向上去的。这一点是指人的行为总是指向一定的目的物。

3）这些行为如何保持和延续。这个问题的考察不仅要着眼于人的内在因素，而且要分析环境中有哪些外在因素对这些行为做出反应，从而影响行为内驱力的强度。

激发、导向与保持这三个要素是激励的主要组成部分。

2. 激励过程的基本模式

需要引起动机，动机导致行为。内在动力大的人积极性高，内在动力小的人积极性低。这种促成行为的内在动力在组织行为中就叫动机。

人的行为是由动机引起的，动机的主要来源有两个：内在原因和外在原因。产生动机的内在原因是人自身未满足的需要。这些需要包括衣、食、住、行等生理上的需要，以及得到社会承认、友谊、赞扬、自我实现等心理上的需要。未满足的需要正是激励过程的起点。产生动机的外在原因是作用于人的身心的外在刺激，比如食物的气味、衣服的颜色等，这些外在的刺激能否激发人的动机，还要看它们能否引起人的内在需要。所以，产生动机的根本原因还是人的生理和心理需要。

行为具有方向性，也就是说行为是有目标的，行为可以被看作是消除紧张和不适而达到目标的一种手段。当目标达到之后，原有的需要和动机也就消失了，这时又会产生新的动机和需要，为满足这种新的需要又会产生新的行为。行为需要引导，并且可以被引导。引导的必要性主要来自行为的多样性和其对实现目标的不同影响。引导的可能性主要来自需要和动机的多变性和可变性，通常以强化导致学习来实现。

激励的过程模式可以通过图7-1来表示。

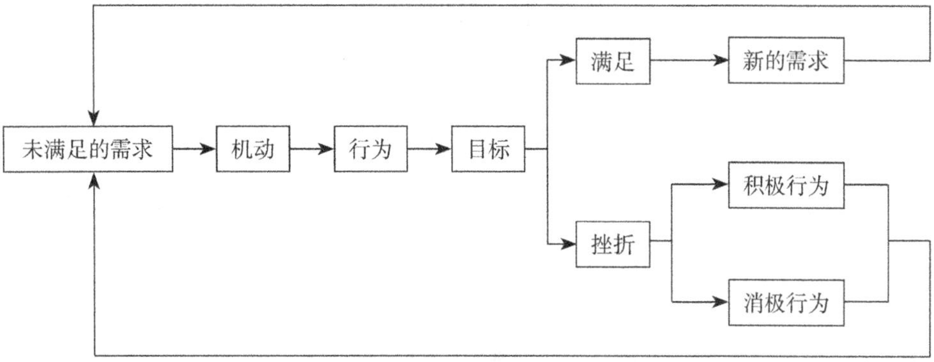

图7-1 激励过程模式

3. 激励理论及其分类

激励理论是关于如何满足人的各种需要、调动人的积极性的原则和方法的概括总结。激励的目的在于激发人的正确行为动机，调动人的积极性和创造性，以充分发挥人的智力效应，做出最大成绩。组织行为学把激励看成是“持续激发动机的心理过程”，认为激励水平越高，完成目标的努力程度和满意度也越强，工作效能就越高；反之，激励水平越低，则缺乏完成组织目标的动机，工作效率也越低。而研究提高激励水平问题的一条重要途径是对激发动机的探索，相应的研究成果大致有如下三类：

1）需要激励理论。着重对引发动机的因素，即对激励的内容进行研究。

2）动机激励理论。着重对行为目标的选择，即对动机的形成过程进行研究。

3）行为激励理论。着重对达到激励的目的，即对调整和转化人的行为进行研究。

7.1.2 需要激励理论

需要激励理论也称为内容型激励理论，主要有马斯洛的需要层次理论、奥尔德弗的ERG理论、麦克利兰的成就需要理论和赫茨伯格的“双因素理论”。

1. 需要层次理论

美国心理学家亚伯拉罕·哈罗德·马斯洛（Abraham Harold Maslow）在1943年出版的《人的动机理论》一书中，提出了“需要层次理论”（Hierarchy of Needs Theory）。马斯洛认为，人的需要分为生理需要、安全需要、社交需要、尊重需要和自我实现需要这五个层次，如图7-2所示。

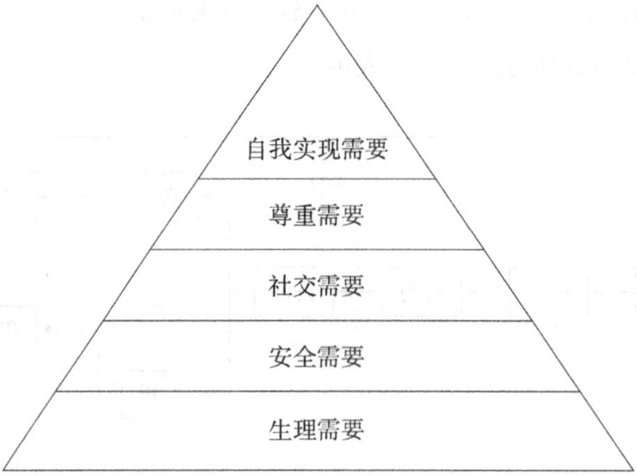

图7-2　马斯洛的需要层次理论

（1）生理需要

人类维持自身生存与发展的需要，是最原始而基本的物质性需要，包括衣、食、住、行等需要。

（2）安全需要

安全保障方面的需要，包括职业安全、人身安全、社会保障等等。

（3）社交需要

人们社会交往方面的需要，即人们希望归属于一定的群体，希望能相互关心、相互支持，并希望自己的情感付出能得到他人的友谊与爱。

（4）尊重需要

尊重需要包括自我尊重和得到别人的尊重，前者是指追求自爱、自信、独立，后者是希望有一定的地位、威望，得到他人的赏识、重视和好的评价。

（5）自我实现需要

自我实现需要是指人有充分发挥自己的潜在能力，越来越成为自己所期望的人物，完成与自己能力相称的工作的需要。这是人的最高层次的需要。

马斯洛需要层次理论的基本观点是：①生理需要和安全需要通常被认为是低层次的需要。社交、尊重与自我实现需要被认为是高层次的需要。高层次的需要通过内部使人得到满足，低层次的需要通过外部使人得到满足。②由于不同的人各种需要的重要程度不同，因此形成了不同的需要层次结构。③五种需要从低到高排列，需要的发展逐层递进。一般来说，较低层次的需要基本得到满足后，更高层次的需要就会出现，这时，较低层次的需要就失去了对于行为的动力作用，或失去成为主要动力的作用。为了满足新的需要，于是人们又继续采取新的行为。④未满足的需要才具有激励作用，已基本得到满足的需要对人不再有激励作用。

马斯洛的需要层次理论研究了需要产生、发展的规律，揭示了人类心理发展的一种普遍特征，成为其他激励理论的基础。同时，该理论也为管理实践提供了有效的激励方法，但也存在着一些不足之处：①马斯洛认为只有低层次的需要基本满足了之后，高层次需要才会显现，需要的发展是逐层递进的，这就将人们复杂需要的发展简单化了。②该理论没有充分的实证研究依据。事实表明，人们在需要的层次方面表现出更为灵活的情形，而不是有明确层级结构的。

延伸阅读 7-1　员工最看重的三样东西，老板你知道吗

每当我们开始谈论工作价值观，就会想到著名心理学家亚伯拉罕·马斯洛的经典金字塔理论。马斯洛的金字塔理论认为，人类有五个层次的需求，一旦我们满足了基本生理和安全需求，我们就会寻找爱和归属感，然后是自尊和外部尊重，最后是自我实现。这个金字塔理论诞生于半个多世纪以前。最近，心理学家们觉得我们需要重新审视人类需求理论。

回顾过去几十年社会科学的证据，我们很难说马斯洛的出发点有什么不对。如果你的基本需求都没有得到满足，那么你很难把注意力集中在其他事情上。如果你的工作薪水不够高，你整天都在担心生存问题，那么你很有可能没有时间去考虑自我实现。

马斯洛在人际关系理论运动的初期建立了他的金字塔理论，那时的制造业经济没有办法满足工人的基本生理和安全需求。如今，知识服务型公司越来越多，这些公司的目标是满足员工的每一个需求，而不仅仅是基本需求，比如，提供便利的餐饮和健身房服务，并争取成为最好的工作场所。在这样的经济环境中，生存并不是首要问题。现实生活中，我们知道，人们并不需要先寻求被爱，再去追求尊重和成就感。人们也不会等到把金字塔下层的需求全都满足后，再去追求个人成长和自我表现。所以人们工作的动机到底是什么？如果马斯洛在我们这个时代从头开始设计他的金字塔，他的理论又会是什么样的呢？Facebook 和我们的分析团队尝试一起来寻找这个问题的答案。

我们每年调查员工两次，询问员工最看重的是什么。在反复考察了成千上万个答案之后，我们发现了三大激励因素：职业生涯、团队和追求。

职业生涯关系到工作：一份有自主权的工作。你能够发挥自己的优势，促进你的学习和发展。这一点是人们工作根本动力的核心。

团队关系到人：感觉被尊重，被关心，被他人认可。它使我们能够彼此交流，并且有归属感。

追求关系到目的：认为自己能够产生有意义的影响，认同组织的使命，并且相信组织能够对世界做出贡献。这一点是骄傲的源泉。

这三大因素构成了所谓的心理契约——雇员和雇主之间不成文的期望和义务。当这份心理契约得以履行的时候，人们就会卷起袖子全身心地投入工作。一旦违背这份心理契约，人们就会变得不那么满足和忠诚，他们倾向于贡献更少，他们的表现会更糟糕。

在过去，组织只围绕心理契约的某一个方面来建立整个文化：承诺提供一个好的职业生涯，或者一个志同道合的团队，或者一个充满意义的伟大理想。组织只通过其中一点来招募、激励和留住人才。但是我们发现员工们想要更多。在我们最近的调查中，超过四分之一的Facebook员工认为这三点都必不可少。他们想要一个好的职业生涯，一个志同道合的团队和一个伟大的理想。在我们自己团队的调查对象中，90%的人认为至少两点是必不可少的。

注：本文根据Lori Goler、Janelle Gale、Brynn Harrington、Adam Grant在《哈佛商业评论》的文章《员工最看重的三样东西，老板你知道吗？》改编整理。

2. 奥尔德弗的ERG理论

美国耶鲁大学的克雷顿·奥尔德弗（Clayton Alderfer）在马斯洛提出的需要层次理论的基础上，进行了更接近实际经验的研究，在20世纪70年代初提出了一种新的人本主义需要理论。奥尔德弗认为，人们共存在三种核心的需要，即生存（Existence）的需要、相互关系（Relatedness）的需要和成长发展（Growth）的需要，因而这一理论被简称为“ERG”理论，该理论是对马斯洛的理论的修正和发展。

生存需要。相当于马斯洛的生理需要和安全需要，是人最基本的需要，需要的满足来源于物质手段。

关系需要。相当于马斯洛的社交需要和受到他人尊重的需要。这是人在工作生活过程中表现的希望与各方处理好人际关系的需要，这种需要通过与其他人的接触与交往得以满足。

成长需要。相当于马斯洛的自尊需要和自我实现需要。是指个人自我发展和自我完善的需要，通过发展和挖掘个人潜力和才能得到满足。

同时，奥尔德弗还提出了如下观点：①需要层次的发展过程可以是上升、可以是跳跃、也可以是回归。当人们追求高层次的需要受挫时，会退化为对低层次需要的更强烈的追求。也可能有人生存需要还没得到满足也会去追求成长需要。②某一层次的需要得到基本的满足后，尤其是关系与成长需要，对其会产生更强烈的需要。

ERG理论很好地补充了马斯洛的需要层次理论的不足，是需要理论的一个很大的进步。主要表现在：①马斯洛的需要层次理论是基于满足——前进的逻辑，认为人们较低层次需要相对满足之后，会向更高层次需要前进。而ERG理论不仅是满足——前进，还包括受挫——倒退。即较高层次的需要得不到满足时，会转向追求低层次的需要。②ERG

理论不认为激发高层次的需要一定要先满足低层次的需要，人们可能会对高层次的需要有特别的欲望。③ ERG 理论认为在一种需要得到基本满足之后，不但这种需要不会消失，反而可能会更强烈。④马斯洛的需要层次论认为，在某一时期，人们的五种需要中会有一种需要占主导地位。但 ERG 理论认为，一个人可以同时拥有几个需要，并且不一定表现出强度上有多大差别。

3. 麦克利兰的成就需要理论

成就需要理论，又称“三种需要理论”，是由美国哈佛大学教授戴维·麦克利兰（David McClelland）通过对人的需求和动机进行研究，于 20 世纪 50 年代在一系列文章中提出的。麦克利兰经过 20 多年的研究得出结论说，人类的许多需要都不是生理性的，而是社会性的，而且人的社会性需求不是先天的，而是后天的，得自于环境、经历和培养教育等。很难从单个人的角度归纳出共同的、与生俱来的心理需要。时代不同、社会不同、文化背景不同，人的需求当然就不同，所谓“自我实现”的标准也不同。

麦克利兰通过实验研究，归纳出三大类社会性需要：对成就的需要（Need for Achievement）、对权力的需要（Need for Power）、对情感的需要（Need for Affiliation）。

成就需要。是指对挑战性工作及事业成就的追求。指人渴望卓有成效地做成某件事、达成任务或目标。有成就需要的人喜欢问题和面对挑战；给自己确定有一定难度和挑战性的目标；喜欢冒风险；愿意承担责任；喜欢建立和保持一种融洽的社会关系。

权力需要。控制与影响他人的需要。高权力需要的人好争辩、健谈、直率而且头脑冷静；善于提出问题和要求；乐于演讲；喜欢竞争性强和存在地位的工作环境；倾向于关心威望和赢得对他人的影响，但并不是那么关心工作绩效。

情感需要。指人在工作生活中对情感的需要，主要通过社交来满足。表现为喜欢与他人保持一种融洽的关系，追求友爱，喜欢合作性而非竞争性的环境，渴望相互理解程度很高的关系。

成就需要理论探讨了高层次需要的内容和作用，是对需要层次理论的补充和发展。该理论提出成就需要是可以培养的，这促进了理论研究与管理实践的结合。但是成就需要理论的调查对象是物质条件好、社会地位高的人，因此，理论的推广有一定的局限性。

4. 赫茨伯格的“双因素理论”

20 世纪 50 年代，美国心理学家弗雷德里克·赫茨伯格（Frederick Herzberg）对匹兹堡地区 11 个工商机构的 200 多名会计师、工程师进行调查，根据调查结果得出“双因素理论”（Two Factor Theory），又叫“激励保健理论”（Motivation-Hygiene Theory）。

赫茨伯格调查时主要问被访者在什么时候、什么情况下对工作特别满意或特别不满意以及产生的原因。根据调查结果发现，被访者对工作不满意的因素大多与外部的工作环境有关，如企业的政策与行政管理、监督、与主管的关系、工作条件等。而使他们感到满意的因素一般都是由工作本身产生的，如工作上的成就感、工作本身的兴趣和挑战性等。由此，赫茨伯格提出，存在着两种不同类型的激发因素：一类是能促使人们产生工作满意感的因素，称为激励因素（Motivation Factor）；另一类是促使人们产生不满的因素，称为保健因素（Hygiene Factor）。激励因素是和工作本身联系在一起的，这类因素通过改善，往往能给员工很大程度的激励，产生工作的满意感，有助于充分、有效、持久地调动员工的积极性。保健因素是和工作环境和条件相关的，这些因素处理不当或者说这种因素得不到基本满足，会导致员工的不满，但是满足这些需要则只能防止员工产生不满的情绪，并不会产生满意。不同因素的内容如表 7-1 所示。

表 7-1 激励因素和保健因素

保健因素	激励因素
政策与行政管理	工作上成就感
监督系统	工作中得到认可和赞赏
与上级主管之间的关系	工作的挑战性和兴趣
与同级之间的关系	工作职务上的责任感
与下级之间的关系	工作的发展前途
工作环境或条件	个人成长、晋升的机会
薪金	
个人的生活	
职务、地位	
工作的安全感	

赫茨伯格认为以前的“满意—不满意”是不确切的，满意的对立面应该是没有满意（而不是不满意），不满意的对立面应该是没有不满意（而不是满意）。也就是说，有了激励因素，就会产生满意；而没有激励因素，则没有满意，也没有不满意。有了保健因素，不会产生不满意，但没有满意；而没有保健因素，则会产生不满意。

赫茨伯格的双因素理论和马斯洛的需要层次理论既有联系，又有区别。需要层次理论针对的是人类的需要和动机，而双因素理论则是针对满足这些需要的目标或诱因；双因素理论中的保健因素相当于需要层次理论中的低层次需要，这些需要的满足仅能消除不满，但不能导致满足。相应地，激励因素相当于需要层次论中的高层次需要，这类需要的满足才能真正导致满意，真正充分持续地激励员工。它们之间的比较如图 7-3 所示。

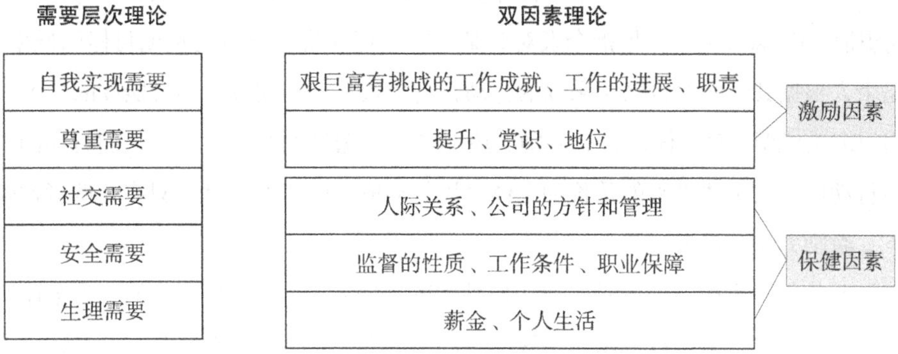

图 7－3 马斯洛和赫茨伯格的激励理论的比较

双因素理论最大的贡献在于它提出了关于激励的重要观点：真正对人的工作起最重要和持续激励作用的工作本身给人们带来生命的价值和意义。该理论对当代工作激励具有重要的指导意义，因此，双因素理论一直被管理学术界和企业界广泛地采用。

双因素理论也有一些不足之处，引来了一些理论学家的争议和批判，主要针对的是他的研究方法和对象。赫茨伯格采用的方法被认为有损于其研究结果的效度，因为人们常常倾向于将满意的结果归于自己的努力和工作上的成就，而将不满意的结果归结为他人和客观环境。另外，人们还批判他研究过程中样本数量有限，并且样本的范围很窄，不能用来说明所有人的情况。

7.1.3 动机激励理论

动机激励理论又称为过程型激励理论，主要包括期望理论、公平理论和目标设置理论。

1. 弗鲁姆的期望理论和劳勒的期望模式

（1）期望理论的基本内容

期望理论是美国心理学家维克托·弗鲁姆（Victor H. Vroom）于 1964 年在其《工作与激励》一书中首次提出，成为这一领域的主要理论之一。弗鲁姆认为，人们只有在预期其行为有助于达到某种目标且该目标对个人具有吸引力时，才会被充分地激励起来去做某些事情。由此他得出，人们从事任何工作被激励起来的程度是从事该工作可达到的目标的价值和个人对能达到该目标的主观估计的乘积，可用下面的公式表示：

$$激励力（M）= 效价（V）\times 期望值（E）$$

其中，激励力（Motivation），是指个人所受到的激励程度；效价（Valence），是指个人对自己所要采取的行动将会达到某一目标的偏爱程度，是个人对这一目标的主观估计和判断。只有效价大于零时，一个目标才会使个体产生行为的动力，效价值越高，动力越大；期望值（Expectancy），是指个人对其某一特定行动将会导致的预期目标的概率估计，也就是个人根据其经验对自己所采取的行动将会导致某种预期成果的可能性的主观估计。

期望理论说明：对个体而言，激励实质上是一个选择的过程，促使人们行动的力量取决于该行动成果给个体带来的效价和个体对该行动成果的概率估计，只有在两者都较高的情况下，激励力才会最大。

实际上弗鲁姆还提出了工具性或手段性（Instrumentality）的概念。他认为个体所预期的成果有两个层次，即一级成果和二级成果。二级成果是指个人在某一行动过程中希望达到的个人目标，一级成果是指为了达到二级成果必须达到的组织目标。所以，一级成果可以看成是为了达成二级成果的工具或者手段。工具性或手段性反映了个体对一级成果和二级成果之间的内在联系的认识。但是这一概念并没有在弗鲁姆的公式中反映出来，之后美国心理学家爱德华·劳勒（Edward E. Lawler）对此进行了发展。

（2）劳勒的期望模式

劳勒的期望模式是对弗鲁姆期望理论的发展，他将其中的期望分成两部分，即努力导致绩效的期望和绩效导致结果的期望。具体来说，就是个人努力的程度取决于努力导致绩效（E→P）的期望、绩效导致结果（P→O）的期望与个人对最终成果的效价的乘积，可以用下面的公式来表示：

$$E=(E\rightarrow P)\sum[(P\rightarrow O)V]$$

其中，E（Effort）表示个人所做的努力；P（Performance）表示工作绩效（组织目标）；O（Outcome）表示最后的成果（个人目标）；V（Valence）表示成果对个人的吸引力大小（效价）；（E→P）表示个人对努力导致绩效的期望值；（P→O）表示个人对绩效导致成果的期望值。

期望理论因其在动态的过程中揭示了两级成果及其关系，提出组织目标与个人目标融合的问题，理论界认为该理论是激励理论中最有价值的理论之一。但是该理论内涵比较宽泛，在实践中不便于验证和操作。

2. 洛克的目标设置理论

针对期望理论在实践中的应用，美国心理学家洛克（E. A. Locke）于1967年提出了目标设置理论（Goal-Setting Theory），他从研究目标本身的难度与明确性的特性开始，以后逐步扩展到实现目标满足个人心理需要的整个激励过程，揭示设置目标的心理效果，并提出了目标设置的综合模式，如图7-4所示。

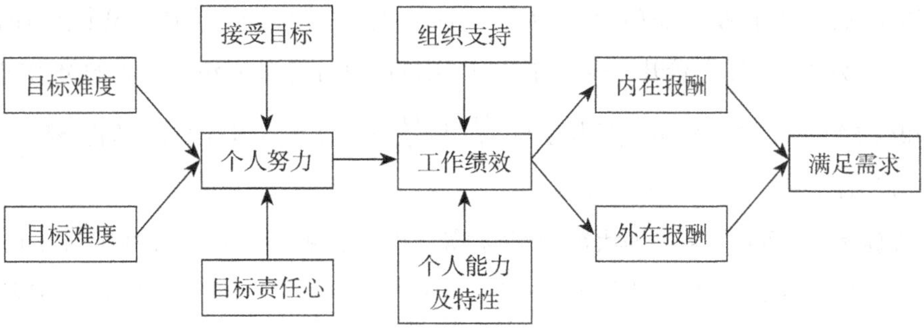

图 7-4 目标设置的综合模式

目标激励的过程可以分三个阶段。

首先，从激励效果看，有目标比没有目标好，但是目标对提高个体工作努力程度的影响取决于四点：一是目标明确性，即具体的目标要优于空泛的目标；二是目标的难度，也就是目标有一定的难度比随手可得的目标要好；三是目标的责任心，能使个体有完成目标的责任心的目标比责任不清的目标要有激励性；四是接受目标，个体接受目标将提高完成目标过程中的自觉性与主动性，可以提高个体的努力程度。

其次，在完成目标的过程中，工作绩效的水平受组织支持和个人能力及特性的影响。要想实现高绩效，组织就必须为员工实现目标创造条件，提高并保护员工的积极性。

最后，实现目标后，就应该让目标实现者获得满意的内在报酬和外在报酬。内在报酬主要是由工作本身带来的，外在报酬主要是工作外在的环境带来的。

三个阶段都要做到才能发挥目标激励的作用。

3. 亚当斯的公平理论

公平理论又叫社会比较理论，是由美国心理学家约翰·斯塔希·亚当斯（John Stacy Adams）在 20 世纪 60 年代提出来的，该理论侧重于研究工资报酬分配的合理性、公平性及其对员工工作积极性的影响。

亚当斯认为，在组织中，个体对自己是否受到公平合理的对待相当敏感，他们通常更关注的不是所获得的报酬的绝对值，而是跟别人相比的相对性。个体通过与他人不断地比较，对公平与否做出判断，由此影响个体的工作积极性。公平理论的主要内容可以用以下三个公式来表示：

$\frac{O_A}{I_A} = \frac{O_B}{I_B}$ 报酬相当，A 感到公平，对结果满意；

$\frac{O_A}{I_A} > \frac{O_B}{I_B}$ 报酬过高，A 感到不公平，对结果满意；

$\frac{O_A}{I_A} < \frac{O_B}{I_B}$ 报酬过低，A 感到不公平，对结果不满意。

其中，A、B 表示两个比较的个体；O（Output）表示个体通过努力从组织中获得的报酬，包括工资、奖金、津贴、晋升、表扬等等；I（Input）表示个体对组织投入的努力或贡献，包括知识、经验、技能、资历、努力等等；$\frac{O_A}{I_A}$ 和 $\frac{O_B}{I_B}$ 分别表示个体A与B“所得报酬”和“所投入努力”的比率。

公式解释了三种基本的心理状态：比例相等，也就是说报酬相当，个体感到公平，此时个体受激励状态不变；与别人比较报酬过多，个体也会感到“不公平”，但通常情况下这种不公平会使个体产生满意感，受到激励；与别人比较报酬过少，个体会感到不公平。这时个体可能会有心理挫折和失衡、改变投入、要求改变产出、改变对自身的看法、改变对他人的看法、改变比较的对象、自我安慰，与自己不如现在的过去比较、离开组织的行为。

员工产生不公平的因素主要有两方面：一是分配政策是否公平以及执行过程是否公平，即客观是否公平；二是比较主体的公平标准，即主观感受是否公平。

公平理论提出了相对报酬的概念，使管理者认识到“社会比较”是人们普遍的心理现象。利用公平感来调动员工的积极性成为很重要的激励手段。但是对公平与否的判断通常都很主观，利用该理论进行实际操作的难度也非常大。

7.1.4 行为激励理论

行为激励理论主要是研究人的行为如何转化和改造，使人的心理与行为变得积极。行为激励理论最具代表性的就是斯金纳的强化理论。

美国心理学家斯金纳（B. F. Skinner）是强化理论的代表人物，他主要研究人的行为结果对其行为的反作用。他通过研究发现，当一个结果对个体有利时，导致该结果的行为就会重复出现，行为的频率会增加，这种状况在心理学中被称为强化，影响行为频率的刺激物称为强化物，所以，可以通过控制强化物来控制个体的行为，这就是强化理论的基本思想。

1. 强化手段类型

管理人员可以通过强化手段，营造一种有利于组织目标实现的环境和氛围，使组织成员的行为符合组织的目标。强化手段的类型主要有 4 种。

（1）正强化

通过出现令人愉快的结果而使某种行为得到增加和增强。强化物包括很多正面的刺激，比如增加工资、荣誉表彰、赞赏认可、提升以及提供良好的工作环境等，但是正强化与奖励并不完全一致，也就是说奖励并不一定带来正强化。

（2）负强化

这是指预先告知某种不符合组织要求的行为可能导致的后果，这种后果促使个体表现出组织所要求的行为方式以避免不符合要求的行为带来的不愉快的后果。

（3）消退

这是指对个体的某一行为不予回应，以表示对该行为的否定，从而使该个体的这一行为减少，这种方式可以避免正面的否定给个体带来难堪。

（4）惩罚

这是指对个体不符合组织要求的行为给予处罚，给个体带来不愉快或痛苦，通过这种方式来表示对不符合组织要求的行为的否定，从而消除这种行为发生的可能性。

在管理中，奖励会增强在类似情况下再次发生同一行为的可能性，惩罚会减少以后再次发生这种行为的可能性，即无奖励也无惩罚的行为迟早会消失。因此，管理者可以根据这样的特点利用强化理论来塑造个体符合组织要求的行为。

2. 强化程序

强化程序的安排有连续强化和间断强化两种。连续强化是指对每次行为都给予强化。间断强化是指并不是对所有的行为都给予强化，而是在行为出现若干次后才给予一次强化。有固定比率的强化和可变比率的强化，以及固定时间间隔的强化和可变时间间隔的强化。

一般来讲，在行为改变前期使用连续强化，行为改变的后期使用间断强化。

强化理论揭示了行为塑造和修正的客观规律，但是，该理论过多地强调外在激励的作用，忽视了内在激励的作用。

7.2 热点研究

7.2.1 内在激励与外在激励的关系

心理学家把激励分为内在激励和外在激励。一般来说，内在激励是指工作本身带给人的激励，包括工作本身有趣味、让人有责任感、成就感等；外在激励是指工作以外的奖赏，包括增加报酬、提升职务、改善人际关系等等。相比之下，内在激励有更稳定、更持久、更强烈的效果。

关于内在激励与外在激励的关系，目前的研究还不算很成型，但是已有的研究表明两者的关系相当复杂，它们之间至少存在着两种调节机制，即次生强化机制和自我感知效应。

1. 次生强化机制

次生强化激励通常在下述的情况下会发生作用：当事者对所从事的工作并不熟悉，毫无体验，因此对这项工作是否感兴趣并没有概念；或者当事者只是偶尔有过一次的经验，浅尝辄止，尚未及体会其中的乐趣。现在当事者为了某种外部的激励来满足自身相应的外在性需要，比如金钱的报酬来解决温饱问题，而不得不从事此项工作。刚开始对他来说，此项工作纯属获得外部报酬的一种手段，对他起激励作用的只有外在激励，并无内在激励可言。然而在工作之后，他慢慢在实践中对此工作产生了兴趣，发现此工作内容丰富，对自身的发展很有帮助，而工作的成就也很引人注目。于是当事者转变了态度，对这工作本身产生了浓厚的兴趣，此工作吸引他的不仅仅是它带来的外部报酬，更为重要的是工作本身给当事者带来的意义，也就是说工作本身对当事者产生了激励作用，因此在外在激励之外又增加了内在激励。这说明外在激励有时确实可诱发和增强内在激励，两者不是简单的叠加和补充的关系，有可能是外在激励提携助长了内在激励。既然内在激励是产生于初生的外在激励，所以这种作用称为次生强化效应。但是这种效应是否奏效，除了要取决于受激励的当事者本人的个性特点之外，还取决于该项工作本身的性质。

2. 自我感知效应

根据“人际感知论”，个体在推断他人行为动机时，常按当时情境中有无强大明确的外在诱激物而定。若有，则判断此人行为必源于此诱激物引发的外在激励；若无，或者外激物的作用甚微，则为内在激励驱动。

据此，相关的研究学者提出了“自我感知理论”，该理论认为，个体在感知和归因自己的激励状态与激励根源上，存在着如下四种不同的典型情境。

（1）外在激励强而内在激励弱

这指的是环境提供明确且诱激力强的外在性奖酬，但工作本身则枯燥乏味，个体从中学不到什么，也不能带来太多的成就。所以个体心理状态是很稳定平衡的，因为他很清楚地看到自己感受外在激励，并肯定把自己的工作行为归因为外在激励的推动。

（2）外在激励弱而内在激励强

这种情况下工作得不到什么外在性的奖酬，即使有也微不足道，但工作本身却是有趣的、有意义的、富有挑战性的，个体不但能获得能力的提高，还可能会在工作上很有成就感。这时，个体的心态也是平衡稳定的，因为他能明确地感受到内在激励，并肯定把自己的工作行为归因为工作本身蕴含内在性的激励因素。

（3）内在激励和外在激励都弱

工作本身索然无味，并且外在性的奖酬也缺乏有力的诱激力。这种情况下，个体自然是逃避之，但是如果万一置于这种情况下，个体会有什么样的心态？自我感知理论认为个体的心态不稳定，找不到从事此工作的理由，无法归因，内心惶恐。为了给自己的行为找个理由，个体会对工作性质重新估价，使其归因有据而恢复稳定的心态。

（4）内在激励和外在激励都很强

工作本身引人入胜，外在性的奖酬也很有吸引力，这种情况下个体并不会心满意足地接受，自我感知理论认为，个体在这种情况下也会陷入不知所措、难以归因的心理失衡状态。为了摆脱这种局面，使心态恢复稳定，个体会自动在主观上压低工作的效价，将自己工作的行为归因为感受到的外在激励。

该理论认为在心态失衡的状况下，不论是“理由不足”还是“理由过足”，为了使心态恢复稳定，人们都是以调整自我感知的办法，去改变内在性奖酬的效价，却从不改变对外在性奖酬的认识。主要原因是外在性的奖酬是客观的判断，具体存在，很难歪曲或否认；而工作本身的吸引力则全凭个体的主观判断，比较容易根据自己的认识进行调整。这个观点被很多的学者用实验证明。

7.2.2 心理契约

1. 心理契约的内涵

关于心理契约，早期观点认为心理契约是存在于组织和个人间的未书面化的、隐含的契约，它包含了双方对相互间责任和义务的理解和期望。但是，早期研究学者对于“谁是主观理解的主体”都没有明确说明，而是内在地认为存在个人和组织两个主体。

以卢梭为代表的一派认为，组织是抽象的，它作为契约关系的一方只是提供了创造心理契约的环境，并不能反过来与成员形成心理契约。虽然它的代理人可能感知到心理契约的存在并做出相应反应，但是组织本身却没有这种能力。他们还提出，心理契约是个体雇佣关系背景下对雇佣双方相互义务的一种理解或有关信念，这种信念指的是雇员对外显和内在的雇员贡献与组织诱因之间的交换关系的承诺、理解和感知。所以，心理契约被定义为一个雇员对其与组织间的相互义务的一系列信念，这些信念建立在对承诺的主观理解的基础之上，但并不一定被组织或其代理人所意识到。

以盖斯特为代表的古典学派则认为，心理契约涉及双方。他们把心理契约理解为雇佣双方对他们之间的关系以及向对方提供价值的主观理解。

所以，心理契约应该是雇佣双方对各自的权利和义务的主观信念，双方的这种主观信念是一种含蓄的期望和承诺，而且还会相互作用，以一种动态的方式存在：如果双方的期望和承诺得以实现，那么双方的心理契约关系就会持续下去；如果其中任意一方感觉到已达成的心理契约没有得到实现，就会主动地改变心理预期，并发生行为上的改变。

2. 心理契约的特点

心理契约与组织中常见的商业契约相比，有如下几个特点。

（1）主观性

心理契约没有形成正式的文字记录，而是以心理期望的方式埋藏在契约双方的内心深处，期待着对方去理解、估测。心理契约的主观性主要表现在两个方面：第一是个人认知上的差异性。在与组织的关系中，有些员工看到了组织行为中积极的一面，认为组织履行了契约；另一些员工主要看中了组织行为中消极的一面，认为组织未能尽到应尽的义务。第二是不同的员工的需求和期望也不一样。

（2）模糊性

心理契约形成时，没有正式的契约与承诺程序；契约的标的没有明确的数量、质量规定；履约时没有明确的时间、地点、方式；违约时没有具体明确的责任追究；订立、变更、解除时没有明确的权利、义务规定。

（3）双向性

心理契约是组织与员工之间建立的一种双向交互性的联系。一方面是指员工对自己在组织中的权利、发展等方面的期望；另一方面是指组织对于员工的忠诚、责任等方面的期望。组织与员工双方在心理契约中都处于主体地位，是完全平等的。

（4）动态性

与商业契约相比，心理契约的内容具有更大的不稳定性和不确定性。任何有关组织动作方式的调整，无论是物理性的还是社会性的，都对心理契约产生影响。心理契约的内容是随着组织的不同发展时期与组织成员不同的需求而不断变化的。

3. 心理契约的形成过程

卢梭提出了一个比较完整的心理契约形成阶段模型，他认为心理契约的形成并不是一蹴而就的，而是可以区隔为四个明显的阶段或时期。

（1）雇佣前

员工在加入组织之前，往往有一套关于工作、职业和应聘组织的信念，即“图式”。从心理契约形成角度而言，个体在雇佣前所持有的图式通常是不完整的，这就会激励个体去寻求和整合新的信息以便更好地理解新雇佣关系。

（2）雇佣时

这是心理契约形成的第二个关键时期。此一阶段雇佣双方就相互的权利义务及利益关系进行深入的沟通，从而使雇佣双方对各自的承诺有了进一步相互了解 。

（3）早期的社会化

这是心理契约形成的第三个敏感时期。个体一方面会继续收集新的信息，另一方面还会将已收集到的信息进行相互比较和验证。

（4）晚期经验

员工在组织工作一段年限后的晚期经验对于心理契约能否保持动态平衡的影响也是非常关键的。通过对员工心理契约波动规律的分析，发现在晚期经验阶段，存在两个敏感时期：一是员工入职两三年，面临升迁取舍时；二是工作五六年后对前途产生厌倦时。

7.3 技能构建

7.3.1 供讨论和实践的主题

1）若你是一名管理者，你会如何激励你的下属？

2）你喜欢什么样的工作，为什么？

3）回忆一个你曾经从事过的具体工作，使用期望理论解释你在工作中表现良好的动力。该情况的哪些方面对于你来说具有激励作用的？又有哪些方面对你的绩效来说是有阻碍的？你当时的管理者用什么方法来提高你的动力或是绩效。

4）当企业发展不景气时候往往会通过裁员降低运营成本，同时加大留下来员工的工作量。根据公平理论，留下来的员工可能会产生什么反应？

7.3.2 管理技能培养

花一定的时间分析一些你感兴趣的工作，然后回答下面的问题：

1）选择一项最感兴趣的工作。在这个工作中，哪些工作动机理论可以解释你为何成为或者不能成为一个优秀的、受到激励的员工？

2）这项工作是否在马斯洛的每一个层次上都对你产生激励的作用？如何作用？这项工作如何与赫茨伯格的双因素理论相联系？

7.3.3 小组练习

小组讨论

首先，小组讨论是什么驱使你在玩中花费精力？关注为什么，而不是特定的活动。选一个成员陈述其观点。

然后，小组讨论以下问题：

1）你如何才能将一些玩的动机渗透在工作环境中？

2）是什么因素阻止你将工作变得像玩那样更具有内在的激励性？

3）哪些激励理论是与此相关的？

7.3.4 专项作业

举一个简单的例子说明一个小型企业的管理者可能曾经遭遇过的不公平。在你描述的这个情境中，管理者应该如何行动来获取公平？

7.3.5 案例分析

案例 1：蓝色巨人 IBM

20 世纪 90 年代中期以前，IBM 公司可以说是财大气粗，近乎垄断的地位使得 IBM 可以支付任何同类企业都无法匹敌的薪酬福利。然而，在竞争越来越激烈的 20 世纪 90 年代中期，蓝色巨人 IBM 却徘徊在崩溃的边缘。如果不是那位从一家食品公司“空降”过来的首席执行官郭士纳先生展开大刀阔斧的改革，我们今天恐怕已经见不到这位蓝色巨人的身影了。郭士纳在 IBM 的改革首先从薪酬福利开始，他改变了 IBM 公司原有的官僚化薪酬体系，将薪酬与市场接轨，将员工个人的薪酬更多地与绩效以及客户等因素联系起来，同时还将股权从高层管理人员手中大规模地扩展到了一批优秀员工手中。

郭士纳的改革无疑是成功的，但是逐渐走出危机之后，IBM 并没有停留在仅仅依靠薪酬福利来吸引、留住和激励员工上。近些年来，IBM 在大力推行全面报酬的新政策，尤其是在认可员工的贡献、保持工作和生活之间的平衡、企业文化建设以及员工发展等工作体验方面进行了大量的创新。第一，IBM 公司设立了各种各样的认可奖项，其中包括由同事提名的奖项，也包括由管理层提名的奖项。这些奖项可以用来对员工长期服务等各种表现提供奖励和认可。第二，IBM 公司制定了专门的生活和工作计划，将公司原来的很多方案结合起来，明确了平衡员工的工作生活和家庭生活的公司目标。第三，IBM 公司采取了各种措施来改善员工的工作条件，为员工充分提供各种工具和资源，以确保他们工作上的成功。

IBM 公司做出的上述努力，使它在与微软等一些实力更为殷实的企业进行竞争的时候，仍然能够保持对优秀人才的强大吸引力。在 IBM 公司中，负责企业系统部、个人系统部以及软件和技术部的薪酬总监安德鲁·里其特博士说：“我们发现，那些能吸引并留住人才的因素，并不一定能够激励员工，反之亦然。工作体验是报酬中的一个驱动因素，如果我们忽视了这一点，就会给我们带来损失。”因此，“尽管我们是在和一些腰包非常鼓的公司竞争，但是我们仍然能够吸引到真正优秀的人才。我们必须继续努力，提供富有挑战性的工作、自我管理的机会以及让人们发挥自己的作用和影响力的工作场所。如果员工的工作体验不好，我们的人员流失数字马上就会告诉我们正在发生的一切。”

讨论：

1. 薪酬总监安德鲁·里其特博士说：“我们发现，那些能吸引并留住人才的因素，并不一定能够激励员工，反之亦然。工作体验是报酬中的一个驱动因素，如果我们忽视了这一点，就会给我们带来损失。”联系激励理论，谈谈你对这句话的理解。

2. 你认为人为什么工作？

案例 2：他凭什么让员工跟他苦奔

人的需求是多层次的，物质需求只是低层次的需求，使用金钱并不能从根本上激发员工的工作热情。武汉盛世康和健康管理有限公司（简称“康和”）的创始人孙煜昊深谙激励员工之道，他的员工收入不高，但跟他同甘共苦，甚者在公司困难阶段主动放弃工资。他的激励秘籍是什么呢？

每个月都有几个特殊的日子

在康和，每个月都会有几个特殊的日子，员工转正纪念日、员工周年纪念日、员工月度庆生日。

转正纪念日：新员工进入康和，必须经过为期一周的培训，培训结束有考试，考试合格者方可作为试用期员工上岗。试用期结束合格者，成为康和的正式员工。这时，康和会给所有当月转正的员工集中举行一个转正仪式，这就是康和的“转正纪念日”。

周年纪念日：每一位在康和工作满一年的员工，都不会忘记自己的康和年龄又长了一岁，因为康和每个月，都会给在那个月工作满一年的员工举行一个集体周年纪念活动，这就是康和员工的“周年纪念日”，参加五次周年纪念日活动的员工，将会得到一枚“忠诚敬业奖章”。

月度庆生日：康和每个月都给那个月出生的员工过一个集体生日，集体生日庆祝活动那天，不同司龄的员工，会得到一份不同的小礼品，这就是康和的“月度庆生日”。

精英俱乐部、感动人物及其他激励项目

康和的激励项目非常多：按执行时限——月度激励、年度激励、五年激励；按激励目的——绩效促升、文化塑造；按激励对象——激励团队、激励个人；按激励形式——物质激励、精神激励。每个激励项目的侧重点各有不同。

在康和，工作满 5 年的员工，会得到一枚“忠诚敬业奖章”，这是一个纪念性的奖项，是一份荣誉。虽然奖章不是纯金做的，但体现出康和视老员工为最宝贵财富的企业价值观。

年度激励项目有“十大感动人物”评选。“感动人物”评选的目的是引导和倡导康和“精神方面”的趋向，塑造康和以“善”和“爱”为核心的企业文化；感动人物的入选条件跟业绩无关，例如某个社区店的员工在去会员家做家访时，正巧遇到那个爷爷在洗手间站不起来了，这个员工进卫生间扶起老爷爷，帮他穿上裤子，她根本就没来得及想自己还是没结婚的女孩子！就因为这件事，该员工入选康和感动人物。

月度激励项目是“精英俱乐部”。“精英俱乐部”最初是一项针对社区店团队的奖项。在康和，每个社区店都有月度任务，只有该店整体超额完成月度任务，才能进入精英俱乐部。每月一次的精英俱乐部活动，内容丰富多彩，比如骑马啊，学习做饼干啊，陶艺制作啊，唱歌啊，打游戏啊，等等，都是年轻人喜欢的活动。连续3个月进入精英俱乐部，发一个刻有自己名字的奖杯；一年8次以上进入精英俱乐部，奖励出国游一次。精英俱乐部评选活动，极大促进了盛世康和市场人员的团队协作精神和集体优秀意识。

“优秀员工”是针对个人的奖项，和很多企业不同的是，康和的优秀员工评选，分月度、季度、年度三个时间段，并且优秀员工要在员工大会上分享自己的优秀事迹和经验。

另外，还有针对管理干部的优秀管理奖，鼓励创新的创新奖，等等。

讨论：

1. 分析康和的激励项目满足了员工的哪些需求。

2. 其他企业可以借鉴康和的激励项目吗？若可以，在运用时需要注意什么？若不行，为什么？

经典文献

下文是成功学专家博恩·崔西（Brian Tracy）在其著作《激励》中对激励要素的讨论。崔西认为，在所有的组织中，开发程度最低，同时也是最昂贵的资源就是组织里的人。组织要发展，要提高和改善生产率和经营绩效，要实现组织成就和盈利，都与组织员工的技术和能力息息相关。

企业管理者如何激发员工的积极性，使员工充满激情地工作，并实现卓越绩效？具体的激励方法有哪些？崔西在其著作《激励》中对上述问题进行了精彩回答。

激励的四大要素

我们首先来讨论激励的四大要素，它们是任何组织里激励任何人的基本要素。这四大要素包括：①领导风格；②奖励制度；③组织氛围；④工作结构。

领导风格

这是决定员工对公司的感觉如何以及自己受到多大激励的关键要素。经常是这样：仅仅撤换领导就改变了公司的心理氛围，进而改变组织里的员工的整体表现。

合适的领导风格取决于组织目标、公司员工和公司的外部环境。在斯旺团队或消防局，合适的领导风格会更直接、更独裁，负责人快速地告诉员工去做什么，几乎不考虑员工的个人感受。这种风格也可以在创业型组织里发现，这类企业中有很多都在为生存而奋斗。然而，在大多数情况下，传统的自上而下的领导风格不再适合今天的员工，他们希望的是，能够说出自己的想法，领导愿意倾听他们的意见，能对他们的工作方式产生明显的影响。

萝卜白菜，各有所爱。第二种领导风格是合作型的。有一个人可能负责一个部门，但与其他人在同一层次上履行职能，而且与其同事在知识和技能上处于同一水平。在这种类型的组织里，员工因其知识、技能和工作能力而受到尊重。

已经得到确认的其他领导风格包括：命令型、推销型、说服型和参与型。哪种领导风格是否合适取决于员工是新员工还是经验丰富的员工，取决于完成任务的时间是充裕还是紧迫。有时候，要求管理者在不同的情况下，针对不同的员工，采取不用的领导风格。

奖励结构

每个组织都有特定类型的奖励结构，通常因人而异、因部门而异。

正如迈克尔·勒伯夫（Michael Leboeuf）在其著作《世界上最重要的管理原则》（*The Greatest Management Principle in the World*）中所说："只要有奖励，工作就能完成。"如果你希望组织里什么行为出现得更多，就增加对这种行为的奖励。如果你希望组织里某种活动减少，就减少对这种活动的奖励，或者加大对这种行为的惩罚和反对力度。员工会对激励做出反应。

对公司来说，确定其营利性最高的产品和服务，然后提高销售人员销售这些产品和服务时的佣金比例，但同时对营利性较低的商品维持较低的佣金比例，这是相当普遍的做法。销售员以及管理者会对实施特定行为或实现特定目标的经济奖励做出极快的反应。

组织氛围

你的公司是个"伟大的工作场所"吗？组织氛围是由管理层刻意营造出来并保持的，它主要由组织框架内各层级人员之间相处的方式构成。

托马斯·J. 沃森（Thomas J. Watson）创办IBM公司的时候，列出了该公司的三大核心价值观。这些价值观（尊重个人、追求卓越、服务顾客）决定了IBM的未来，最终使之成为世界上最大、最受尊敬的计算机公司。

"尊重个人"的原则在该公司国内、国际的各个层面上都得到了坚决执行。不管是在公司里还是在公司外，你几乎可以犯任何错误，但有一个除外：你不能轻视、贬低或者侮辱别人。对待别人，尤其是下属，态度恶劣，将成为被解雇的理由，不管你在IBM工作了多长时间。

作为重视组织氛围这个要素的结果，员工不仅在刚开始进入IBM公司的时候就要展开激烈的竞争，而且凡是在IBM工作过的人，都是任何行业、任何公司里最开心、最具生产率和创造力的优秀员工。

工作结构

有些工作本质上就具有激励效果，要求员工发挥创造力、想象力和具备充沛的精力。那些要求与其他人进行沟通、协商和互动而取得合作才能迅速完成的工作，那些能让个人发挥出全部体力的工作，才会令人兴奋，让人觉得具有挑战性。通常情况下，它们也是报酬很高的工作。

然而，大量的工作必须做到标准化、常规化，而且为了实现完工效率和成本效率，需要工作变得单调些。很难激励那些成天在生产线上工作的工厂工人，为了确保最高的生产率水平，他们的工作受到严格的监控和监管。

优秀的组织总是试图去构建工作，从而使工作的性质和负责该工作的员工的天性相吻合，让工作尽量变得快乐、有趣。

领导者能产生立竿见影的效果

奖励结构、组织氛围和工作结构都可以得到改变，但改变起来通常很缓慢，任何问题都必须进行仔细且详尽的考虑。不过，组织的领导风格是一个可以快速得到改变的因素，几乎可以在一夜之间就在这方面完成重大改变。

有一家工厂，其管理者的政治意识非常强，他们更为关心的是自己的报酬和特权，而不是工人的士气。工厂士气低下，生产率水平很低，产品缺陷率却很高，工厂濒临被总公司关闭的边缘。

总公司没有关闭这家工厂，而是派去了一位新的总经理，完全撤掉了现有的管理层。上任第一天，当第一班工人赶来上早班，把车停在没有铺砌的停车场，蹚过泥水走向工厂入口的时候，这位总经理已经等候在那里了。当整班员工都到齐了的时候，这位新来的经理进行自我介绍，然后当着大家的面，走到工厂大门旁边的过去专门为管理层上班而预留的车位。助手递给他一桶油漆后，这位总经理沿着墙壁，把预留车位的原管理者的名字全部涂抹掉。他对员工说："从今往后，谁先到工厂，谁就用最好的停车位。"

不到6个月，这家工厂的生产达到历史最高峰，成为全公司在国内最有生产力、最盈利的工厂。一位领导者，如果发挥出强大的激励能力，而且为组织制订出明确清晰、令人激动的愿景，他就可以成为组织变革和转型的激励力量。即使其他方面没有发生任何改变，也能做到这一点。

第 8 章　领导

开篇导读

乔布斯是合格的领导者吗

1981 年 8 月 12 日，对于乔布斯和他的苹果电脑公司来说，是一个刻骨铭心的日子，正是从这一天开始，在个人电脑（PC）市场如日中天的苹果遇到了真正的敌手，在越来越激烈的竞争中败下阵来，走入了漫漫的“熊途”，甚至差点儿倒闭。乔布斯也展现了他一如既往犀利激越的性格，在报纸上登载了一通广告：“欢迎 IBM 公司：苹果公司真诚欢迎你们和我们合作！”以此嘲弄 IBM 这个不合格竞争者。

此后，许多厂商开始按照 IBM 的 PC 机的模样制造电脑，包括后来成立的戴尔和康柏，而苹果电脑公司却被边缘化，甚至濒临破产，投入重金研发的两款先进电脑 Lisa 和 Macintosh，不是完全失败，就是濒临失败。乔布斯也在 1985 年 9 月被自己请来的、曾经卖糖水（百事可乐）的 CEO 赶出了苹果电脑公司。

或许，当苹果遇到了乔布斯，一切命运就注定了，这个性格和哲学都与众不同的领导人注定要像莎士比亚笔下的人物一样，遭受失败的折磨，让苹果走向衰落，经过炼狱的煎熬之后，再把这个濒死的公司重新带上云端。

乔布斯所具有的性格是一把双刃剑。外界评价他偏执、不合群、要求绝对服从、时刻想当老大、独裁、缺乏民主作风……这样的性格随着他的起起落落，并没有太大改变，只有程度上的调和和策略上的退缩而已。乔布斯的联合创始人沃兹是个技术天才，热衷于利用业余时间制作 PC 电路板。然而，沃兹有一个技术人员常有的弱点：只低头制作产品，却不懂市场、用户体验，也缺乏一以贯之的恒心。乔布斯的性格恰好与沃兹形成了互补，他虽然技术能力一般，但是有商业头脑，又天不怕地不怕、固执、一路走到黑，还有抓住人死缠硬磨的本领。

敏锐的乔布斯抓住了一次机会：在与别人交谈时他发现，消费者期待的是一台个人电脑，而不是一块电路板。于是，他决定为消费者提供个人电脑。也许恰好是因为他技术不精，才脱离了那些技术极客的视角，从顾客的角度看问题，从而成功推出了个人消费电脑，重新定义了 PC 行业。这次发现也奠定了乔布斯一生的基调：制造面向消费者的产品，注重技术，但更注重技术带给人们的使用体验，越到后来，他对于使用体验的追求越强烈，甚至到了偏执、不计后果的程度。在乔布斯的坚持下，苹果公司的资金、管理层都走上了正轨，从而为它的辉煌创造了条件。

十年后的苹果再也不是当年的苹果，它的CEO也换过了两茬，董事会里充满了各式各样稀奇古怪的人，但他们有个共同的特点：不懂电脑。这样的格局让乔布斯很轻松控制了董事会。回归苹果的乔布斯似乎仍然脾性不改，专制、傲慢……竭力向人们证明自己，他还能够改变世界。此时，他的思想已经从十年前的萌芽变得成熟。他知道，苹果的基因注定它不是一家单纯的电脑公司，而是能给消费者提供最佳体验的消费电子公司。

思考题：

1）你怎么看待乔布斯性格里的偏执对整个行业引领的革新？

2）从苹果公司起起落落，最终走向伟大的公司的发展历程看，你觉得乔布斯身上具备哪些领导品质？又有哪些特质阻碍了公司的发展？

8.1 理论回顾

8.1.1 领导本质

1. 领导的定义

一位管理学家说，有多少个管理学家，就有多少个领导的定义。传统的管理理论认为领导是组织赋予一个人的职位和权力，以率领其部署实现组织目标。但多数行为学家认为领导是一种行为和影响力，这种行为和影响力可以引导和激励人们去实现组织目标，是在一定条件下实现组织目标的行为过程。领导的定义从来就没有统一过，每个研究者都试图阐明领导的定义。

孔茨认为，领导是一种影响力，或叫作对人们施加影响的艺术或过程，从而使人们心甘情愿地为实现群体或组织的目标而努力。

霍德盖茨认为，领导就是对人们施加影响并把他们的努力引向某个特定目标的过程。

罗宾斯认为，领导是一种能够影响一个群体实现目标的能力。

以上定义从不同角度说明了领导的特征。综上所述，所谓领导是一种影响人们实现组织或群体目标的能力和过程。具体地说，领导是一个人以他的实际影响力去解决存在于人们之间的问题，以其能力和威望去影响人们达到某种目标的过程。领导必须具备影响力，这种领导的影响力不一定来自上级组织的任命，也不一定要有实际的权力。从本质上来说，领导和管理是两个不同的概念，领导是一种影响力，管理是对组织资源进行有效配置的过程。管理带给组织一种秩序和效率，领导强调带给组织一种变革和发展。

2. 领导者的职能

领导者应该是一个多职能的角色，具体来说，有以下十个方面的职能。

（1）沟通职能

保持组织内部信息沟通通畅，并与外界保持良好的信息沟通，使组织成为一个开放式的信息系统。此外，还要与员工保持一定的情感沟通。

（2）决策职能

领导者要善于发现问题，集思广益，拟订方案，分析评估，当机立断。做到运筹帷幄，决胜千里。

（3）规划职能

领导者规划组织的长、中、短期目标，细分进度，制定方针，设置步骤，引导组织努力实现目标。

（4）组织职能

领导者筹划设立组织机构，制定岗位规范，知人善任，分工授权。

（5）表率职能

领导者必须遵守规章，身体力行，遇到困难敢为人先，用榜样的力量带动下属。

（6）指挥职能

领导者需要行使权力，统率众人，指引和影响组织向目标努力。

（7）监督职能

领导者评估组织目标的实施进程，提供反馈信息，督促和建议改进。

（8）创新职能

在动态基础上，领导者不断谋划变革，适应外界环境变化，提高组织竞争力和生存力。

（9）激励职能

领导者需要激发下属的内在心理需求，调动下属积极性，使人们充满热情，满怀信心，通过科学有效的奖惩制度，提高工作绩效。

（10）协调职能

领导者要协调各个部门之间的人力、资金、物料等资源，使其优化组合，发挥最大效能。

3. 领导的有效性

领导的有效性是领导者、被领导者和环境三方面相互制约、相互影响的结果，领导的有效性可以用下列公式来表示：

领导的有效性 = f（领导者、被领导者、环境）

（1）领导者

领导者是领导活动中最活跃的构成要素。领导者是组织中的一员，与其他组织成员有共同的目标、利益和要求，处于平等地位；同时，领导者又是组织的代表和带头人，与其他组织成员有着领导和被领导的分工关系，在领导活动中起着确立目标、进行决策和监督指导决策实施的重要作用。领导者可以是个体，也可以是群体。作为个体，一个好的领导者，应具有良好的素质，接受过专门的严格训练，具备适应领导行为要求的业务水平和实践经验；作为群体，领导班子应该是一个具有合理整体结构和长短互补效应、团结向上的集体。

（2）被领导者

被领导者，即在领导者组织、指挥和管理之下，进行社会活动的人员，是领导活动的执行者，是领导目标的实施者。组织活动中，相对于领导者的主体地位，被领导者是领导行为的客体；相对于组织活动的作用对象来说，被领导者又与领导者共同构成主体。所以，被领导者并不是完全被动的要素，其对领导者也有反作用，其素质，工作的自觉性、主动性和创造性，与领导者之间关系的融洽程度以及对组织的关心程度，在很大程度上决定着领导的有效性和组织活动的整体绩效。

（3）环境

客观环境是影响领导者从事领导活动的一切时间、空间条件和其他因素。领导者、被领导者在一定环境下实现领导目标，环境因素的变化对领导过程和领导效果的好坏有着很大影响。

领导的有效性取决于以上三个方面因素的共同作用。

8.1.2 领导特质理论和领导行为理论

1. 领导特质理论

在领导理论研究的早期，学者们主要集中在对领导特性的研究。20 世纪 30 年代出现的领导特质理论试图寻找领导者身上独特的个人特质，并且认为，正是这些别人不具备的特点导致领导的成功。心理学家们对此进行了大量的研究，发现领导者的主要特质包括以下五个方面。

（1）智力

智力指的是领导具有较强的表达能力、洞察力和理性的思考能力。但是，许多研究者指出领导者的智力与其下属并没有太大的不同。领导者如果以为自身的智力超常，那么他们就很难与下属进行交流，因为这样的领导者往往会先入为主，或者他们的一些想法过于超前而不能被下属接受。所以，智力对于领导的影响尽管是存在的，但有点模糊不清。

（2）自信心

自信心是一项有助于一个人成为领导者的特质。自信心指的是对自身能力和技能的相信程度。它包括自尊心、胸有成竹和对自身影响力的信念。领导是一种影响别人的过程，自信心使领导者感到自身影响他人的企图是合适的、正确的。具有这种特质的人一般都拥有“高权力需要”。

（3）决断力

决断力指的是完成某项工作的愿望以及包含主动性、坚韧性、支配力和驱动力的性格。具有决断力的人确信他们是比别人技高一筹的，他们在面对困难时能异常坚定。领导者的决断力显示了一种支配性的影响，尤其是在下属需要引导的时候，这种特质就显得异常重要。

（4）正直

正直意味着诚实与可信。领导者正直的行动显示了领导者对原则的坚定性和敢于承担责任的勇气。领导者凭借正直这一特质可以鼓动他人去做他想做的事情，因为正直的领导者能够取得下属的信任。这样的领导者是可信的、值得依靠的，也是没有欺骗性的。正直的领导者可以强化下属对他们的信赖。

（5）合群

合群指的是领导者建立良性社会关系的意向。领导者的合群性表现在友善、乐于助人、谦恭有礼、机敏和富有策略性。他们对他人的需求非常敏感并表现出对他人生活的关心。合群的领导者具有很强的人际交往能力并且能够创造具有合作性的领导关系。

另外，有研究表明，个体是否是高自我监控者，即在调节自己行为以适应不同环境方面是否具有很高的灵活性，也是一项重要因素，高自我监控者比低自我监控者更易成为群体中的领导者。

对领导特质的研究在很长一段时间内，除了带有一些神秘主义的特质外，并没有给出特定的答案。有的研究成果曾列出近80项领导特质，但人们未找到一些特质因素总能对领导者与下属以及有效领导者与无效领导者进行区分。大量研究只能得出这样一个结论：具备某些特质确实能提高领导者成功的可能性，但没有一种特质是成功的保证。特质论在解释领导者行为方面乏力的原因有三点：第一，它忽视了下属的需要；第二，它没有指明各种特质之间的相对重要性；第三，它忽视了情境因素。尽管有很多不足，领导特质理论的研究结果对于如何挑选和培养领导者仍然有重要的指导作用。特质论的重点已经从人格特质转移到了与工作相关的技能上，比如，已经鉴别出有效管理所必需的技术、概念和人际技能。这些技能在领导理论的应用中已经变得非常重要。

2. 领导行为理论

从20世纪40年代末开始，研究者开始把目标转向具体的领导者表现出的行为上，希望了解有效领导者的行为是否有独特之处。关于行为理论的研究很多，比较流行的主要有俄亥俄州立大学的研究、密歇根大学的研究、管理方格理论。

（1）俄亥俄州立大学的研究

首先研究领导行为类型的是俄亥俄州立大学教授R. 斯托蒂尔（Ralph Stogdill）、E. 弗莱希曼（Edwin Fleishman）、J. 海普尔（John Hemphill）和他们的同事。相关研究认为，领导的工作行为有两个维度：工作维度和人际维度。其中，工作维度指的是领导者更愿意界定和建构自己与下属的角色，以达成组织目标。它包括设立工作、工作关系和目标的行为。高工作结构的领导者向小组成员分派具体工作，要求员工保持一定的绩效标准，并强调工作的最后期限。人际维度指的是领导者尊重和关心下属的看法与情感，更愿意建立相互信任的工作关系。高人际关系的领导者帮助下属解决个人问题，友善而平易近人，公平对待每一个下属，并对下属的生活、健康、地位和满意度等问题十分关心。这是一种注重下属及人际关系的领导行为。按照这两个维度在领导和群体中的表现程度，把领导行为分为四种类型（见表8-1）。

表8-1　俄亥俄州立大学的研究

		工作维度	
		高	低
人际维度	高	高绩效 低不满 低流动	低绩效 低不满 低流动
	低	高绩效 高不满 高流动	低绩效 高不满 高流动

低工作、低人际的领导者，对组织、对人都不关心，一般来说，这种领导方式效果差，会导致低绩效、高不满、高流动。

低工作、高人际的领导者，大多数较为关心领导者和下属之间的合作，重视互相信任和互相尊重的气氛，容易产生低绩效、低不满、低流动。

高工作、高人际的领导者，对工作、对人都比较关心。一般来说，这种领导方式效果好，会产生高绩效、低不满、低流动。

高工作、低人际的领导者，最关心的是工作任务。这种领导方式容易产生高绩效、高不满、高流动。

可以看出，在工作和人际维度均高的领导者常常比其他三种类型的领导者更能使下属取得高绩效和高满意度。总之，俄亥俄州立大学的研究者是最早指出并且强调人际维度和工作维度在领导评估中重要的观点，他们提出的“高—高”风格能够产生积极效果，但同时也有足够的特例表明这一理论还需加入情境因素。

（2）密歇根大学的研究

与俄亥俄州立大学的研究同期，密歇根大学调查研究中心 R. 莱克特（Rersis Likert）也进行着相似性质的研究。在对某公司的研究中，12 对高低生产效率配对的小组被选择参加测试。每一配对表征一个高产分部和一个低产分部，其他变量，诸如工作类型、工作条件以及方法在每一对比较的部门间都是相同的。该研究由 24 个分部主管和 419 名事务型员工参与完成了无定向访谈。结果显示，高产部门的主管，在他们的管理风格上更显著地表现得全面而不是狭隘，并且是以员工为中心的。而低产部门的主管存在相反的特征和技能。他们被发现是狭隘的，是单一生产取向的主管。另外一个重要的但是常常被忽略的发现是，员工的满意度与生产率之间没有直接的相关性。

密歇根大学的研究群体也将领导行为划分为两个维度，关心生产和关心人。在进行领导行为类型划分的同时，他们还研究了不同工作绩效、不同工作群体的管理方法问题。莱克特认为，高工作绩效群体的领导要把管理的中心转向员工，尽可能减少对工作的指导；而工作绩效不理想群体的领导则应该更多地关心人的工作和生产。对于不同的部门，管理方式也要有所不同。因此，领导方式要根据实际工作的要求来选择。

（3）管理方格理论

在俄亥俄州立大学提出的领导行为四分图基础上，美国学者布莱克（Robert R. Blake）和穆顿（Jane S. Moutan）于 1964 年提出管理方格图。他们将四分图中对人的关心和对生产的关心这两个方面的程度各划分为 9 等分：1 代表关心程度最小，9 代表关心程度最大，交叉形成 81 个方格，如图 8-1 所示。

评价管理人员时，按这两个维度的行为寻找交叉点，便是其领导行为的类型。领导者纵轴的积分越高，表示他越重视人的因素，纵轴 9 分的领导者对人最为关心。领导者在横轴的积分越高，表示他越重视生产，横轴 9 分的领导者对生产最为重视。

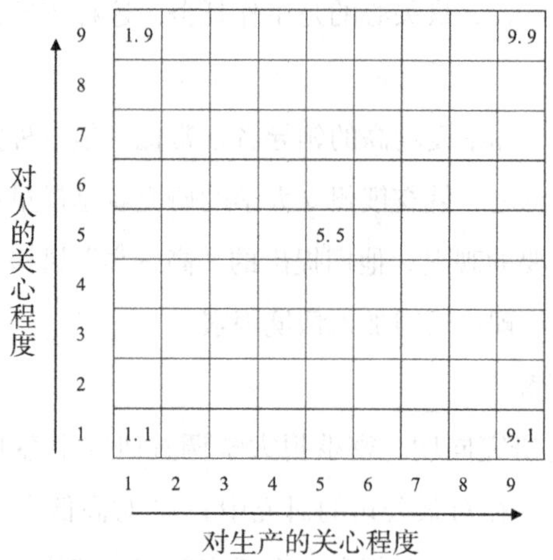

图8-1 管理方格图

在管理方格理论中的81种类型中，布莱克和穆顿主要阐述了5种具有代表性的类型：贫乏型管理、任务型管理、中庸之道型管理、乡村俱乐部型管理和团队型管理。

1）贫乏型管理（1.1组合）的特征是对必需的工作付出最少努力以维持恰当的组织成员关系。领导者几乎放弃其职能，即不管工作，也不关心人。

2）任务型管理（9.1组合）的特征是由于工作条件的安排达到高效率的运行，使人的因素影响降低到最低程度。领导者通过权力和控制进行运作，最关心的是工作。

3）中庸之道型管理（5.5组合）的特征是通过保持必须完成的工作和维持令人满意的关系之间的平衡，使组织的绩效有实现的可能。领导者致力于保持完成工作和维持员工关系之间的平衡。

4）乡村俱乐部型管理（1.9组合）的特征是领导者对员工关怀备至，重视创建友好气氛和工作基调，但对任务、效率、规章制度、指挥监督很少关心。

5）团队型管理（9.9组合）的特征是工作的完成来自于员工的奉献，由于组织目标的“共同利益关系”而形成相互的依赖，创造了信任和管理的关系，让群体成员广泛参与，为目标而奋斗。

到底哪一种领导方式最佳呢？布莱克和穆顿组织了许多研讨会，参加者绝大部分人认为9.9型最佳。遗憾的是，管理方格理论只是为领导风格的概念化提供了框架。并且，也没有实质性的证据支持在所有情境下，9.9型风格都是最有效的方式。

8.1.3 领导的权变理论

由于未能在特质和行为方面获得一致的结果，研究者开始重视情境的影响。于是20世纪60年代之后，领导理论进入“权变论”阶段。该理论认为领导行为的有效性不单取决于领导者个人的行为，并没有固定的有效领导类型，应当根据具体情景和场合（情势）的不同而采取不同的领导方式。

1. 费德勒模型

美国学者弗雷德·费德勒（F. E. Fiedler）提出领导有效性权变模型，认为任何领导形态均可能有效，其有效性完全取决于所处的环境是否适应。有效的群体绩效取决于以下两个因素的合理匹配：领导者风格与其下属风格相互作用的匹配；工作情境对领导者行为有效性的控制和影响程度。

费德勒开发了测定领导者风格的一份调查问卷——LPC（Least-preferred Co-worker，最不喜欢的同事），要求被测试的领导者在周围同事中，无论是同级、上级或部下，找一位自己在工作中最难对付或合作的人，然后想象这个被选择的对象，并对其印象按 LPC 表中所描述的词语进行评价。一个领导者如对其最不喜欢的同事仍能给予好的评价，即被认为对人宽容、体谅、提倡人与人之间友好的关系，是关心人的领导。如果对其最不喜欢的同事给予低评价，则被认为是惯于命令和控制，不是关心人而是更多地关心任务的领导。

关于工作情境，费德勒列出三个维度：①领导者与下属的关系。领导者对下属信任、依赖和尊重的程度；②任务结构。工作任务的程序化程度和规范化程度；③职位权力。领导者拥有的由正式授权而获得的权力变量的影响程度。费德勒根据这三项来评估工作情境。他指出，领导者与下属的关系越好，任务的结构化程度越高，职位权力越强，则领导者拥有的控制和影响力也越高。相反，如果领导者与下属关系不融洽，任务结构化程度低，职位权力弱，此时领导者的控制力很小。这三项变量总和起来，可以得到八种不同的情境或类型，不同的领导者在不同的情境中具有不同的工作绩效，如图 8-2 所示。

类型	Ⅰ	Ⅱ	Ⅲ	Ⅳ	Ⅴ	Ⅵ	Ⅶ	Ⅷ
领导者与下属的关系	好	好	好	好	差	差	差	差
任务结构	高	高	低	低	高	高	低	低
职位权力	强	弱	强	弱	强	弱	强	弱

图 8-2 费德勒模型

只有当领导风格与情境二者相匹配时，才会达到最佳的领导效果。费德勒认为，任务取向型的领导者在非常有利的情境和非常不利的情境下工作绩效更高，而关系取向型的领导者则在中等有利的情境下工作绩效更高。即当面对Ⅰ、Ⅱ、Ⅲ、Ⅶ、Ⅷ类型的情景时，任务取向型的领导者干得更好。而关系取向的领导者在Ⅳ、Ⅴ、Ⅵ型的情境中干得更好。

按照费德勒的观点，个体的领导风格是稳定不变的，因此提高领导者的有效性实际上只有两条途径：①替换领导者以适应情境。例如，如果群体所处的情境被评估为十分不利，而目前又有一个关系导向型的领导者，因此，只有替换为一个任务取向型的领导者才能提高群体绩效。②改变情境去适应领导者。可以通过任务结构化程度提高或降低领导者可控制的权力因素，如加薪、晋升或训导活动等。假设任务取向型的领导者处于第Ⅳ型，如果能显著增加他的职权，即在第Ⅲ型情境中活动，则领导者与工作情境更加匹配，因而可以提高群体绩效。

但是费德勒模型也存在一些欠缺。LPC 量表的逻辑性尚未被很好地认识，一些研究者指出回答者的 LPC 分数并不稳定。三项权变变量对于实践过程进行评估难以量化评价，即在实践中很难确定领导与下属的关系有多好，任务结构化程度有多高，以及领导拥有的职权的强弱。

2. 路径—目标理论

路径—目标理论是由加拿大多伦多大学教授埃文斯（Martin G. Evans）于 1968 年提出，后由他的同事豪斯（R. House）教授在 1977 年给予补充和发展而形成，是近年来国外颇受重视的理论。

路径—目标理论以期望值理论为依据。该理论认为，领导者不仅要帮助下属阐明并实现他们的目标，还要对下属提供必要的指导和支持，排除下属目标中的障碍，在工作中给予下属多种满足需要的机会。领导者的效率取决于他促进下属达成组织目标并使下属在工作中得到满足的能力。为此，领导者应该做到：阐明对下属工作任务的要求；用关心生产的方式帮助员工扫清达到目标的通路。

与费德勒的领导行为观点相反，豪斯认为领导者是弹性灵活的，同一领导者可以根据不同的情境表现出任何一种领导风格。为此，豪斯区分了以下四种领导风格。

指导型。领导者让下属明确他们应该做什么和如何去做，并对下属提出期望和具体的工作指导，同时要求按时和保质保量地完成工作。

支持型。领导者态度友好，关心下属的需求、福利等行为目标。

参与型。领导者与下属共同协商，在决策时总要倾听下属意见。

成就型。领导者树立挑战性的工作目标，期望下属高质量完成任务，对下属努力程度有较高水平的信任。

四种风格如何选择要考虑两方面的情境因素：一是下属的个性特点。如员工的领悟能力、受教育程度、责任心及各种心理需求。二是所面对的工作环境，包括工作性质、权力结构、工作团体情况等。一般来说，对于常规性任务，工作内容非常明确，如果领导者事必躬亲，不肯放手，员工会感到厌烦和不满意；对于多变的任务，工作内容模糊不清，员工无所适从，如果领导者能够适时做出明确规定和安排，员工满意度就高。

路径—目标理论的贡献在于，它指出了另外一些权变变量，并且扩展了领导者行为的选择范围。模型所描述的每种领导风格都是明确基于一种激励模型。但是整个模型还未得到研究证明，在某些方面仍然是可推测性的。

3. 领导—成员交换理论

前两种理论都基于这样一个假设：即领导以同样方式对待所有下属。但是在群体中，领导对待不同下属的方式是不一样的。乔治·格里奥（George Graeo）由此提出领导—成员交换理论。

领导—成员交换理论指出由于各种原因的影响，领导者对隶属于不同群体的下属有不同的领导关系。其中，领导者与少部分人建立了特殊关系，这部分人成为内团体。内团体的群体深为领导者青睐，进入该团体的成员可以获得领导者更多的关心和信息资源。领导者可以不依赖正式的权力去影响他们。而其他下属则成为外团体成员，外团体的成员则不被领导所器重，他们占用领导的时间较少，很少能从领导者那里获得有价值的资源。他们与领导的关系完全是在正式的权力系统上形成的。

该理论指出，领导者与下属交往过程中，有意识地将下属划分为内团体和外团体，并且这种关系一旦稳定下来就有相对的持久性。研究表明，领导者高估内团体成员业绩表现的概率远远大于外团体成员，他们对内团体成员的偏爱大大提高了内团体成员的工作积极性和出色完成任务的信心。

领导—成员交换理论是一个互动的过程，这一互动过程要求领导者为了达到绩效目标和更持久的变化，应该倾向于在短期内改变下属的自我概念。同时，下属通过他们的反应互动地改变领导者的自我模式，两者都作为个体通过集体或团体的反馈而调整自我认识。至于领导者划分内团体和外团体所依据的标准是什么，还不是很清楚，但下属的年龄、性别、态度、能力、人品、性格等因素无疑是起作用的。

8.1.4 新型领导理论

最新的领导理论表现出截然相反的两种倾向：一是对领导者个体特质的强调，例如魅力型领导和变革型领导。与此同时，自我领导与超级领导理论指出，领导不再是某个人的专利，人人都可以成为领导者。这一相互矛盾的两种倾向，证明人们对领导这一社会现象的认识还没有走到终点。

1. 魅力型领导

魅力型领导是指那些通过个人能力的力量对追随者们产生深刻而非凡影响倾向的个体。豪斯从魅力型领导的影响来定义魅力：魅力是领导的一种特殊素质，他们的意图、权力和超平常人的果断使他们和一般人区别开来；魅力型领导就是那些能带来高标准结果的人，而且这些结果往往超乎寻常；魅力型领导的关键是包括领导者和追随者之间的交互关系，接受领导的人必须将魅力型的品质归因于领导者。海波特认为，豪斯提出的魅力型领导结果可以分为三个维度，分别是参考权、专家权和工作投入。参考权源于领导者的品质和特征，专家权源于个人专有的知识、技能或能力，工作投入是指领导者能鼓励团队成员更投入地工作的程度。

魅力型领导是如何影响下属的呢？第一，领导者清晰地描述宏伟的前景，将组织现状与未来联系在一起，使下属有一种连续的认识。第二，领导者向下属传达高绩效期望，并对下属达到期望表现出充分的信心。第三，领导者通过言语和活动传达一种新的价值观体系，并以自己的行为为下属设立了效仿的榜样。第四，魅力型领导者可以做出自我牺牲和反传统的行为，表明他们的勇气和对未来前景的坚定信念。

越来越多的研究表明，魅力型领导与下属的高绩效和高满意度之间有着显著的相关性，为魅力型领导工作的员工受到激励而付出更多努力去工作，而且由于他们喜爱自己的领导，也表现出更高的满意度。

2. 交易型领导和变革型领导

领导理论在最新发展过程中将领导行为分为交易性质的行为和变革性质的行为，这一分类为领导行为的研究开辟了新的思路。

交易性质的领导行为是以奖赏方式来领导下属工作，当下属完成特定的工作后，便给予承诺的奖赏，整个过程好像一项交易。这种类型的领导是通过明确角色和任务要求而指导和激励下属向着既定的目标活动。可以说 20 世纪 80 年代以前创立的领导行为理论和权变理论都是以交易性质的领导行为为基础的。俄亥俄州立大学的研究、费德勒模型、路径—目标理论，讲的都是交易型领导。

变革性质的领导行为除了引导下属完成各项工作外，还会以领导者的吸引力，通过对下属的激励、刺激他们的思想和对他们的关怀，变革他们的工作态度、对工作的信念和价值观，使他们为了组织的利益而超越自身利益，而更加投入工作。变革性质的领导方式可以使下属产生更大的归属感，满足下属高层次的需求，获得高的生产率和低的离职率。

从以上分析来看，变革型领导者同交易型领导者的行为方式有本质区别。交易型行为聚焦于领导的管理方面，是指业绩监控、纠正错误和奖励成绩这样的行为，在交换中谋求一种平衡；而变革型领导者能够把追随者从自我中心的个体变成忠于群体的成员，激发追随者取得超出预期的成绩，试图为组织提供一种希望和发展动力。

3. 自我领导与超级领导理论

在 21 世纪初，从领导他人向领导自己的转变是领导理论获得突破的重要标志之一。

这一转变与领导的拓展是一致的。现在的领导者必须自愿地将自主权授让与他人，使他们也成为领导者。领导者必须鼓励人们去激发自己巨大的潜在能力；必须鼓励人们打破常规，勇于创新，并甘冒风险去实现自己的理想与目标；必须鼓励人们对追求卓越产生热情。在领导者的作用下，被领导者受到鼓舞而变得生机勃勃，充满创造性。他们尽情地发挥聪明才智，并能以明确的目标指导自己的行动，他们成为有能力的自我领导者。这样自我领导者是以主人翁的姿态去完成任务的，而不是被动地为了顺从某个领导者的个人想法才去这样做的；他们成为组织赖以生存的支柱，有了他们，甚至在领导者离开组织的情况下，组织也能够照常运转。

行为论的研究重点在于领导者应该做什么；而权变论的研究重点在于探讨有效的领导方式。他们都是建立在“领导者—被领导者”这个二元结构上的，他们将领导者如何影响员工、如何使这一影响更为有效置于核心地位，而把被领导者自身潜能的释放、潜在领导者的培养等许多问题都排除在外，所以20世纪的领导都属于强权领导。21世纪初诞生的超级领导理论，使人们对领导的理解发生变化。超级领导理论对被领导者的理解不是工具式的，它将积极释放下属的能力置于首位，着眼于如何使被领导者成为自我领导者。超级领导理论的诞生首先依赖于领导观念的变革，即强有力的领导不是统治别人和让别人去做你想让他们做的事情，它是一种激发部属无穷的才智并使他们成为自我领导者的过程，这一观念的转变是实施超级领导的关键。

超级领导和自我领导使组织获得了强大的抵抗各种挑战和冲击的能力。同时，自我领导与超级领导也是相辅相成的，有了超级领导的激励和授权，自我领导才能得以实现；自我领导的出现也使得超级领导名至实归。所以，超级领导和自我领导理论值得重视与研究。

4. 领导的替代品和放大器

以史蒂文·科尔（Steven Kerr）为代表的研究者提出了一个略带权变色彩的全新领导理论。他们认为，如果环境和领导者不能迅速发生改变，就会产生领导的替代品或放大器。领导的替代品是指通过利用其他资源代替领导，从而使得领导角色成为多余的因素，它们来源于任务、组织和员工的权变因素，像员工的丰富经验、明确的规章，或是团结的工作群体等，替代品的存在有助于降低对领导者任务导向的传统需要。除此以外，还有其他一些因素也可以充当替代品的角色，例如内部可以产生满足的工作、员工的专业导向，或是员工的很高的独立需要等，这些都有可能减弱对领导者关怀导向行为的需要。

相反，领导者现有的特征和能力可以通过其他因素得以明确和加强。领导的放大器是指放大领导者对员工影响的因素。通过加强领导者的地位或报酬权力，或是在经常性危机下使用的领导风格，可以强化领导的指挥导向。通过鼓励更多的团队工作活动和增加决策中的员工参与，可以放大参与型领导风格。替代品 / 放大器方法的重要贡献是当组织不能更换或培训领导者或是不能寻找领导者和工作的更好搭配时，组织仍可以有多种解决方法。但是，领导者的感情因素在这也是很危险的：有的人以前认为他是相当重要的，现在却发现被部分地取代了，就可能损害他的自尊。

8.2 热点研究

8.2.1 跨文化领导

商业的国际化是跨文化领导兴起的主要背景。这一背景是在 20 世纪 80 年代开始出现的。跨国公司的兴起是跨文化领导出现的经济前提。这一趋势发展的最终结果就是全球化时代的来临。经济全球化也是一个文化交流和文化会聚的时代，领导被注入了崭新的内容，即领导活动不再受制于单一文化体系和单一价值观念的束缚，从而呈现出新的特点。

1. 跨文化领导是一种追求知识的活动

由于跨文化领导是在具有差异性的文化交流过程中形成的，对各种价值观念、风俗习惯、制度惯性的了解，就成为对跨文化领导者的特有要求。显然，跨文化领导与原来的单一文化体系中的领导相比，对领导者知识素质的要求是较高的。今天，任何一位领导者都必须养成提高个人智能的习惯，并要有能力吸收、解释与分析各种对制定战略决策有用的相关信息。拥有丰富的知识资源，可以帮助领导者增强辨别各种信息的价值及其相关性的能力。这对处于信息爆炸的全球化时代的领导者来说，显然是必不可少的。在全球化时代，知识资源就有可能成为跨文化领导者的必要条件。

2. 跨文化领导是一种在强化自我意识和尊重差异之间求取平衡的活动

对于跨文化领导者来说，强化自我意识比在传统的单一文化体系中显得更为重要。特别是对于那些高层领导者来说，在多种文化相互碰撞的过程中，通过自我意识的强化，把有效的领导理念和科学的决策贯彻到整个组织之中，显得尤为重要。但是，自我意识的强化并不等于消灭文化的差异，它恰恰是在尊重差异的基础上形成的，因为尊重差异是跨文化领导不同于传统领导的重要特性。尊重差异性、强化包容性就成为跨文化领导的特色，在强化自我意识和尊重差异之间求取一种平衡，就成为跨文化领导应对时代挑战的必由之路。

3. 跨文化领导是一种要求高反馈的活动

在单一文化体系下，人们由来已久的价值观念可以降低领导者在推行决策过程中的成本。但是，在多种文化碰撞与交流中形成的跨文化领导，则具有天然的高反馈要求。这样，要提高领导绩效，跨文化领导者就必须能够在及时、畅通的反馈中获取各种信息，以便及时调整自己的行为。例如，日本的工厂几乎从来不采用对个人施行物质刺激的方法，以个人为基础的合理化建议制度也行不通。一家美国公司在日本开的工厂曾提出了个人建议制度，但在6个月内没有一个工人提出任何建议。经理问工人为什么，工人回答说："没有人能够提出改进工作的方法。我们在一起工作，其中某一个人提出的任何一种方法实际上也是由于观察别人并同别人交换意见的结果。如把建议归功于某一个人，那会使我们所有的人都感到难为情的。"于是，该公司将合理化建议制度改为集体建议制度，奖金发给小组，取得了良好的效果。可见，跨文化领导对反馈的需求显然高于传统的单一文化体系中的领导。

8.2.2 愿景领导

美国著名的心灵导师迪帕克·乔普拉认为，真正卓越的领导者首要一点就是有着清晰的愿景，并能够激励他人，实现愿景，同时许多有关领导的研究也发现有效能的领导者往往是具有愿景的领导者。Nanus（1992）认为所谓的愿景领导是指组织可靠的、真实的、具有吸引力的未来，它代表所有目标努力的方向，能使组织更成功、更美好。愿景包括组织长期的计划与未来发展的景象，是组织现况与未来景象间的桥梁，对于领导者而言，它提供行动的目标，并帮助领导者，超越目前的情境，达到组织的改进与成长。在组织发展的过程中，愿景领导者常会提出真知灼见，并驱使成员采用新的行动，去完成新的目标，因此也常被视为革新者或理想的楷模。

1. 达成愿景的基本要素

Hoyle（1995）提出达成愿景的三个基本元素：愿景陈述、任务陈述、目的陈述。愿景陈述是指具激励性质的理想陈述，它通常是由组织成员共同创造，目的在激励成员不断努力。任务陈述是指组织对外的工作陈述，目的是要告诉外界组织的工作目标和过程。因此，任务陈述往往比愿景陈述更详细、明确。目的陈述是指组织任务的具体陈述，目的在引导组织成员完成组织目标。

2. 愿景建设的五个阶段

共同愿景是个探索的过程，不能期望一蹴而就，必须根据组织的实际情况逐步探索建立，两个相关的因素是员工的参与程度和学习能力。在条件不成熟的时候，员工参与目标的设定，会带来不好的效果。有的公司一开始就推行共同愿景，而且让员工参与组织目标的设定，经常带来很不好的效果。共同愿景的建设分为告知、推销、测试、咨询、共同创造五个阶段。

告知阶段。组织刚开始还不成熟的时候，属于告知阶段。在这个阶段，由公司高层领导制订一个既定的目标，包括愿景以及从愿景延伸出来的战略、宗旨、价值观、信条等，告知自己的员工，要求员工必须无条件执行。

推销阶段。此阶段要站在员工的立场来推销组织的目标。可以改善员工工作条件、采纳员工建议等方法增强员工对组织的信任，有了信任，员工才能更好地接受公司的愿景。

测试阶段。组织抛一些信息，测测风向。通过真诚的询问、问卷调查、访谈等途径探知员工对愿景的授受程度。

咨询阶段。此阶段注意双向沟通，领导者要真心接受员工的建议。

共同创造阶段。经过前面的几个阶段，每个员工都被激活了，迸发出很多智慧，公司则可采用归纳法，把大家的意见放到一个漏斗里，整合大家的思路，从而凝聚出公司的共同愿景。共同愿景既包含了领导者的原始个人愿景，又整合了各层级员工对组织的期望，这时愿景领导才成为可能。

不难看出，愿景领导的实现是需要一个过程的，也是有条件的，并非一蹴而就，也不是拿来就能使的一个简单的工具和方法。但是，共同愿景一旦构建完成，其体现出的领导力的威力和持久力也是其他方法无法比拟的。

8.3 技能构建

8.3.1 供讨论和实践的主题

1. 运用特质理论分析我国企业经营者常见的问题和不足。

2. 你认为特质论、行为论和权变论分别有何缺陷？如果你是一名领导者，你将如何运用这些理论指导自己的领导活动？

3. 结合实际论述领导行为对组织行为的影响主要表现在哪些方面。

8.3.2 管理技能培养

最难共事者（Least Preferred Coworker，LPC）问卷

回想一下你自己最难共事的一个同事，他可以是现在和你共事的，也可以是过去与你共事的。他不一定是你最不喜欢的人，只不过是你在工作中相处最为困难的人。

用下面 18 组形容词来描述他，在你认为最准确描述他的等级上打“×”，并把相应的分值写在后面的横线上，不要空下任何一组形容词。

									得分
1. 快乐的	8	7	6	5	4	3	2	1	痛苦的	
2. 友善的	8	7	6	5	4	3	2	1	敌意的	
3. 排斥的	1	2	3	4	5	6	7	8	接受的	
4. 紧张的	1	2	3	4	5	6	7	8	轻松的	
5. 疏远的	1	2	3	4	5	6	7	8	亲近的	
6. 冷漠的	1	2	3	4	5	6	7	8	热情的	
7. 支持的	8	7	6	5	4	3	2	1	反对的	
8. 厌恶的	1	2	3	4	5	6	7	8	喜欢的	
9. 争吵的	1	2	3	4	5	6	7	8	和谐的	
10. 阴沉的	1	2	3	4	5	6	7	8	鼓舞的	
11. 开放的	8	7	6	5	4	3	2	1	防备的	
12. 诋毁的	1	2	3	4	5	6	7	8	忠诚的	
13. 不值得信任的	1	2	3	4	5	6	7	8	值得信任的	
14. 体贴的	8	7	6	5	4	3	2	1	不体贴的	
15. 卑鄙的	1	2	3	4	5	6	7	8	正派的	
16. 令人不愉快的	1	2	3	4	5	6	7	8	令人愉快的	
17. 不直率的	1	2	3	4	5	6	7	8	直率的	
18. 仁慈的	8	7	6	5	4	3	2	1	苛刻的	
									总得分：	

得分说明：如果总得分低于57分，意味着他处于不利状态，他喜欢任务取向型的工作风格。任务取向型的领导认为不是好同事就不可能是好朋友，完成工作任务比建立良好的人际关系重要得多；如果得分在58~63分之间，意味着他处于中等状态，喜欢不受约束的领导风格，具有一定的独立性；如果得分在64分以上，意味着他处于有利状态，喜欢关系取向型的领导风格。当然这种领导风格不一定能取得高的领导绩效，因为LPC高分领导者认为人际关系比工作要重要。

8.3.3 小组练习

美国学者约翰·科特用5年时间对15位总经理进行观察研究，发现了大量当代企业的领导者行为特征的实证资料[①]，如表8-2所示。

① 约翰·科特：《总经理》，李晓涛译，北京：华夏出版社，1997年。

表 8-2 总经理的特征

主要问题	流行观点	科特研究成果
总经理的重要个人素质特征	智力、分析能力和经营管理相关的手段、概念、理论知识等十分重要	至关重要的个人因素特征很多，其中包括志向、抱负、成就感、权力欲、情绪稳定性和乐观态度、关于所在企业和行业经营中的详尽知识，以及在该企业中与其他人之间的合作关系的程度
这些特征有多大程度的应用性和专业性	具有广泛的实用性	在某些程度上呈现专业化趋势
这些特征形成的方式如何	通过接受正规教育，在成人后得到发展和成熟	在任职者整个一生中形成——儿童时期、所受的教育程度和任职初期
怎样进行工作	建立常规的工作计划，进行适当的人事安排来完成拟定的计划，运用正式的控制权力和奖惩制度实施拟定的计划	初期，依靠自身的个人素质创建责任领域内的工作日程安排，并创建与自己工作安排所依靠的人员合作的工作关系网络。接任 6~12 月后，开始花更多时间，运用直接或间接的方式，影响他人，通过已有的工作关系网络来实现自己拟定的工作日程安排
日常工作方式	他们平静地坐在办公室里，读着各种报告，进行资料分析，做出各种决策，向下级下达各种指令	他们将大量时间用在与人（同事、上下级和各种外部人员）交往上，讨论范围广泛的话题，通常是简短、互不相关且事先没有约定的话题；谈论中总经理会提出许多问题，却很少做任何指示或命令

你认为一个成功总经理的特征有哪些？每天做些什么工作？参照科特的观点，与其他人交流一下你的看法。

8.3.4 专项作业

1）整理领导研究的发展脉络。

2）领导行为的有效性与哪些因素有关？分别阐述各个因素的内涵。

3）试比较领导特质理论、行为理论、权变理论三者之间的差异。

4）什么是管理方格理论？并与俄亥俄和密歇根的观点进行对比。

5）由费德勒确定的三个情境变量是什么？如果它们都非常有利，最有效的领导风格是什么？

6）用简单的术语描述，什么是领导的路径——目标理论？在这个概念中领导的功能是什么？

7）如何理解交易型领导和变革型领导的本质差异。

8.3.5 案例分析

案例1：杰克·韦尔奇的领导风格

杰克·韦尔奇，美国通用电气公司的前总裁，被誉为“全球第一CEO”“经理人中的骄傲”“经理人中的榜样”，他的领导风格是怎样的呢？

将事情简单化

杰克·韦尔奇认为企业不必复杂化。对他来说，使事情保持简单是商业活动的要旨之一。他说，他的目标是“将我们在GE所做的一切事情、所制造的一切东西‘去复杂化’”。他经常说，只要人们接触到同样的信息，他们几乎总会对他们面对的任何问题得出同样的答案。他不止一次地宣称：“这毕竟不是火箭科学家的工作”。韦尔奇认为简单化要求的是“巨大的自信心”。他认为，信心对所有学习型公司来说是另一个至关重要的因素，它像简单化一样，也在一个非正式的舞台上日渐繁盛。他的许多招牌计划和创意就是为将GE造就成一个更为简单的组织而专门设计的。

韦尔奇追求简单化的根源可以追溯至他初入这个公司的岁月。他刚开始来GE时，是在一个小型塑胶实验室工作，成为一个非常小、但很灵活的团队的一员。在那样一个框架中，简单化起着支配作用，而官僚主义完全不存在。因为不必同官僚主义做斗争，韦尔奇和他的同事们集中精力于竞争、扩大业务、创造新产品，以及韦尔奇所喜爱的其他所有东西。那些早年岁月向他展示了，商业可以是充满激情却又简单明了的，不必充斥着复杂难懂的行业术语。他此后的40年时间大多用来将这种独特的激情和简单化逐渐灌注到GE的“庞大身躯”中。

简化工作场所：大多数企业有着太多太多复杂的制度、程序和做事情的方式。鉴别出其中最浪费时间的，与同事们协力铲除它们，或简化它们，以提高效率。

让会议更简单：韦尔奇会见手下的业务领导时，首先明确不要搞具体到每一分钟的复杂的议事日程。相反，他鼓励经理们简单地陈述一下他们最近90天里所得到的最好的构想。

抛弃复杂化的备忘录和信函：韦尔奇从来不喜欢复杂的备忘录，而钟情简单的手写便条。他觉得，交流应当充满创意而又简单明了，不要复杂化和那些难懂的行业术语。

视变化为机遇

对韦尔奇来说，变化就是生活的一部分，当然也是商业的一部分。他热爱变化，他还说，在他的公司，变化存在于员工的“血液里”。韦尔奇对变化的感受，以及他带动GE其他人感受变化，对公司取得成功起到了巨大的作用。

大多数人不喜欢变化。韦尔奇在20世纪80年代初期接手公司后不久就认识到了这一点。他说，“变化发生的速度比企业做出反应的速度要快得多”。他知道要想使公司大发展，就需要有大量的变化。问题是 GE 的大多数人——其他公司也一样——不理解事情有什么变化的必要。毕竟，公司看上去运行状况良好。但韦尔奇是率先“直面现实”的商业领袖之一。为了造就他理想中的公司，韦尔奇不得不改变一切：公司的目标，公司的产品，公司的态度、行为，等等。几乎没有什么得以维持原状，而他则创造了一个更为灵活和具有竞争力的企业。

对韦尔奇和公司其他人来说，创造一个更完善的 GE 的关键在于拥抱变化，而不是畏惧它。他视变化为机遇，而非威胁，于是他将其列为 GE 共同价值观中的一项。为了帮助企业和你自己，请视变化为机遇。记住，变化乃是生活巨锦中一根必不可少的线，它同样可以带来许多好东西。变化并不总是会把事情搞乱、搞糟。在商业领域，变化通常是点燃一个好构想、一项新业务或是一次新产品革命的星星之火。

通过激励他人进行领导

韦尔奇成为 CEO 的时候，盛行一时的管理体系通常指的是“命令和控制”，大公司已经沿用这个系统好多年了。这一系统由军事系统演化而来，依靠等级和头衔来确定权威。GE 中充斥着认为“命令和控制”是运行一个大公司的最佳方式的经理们。毕竟，没有这些经理向员工发号施令，一个大企业怎么才能成事呢？但韦尔奇找到了一个更好的办法。他认为领导的最佳途径并不是通过他所谓的“肩膀上的杠杠”来实现的。他用很多词汇描述那个理想的领导状态，其中包括“无边界”理论，他用这个自创的词来形容一个去除了官僚主义以及其他所有妨碍构想、人员、决定等自由流动的因素的开放式企业。

他觉得，真正的领导艺术来自一个人的愿景的质量，以及此人激发他人尽情施展的能力。最好的经理人并不用威吓胁迫进行领导（“我是老板，你得照我说的去做”），他们通过感召他人产生施展抱负的愿望来领导（“这是我为我们的未来设置的愿景，这样做你就能帮助它成为现实”）。

永远不要通过威吓胁迫进行领导：韦尔奇不喜欢那些发号施令的人，那些“霸王”“暴君”，那种经营企业的方法已经过时了。

让他人清楚地知道他们的努力正在为企业提供帮助：几乎每个人都想帮助别人，但他们还想知道他们的行动是如何帮助企业实现目标的。

向同事和客户递送一些手写的感谢便条：韦尔奇是一个递送手写便条表示感谢的高手。这花不了多少时间，却几乎总是能立竿见影。

挑战传统

通用电气是一个拥有悠久历史的公司。它是由发明家托马斯·爱迪生于一个世纪前创建的，韦尔奇继承的是世界上最为神圣的大公司之一。这样一个公司显然应当因为它的传统和经久不衰的卓越声誉受到尊重。韦尔奇接任的时候，很少有人预料到一个桀骜不驯的新掌门人会向已达一个世纪之久的历史发出挑战。GE 自有一套既定的行为方式，根本没必要去晃动这条大船。

但这位新上任的 CEO 并不这样看问题。履行他创建世界上最具竞争力企业的诺言的唯一方式就是：颠覆传统。过去行得通的办法将来未必管用。一切都在变动中，速度越来越快；新的国际竞争对手冒出来，经济形势变幻莫测，新技术不断涌现。GE 的董事长感到，以不变去应对挑战是最冒险的行动。他曾经这样断言："掌握你自己的命运，否则别人就会掌握它。"

掌握 GE 的命运意味着几乎从每一方面挑战公司的历史。在韦尔奇主政之前，GE 从未出售过公司的大宗业务，解雇成千上万名工人，或是强调上司要听员工的意见。韦尔奇做到了这一切，甚至更多，只为了头脑中的一个目标：将他的公司建设成世界上最具竞争力的企业。

讨论：

用一种理论来描述韦尔奇的领导风格。你想不想为韦尔奇工作？为什么？

案例 2：海尔的领导理念

海尔集团创立于 1984 年，是世界第四大白色家电制造商、中国最具价值品牌之一。海尔在全球 30 多个国家建立本土化的设计中心、制造基地和贸易公司，全球员工总数超过 5 万人，已发展成为大规模的跨国企业集团。

企业的发展与管理者的领导理念息息相关，因此，每每提到海尔，自然会提到海尔的总裁张瑞敏。作为海尔大船的掌舵人，他凭借"以人为本，不断创新"的理念引领着海尔扬帆起航，乘风破浪。

领导素质

张瑞敏的领导理念基于他自身的修养和人格魅力。他对中国传统文化有着深刻的理解，深谙老子的道家学说，力求从繁杂的企业经营事务中超越出来，追求人的质朴本性的完善，利用"因应"之道，提升员工的素质。张瑞敏目标远大，他的座右铭是孙中山先生提倡的"要做大事，不要做大官"。他所理解的大事，就是要使海尔成为国际一流企业，成为中国民族企业的脊梁，并以此作为制定海尔企业远景规划的标准和激励下属的基础。此外，张瑞敏有着远见卓识的战略眼光，并亲力亲为。在通过大规模生产劣质产品牟取暴利的时代背景下，他做出了"砸冰箱"的惊人举动；当其他企业还在痴迷技术方法的改进时，他已经在关注西方的管理革命，并将文化管理引入海尔的经营管理实践，为海尔的可持续发展寻找方向。

不断创新

张瑞敏领导理念的核心是创新，他认为唯有不断创新才能使企业长盛不衰。从外部市场开拓到内部制度建设，都要以创新理念为导向。

生存理念。张瑞敏在对海尔的领导实践中，倡导“永远战战兢兢，永远如履薄冰”的生存理念，继承了中国传统文化中的“忧患意识”，同时与现代市场竞争相结合，强调正视竞争，参与竞争。他时刻告诫员工：“海尔完全有可能在一夜之间被淘汰出局。”借用这种危机意识保持对市场高度的敏感性，使员工时刻保持清醒的头脑，培养谦虚的精神。

机遇理念。对于市场机遇的把握，张瑞敏提出了“三只眼”的机遇理念，认为“在计划经济向市场经济转化时期，企业家只有两只眼睛不行，必须要有三只眼睛。要用一只眼睛盯住内部管理，最大限度地调动员工的积极性；另一只眼睛盯住市场变化，策划创新行为；第三只眼睛用来盯住国家宏观调控政策，以便抓住机遇超前发展”。

人才理念。在人才的任用方面，张瑞敏的理念是“人人是人才，赛马不相马”，认为每个职工都是人才，都有他的长处，企业最需要做的就是通过各种方法去发掘和提高各类员工的素质，并根据他们各自不同的特长，配置到不同的工作岗位上，最大限度地发挥作用。在张瑞敏看来，企业并不缺人才，缺的是让人才脱颖而出的机制。因此，海尔实行的人才选拔机制与众不同，即“赛马不相马”，不是靠某位伯乐式的领导以个人喜好选用人才，而是通过员工之间的公平合理竞争使人才脱颖而出。在这一理念的指导下，海尔建立了许多人才制度，如“三工动态转换”的内部人才流动制度。在这一制度中，海尔将全体员工分为优秀员工、合格员工、试用员工三种，分别享受不同的三工待遇（包括工龄补贴、工种补贴、分房加分等），并根据工作业绩和贡献大小进行动态转换，在全厂公布。在海尔内部有一套完善的绩效考核制度，业绩突出者进行三工上转，比如由试用员工转为合格员工，合格员工转为优秀员工，不符合条件的则实行三工下转，甚至退到企业内部的劳务市场待岗。退到劳务市场的人员无论原先是何种工种，均下转为试用员工。试用员工必须在单位内部劳务市场培训三个月方可重新上岗，同时每月由各部门提报符合转换条件的员工到本部门的人事部门，并且填写三工转换建议表，然后由人事部门审核和最后公布。通过这样的动态管理，旨在培养员工“今天工作不努力，明天努力找工作”的忧患意识和奋斗精神，调动员工积极性。

以人为本

张瑞敏认为，若要实现不断创新，必须营造出一个能够持续创新的环境，这也是领导者的最重要职能之一。他把每一个员工都看作创新的主体，认为人是实现创新的决定性因素，由此提出他的“以人为本”理念。

家文化。张瑞敏倡导营造一种家庭的感觉，每一个海尔的员工与企业之间不是单纯的雇佣关系，而是家庭成员之间血肉相连的温馨关系。为了使员工安心本职工作，海尔集团总是多方位多角度为员工着想，创造一种家庭般的工作环境，如走访员工家属，解决员工面临的实际困难；在每个员工生日之际，赠送生日礼物；提供优质的工作餐；提供良好的医疗保健条件，每年为员工免费体检一次等。

“斜坡球体”理论。张瑞敏认为企业的发展与员工的自我发展紧密联系，企业不能仅仅满足员工在物质层面的需要，更应该关心员工个人的发展，尽可能地满足他们自我实现的需要。只有为员工提供一个尽展所能的舞台和广阔的发展空间，才能最大限度地提高企业的核心竞争力。对此，张瑞敏提出了自己的人才发展理论，即所谓“斜坡球体”理论。他认为，员工的发展如同斜坡上的一个球体，惰性、不自信、困难阻力等使球体有下滑的趋势。企业对员工个人发展的各种支持就是推动球体上行的支撑力。当支撑力大于下滑力时，球体便会沿斜坡上行。在滚动过程中，员工能力素质不断提高，球的半径不断增大。从个体角度来看，员工经过适应服从、充分参与阶段，最终自我实现，获得成功；从企业整体角度看，员工素质不断提高，企业活力发挥得更充分，企业的规模与实力也就不断地发展壮大。斜坡倾角越大，表示人才竞争越激烈，人才素质要求越高，对企业人力资源开发管理工作要求也就越高。海尔在人才发展方面的理念就是：你有多大能力，企业就为你搭多大的舞台。

学习型组织在帮助员工自我实现的基础上，海尔力求提高员工作为个体的创新意识，使每个员工都能在一定程度上为企业的创新发展发挥作用。张瑞敏认为，管理要坚持以人为本，再好的办法、主意也必须员工认同并且主动去做才能够推进。海尔集团早在1998年就把“建设互动的学习型团队”作为其工作方针的重要内容，还于1999年建立了海尔大学，以此来不断提高员工的创新和学习能力，构建学习型组织。

讨论：

描述张瑞敏的领导风格并与杰克·韦尔奇相比较。

经典文献

下文是著名管理大师彼得·德鲁克对其好友斯隆的纪念性文章，后来集结在其著作《旁观者：管理大师德鲁克回忆录》中。

德鲁克和斯隆，都是著名的管理大师，一个高屋建瓴，一个细致入微，各有千秋。他们的友谊，开始于1943年，直到斯隆于1966年去世才结束。德鲁克从这位通用汽车公司历史上卓越的领导者身上看到了什么？给了我们什么启示呢？

卓越总裁的“御人术”

头一回见到斯隆时，我觉得大失所望。他只有中等高度，长得又瘦又小，有着一张长长的马脸，戴着助听器，看起来就像是个糟老头。但是，一和他接触，就可以发现他散发出一种特殊的气质，手下的团队更是一群有活力、积极进取、可独立作业的精英，对他无不肃然起敬。

开创“专业经理人”管理时代

作为通用的大当家和大股东，斯隆把通用交给了“专业经理人”来管理。这些经理人得以获得公司的一些股票作为主管奖励金。

同时，美国大企业也进行了相同的变革。以前是“老板”“资本家”的时代，现在则是让“专业经理人”来独领风骚。对斯隆而言，这是重大的改变。他自己正是一个真正专业的经理人，建立了第一个由专业人士来管理的大企业。

为“有责任感和想象力的人”保留工作

通用的高级主管们在讲述个人历史的时候，都不免说起一段斯隆先生如何力挽狂澜的故事，或是他的洞察力和亲切的态度如何影响自己的一生。德雷斯塔特（当时凯迪拉克的负责人）提起的往事就相当典型。

“1932年的那一天，当我一头闯进主管会议，请求给凯迪拉克一个起死回生的机会时，有一个人说：‘德雷斯塔特先生，你了解吧？要是失败，你在通用的职业就不保了。’我说：‘是的，这点我很清楚。’斯隆先生突然大声说道：‘我不同意。你要是不成功，你在凯迪拉克的工作当然就泡汤了，因为凯迪拉克已经完蛋了，但只要通用还在，只要我当家，一定会保留工作给一个有责任感、主动、有勇气和想象力的人。’他继续说：‘你现在担心的是凯迪拉克的未来，我关心的则是你在通用的前途。’”

慎重做好人事决策

那几年，在通用的高级主管会议中，他们多半把时间花在人事讨论中，而非公司政策的研究。斯隆虽然积极参与政策的讨论，总把主导权交给主管会议的专家，但是一谈到人事问题，掌握生杀大权的一定是他本人。

有一次，众主管针对基层员工工作和职务分配的问题讨论了好几个小时。如果我记得没错，是一个零件销售部门里的技工师傅之职。走出会议室时，我问斯隆：“您怎么愿意花四个小时来谈论这么一个微不足道的职务呢？”

他答道：“公司给我这么优厚的待遇，就是要我做重大决策而且不失误。请你告诉我，哪些决策比人的管理更为重要呢？落实决策的正是这些基层员工。”

“我知道，”他继续说，“你一定认为我是用人最好的裁判。听我说，根本没有这种人存在。只有能做好人事决策的人和不能做好人事决策的人。前者是长时间换来的，后者则是事发后再来慢慢后悔。我们在这方面犯的错误确实很少，不是因为我们会判断人的好坏，而是因为我们慎重其事。”

在主管会议中，常为了用人决策的问题争得面红耳赤。有一回，全体终于达成共识，赞同某一个候选人，这人处理危机的手腕令人称道，把问题解决得尽善尽美，而且以沉着冷静的态度防患于未然。突然间，斯隆插嘴道：“你们说的这位史密斯先生的纪录可真是辉煌，但是请解释一下为什么他会碰上那么多危机，而后又处理得天衣无缝？”大家缄默不语，自此再也没听到此号人物。

斯隆又说："你们认为乔治先生有很多不行的地方，那么，他是怎么达到今天成就的？他到底有何能耐？"听了大家的话之后，他就说："好吧，这人不够聪明，不够敏捷，看起来乏善可陈。但是他不是一直都在努力表现吗？"后来，在公司最艰难的时候，乔治走马上任成为一个大部门的总经理。果然是有史以来表现最杰出者。

继承人不由现任者指挥

他强调说："用人第一个定律就是那句老话：'别让现任者指挥继承人，否则你得到的只是二等复制品。'"

"那么，您自己的继承人呢？"我问斯隆。通用已经公开宣布，大战结束。斯隆即将下台，让出最高执行主管的宝座。

"我请高级主管委员会来做这个决定。虽然他们想知道我心目中的这个人选是谁。我还是不透露。我说，假使他们挑选出来的人不够格，我会表示意见。最后，中选的不是我想要的人。"

大家都在猜想，他中意的是布莱德利（当时通用的最高财务总管），而不是斯隆认为有点"怪异"的威尔逊（当时通用最高的营业主管）。

"但是，这个人选我无法反对。他们的决定应该没错。"他下结论说，"有关用人的决策，最为重要。每个人都认为一家公司自然会有'不错的人选'，这简直是'屁话'，重点是如何把人安插在最适合的位置。"

宽大为怀地对待下属

斯隆在脾气发作时，总是关起门来，不准任何人打扰。有一次，他的秘书请病假，我跟着一位资深主管直接闯入"暴风圈"内。斯隆正斥责他的一个同事做了件令人不齿、毫不负责的蠢事，而且还不是初犯。跟我一同的资深主管问斯隆："既然他让你发这么大火，何不叫他走呢？""叫他走？"斯隆说，"怎么可能，他平时表现不错啊。"

他也有慈悲为怀的一面。

有一回在开会时，一个刚上任不久的零件部门总经理出了个大丑。在会议中布莱德利忽然质问他对财务和经济方面的发展有何看法。他是从工人干起，一路爬上来的，可以说是对此一无所知。于是慌了手脚，开始胡扯，眼看就要完蛋了，对于这种人，布莱德利最无法容忍，这时，斯隆突然插嘴进来，跟这个总经理唱和。

会议结束后，我跟斯隆说："您真是宽大为怀，对那家伙太好了。"他故作惊讶："身为这家公司的总裁，我有责任为公司保住赚钱的资产，毕竟我们准备在那年轻人身上投资20年时间。"

公平地评断员工表现

他是个很公平的人。在他领导下的通用，形形色色的人都有，他说："这是通用真正的力量所在。”

为了做到这一点，斯隆把自己孤立起来，不与同级主管亲近。他表示：“假如我和这些与我共事的人有交情，自然会有好恶之分，但是，我拿公司的薪水就不该这么做。”

他曾是个交游广阔的人，特别是在年轻的时候，有很多好友、死党，但是这些人都不在通用。比方说，小他20岁的雷蒙是一家医院的主管；还有每次都和斯隆一起度假的好友沃尔特·克莱斯勒则是克莱斯勒的创办人。克莱斯勒曾是别克的总经理，他和斯隆的情谊是在他离开通用后建立起来的，也是听了斯隆的话才从通用出走。

斯隆说：“我一向喜欢有个伴，但是责任在身，我不得在工作场合建立私交。我必须公正不阿，甚至不能给人我偏好某人的印象，我的工作是评估公司里的人表现如何，至于赞不赞同他们做事的方式不是我的管辖范围了。”他从不对某一个“人”表示意见，只评断他的表现。

第9章　沟通

开篇导读

讲真话，还是找借口

五年前，赵磊加入了BDP公司（一家在中国投资但总部位于美国的跨国建筑类企业）。由于接受过良好的培训，且具有建筑设计方面的实践经验，两年前他被晋升为设计部经理。赵磊自从成为设计部的负责人之后，工作绩效长期保持着良好的水准。

BDP公司的CEO是Jerry，一位典型的美国人，而且头脑非常敏锐。Jerry坦诚而直率，和公司内许多中国籍员工的关系都很融洽，其中当然也包括赵磊。

赵磊的直属上级是Peter。Peter也来自美国，但与Jerry不同，他是一位侨居的华人。Peter在美国拿到绿卡后，被总部派来中国，掌管BDP在华的所有技术方面的工作。

赵磊觉得，因为Peter的存在，自己在BDP公司没有多少升职空间可言，因此，他一直抱有跳槽的念头，希望在其他公司获得施展个人才干的更佳机遇。

GLP公司是一家民营建筑类企业。在中国建筑市场上，GLP是BDP的竞争对手之一。与BDP相比，GLP规模稍小，但它的经营业绩在过去两年内发展迅猛。张宏是GLP的CEO，今年四十多岁。张宏是个睿智的人，他对国内建筑市场的认知非常透彻，而且他雄心勃勃，决心让GLP短期内赶超BDP。因此，张宏认为GLP急需引进技术与管理人才。

在一个非常偶然的情况下，赵磊见到了张宏。经过与张宏的一次愉快的谈话，赵磊发现自己与对方有许多共识。此前，张宏就跟赵磊见过几次面，这次偶然的碰面让张宏很高兴。张宏诚恳邀请赵磊担任GLP的副总经理，掌管技术部门的工作。经过短暂考虑，赵磊接受了张宏的邀请，并答应下个月就去GLP报到。

现在，如何离开BDP，就成了困扰赵磊的问题。他不想直接向Jerry挑明，因为他觉得这样做可能会伤害Jerry的感情——他俩之间的个人情谊。于是，赵磊决定采用一种中国人特有的委婉方式，也就是为自己的离职编造一个借口。他给Jerry写了一封辞职信，信中说，他很快将移民加拿大，并计划在那边攻读MBA，为此，他请求Jerry准许他本月底之前离职。在信尾，他对过去五年里Jerry给予的帮助和关怀表示了感谢。

面对赵磊如此突然的辞职申请，Jerry不免感到意外，因为他一直以为赵磊是一个含蓄而本分的人，而且五年来赵磊为BDP付出了很多。第二天，Jerry把赵磊请到CEO办公室，当面对他讲，赵磊作为一个工程经理，不适合攻读 MBA。Jerry 希望赵磊在做最终决定之前，再重新考虑一番。然而，赵磊决心已定，Jerry 也只好接受了他的辞呈，并祝愿他在加拿大的学习和生活顺心如意。此外，Jerry 还告诉赵磊，他对赵磊的离职感到非常惋惜，并感谢赵磊为 BDP 付出的全部努力。

至此，赵磊才感到放了心，因为 Jerry 终于接受了他的辞职申请，而且没有对他所谓的“离职理由”流露出怀疑态度。赵磊暗想，没对 Jerry 说实话，真是个聪明的主意！

三个月后，Jerry 发现，赵磊根本没有离开中国前往加拿大，而是在竞争对手 GLP 那里开始了新的工作。为此，Jerry 感到异常愤怒，并认为赵磊在离职这件事上完全欺骗了他。Jerry 感到迷惑不解，怎么也弄不明白，赵磊为什么要用这种方式对待他？

思考题：

1）赵磊为了顾及他和 Jerry 之间的良好关系，编造了虚假的借口，请问，你是否认为他的借口合乎道理？

2）造成赵磊和 Jerry 之间不同之处的主要原因是什么？

3）如果你处于赵磊的位置，你会怎么做？理由是什么？

9.1 理论回顾

9.1.1 沟通的内涵

“沟通”一词在汉语中的源义，是“在两处水域之间开凿沟渠，使其彼此连通”，后来引申为个体或组织之间的交流。在管理学上，“沟通”指人与人之间，就思想、情感等信息进行传递与反馈的行为。沟通过程不仅包括信息的交互传送，更重要的是信息必须被参与沟通的各个主体理解，随即在他们之间取得共识，或找出彼此的异同点，或发现并解决问题。沟通的目的，就是要在信息发送者与接收者之间准确地互通信息，为实现沟通主体所期望的目标而发挥铺垫性作用，从而使组织变得更加和谐而有效。

9.1.2 沟通过程

当人与人之间需要进行沟通时，沟通的过程就开始了。沟通过程需要通过一定的渠道，将信息从发送者传递给接收者。这一过程可用图 9-1 来表示。

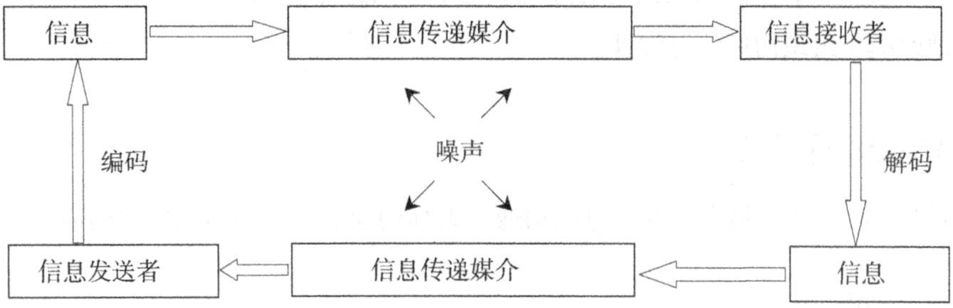

图9-1　沟通过程原理图

表面上看，沟通过程就是信息传递的过程。但实际上，管理学意义上的沟通过程是一个复杂的过程，包括信息发送者、编码、信息、信息传递媒介、信息接收者、解码等组成部分。此外，沟通还要受来自环境中的噪声的影响。

信息发送者即信息源，一般指沟通的发起人。信息发送者将某种信息（包括数据、观点、思想、情感等）转换成令信息接收者与自己均能理解的“共同语言”，这个步骤叫作“编码”。没有编码这个步骤，人际沟通就无法进行。如果组织中的成员不具备共同语言，组织内部的沟通也就失去了基础。

信息传递媒介也称信息传递渠道。编码后的信息必须通过一定的信息传递渠道才能到达接收者，没有信息传递渠道，信息就不可能传递出去，所谓的沟通也就荡然无存。信息传递渠道有许多种，如口头面谈、书面信函、电话、电报、网络等。选择何种信息传递渠道，既与沟通的内容、性质、场合、沟通双方的具体情况、所处环境以及具备的条件等有关，也与渠道的成本有关。因此，选择适当的信息传递渠道，对实施有效的沟通是极为重要的。

信息接收者即信息传递的目的地，一般指信息发送者设定的对象。首先，接收者接收到信息发送者以“共同语言”传递过来的信息，接着，将其还原为自己的语言（经过“解码”这个步骤），然后，接收者就可以理解信息了。当信息接收者需要将反馈信息回应给信息发送者的时候，他就转变成了另一个信息发送者，而原来的信息发送者则同时转变为另一个接收者，参与相反方向的信息传递。

噪声指在人与人之间的沟通中经常受到的各种干扰因素。例如，可能造成编码或解码错误的各种不规范符号，信息传递过程中的各种外界干扰源，来自信息发送者或接收者的导致信息发送错误或接收错误的各种不良心理活动，信息传递媒介本身的物理性问题等。

在组织内部，无论计划活动、组织活动、领导活动、激励活动、控制活动还是决策活动，都必须以充分的沟通为前提，因为，所有这些活动的基础无外于信息的交流和传送，而信息的交流过程，本质上就是沟通过程。完全可以这样讲：组织管理活动的有效性，主要和关键取决于组织沟通的有效性。

9.1.3 信息沟通形式

沟通有多种形式，最常见的有自我沟通、人际沟通、小组沟通和组织沟通。

1. 自我沟通

自我沟通主要发生在个人头脑与心灵的内部，是与自己进行的沟通。它包括思想、情绪和我们看待自己的方式。

其实，我们每天在学习或工作过程中，无时无刻不在与自我进行沟通，只不过有的沟通过程对我们来说太过于熟悉，而没有引起我们的关注。例如，当你去购物的时候，发现一件心仪的商品，然而却价格不菲，这时你就会反复权衡，与“另一个自我”不断地讨论，对每一种想法予以肯定或否定，直至确定并实施最终方案。自我沟通不像其他的沟通形式那样，需要另外一个对象来与我们互动。在这个过程中，我们自身既是主体又是客体。

2. 人际沟通

人际沟通指人与人之间的信息传递和交流。这种沟通，通常是在非正式、不规范的环境中，发生在两个或两个以上的人之间。人际沟通是小组沟通和组织沟通的基础，从某种程度上来说，小组沟通、组织沟通都是人际沟通的表现形式和应用形式。就管理理论与实践而言，有效的沟通需要以质量优良的人际沟通作为保障。

与自我沟通相异，人际沟通的对象是“另一个人”，因此它必须要借助于语言和非语言符号或者是这二者的组合。与其他各种沟通形式相比，在人际沟通过程中，对象的反馈机会最多，而内部噪声可能是最少的，因为每个人都能通过对方的语言和非语言反馈，检验信息是否被正确理解，同时根据具体情况加以相应的修正和完善。

3. 小组沟通

小组沟通有时也被称为团队沟通，通常是少数人员为了实现特定目标、解决某些问题而聚成小组，并在此基础上发生的沟通行为。一般而言，小组的规模不会特别大，以便于小组成员都有一定数量的机会，与其他成员相互交流信息。

小组沟通比人际沟通更复杂，因为小组沟通是由比较多的“信息发送—接收者”组成的。多人同时发送信息，就比较容易造成混乱和迷惑。由于小组成员是为了某一特定目标而聚到一起的，所以信息的结构性、针对性、目的性更强。不过，小组沟通利用了与人际沟通相同的渠道，并且也有大量的反馈机会。

4. 组织沟通

组织沟通涉及以“组织身份”为鲜明特征的各种类型的沟通，它同样以人际沟通为基础。以沟通对象与组织边界的关系而论，组织沟通一般分为组织的对外沟通和组织的内部沟通。组织对外沟通包括各种新闻发布会、公关活动及谈判等；组织内部沟通指信息在组织内进行的有效传递，包括各种正式和非正式的沟通形式。

（1）正式沟通

正式沟通指由组织内部明确的规章制度所限定的沟通方式，和组织的结构特征密切相关，包括按正式组织系统发布的命令、指示、文件，组织召开的正式会议，组织正式颁布的法令、规章，组织内部上下级之间、同事之间因工作需要而进行的正式接触等。

正式沟通的优点是沟通效果好，比较严肃，而且约束力强，易于保密，可以使沟通保持权威性。组织中的重要信息和文件等的传递，一般都采用这种形式。正式沟通的缺点是信息传递速度比较慢，信息在逐级传递过程中会出现失真或被扭曲的可能。

（2）非正式沟通

非正式沟通是以社会关系为基础，与组织内部的规章制度无关的沟通方式。沟通对象、时间以及内容等都是未经计划的，随机性较大。非正式沟通行为是由组织成员的感情和动机上的需要而形成的，所以其沟通渠道源于组织内的各种社会关系，这种社会关系超越了部门的区隔和层级的界限。与正式沟通相比，在很多情况下，来自非正式沟通的信息更容易受到接收者的重视，因为在接收者看来这样的信息似乎更加“真实”。

非正式沟通具有以下几个特征：

1）信息往往不完整，有些可能带有牵强附会的嫌疑。

2）信息主要是有关感情的问题，虽然有些与工作也有关，但常常会带上感情色彩。

3）不需要遵循组织结构的管理原则，因此传递速度较快。

4）一般无固定的时间和地点约束，传递的具体内容也无限定，并且信息在传递过程中随着个体的差异而变化。

非正式沟通的优点是沟通不拘形式，直接明了，传递速度快，参与者比较容易及时了解正式沟通难以提供的“内幕消息”。非正式沟通的缺点是难以控制，传递的信息不甚确切，容易失真，而且可能导致“小集团”的产生，影响组织的凝聚力，导致信任削弱、人心惶惶的局面。因此，管理者一定要重视组织内部的非正式沟通，尽量使其发挥有利于组织的作用，形成良好的组织氛围

9.1.4 信息沟通障碍与改善

1. 组织的信息沟通障碍

在具有一定规模的组织里，如果组织机构过于庞大，中间层次太多，那么，信息从最高决策者传递到下属单位，不仅要浪费大量时间，而且容易产生信息失真，降低组织的效率。有学者统计，对一条自上而下传递的信息而言，如果在高层管理者那里的正确性是100%，传递到基层员工的时候，正确性只剩下不到30%。这是因为，在进行沟通时，各级主管部门都会将接收到的信息加以甄别，一层一层地过滤，然后有可能将断章取义的信息上报或下达。此外，在甄别和过滤过程中，还掺杂了来自各个传递者的大量主观因素，尤其是当信息涉及传递者本身时，往往会由于利害关系或感情好恶等对其心理及行为方面的影响，造成有意或无意的信息失真。

因此，如果组织机构臃肿，机构设置不够合理，各部门之间职责不清，分工不明，形成多头领导，或因人设事，人浮于事，就会给沟通过程中的一方或多方造成一定的心理压力，影响沟通的正常进行。

2. 个人的信息沟通障碍

个人的信息沟通障碍主要来自于六个方面。

（1）个人因素所引起的障碍

沟通在很大程度上受个人因素的制约。个体在气质、态度、情绪和见解等方面的差异，都可能会成为沟通的障碍。

（2）双方在知识、经验水平上的差距所导致的障碍

在人际沟通过程中，如果信息发送者和接收者双方在知识和经验水平上彼此差距过大，就会遭遇沟通障碍。在现实生活与工作中，人们往往会凭自身的经验来待人接物。一个经验丰富的人，往往会在沟通之前对双方做谨慎细心的通盘考虑，做到知己知彼，于是能在沟通时应对自如，掌握沟通的主动权；而一个初出茅庐者，往往会在需要与他人沟通时缺乏准备而仓促上阵，对于接收到的信息不能给予恰当的回应，以致处处被动。沟通的双方通常各自依据自身经验来处理信息，因此即使面对同样的信息，双方的理解也存在差异，若差异过大，则难免形成沟通障碍。

（3）对信息的态度不同所造成的障碍

这种障碍的产生原因大体可以分为两个层次：一是认知差异。在管理活动中，不少员工和管理者忽视信息作用的现象很普遍，这就为正常的沟通造成了很大的障碍；二是利益观念。在团体中，不同的成员对同样的信息有不同的看法，理解的侧重点也不尽相同。很

多员工只关心与他们物质利益有关的信息，而不关心组织目标、管理决策等方面的信息，这也会造成沟通的障碍。

（4）相互不信任所产生的障碍

在组织里，有效的沟通要以相互信任为前提，这样才能使下级向上反映的情况得到重视，上级向下传达的决策迅速实施。管理者在进行沟通时，应该不带成见地听取意见，鼓励下级充分阐明自己的见解，这样才能做到思想和情感上的真正沟通，才能收到全面可靠的情报，才能做出明智的判断和决策。

（5）沟通者的畏惧感以及个人心理特质造成的沟通障碍

在管理实践中，沟通的成败主要取决于上级与下级，领导与员工之间全面有效的合作。但在很多情况下，这些合作会因下属的恐惧心理以及沟通双方的个人心理特质而遭遇障碍。一方面，如果领导者过分威严，给人造成难以接近的印象，或者管理者缺乏必要的同情心，不愿意体恤下情，就很容易促使下级人员产生恐惧心理，影响沟通的正常进行。另一方面，不良的心理特质也是造成沟通障碍的因素。

（6）技术性因素

如信息超负荷、语言的曲解、非语言暗示、媒介的有效性问题等。不受限制的信息流动会造成信息过量，使接收者无所适从，因而无法有效沟通。沟通的准确性依赖于双方对信息载体——语言和文字——的理解。大多数情况下，双方对同一种语言表述的理解存在差异，导致不同的态度和情绪反应，于是对信息产生曲解。人们交谈时，常常伴随一系列有意义的动作，这些动作有非常重要的暗示作用，与语言共同构成完整的信息。如果组织忽略面对面的交流及非语言暗示的作用，就难以达到预期效果。在正式组织的信息交流过程中，沟通工具的选择也容易出现问题。管理者通常比较喜欢使用书面沟通，因为它较为准确，易于储存，可以作为各种检查的依据，但是书面沟通缺乏弹性，不够灵活，不利于感情交流。

3.沟通的改善

改善沟通的基本要求，是要对沟通的状况进行检查，检查结果可以作为改革组织机构与系统的基础。只有对沟通进行全面细致的了解，管理者才能做出更加有针对性的反应，采取科学有效的管理措施。

沟通状况的检查，即审核关于沟通的政策、网络和具体活动。在审查时，可将日常沟通过程看作一组与组织目标的实现有关的因素。沟通系统的职能之一，是把计划、组织、人员配备、领导和控制整合在一起，另一个职能就是把组织与其外界环境联系在一起。

沟通的检查工作，是将沟通与许多关键性的活动联系在一起进行分析的工具。它不仅在发生问题的时候有用，也可以用来预防问题的发生。检查的方式多种多样，可以包括观察、测验、书面调查、面谈和文件分析等。虽然对沟通系统所进行的初步审查非常重要，但审查之后所编写的定期报告同样必不可少。

9.1.5 管理者沟通技巧

管理者对沟通状况做出准确了解之后，还需运用科学有效的沟通技巧，这对于改善沟通质量大有裨益。有效沟通要求以信息发送者和接收者双方都熟悉的符号进行，因此，管理者应当尽量避免使用技术术语，因为这些“行话”只有专家才会理解。

1. 有效表达

有效的信息发送方式在沟通中十分重要，这要求我们根据具体的沟通对象和目的来选择对应的发送方式。信息的发送方式很多，比如会议、电话、信件、电子邮件、面谈等。

信息的内容是沟通的实质，不存在没有任何内容的沟通。因此，在沟通开始前，应该对相关信息的内容做适当准备，明确哪些该说，说到什么程度，哪些不该说。信息的内容应当清晰简洁，用词准确，避免模糊不清或容易引起误解的表述。

此外，在信息传递过程中，还要考虑到信息发布的时间、场合和接收者的具体情况。

2. 倾听

良好沟通的另一个重要方面是倾听。“听”和“倾听”是一对既有联系又有显著区别的概念。对管理者而言，“听”是一件再自然不过的事情了，然而，“倾听”则需要完全理解所听到的内容，它要求对来自发送方的信息给予解释和记忆，并且在听的过程中不要打断对方，不要直接争辩，不要从事与谈话无关的活动，不要草率地做出结论，等等。

有效的倾听有四项基本要求：专注、移情、接受和注重完整性。

积极的倾听者在听别人说话时，会高度集中精力，并排除各种杂念，避免注意力分散，即保持“专注”。沟通过程中一旦遇到空闲时段，积极的倾听者就会将听到的信息加以概括和综合，不断把每一个细微的新信息纳入到先前建立的理解与分析框架中。

“移情”要求倾听者做到“换位思考”，把自己置于说话者的位置，站在“他”的立场上考虑问题，尽量彻底地理解说话人的真实意图，而不是仅仅根据自己的立场来作结论。移情效果的优劣，主要取决于说话者的知识水平和倾听者的灵活性。

积极倾听的主要特征还包括“接受”，即客观地听取对方所说内容，而不予以主观臆断。“接收”不是一件容易做到的事。对方所说的话有时难以让我们完全认可，尤其当我们对其陈述或观点存有不同看法时，心生抵牾是很自然的反应。当我们听到自己不同意的观点时，常常会在心里阐述自己的看法并反驳对方所言。显然，这样的心理活动会让我们错失或无视说话者继续表达下去的信息。积极的倾听者会先“接受”他人所言，当对方全部讲完后，再做出自己的判断。

积极倾听的最后一项要素是“注重完整性”。倾听者会尽可能从沟通中准确获得说话者所要表达的全部信息，为了达到这一目标，常常需要运用两种技能：在倾听内容的同时倾听感情，以及通过提问来确保正确理解。

管理者有必要成为积极的倾听者，并努力克服以下若干不利于沟通的缺陷：听别人讲话时，常常走神或想着其他不相关的事情；一旦被讲话者的观点激怒，就不能耐心听清楚对方的全部讲话内容；没有足够的耐心，总是打断对方讲话，更愿意自己滔滔不绝地讲，不愿意听别人讲。

3. 反馈

有效沟通都是双向进行的过程。从广义上讲，一个完整的沟通过程应该包括反馈，因为只有信息在发送方和接收方之间的互相接收和确认，才能保证信息在传递过程中的完整性，才能保证整个沟通过程的有效性。因此，信息必须在发送方和接收方之间进行传递和交换。信息从接收方回传给发送方的步骤，称为“反馈”。反馈过程大致是：在甲方（信息发送者）向乙方（信息接收者）传递信息之后，乙方将“是否准确收到信息”告诉甲方，使甲方确认发出的信息已经被乙方准确接收。

举例而言，我们向某人传递信息时，如果问他“你是否明白了我刚才告诉你的信息”，对方常常会产生防备心理，于是我们只能得到准确性有限的反馈。更好的做法是，不要问他“你是否明白了”，而是让他自己解释他听到的信息是什么意思。

9.2 热点研究

9.2.1 虚拟沟通

所谓虚拟沟通，是一种以网络虚拟空间为媒介的新型沟通渠道和沟通方式。与传统的沟通方式相比，虚拟沟通具有自身显著的特点。

1. 信息的多样性

具体表现为：符号的多样化，文字、图像、声音、动画等纷繁复杂；种类的多样化，经济、文化、社会、体育、娱乐等各种内容同时存在于互联网，以电子邮件、网上聊天室为代表的个性化信息也是多样化的组成部分。

2. 信息的不可靠性

信息的可靠性是信息价值的基础，但现实中不可靠的信息广泛存在，虚拟沟通同样存在这个问题。

3. 信息的同步性和异步性

同步性主要表现为沟通的“实时进行”，而异步性则表现在信息是可存储的，可以不随时间的流逝而消失。

4. 沟通的交互性

这是虚拟沟通最明显的特征，传播者和受众之间是互动关系，双方的角色可以相互转化。

5. 沟通形式的多层次性

传统媒介沟通形式比较单一，而网络虚拟空间则融人际沟通、团队沟通、组织沟通与大众沟通等沟通形式于一体。

组织若需有效利用网络进行沟通，可以依靠两种主要技术：内联网和互联网。前者主要用于实现组织内部的沟通，后者则更多用于实现组织与外界环境的沟通。与传统的媒介相比，组织在运用网络进行传播时可以更好地掌握主动权，同时也应注意对自身官方网站的建设。

9.2.2 跨文化沟通

当今世界，随着经济全球化的深度发展，国际沟通尤其是跨文化沟通越来越频繁。企业开展跨国商务活动时，必须预先把跨文化沟通方式、法律观念、宗教信仰等因素详加考虑，充分准备。跨文化沟通往往会受到由文化差异而造成的阻碍，这些文化差异包括语言文字、地方习俗、思维方式等。这就要求跨国管理者首先要熟悉异域文化规范，对异域文化有一个准确的认知，然后针对不同的文化因素，采取适应或变革的应对策略，加强不同文化之间的理解和融合。

尊重是跨文化沟通行之有效的基础。相异文化背景的人有着各自不同的风俗习惯、礼仪系统，若想与之进行有效的跨文化交际活动，首先应该尊重对方的文化。比如，中国人送客时喜欢送出大门，有时甚至会送出一定的距离，以此来表明对客人的尊重。而在美国，人们一般不会把客人送出门口，他们只是站在门里跟客人道别，然后随手把门关上。美国人认为，这才是对客人的尊重，因为在他们眼里，邀请对方来做客，其实是牺牲了人家的许多宝贵时间。此外，临别时客人也许会有些私事需要处理，且不愿被人看到。因此，当美国人到你家做客，分别时你若以中国人的方式来送客，对方不但不会觉得被尊重，反而会感到很尴尬。因此，我们应该尊重不同文化下的习惯，不要把我们的习惯强加于人，只有先尊重别人，才有可能被别人尊重。

在跨文化沟通过程中，还要保持自己的个性。这里所说的个性，主要指自己的个人形象、道德品质、身体素质、文化知识等。在对外交往中，有的人只看到一些外国留学生和游客的某些表现，就错误地认为外国人的举止都很随便，于是盲目效仿，结果犯了既不了解别人又忘了自己行为规范的大错。中国的国民性格中有一个很突出的特点，就是十分看重“面子”，或者说“体面”。中国作为四大文明古国之一，有着自己引以为豪的悠久历史和文化，这种自豪感使中国人富有浓烈的民族情感和极强的爱国心。这对于民族的进步和发展有着积极的作用。所以，在跨文化沟通过程中，不能单纯地信奉“外国的月亮更圆”。因此，上文所提到的“尊重”的原则是有前提的，即保持自己的个性。

9.3 技能构建

9.3.1 供讨论和实践的主题

1）讨论自己的优势。

2）在小组中向其他同学作自我介绍，重点表达你自己能吸引雇主的三个优点。

9.3.2 管理技能培养

良好的沟通能力是处理好人际关系的关键。具有良好的沟通能力，可以使你很好地表达自己的思想和情感，获得别人的理解和支持，从而在组织中和上司、同事、下属保持良好的关系。所以，有目的地训练、提高和改善自己的沟通能力，是每一个管理者的必修课。请思考以下六个问题，并有针对性地采取行动，不断提升和完善自己的沟通能力。

1）我的沟通能力到底如何？我是一个善于沟通和高效沟通的管理者吗？

2）我的沟通障碍有哪些？我应该如何做，才能逐步克服这些障碍？

3）我的表达能力如何？平时交流过程中，是否注意了表达的时间、地点和对象？

4）倾听是沟通的关键，我是否掌握和做到了本章讲述的关于倾听的方法和技巧？

5）反馈是沟通的必要环节，没有反馈的沟通不是真正的沟通。我做到了经常进行必要的反馈吗？

6）尊重和赞美是沟通的法宝，我做得如何？

9.3.3 小组练习

尼尔是一家医学软件制造商塞纳公司的首席执行官，喜欢用电子邮件与人联络，但有时用得过滥而未注意到其消极作用。由于对员工的工作方式感到不满，他最近给公司的400名管理者写了一封言辞激烈的电子邮件。主要内容是这样的：

在目前的企业文化背景下，在本首席执行官批准实施关于员工的其他福利政策之前，我们必须彻底解决这些该死的问题……我们在堪萨斯城的员工，大多数每周工作不到40小时。停车场早上8点还是稀稀疏疏的，下午5点也是这样。作为管理者，你要么不知道你的员工在干什么，要么就是你不关心。你必须解决掉你面临的问题，否则我就炒了你……你们这些管理者的所作所为真让我恶心。

这封信还建议：管理层的工作例会应该安排在上午7点、下午6点和周六的上午，同时，裁员5%，以及实行打卡上下班制度。尼尔还打算，如果员工未经批准就缺勤的话，应该在他的假期中扣补回来。这封邮件发出后数小时内，复制件就被放到YAHOO！上去了。由于邮件的消极影响，3天内公司的股票价格暴跌了20%。

请以小组为单位，结合本章所学到的理论知识，分析一下为什么会出现这样的情况？

9.3.4 专项作业

采访自己的主管或某家企业的管理者，了解本组织该企业内沟通活动的种类和目的。以下的问题可供参考：

哪种沟通渠道最常用：备忘录、电子邮件、汇报还是其他？

你曾经起草过哪种公文？起草的目的是为了告知、劝说、树立信誉，还是都有？

组织内部，谁是你最重要的听众？

组织外部，谁是你最重要的听众？

本组织在沟通方面的障碍有哪些？

组织更喜欢哪种公文或汇报？

作业要求：①向小组的其他同学阐述自己的观点；②以备忘录的形式将结果报告给老师；③向全班展示；④通过因特网将你的结果发给全班同学。

9.3.5 案例分析

案例1：A公司的跨文化沟通问题

A公司是一家跨国公司，总部员工来自不同国家和地区，由于语言、风俗习惯、价值观等差异，员工平时的沟通很不顺畅，误解抱怨纠纷不断。为此，A 公司总部在对今年新进员工的培训中，除了以往常规的公司发展历程、相关规章制度、员工守则等培训内容外，还做了针对沟通问题的调查问卷，要求这些员工列出公司文化与母语国文化的不同，并列举出自进公司以来与同事在交往中自己感受到的不同态度、价值观、处事方式等，还要写出个人对同事、上司在工作中的心理期待。

问卷结果五花八门，其中有趣的是，来自保加利亚的一位姑娘抱怨说，她发现所有同事点头表示赞同，摇头表示反对，而在保加利亚则刚好相反，所以她很不习惯。公司另一位小伙则写到，公司总裁来了，大家为表示敬意纷纷起立，而他则条件反射地坐到地上——在斐济表示敬意要坐下。

公司将问卷结果进行统计分析后，归纳出一些跨文化沟通中的常见问题，在专家指导下，让所有员工进行充分讨论和交流，经过沟通，这些员工之间的交流比以前顺畅多了，工作效率也大大提高了。

讨论：

跨文化沟通的障碍主要来自哪些方面？相应的解决措施是什么？

案例 2：华为的沟通艺术

华为技术有限公司于 1987 年在中国深圳正式注册成立。发展到今天，已从一家生产用户交换机（PBX）的香港公司的销售代理发展成为全球领先的信息与通信技术（ICT）解决方案供应商，专注于 ICT 领域，坚持稳健经营、持续创新、开放合作，在电信运营商、企业、终端和云计算等领域构筑了端到端的解决方案优势，为运营商客户、企业客户和消费者提供有竞争力的 ICT 解决方案、产品和服务。目前，华为有 17 万多名员工，业务遍及全球 170 多个国家和地区，服务全世界三分之一以上的人口。

华为独有的沟通艺术源于其所谓的“平民文化”。多数领导在开放的办公室和员工一起办公，经理们衣着朴素以至于在人群中很难被分辨出来。华为强调人格平等，规章制度具有普遍的约束性。

在华为工作十分辛苦，经常需要加班，办公室里放有许多供临时休息用的垫子。现在，华为的垫子已经不仅仅是员工辛勤工作的佐证，也变成了大家午休的工具。由于采用开放式办公，午休时间副总裁和普通员工们经常倒在同一张垫子上休息，一群男男女女“不成体统”地躺在一块儿，闲聊一会儿，鼾声渐起。“垫子文化”由此得名。

民以食为天。在华为，领导经常自掏腰包请下属们吃饭，经理带着呼呼啦啦的一大群人去吃饭的场面司空见惯。但是，请客专拣经济实惠的小饭馆，这几乎已经成为一条不成文的规定。曾经有人认为，华为员工工资高，吃饭风又盛行，于是在华为公司对面开了一家中档饭店，结果两个月之后就倒闭了。不仅在部门内部，部门之间也经常以这种方式交流感情。伙伴谈业务，朋友聊心事，也通常都是先去喝一杯。“吃”已经成为华为人沟通交流、解决问题的重要手段。

发奖金本来只是工作流程中的一个机械环节，但是在华为却兴师动众。每年的分股票、发奖金，公司的高层主管几乎全员出动，分区承包，将红包亲自发到员工手中。先告知员工当年的奖金数额，然后询问其对结果的意见，并对自己整年的工作情况和个人表现做出自我评价，再对未来的职业发展规划进行展望。接下来，主管会结合公司的综合评定，告诉员工该年的表现如何，指出其优缺点及发展方向，勉励员工好好工作，最后才是签收奖金。不只是发奖金，只要事关评价，比如季度的例行考核、劳动态度评定、任职资格认证，主管都会和员工沟通，告诉他考核结果的由来，优点在哪里，不足在哪里，甚至还要制定详细的绩效改进计划。

华为对其民主生活会有一个形象的比喻——“不要脸”。每个季度的例会都要求做一次自我批评，不仅是当着领导的面，还有众多同事在场。华为的原则是只有把缺点暴露出来，才能相互了解，坦然工作。不单自我批评如此，批评别人也要开诚布公，一针见血。把矛盾摆在桌面上，大家一起解决。这样的批评活动在华为高层更是屡见不鲜，因为华为觉得高层的承受力、理解力和包容力要比基层员工更强，而且，他们之间若产生隔阂，会给组织带来更大的麻烦。

讨论：

什么样的人容易适应华为公司的沟通艺术，什么样的人很难适应？华为公司风格独特的沟通活动所体现出来的企业文化，有哪些优势，又有哪些弊端？

经典文献

管理者到底在做什么？

一位年轻人在30年前提出这样一个问题。后来，通过他对一些企业高层管理人员的跟踪调查，他发现管理者通常会扮演十种角色，而这十种角色又分别归属于三类角色当中。这个年轻人，就是后来成为“管理者角色理论”奠基者的明茨伯格。

明茨伯格对管理角色的研究，最初源于对公司首席执行官工作的好奇。而在今天，我们重温这篇著作，依然深有体会，即使我们并不是高层管理人员。可见，角色理论很贴近真实的管理环境。其实，不仅是首席执行官，可以说所有的管理者都在执行着10种角色中的某一种或几种。

管理者的工作角色

现在我们终于要面对研究的核心——有关管理者到底做些什么的理论。在这里，我们要使用角色的概念，它源于戏剧，而后通过行为科学进入管理领域。角色的定义就是：一个可辨认的职务或职位所表现出来的一套有组织的行为。一个人的性格可能会影响到他的角色扮演方式，但他无法不去扮演相应的角色。因此，演员、管理者和其他人都要扮演某个特定的角色，但他们会选择不同的方式进行诠释。

十种角色的概念

首先需要阐明的是，管理角色的视角可以有很多种，本章介绍的只是其中之一。对角色的描述实质上是一个分类的过程，即把管理者的活动划分为若干类别。这个过程难免有些武断，而其划分是否适当，最终还要看应用的效果。

这里对角色的陈述最初源于对五位首席执行官所做的观察。在研究中，我们对每一次联系和每一封邮件都要提出这样一个基本问题——为什么管理者要这样做？通过逻辑分组，十种角色逐渐浮出水面。

答案不仅是建立在研究的基础上，而且还有很多逻辑观点和实证证据都表明，这十种角色在所有管理者的工作中是普遍存在的。每位管理者都处在自己的组织单位和环境之间。总裁领导着他的公司，面对着一个由竞争者、供应商、政府以及其他因素所组成的环境。基层管理者管理着自己的部门，面对着公司内部的其他基层管理者、人员以及公司外部的供应商。每一个人都必须在一个复杂的环境中管理自己的组织。为了完成这项任务，管理者必须扮演一系列的管理角色，而这些角色的要求则会带来一些共同的工作特征。

对基层管理者、区域销售经理等不同管理者进行的各种研究也都支持这个论点。每项研究都针对本章所描述的一个或多个角色；即使对于那些看似与首席执行官工作差别很大的管理工作，这十种角色也总会以某种形式出现。

管理活动大致可分为三类：人际关系、信息传递、决策制定。基于这种划分，这十种角色又可细分为三组：三种人际关系（Interpersonal Role）、三种信息传递角色（Informational Role）、四种决策制定角色（Decisional Role）。

在这项分析中，我们可以从管理者的职位说起。最初管理者被定义为正式掌管组织单位的人。他所具有的正式权力让他在组织中获得了有着特殊地位的职位。正式的权力和地位使得他具备了三种人际关系角色。其中第一种也是最简单的一种角色就是“名义领袖”（Figure Head），管理者有义务在各种场合中代表他的组织；第二种角色是“联络者”（Liaison），他需要与公司外部的同行以及其他人进行互动，赢得支持，获取信息；第三种角色是“领导者”（Leader），它决定着管理者与下属的关系，包括激励下属、人员配置等。

人际关系角色还将管理者置于获取信息的独特位置。他与外部的联系带来了特殊的外部信息，同时作为“领导者”的活动又使得他成为组织的焦点。于是便造就了管理者成为组织的特定类型信息的神经中枢。

在信息传递角色中，第一种角色是“监控者”（Monitor），管理者是信息的接收者和收集者，所以他对组织有着透彻的了解；第二种角色是“传播者”（Disseminator），管理者把特定的信息传播到组织内部；第三种角色是“发言人”（Spokesman），把组织的信息传播到它所在的环境中。

管理者在信息拥有方面有得天独厚的优势，他的特殊地位和权力使得他在组织的重大战略决策系统中处于中心位置。

管理者的四种决策制定角色分别是：“企业家”（Entrepreneur），负责发起公司变革；“危机处理者”（Disturbance Handler），在组织受到威胁时临危受命；“资源调配者”（Resource Allocator），负责决定公司资源的用途；“谈判者”（Negotiator），负责在必要时代表组织进行谈判。

在阅读下面这些角色的详细论述时，读者需要牢记三点：

第一，每一个角色都是可以观察到的。例如，你可以看到一位管理者处理危机，或者担当组织的“名义领袖”。对这些角色的描述都来自于一些可观察的活动。然而值得注意的是，有些活动可以从不同角色的角度来描述。

第二，在对五位首席执行官的研究中所有观察到的联系和邮件都可以用特定的角色来解释。

第三，虽然本章对这些角色逐个展开论述，但它们并不是孤立的。这10种角色形成了一个格式塔，是一个整体。管理者可以说是一个“投入—产出”系统，权力和地位赋予他人际关系，从而给他带来投入（信息），这些反过来又带来产出（信息和决策）。你无法把其中一种角色剥离开来，否则其他角色也必将受到影响。比如，管理者如果停止履行“联络者”的角色，他就不会得到外部信息，从而也不能传达有益的信息，或者做出有效的战略决策。

第 10 章　管理控制

开篇导读

哈勃太空望远镜的故事

经过长达 15 年的精心准备，耗资超过 15 亿美元的哈勃太空望远镜最后终于在 1990 年 4 月发射升空。但是美国国家航空航天局（NASA）仍然发现望远镜的主镜片存在缺陷。由于直径达 94.5 英寸的主镜片的中心过于平坦，导致成像模糊。因此望远镜对遥远的星体无法像预期的那样清晰地聚焦，结果造成一半以上的观察项目无法进行。

让人可悲的是，如果有一点更好的控制的话，这完全是可以避免的。镜片的生产商埃尔默公司使用了一个有缺陷的模板来生产如此精密的镜片。具体原因是，在镜片生产过程中，进行检验的一种无反射校正装置没有设置好。

校正装置上的 1.3 毫米的误差导致镜片研磨、抛光成了错误的形状。但是没人发现这个错误。具有讽刺意味的是，与其他许多 NASA 项目不同是，这一次并没有时间上的压力，而是有足够的时间发现望远镜的错误。实际上，镜片的粗磨在 1978 年就开始了，直到 1981 年才抛光完毕，此后由于“挑战者号”飞机的失事，完工后的望远镜又在地上待了两年。

NASA 中负责该项目的官员，对望远镜制造过程中的细节根本就不关心。事后，一个调查委员会的负责人称，至少有三次机会有明显的证据说明问题的存在，但这三次机会都失去了。

思考题：

1）什么是控制？你怎么理解管理控制的重要性？

2）控制和计划的关系是什么？哈勃太空望远镜的故事说明了什么？

10.1 理论回顾

10.1.1 管理控制概述

1. 控制的定义

控制是监视组织各方面的活动，保证组织实际运行状况与组织计划要求保持动态适应的一项管理职能。

在管理的基本职能当中，计划与控制这两项职能是密不可分的，他们是同一事物的两个方面。一方面，有目标和计划而没有控制，人们可能知道自己干了什么，但无法知道自己干得怎样，存在哪些问题，哪些地方需要改进；另一方面，有控制而没有目标和计划，人们将不会知道要控制什么，也不会知道怎么控制。

所有的管理者都应当承担控制的职责，即便他的部门是完全按照计划行动着。因为管理者对已经完成的工作与计划所应达到的标准进行比较之前，他并不知道他的部门的工作是否进行得正常。一个有效的控制系统可以保证各项行动完成的方向是朝着达到组织目标的。控制系统越是完善，管理者实现组织的目标就越是容易。

延伸阅读 10-1：控制与控制论

从一般意义上说，控制是指控制主体按照给定的条件和目标，对控制客体施加影响的过程和行为。“控制”一词，最初运用于技术工程系统。自从 1948 年诺伯特·维纳发表了著名的《控制论——关于在动物和机器中控制和通讯的科学》一书以来，控制论的思想和方法已经渗透到了几乎所有的自然科学和社会科学领域。

控制论的研究表明，无论自动机器，还是神经系统、生命系统，以至经济系统、社会系统，撇开各自的质态特点，都可以看作是一个自动控制系统。在这类系统中有专门的调节装置来控制系统的运转，维持自身的稳定和系统的目的功能。控制机构发出指令，作为控制信息传递到系统的各个部分（即控制对象）中去，由它们按指令执行之后再把执行的情况作为反馈信息输送回来，并作为决定下一步调整控制的依据。这样我们就看到，整个控制过程就是一个信息流通的过程，控制就是通过信息的传输、变换、加工、处理来实现的。反馈对系统的控制和稳定起着决定性的作用，无论是生物体保持自身的动态平稳（如温度、血压的稳定），或是机器自动保持自身功能的稳定，都是通过反馈机制实现的。反馈是控制论的核心问题。控制论就是研究如何利用控制器，通过信息的变换和反馈作用，使系统能自动按照人们预定的程序运行，最终达到最优目标的学问。

2. 管理控制过程

控制过程（Control Process）可以分为三个步骤：一是衡量实际绩效；二是将实际绩效与

标准进行比较；三是采取管理行动来纠正偏差或不适当的标准。需要说明的是，控制过程假定行动的标准总是存在的。这些标准实际上是一系列目标，是在计划的过程中形成，可以根据这些目标对实际行动进行衡量。如果企业采用的是 MBO，那么，设定的目标就是对绩效进行衡量和比较的标准。如果采用的不是 MBO，则标准就是管理者使用的特定的绩效标准。

（1）衡量（实际绩效）

为了确定实际工作的绩效究竟如何，管理者需要收集必要的信息。然后可以启动管理控制的第一步，即衡量（Measuring），重点是：如何衡量和衡量什么。

如何衡量？可以用于衡量的信息主要有四种：个人观察、统计报告、口头汇报和书面报告。

个人观察提供了关于实际工作的最直接和最深入的第一手资料。这种观察可以包含非常广泛的内容，因为任何实际工作的过程总是可以观察到的，而且还可以为管理者提供查看实际工作进展的机会。通过观察得到的信息不同于阅读报告得到的信息。尤其是走动管理（Management by Walking Around），可以获得面部表情、语调以及懈怠这些常被其他来源忽略的信息。

延伸阅读 10-2：麦当劳的“走动管理”

麦当劳快餐店创始人雷·克罗克是美国社会最有影响的十大企业家之一。他不喜欢整天坐在办公室里，大部分工作时间都用在“走动管理上”，即到各公司、部门走走、看看、听听、问问。麦当劳公司曾有一段时间面临严重亏损的危机，克罗克发现其中一个重要原因是公司各职能部门的经理有严重的官僚主义，习惯躺在舒适的椅背上指手画脚，把许多宝贵时间耗费在抽烟和闲聊上。于是克罗克想出一个“奇招”，将所有经理的椅子靠背锯掉，并立即照办。开始很多人骂克罗克是个疯子，但后来不久大家就体会到了他的一番“苦心”。他们纷纷走出办公室，深入基层，开展“走动管理”，及时了解情况，现场解决问题，终于使公司扭亏转盈。

计算机的普及让管理者越来越多地依靠统计报告来衡量实际工作情况。这种报告不仅有计算机输出的文字，还包括多种图形、图表，如条状图等。尽管统计数据可以清楚有效地显示各种数据之间的关系，但它对实际工作提供的信息是有限的。统计报告只能提供几个关键的数据，它忽略了其他许多重要因素。

信息也可以通过口头汇报的形式获得，如各种会议，一对一的谈话或电话交谈等。这种方式的优缺点与个人观察的方式相似。尽管这种信息是经过过滤的，但它是一种快捷的、有反馈的，同时可以通过语言语调和词汇本身来传达的信息。过去，这种口头收集信息的一个主要缺点是不便于存档和以后重新使用。但随着最近几十年在技术上的进步，口头汇报很容易录制下来，并可在以后使用，就像书面文字能够永久保存一样。

实际工作绩效也可以通过书面报告来衡量。与统计报告相比，它显得要慢一些；与口头汇报相比，它显得要正式一些。但是这种形式常常比口头汇报的形式更精确和全面。此外，书面报告更易于分类存档和查找。

个人观察、统计报告、口头汇报和书面报告这四种信息提供方式各有其优缺点，如果能够将它们结合起来使用，可以大大增加信息的来源并提高信息的可信程度。

衡量什么？衡量什么比如何衡量更为关键。如果错误地选择了标准，将会导致严重的不良后果。此外，衡量什么在很大程度上决定组织中的员工追求什么。

有一些控制标准似乎对任何企业都是适应的，如员工出勤率、营业额、员工满意度、费用控制等，不过，不同组织的控制标准却会有所不同，例如营利性企业会更关注绩效指标，如百货商场会高度关注类似于销量这样的经济指标，可是，非营利性组织却会更关注其他指标，如中国青少年发展基金会则更关注青少年发展环境的改善。

有些工作和活动的结果很难用数量标准来衡量，例如，高校育人的成果很难用毕业生起薪、成功人士数量等来直接度量。

不过，许多活动是可以分解成能够用目标去衡量的工作。这时管理者需要首先确定某个人、某个部门或某个单位对整个组织所贡献的价值，然后将其转换成标准。

（2）比较

比较可以确定实际工作绩效与标准之间的偏差。应该说，偏差是在所难免的，只要这种偏差在可以接受的偏差范围之内。如果偏差显著地超出这个范围，就应该引起管理者的注意。在比较阶段，管理者应该特别注意偏差的大小和方向。例如，为了刺激经济，我国政府在 2009 年年初推进了适度宽松的货币政策，到当年 6 月底，2009 年上半年我国新增信贷高达 7.37 万亿元，超过历史上任何一年的投放总量。显然，天量信贷规模超过了年初预期，超出了偏差范围，一方面，央行喊话货币政策将从“适度宽松”到“动态微调”，另一方面，审计署 2009 年 9 月入驻商业银行，审计 7.37 万亿信贷投向，防止过量的信贷资金进入股市和楼市。

（3）采取管理行动

管理控制的最后一个步骤就是采取管理行动，可以选择的行动方案有三个：什么也不做；改进实际工作；修订标准。

什么也不做。通常，这就意味着实际行动和目标预期基本一致，或者说偏差在可接受的范围之内。

改进实际工作。如果偏差是由于工作的不足所产生的，管理者就应该采取纠正行动。例如，当联想集团 2008 财年第三季度净亏损达到 9700 万美元后，不得不决策由柳传志回归担任董事长，杨元庆重新担任 CEO。改进实际工作的常用策略有裁员、业务重组、调整组织结构、培训等。

修订标准。工作中的偏差也有可能来自不现实的标准，也就是说指标订得太高或太低。在这种情况下，是标准需要修订，而不仅仅是改进实际工作。

3. 管理控制类型

管理控制可以在行动开始之前、进行之中或结束之后进行。第一种称为前馈控制（Feedforward Control）；第二种称为同期控制（Concurrent Control）；第三种称为反馈控制（Feedback Control）。

（1）前馈控制

前馈控制是在企业生产经营活动开始之前进行的控制，是一种开环控制。管理过程理论认为，只有当管理者能够对即将出现的偏差有所觉察并及时预先提出某些措施时，才能进行有效的控制，因此前馈控制具有重要的意义。

前馈控制采用的普遍方式，是利用所能得到的最新信息，进行认真、反复的预测，把计划所要达到的目标同预测相比较，并采取措施修改计划，以使预测与计划目标相吻合。

（2）同期控制

同期控制，从它的名称就可以看出，它是发生在活动进行之中的控制。在活动进行之中予以控制，管理者可以在发生重大损失之前及时纠正问题。

最常见的同期控制方式是直接视察。当管理者直接视察下属的行动时，管理者可以同时监督雇员的实际工作，并在发生问题时马上进行纠正。虽然在实际行动与管理者做出反应之间肯定会有一段延迟时间，但这种延迟是非常小的。技术设备可以设计成具有同期控制的功能，如许多计算机系统在程序中就设置了当出现错误时操作人员采取的行动。当你输入一个错误的命令时，程序的同期控制会拒绝你的要求，有时甚至会告诉你为什么错了。

（3）反馈控制

反馈控制又称事后控制或成果控制，是对既定的目标或期望值，对生产经营过程加以调整和影响。反馈控制是一种在计划执行一段时间或结束后进行的事后控制，主要为下一步计划的实施总结经验，但它却常常是管理控制工作的主要形式。

反馈控制的主要缺点在于：管理者获得信息时损失已经造成了。这与亡羊补牢类似。但是在许多情况下，反馈控制是唯一可用的控制手段。

4. 管理控制的着力点

管理控制的主要着力点有：人员、财务、作业、信息、总体绩效。

（1）人员

管理者是通过他人的工作来实现其目标的。为了实现组织的目标，管理者需要而且也必须领导、管理、控制下属员工，因此，要求员工按照所期望的方式去工作是非常重要的。为此，最简明的方法就是直接巡视和评估员工的表现。

在日常工作中，管理者的工作是观察员工的工作并纠正出现的问题。比如，一位监工发现一位员工在操作机器不当时，就应该指明正确的操作方法并告诉员工在以后的工作中按正确的方式操作。

管理者对员工的工作进行系统化的评估是一种非常正规的方法。这样每一位员工的近期绩效都可以得到鉴定。如果绩效良好，员工就应该得到奖励，如增加工资，从而使其工作得更好；如果绩效达不到标准，管理者就应该想办法解决，根据偏差的程度予以不同的处分。

（2）财务

每个企业的首要目标是获取一定的利润。在追求这个目标时，管理者可以借助于费用控制。比如，仔细查阅每季度的收支报告，控制冗余的支出。

当然，管理者也可以综合运用财务比率指标来对实际工作进行控制。财务比率主要是以财务报表资料为依据，将两个相关的数据进行相除而得到的比率。一般来说，可用三个方面的比率来衡量风险和收益的关系：偿债能力，反映企业偿还到期债务的能力；营运能力，反映企业利用资金的效率；盈利能力，反映企业获取利润的能力。常见的财务比率指标如表 10-1 所示。

表 10-1 常用的财务比率指标

财务比率指标	公式及计算
反映偿债能力的财务比率	流动比率 = 流动资产 / 流动负债 速动比率 =（流动资产 – 存货 – 待摊费用）/ 流动负债 现金比率 =（现金 + 有价证券）/ 流动负债 负债比率 = 负债总额 / 资产总额 利息收入倍数 = 经营净利润 / 利息费用 =（净利润 + 所得税 + 利息费用）/ 利息费用
反映营运能力的财务比率	应收账款周转率 = 赊销收入净额 / 应收账款平均余额 存货周转率 = 销售成本 / 存货平均余额 流动资产周转率 = 销售收入净额 / 流动资产平均余额 固定资产周转率 = 销售收入净额 / 固定资产平均净值 总资产周转率 = 销售收入净额 / 总资产平均值
反映盈利能力的财务比率	毛利率 =（销售收入 – 成本）/ 销售收入 营业利润率 = 营业利润 / 销售收入 =（净利润 + 所得税 + 利息费用）/ 销售收入 净利润率 = 净利润 / 销售收入 总资产报酬率 = 净利润 / 总资产平均值 权益报酬率 = 净利润 / 权益平均值 每股利润 = 净利润 / 流通股总股份

在实际当中，企业未来的盈利能力（即成长性）也是非常值得关注的一类指标。成长性好的企业具有更广阔的发展前景。一般来说，可以通过企业在过去几年中销售收入、销

售利润、净利润等指标的增长幅度来预测其未来的增长前景。

销售收入增长率 =（本期销售收入 – 上期销售收入）/ 上期销售收入

营业利润增长率 =（本期销售利润 – 上期销售利润）/ 上期销售利润

净利润增长率 =（本期净利润 – 上期净利润）/ 上期净利润

当然，财务控制并不仅仅局限于营利性组织中使用。对非营利性部门中的管理者来说，其主要目标之一是提高效率。

（3）作业

一个组织的成功，在很大程度上取决于它在生产中提供服务的能力上的效率和效果。作业控制方法是用来评价一个组织的转换过程的效率和效果问题的。

典型的作业控制包括：监督生产活动以使其按计划进行；评价购买能力，以尽可能低的价格提供所需的质量和数量的原材料；监督组织的产品或服务的质量，以保证满足预定的标准；保证所有的设备得到良好的维护。

（4）信息

管理者需要信息来完成他们的工作。不精确的、不完整的、过多的或延迟的信息将会严重阻碍他们的行动。组织应该开发出这样一种管理信息系统，使它能在正确的时间，以正确的数量，为正确的人提供正确的数据。

（5）组织绩效

许多研究部门为衡量一个机构的整体绩效或效果做着不懈的努力。当然管理者关心他们组织的绩效，但他们并不是唯一的衡量其组织绩效的人。顾客、供应商、零售商、投资者以及其他利益相关者都会非常关注一个企业的组织绩效。

衡量一个组织的绩效并没有一个单一的衡量指标。生产率、效率、利润、员工士气、产量、适应性、稳定性，以及员工的旷工率等毫无疑问都是衡量整体绩效的重要指标。但是其中任何一个单独的指标都不能等同于组织的整体绩效。

5. 高效管理控制系统的特点

高效管理控制系统具备一些共同的特点，主要表现如下。

（1）准确性

一个提供不准确信息的管理控制系统会导致管理层在应该采取行动的时候并没有行动，或根本没有出现问题而采取行动。因此，准确的控制系统是可靠的，并且能提供正确的数据。

（2）适时性

管理控制系统应该能及时地调整管理层的注意力，使其防止某一部门出现对组织造成严重伤害的行为。即使是最好的信息，如果过时了，也将是毫无用处的。因此，一个有效的管理控制系统必须能够提供及时的信息。

（3）经济性

从投入产出角度来看，管理控制系统的运用成本应该是合理的。任何控制系统产生的效益都必须与其成本进行比较。为了使成本最少，应该尝试使用能产生期望结果的最少量的控制。

（4）灵活性

管理控制系统应该具有足够的灵活性以适应各种不利的变化，或利用各种新的机会。几乎没有处于极稳定的环境而不需要适应性的组织，即使是高度机械式的结构，也需要随时间和条件的变化调整其控制方式。

（5）易懂性

一个不容易理解的管理控制系统是没有多少价值的。因此，有时需要用简单的控制手段来代替复杂的控制手段。一个难于理解的管理控制系统会导致不必要的错误，会挫伤员工的积极性，以致最终会被遗忘。

（6）标准合理性

控制的标准必须是合理的且能达到的。如果标准太高或不合理，它将不会起到激励作用。雇员通常不愿意指责上级要求得太高而显得无能。因此控制标准应该是一套富有挑战性的、能激励员工表现得更好的标准，而不是让人感到泄气或鼓励欺诈的标准。

（7）战略高度

管理层不可能控制一个组织中的每一件事。即使是能够这样做，也将是得不偿失。由此看来，管理层应该控制那些对组织行为有战略性影响的因素。控制应该包括组织中关键性的活动、作业和事件。也就是说，控制的重点应放在容易出现偏差的地方，或放在偏差造成的危害很大的地方。

（8）强调例外

由于管理层不可能控制所有的活动，因此他们的控制手段应该顾及例外情况的发生。比如，公司赋予管理者的权力是每笔支出不超过5000元的审批权，如果超出上述标准则需经上级管理部门的批准。这是一种对权力进行约束的控制手段，同时还可以免除上级对日常开支的大量检查工作。

（9）多重标准

管理者与普通员工一样都希望寻找一种"好看"的标准。如果管理者真的采用一个单一的衡量标准，如单件利润，那么员工就会在这方面下功夫并使之看起来很好。而多重标准则会减少这种狭隘的工作方式。同时，由于多重标准比单一标准更难于把握，因此它可以防止工作中出现做表面文章的现象。此外，实际工作是很难用单一指标进行客观评价的。所以多重标准能够更准确地衡量实际工作。

（10）纠正行动

一个有效的控制系统不仅可以指出一个显著偏差的发生，而且还可以建议如何纠正这种偏差。也就是说，它应该在指出问题的同时给出解决问题的方法。其实现方法常常依赖于建立一种“如果”“那么”的原则。比如“如果”单位收入下降5%，“那么”单位成本也必须降低相同的量。

10.1.2 管理信息系统

1. 管理信息系统的定义

所谓管理信息系统，是一个由人、计算机及其他外围设备等组成的能进行信息的收集、传递、存贮、加工、维护和使用的系统，其主要任务是最大限度地利用现代计算机及网络通信技术加强企业信息管理，通过对企业拥有的人力、物力、财力、设备、技术等资源的调查了解，建立正确的数据，加工处理并编制成各种信息资料及时提供给管理人员，以便进行正确的决策，不断提高企业的管理水平和经济效益。

管理信息系统在企业中的应用非常广泛，现代化企业中很少有没有运用管理信息系统的情况了，各个国家的信息技术应用已经成为国家竞争力的重要指标。

2. 企业管理信息系统的演变过程

随着计算机软硬件技术的发展，企业管理信息系统是通过不断吸收新的管理理念，扩大管理范围，逐步发展起来的。企业管理信息系统的发展主要经历了 MRP、MRPⅡ、ERP 等发展阶段，目前正向 ERPⅡ协同电子商务发展。

（1）MRP 阶段

第一个 MRP（物料需求计划，Material Requirement Planning）系统是由美国 IBM 公司在20世纪60年代设计并实施的。最初的MRP方法是开环的，1970年发展为闭环MRP阶段。它是一种根据需求和预测来测定未来物料供应、生产计划和控制的方法，它解决了生产计划与控制问题。大量实践表明，成功实施 MRP 能显著地降低库存积压。

（2）MRPⅡ阶段

闭环 MRP 系统的出现，使生产活动方面的各种子系统得到了统一。在企业的管理中，生产管理只是一个方面，它所涉及的是物流，而与物流密切相关的还有资金流。资金流在许多企业中是由财会人员另行管理，就造成数据重复录入与存储，进而造成数据的不一致。这就促成了 MRPⅡ（制造资源计划，Manufacturing Resource Planning）的产生。

MRPⅡ的基本原理是：基于企业经营目标制定生产计划，以物料需求计划（MRP）为核心，将 MRP 的信息共享程度扩大，使生产、销售、财务、采购、工程紧密结合在一起，共享有关数据，组成一个全面生产管理的集成优化模式。

（3）ERP 阶段

1990 年，ERP（企业资源计划，Enterprise Resource Planning）概念得以提出，相对于

MRPⅡ而言，ERP在功能和技术方面都进行了很多的扩展。在技术方面，采用图形用户界面、关系数据库、第四代程序语言、客户机/服务器体系结构，支持多数据库及软件数据库集成；在功能方面主要是从企业经营拓展的角度来拓展应用系统，如多行业、多币种、生产报告、内部集成（设计/核心业务系统/数据采集）、外部集成（客户信息、电子采购）等。

可以说，ERP是"管理整个供需链"，权衡供需链上各个实体的价值，实现对制造、财务、客户、分销和供应商的业务流程管理。

（4）ERPⅡ阶段

ERPⅡ是通过支持和优化企业内部及企业之间的协同运作与财务过程，以创造客户和股东价值的一种商务战略和一套面向具体行业领域的应用系统。ERPⅡ对传统的ERP在角色、领域、功能、过程、构架、数据等各方面都进行了本质上的扩展。

ERPⅡ重点强调并解决两个方面的问题：① ERPⅡ面向具体行业。ERPⅡ应用是根据具体的领域（行业群）和具体的行业（例如，包装消费品行业、服装业、采矿业等）而专门设计与开发的，行业应用深度更加专业化；而传统的ERP则没有考虑到各个领域和各个行业的特性。② ERPⅡ强调企业之间的业务协同，而传统的ERP则更强调企业内部的业务协同。

随着互联网的发展，越来越多的企业管理信息系统构架于互联网之上，近几年的"云计算"等更极大地拉升了对企业管理信息系统的想象。

3.企业管理信息系统的开发实施

企业管理信息系统的开发方式有自行开发、委托开发、联合开发、购买现成软件包进行二次开发等形式。一般来说根据企业的技术力量、资源及外部环境而定。

当企业管理信息系统的设计问题解决以后，系统就需要实施安装了。

在实施阶段，要特别注意以下六点。

（1）系统安装前的预调试

在信息系统安装之前找出缺陷，比系统安装之后和人们已经开始依赖它进行工作时要容易得多和便宜得多。如果不能进行完全的预调试，那么也可以考虑新系统与老系统并行使用。两个系统并行使用一段时间后，新系统中的毛病和漏洞可以暴露出来并给予修正，这样对组织的正常运转不会造成什么影响。

（2）用户准备与培训

不论一个系统设计得多么完善，如果用户不知道它的全部功能或不会利用这些功能，那么它也不可能充分发挥其作用。因此，任何新系统的实施都应该包括用户培训的时间和经费。即使是最聪明和最有能力的管理者，要想充分利用新系统也需要经过一些培训。

（3）对抵制情绪做好准备

人们总是倾向于抵制那些看起来对他们有威胁的变革。大量研究表明，引入基于计算机的信息系统是一个非常大的威胁。某些人难以适应引入的任何新技术，某些人害怕学不会新系统，更多的人害怕新系统的潜力会减小他们在组织中的权力和形象，改变人际关系，或降低他们工作的保障。

（4）用户参与

抵消人们抵制管理系统的最有效的方法之一，就是让受其影响的人直接参与到系统的设计与实施过程中去。通过这种参与可以使系统用户在不得不使用它之前就熟悉它，增强他们的责任感，因为他们已经被卷入到了系统的创建过程，同时大大减少了他们的要求被忽视的可能性。

（5）安全性检查

随着分布式信息系统的实现，提出了一项非常关键的要求，那就是未经授权的个人不得接触机密的或特殊的信息。过去，当信息集中在一个单一的地方时，只有少数几个人能够查看到一些重要的数据库，如关于生产计划、顾客记录、库存、信用状况和雇员档案等。但今天，这种数据库非常容易受到非授权者闯入的伤害。解决的办法是有足够多的安全措施包含在系统中。进入硬件安放地点应该受到控制，软件不用时应该锁起来。系统还应该具有不可能被破译的进入口令，而且要求用户每次进入系统时都提供证明，实施严厉的电话线进入系统控制。

（6）建立定期评审制

管理者去年需要的信息与今年需要的并不一定完全相同。随着顾客、供货商、政府条令，以及其他环境因素的改变，管理者对信息的需求也会发生改变。系统实施可以看成是一个持续过程的开始。如果一个信息系统对管理者长期有效，那么必须进行定期的评价审查和修改以适应用户不断变化着的需求。

10.2 热点研究

10.2.1 公司治理

1. 公司治理的核心问题

公司治理（Corporate Governance），又译为法人治理结构，是现代企业制度中最重要的组织架构。从狭义角度上理解，是居于企业所有权层次，研究如何授权给职业经理人并针对职业经理人履行职务行为行使监管职能的科学。从广义角度理解，是研究企业权力安排的一门科学。

公司治理问题产生的逻辑起点是公司制企业的出现，公司制企业的最大特点是所有权和经营权的分离。企业的所有者（主要是股东）要对企业经营者（主要是高级经理人员）的经营管理进行监督制约，保证股东利益的最大化，防止经营者与所有者利益的背离。

公司治理问题的关键是对经营者尤其是高级经理人员的责、权、利的制衡，主要体现为对企业剩余索取权和控制权的安排。从委托代理关系看，企业所有者与高级管理层形成公司的一级合约，其核心内容是企业净剩余与企业价值的最大化；从产权关系看，产权关系既影响股权结构又影响控制结构，而股权就是企业所有者对剩余的利得权；从企业管理和市场经济的角度看，作为资源转化系统的企业，其终极目标就是创造价值，即实现价值的增值——净剩余，公司治理就是市场主体通过各种合约对剩余索取权和控制权进行分配。但问题的关键也是争议较多的，就是作为公司法人财产权主体的经营者到底应该具有经营权还是所有权，换句话说，就是公司高级经理人员对企业净剩余索取权的确认问题。

2. 法人治理结构

法人治理结构是现代企业制度中最重要的组织架构，根据我国《公司法》规定，其由四个部分组成：

第一，股东大会。股东大会是公司的最高权力机关，它由全体股东组成，对公司重大事项进行决策，有权选任和解除董事，并对公司的经营管理有广泛的决定权。股东大会既是一种定期或临时举行的由全体股东出席的会议，又是一种非常设的由全体股东所组成的公司制企业的最高权力机关。它是股东作为企业财产的所有者，对企业行使财产管理权的组织。企业一切重大的人事任免和重大的经营决策一般都要得到股东大会的认可和批准方才有效。

第二，董事会。董事会由公司股东大会选举产生，对公司的发展目标和重大经营活动做出决策，维护出资人的权益，是公司的决策机构。

第三，监事会。监事会是公司的监督机构，对公司的财务和董事、经营者的行为发挥监督作用。

第四，高级经理。高级经理由董事会聘任，是经营者、执行者，是公司的执行机构。

公司法人治理结构的四个组成部分，都是依法设置的，它们的产生和组成，行使的职权，行事的规则等，在公司法中做了具体规定，所以说，公司法人治理结构是以法制为基础，按照公司本质属性的要求形成的。

3. 独立董事

独立董事是指独立于公司股东且不在公司内部任职，并与公司或公司经营管理者没有重要的业务联系或专业联系，并对公司事务做出独立判断的董事。中国证监会在《关于在上市公司建立独立董事制度的指导意见》中指出："上市公司独立董事是指不在公司担任除董事外的其他职务，并与其所受聘的上市公司及其主要股东不存在可能妨碍其进行独立客观判断关系的董事。"

独立董事制度最早起源于 20 世纪 30 年代，1940 年美国颁布的《投资公司法》是其产生的标志。该法规定，投资公司的董事会成员中应该有不少于 40% 的独立人士。其制度设计目的在于防止控制股东及管理层的内部控制，损害公司整体利益。

20 世纪六七十年代以后，西方国家尤其是美国各大公众公司的股权越来越分散，董事会逐渐被以 CEO 为首的经理人员控制，以至于对以 CEO 为首的经理人员的监督已严重缺乏效率，内部人控制问题日益严重，人们开始从理论上普遍怀疑现有制度安排下的董事会运作的独立性、公正性、透明性和客观性。继而引发了对董事会职能、结构和效率的深入研究。在理论研究成果与现实需求的双重推动下，美国立法机构及中介组织自 20 世纪 70 年代以来加速推进独立董事制度的进程。1976 年美国证监会批准了一条新的法例，要求国内每家上市公司在不迟于 1978 年 6 月 30 日以前设立并维持一个专门的独立董事组成的审计委员会。由此独立董事制度逐步发展成为英美公司治理结构的重要组成部分。

10.2.2 集团管控

1. 集团管控的概念和形式

集团管控是指大型企业的总部或者管理高层，为了实现集团的战略目标，在集团发展壮大过程中，通过对下属企业或部门采用层级的管理控制、资源的协调分配、经营风险控制等策略和方式，使得集团组织架构和业务流程达到最佳运作效率的管理体系。

集团管控的形式主要有三种：①母公司对子公司的管控，这是最常见的集团管控形式，比如宝钢集团对宝钢股份的管控；②母公司对分公司的管控，这种形式也很多见，分公司不具备独立法人资格，在法律上可以分享更多集团公司的资源；③母公司对供应链、联盟的管控，这种形式不多见，一般是实力超群的集团公司才具备这样的能力，比如沃尔玛对供应链的管控。

2. 集团企业管控模式的类型

集团企业管控模式主要有三种类型：财务控制型、战略控制型和运营控制型。

财务控制型。集团总部作为投资决策中心，以追求资本价值最大化为目标，管理方式以财务指标考核为主。此种模式可以形象地表述为"有头脑，没手脚"。集团将注意力更多地集中在财务管理、投资决策和实施监控上，关注的只是下属单位的盈利情况和自身投资回报、资金的收益，而对子公司的生产经营不予过问，只要达到财务目标就可以。

战略控制型。集团总部作为战略决策和投资决策中心，以追求集团公司总体战略控制和协同效应的培育为目标。集团总部对子公司的干涉较强，但是子公司有一定的自主权，可以理解为“有控制的分权”。集团总部制定涵盖大多数活动的职能政策，在集团核心业务发展上具有决策批准权，监控主要的业务流程，检验集团战略在技术上和操作上的合理性。

运营控制型。集团总部作为经营决策中心和生产指标管理中心，以对企业资源的集中控制和管理、追求企业经营活动的统一和优化为目标。它们大多直接管理各种生产经营活动和具体业务，总部从战略规划制定到实施几乎什么都管。例如，著名的煤炭生产企业厂矿集团总部编制集团生产经营计划，审批各子（分）公司的年度生产经营计划及调整计划，监督检查执行情况，并实行集中储备资金和采购资金，统一计划、统一采购、统一分配、统一调度、统一管理的管理体制。

3. 集团管控的关键问题

发展战略、总部定位和责权体系是集团管控的关键问题。

（1）发展战略

集团发展的未来取决于集团能否取得并保有竞争优势，这种竞争优势体现在两个方面：首先是运营效率，其次是战略定位。战略是集团的差异化定位，指明集团做什么。清晰的战略需要思考三个问题：在哪个领域竞争、如何竞争和依靠什么竞争。

（2）总部定位

总部定位是明确总部在集团整体价值创造中的作用，以及集团总部具体通过承担哪些关键职能来实现集团整体价值，以确保集团整体价值远大于集团内各分（子）公司各自价值的简单加总，并为集团公司（总部）的部门设置寻求依据。一般来说，集团总部通常具有六大功能，即战略管理、资产管理与投资、业绩管理、财务管理、人力资源规划及协调与共享服务。

总部定位需考虑多方面的因素，如产业构成、集团战略、企业生命周期、行业的发展、竞争情况、管控方式、领导风格等等。在不同的管理模式下，集团总部功能定位的侧重点也有所区别。在财务控制型的管理模式下，集团总部一般侧重于投资和财务管理，而总部的其他功能则被弱化或者取消。例如，光大集团是一家以财务控制为主的集团公司，其总部 80% 的员工都在做财务和投资管理方面的工作。在战略控制型的管理模式下，集团总部的功能主要侧重于战略管理和投资管理。在运营控制型管理模式下，集团总部则又多了一项运营中心的职责，在这种管理模式下，集团总部的功能最为全面，战略、投资、运营等均会涉及。

（3）责权体系

在组织结构中，有很多的关节点，这些节点承担着不同的任务，负有不同的职责。同时，为了保证任务的完成，又必须赋予他们相应的权力，所有关节点都是权利与责任的集合，从而就形成了集团的责权体系。很多集团之所以看上去组织完善、制度严明，但是运行起来困难重重、麻烦不断，就是因为责权体系不完善造成的。

在经营管理过程中，责权是通过流程体现出来的。因此，梳理优化核心管理流程，明晰流程中的关键点、障碍点和控制点，确定各岗位的责任范围和承担方式并赋予相应的权限就成为建立责权体系的关键。

10.3 技能构建

10.3.1 供讨论和实践的主题

1）你怎么理解“计划是控制的依据，控制是实现计划的保证”这句话？

2）有人说，“没有规矩不成方圆，没有控制就没有管理”，请根据这句话谈谈管理控制的重要性。

3）所有权和经营权相分离的股份公司，为强化对经营者行为的约束，往往设计各种治理和制衡的手段，包括：①股东们要召开大会对董事和监事人选进行投票表决；②董事会要对经理人员的行为进行监督和控制；③监事会要对董事会和经理人员的经营行为进行检查监督；④要强化审计监督，如此等等。这些措施中哪些属于前馈控制？哪些属于同期控制？哪些属于反馈控制？

4）举例说明管理控制的过程。

5）公司治理的核心问题是什么？

6）举例说明集团管控的类型。

10.3.2 管理技能培养

问卷调查与分析

下面的问卷列出了你和其他人可能在办公室工作时候发生的行为。在每一项行为后，在你认为最符合你发生该行为的频率的数字上画圈，然后在你认为最符合你知道的其他人发生该行为的频率的数字上画叉。

行为	频率				
	很多次	经常	约一半的情况	很少	从不
1. 自己犯错误，但把责任推到无辜的人或者计算机身上	5	4	3	2	1
2. 把机密信息传播出去	5	4	3	2	1
3. 别人完成的工作，但把功劳揽在自己身上	5	4	3	2	1
4. 把公司的东西用作私人用途	5	4	3	2	1
5. 为获得更好的待遇向别人送礼	5	4	3	2	1
6. 谎称生病不上班	5	4	3	2	1
7. 看见别人违反规定但是没有举报	5	4	3	2	1
8. 告诉你的同事自己要去某个地方，但是事实上你是要去别的地方	5	4	3	2	1
9. 故意忽略老板的错误来表现自己的忠诚	5	4	3	2	1
10. 上班时间做私人的事情	5	4	3	2	1

问题

1. 哪些行为是最应该加以控制的行为？为什么？这些行为揭示了你对控制的偏好方面的什么特点？

2. 管理层应如何建立控制方案来控制这些行为？

10.3.3 小组练习

有一则扁鹊的故事，说魏文王问名医扁鹊说："你们家兄弟三人，都精于医术，到底哪一位最好呢？"扁鹊答："长兄最好，中兄次之，我最差。"文王再问："那么为什么你最出名呢？"扁鹊答："长兄治病，是治病于病情发作之前。由于一般人不知道他事先能铲除病因，所以他的名气无法传出去。中兄治病，是治病于病情初起时。一般人以为他只能治轻微的小病，所以他的名气只及本乡里。而我是治病于病情严重之时。一般人都看到我在经脉上穿针管放血、在皮肤上敷药等大手术，所以以为我的医术高明，名气因此响遍全国。"

问题

在企业管理实践中，很多人也同样认为，那些足以摆平或解决企业经营过程中的各种棘手问题的人，才是优秀的管理者，而那些能防患于未然、治乱于已成的管理者往往得不到大家的关注。那么对企业的发展来说，企业问题的预防者与企业问题的解决者孰为重要？请大家分组讨论。

10.3.4 专项作业

企业发展史上不乏一些知名企业因为一时的管控不善而面临经营危机，甚至破产倒闭。请分组选定一家 2008 年金融危机后破产倒闭的知名企业，分析其控制失误之处，并撰写相应的分析报告。

10.3.5 案例分析

案例 1：中粮集团的改革

中粮集团是与新中国同龄的中央直属大型国有企业，中国农粮行业领军者，全球布局、全产业链的国际农粮食品企业。中粮集团以农粮为核心主业，聚焦粮、油、糖、棉、肉、乳等品类，同时涉及食品、金融、地产领域。

2014 年，中粮集团被确定为国有资本投资公司首批试点企业。2016 年 7 月 18 日，中粮集团全面启动国有资本投资公司改革。截至 2017 年 10 月，中粮集团的 14 家专业化公司已完成混改。

中粮集团按照中央国企改革“顶层设计”的要求，通过分离资本运作与资产经营，探索构建定位清晰且职责明确的“集团总部资本层—专业化公司资产层—生产单位执行层”三级架构，努力实现政企分开、投资和经营分开、所有权和经营权分开。

集团总部是资本运营中心，承担保障国家粮油食品安全的战略功能，主要负责国有资本的调配和监管，管理集团战略与资源配置、投资与评价，强化资产布局及资本运营能力。其职能集中体现为三大平台：一是投资平台，就是代表国家向规定范围内的产业进行投资。二是融资平台，就是运用金融杠杆的手段，在国际上代表国家直接融资。三是整合平台，就是代表国家对行业进行大规模整合，把分散在各个领域涉及粮食和食品的国有资产进行整合优化，解决小散乱的问题，保证国有资产保值增值。

专业化公司是资产运营实体核心，是集团直接管理的资产运营企业，制定竞争战略，负责资产的调度、配置和生产运作；对影响运营效率的各关键环节进行整体把控，对资源调配、财务资金、创新研发、品牌建设等职能进行统一管理；对资产运营的盈利回报负责，接受集团的预算和考核。

生产单位是执行层，负责业务的具体生产运营，包括原料采购、产品生产、销售、成本管理等。生产运营层包括粮库、工厂、码头、产业园、区域分公司等。

在这一模式下，中粮总部负责国有资本的配置与监管，将资产运营职能全部下放至专业化公司，包括用人权、资产配置权、生产和研发创新权、考核评价权和薪酬分配权五大类关键权力。按照“小总部、大产业”原则，中粮总部职能部门从 13 个压缩到 7 个，人员由 610 人压缩为 240 人左右。

围绕着解决放权和监督问题，破解“一放就乱、一管就死”的难题。中粮集团总部设立了大风控部门——审计与法律风控部，该部门由集团董事长直接分管，通过在专业化公司实行审计直管、纪检专设、财务统一、董事专职“四根支柱”构建起大监督体系，在大幅放权的同时加强对各种风险的监督，确保“看得见、管得住、审得清”。

讨论：

结合中粮的改革方案，讨论下如何破解“一放就乱、一管就死”的难题。

案例 2：零售帝国的信息系统战略

沃尔玛公司是国际著名的大型零售企业，由美国零售业的传奇人物山姆·沃尔顿先生于 1962 年在阿肯色州成立。在沃尔玛的发展历程中，信息技术战略发挥着举足轻重的作用。1977 年公司投资了几亿美元，安装完成了第一套真正的计算机网络系统。从这时候起，改进就从未停止过。到了 1988 年，沃尔玛拥有了全国最大的私有卫星通信网络。此外，沃尔玛在信用卡和条形码设备使用上，也都走在了时代的前列。高新技术的快速引进，不仅极大地提高了沃尔玛的工作效率，而且成了公司核心竞争力的一部分，它的竞争对手们在跟进的过程中，不仅动作迟缓，而且步履沉重，这就造就了这个零售帝国的逐步强大。

信息技术在沃尔玛的应用

在沃尔玛，发生了许多领先于竞争对手、先行对零售信息系统进行积极投资的经典事例。例如，1969 年，最早使用计算机跟踪存货；1974 年，全面实现 SKU（库存量单位，Stock Keeping Unit）库存控制；1980 年，最早使用条形码；1984 年，最早使用 CM（品类管理，Category Management）软件；1985 年，最早采用 EDI（电子数据交换，Electronic Data Interchange）；1988 年，最早使用无线扫描枪；1989 年，最早与宝洁公司（P&G）等大供应商实现 VMIECR（供应商管理库存和有效客户反馈，Vendor Managed Inventory and Efficient Customer Response）产销合作。

在信息技术的支持下，沃尔玛能够以最低的成本、最优质的服务、最快速的管理反应进行全球运作。尽管信息技术并不是沃尔玛取得成功的充分条件，但它却是沃尔玛成功的必要条件。这些投资都使得沃尔玛可以显著降低成本，大幅提高资本生产率和劳动生产率。沃尔玛的全球采购战略、配送系统、商品管理、电子数据系统战略在业界都是可圈可点的经典案例。可以说，所有的成功都是建立在沃尔玛利用信息技术基础之上的。

在 1985 年至 1987 年之间，沃尔玛安装了公司专用的卫星通信系统，该系统的应用使得总部、分销中心和各商店之间可以实现双向的声音和数据传输，全球 4000 家沃尔玛分店也都能够通过自己的终端与总部进行实时的联系。这一切的优势都来自于沃尔玛积极地应用最新的技术成果。通过采用最新的信息技术，员工可以更有效地做好工作，更好地做出决策以提高生产率和降低成本。

在沃尔玛的管理信息系统中最重要的一环就是它的配送管理。20 世纪 90 年代沃尔玛提出了新的零售业配送理论：集中管理的配送中心向各商店提供货源，而不是直接将货品运送到商店。其独特的配送体系，大大降低了成本。加速了存货周转，形成了沃尔玛的核心竞争力。

除了优秀的配送系统外，沃尔玛还把信息技术与经营活动进行密切配合，开发出沃尔玛管理信息系统，该系统的应用更是使其如虎添翼，它可以迅速得到所需的货品层面数据、观察销售趋势、存货水平和订购信息甚至更多。沃尔玛公司的管理信息系统来自强大的国际系统支持。沃尔玛在全球拥有 3000 多家商店、40 多个配销中心、多个特别产品配销中心，它们分布在美国、阿根廷、巴西、加拿大、中国、法国、墨西哥、波多黎各等国家和地区。公司总部与全球各家分店和各个供应商通过共同的电脑系统进行联系。它们有相同的补货系统、相同的 EDI 条形码系统、相同的库存管理系统、相同的会员管理系统、相同的收银系统。这样的系统能从一家商店了解全世界的商店的资料。

目前，在信息化建设上走在了零售业前沿的沃尔玛，采用了视频会议系统，以解决传统的电话沟通方式的不便，或者是各地相关员工赶往某地进行会议，花费高昂的差旅费用，甚至还严重影响了工作效率的问题。例如，通过视频会议系统，全球的沃尔玛公司人员可以在世界各地进行报表分析、销售预测、企业内部培训等。操作人员还可以将 PowerPoint、Excel 等数据表格、培训资料呈现在每个与会者的桌面电脑上，同时，还可以在已共享的文档上进行勾画、修改等操作，为他们提供了极大的方便。

借助信息技术整合物流体系

沃尔玛在美国本土建有 60 多个配送中心，整个公司销售商品的 80% 以上由这些配送中心供应，而其竞争对手只有约一半的商品集中配送。沃尔玛完整的物流系统号称“第二方物流”，相对独立运作。不仅包括配送中心，还有更为复杂的资料输入采购系统、自动补货系统等。其配送中心的平均面积约 10 万平方米，相当于 23 个足球场，全部自动化作业，现场作业场面就像大型工厂一样蔚为壮观。

沃尔玛配送中心的基本流程是：供应商将商品送到配送中心后，经过核对采购计划、进行商品检验等程序，分别送到货架的不同位置存放。提出要货计划后，电脑系统将所需商品的存放位置查出，并打印有商店代号的标签。整包装的商品直接由货架上送往传送带，零散的商品由工作台人员取出后也送到传送带上。一般情况下，商店要货的当天就可以将商品送出。

沃尔玛要求他所购买的商品必须带有UPC条形码，从工厂运货回来，卡车将停在配送中心收货处的数十个门口，把货箱放在高速运转的传送带上，在传送过程中经过一系列的激光扫描，读取货箱上的条形码信息。而门店需求的商品被传送到配送中心的另一端，那里有几十辆货车在等着送货。其十多公里长的传送带作业就这样完成了复杂的商品组合。其高效的电脑控制系统，使整个配送中心用人极少。数据的收集、存储和处理系统成为沃尔玛控制商品及其物流的强大武器。

为了满足美国国内3500多个连锁店的配送需要，沃尔玛公司在国内共有近3万个大型集装箱挂车，5500辆大型货运卡车，24小时昼夜不停地工作。每年的运输总量达到77.5亿箱，总行程6.5亿公里。合理调度如此规模的商品采购、库存、物流和销售管理，离不开高科技的手段。为此，沃尔玛公司建立了专门的电脑管理系统、卫星定位系统和电视高度系统，拥有世界第一流的先进技术。

讨论：

有人说，“不懂互联网的沃尔玛毁了1号店”，你怎么看待互联网时代沃尔玛的信息技术优势和劣势？

经典文献

威廉·A. 科恩（Willian A. Cohen）是管理大师德鲁克的第一位管理学博士毕业生，他认为，虽然德鲁克没有对领导力进行专题著书立说，但透过其40本著作和数百篇文章，可以发现大量散落其中的领导力思想。下文便是科恩在2011年首次出版的《德鲁克论领导力：现代管理学之父的新教诲》一书中第五章内容：采取行动：如何执行计划。在这里，科恩对德鲁克关于领导者控制重点和控制标准的思想进行了总结提炼。

领导者的控制工作

执行计划是指将计划积极主动地付诸行动。与实施任何项目一样，执行战略计划也需要领导与管理。它要求将各项任务进行分解、分配安排和确定进度，还必须合理配置资源、确定预期绩效、确立考核指标，进行定期和不定期的审察及反馈。总之，作为领导者，你有责任确保计划得以执行。

要想做到这一点，领导者需要进行控制。在德鲁克看来，控制有三大特征，即：

· 可能既不客观，也不公正；

· 需要关注结果；

· 必须考虑到各种可测和不可测的事项。

控制可能既不客观，也不公正

无论多么科学，进行控制总会引起测量误差。测量战略成效是必要的，也很重要，因为进行控制可以突出工作重点并影响结果。

关于控制可能引发的差错，最著名的（或最臭名昭著的）例子就是，从1924年开始在美国伊利诺伊西塞罗市的霍桑工厂开展的研究。该研究的实验目的是，测量工作场所照明条件的改善对生产效率的影响。不出所料，研究人员发现，随着照明强度的增加，工人的劳动生产率也随之提高，然而，即使照明强度只是略微增加，生产率仍然不断提高。研究人员感觉很疑惑，于是降低了照明强度。结果非常令人意外，生产率依然提高了！事实上，生产率的短期提高是由于在实验过程中对工人的关注引起的。

这一现象被称为霍桑效应（Hawthorne Effect）。后来，在不同的环境下，研究人员又多次观察到这一现象，但是，由于实验结果并不稳定，因此这一效应仍存在争议。尽管如此，这还是足以证明德鲁克认为应该谨慎对待控制的观点。接下来的基本问题是，应当测量和控制的内容究竟是什么？

控制必须关注结果

德鲁克曾指出，管理者和领导者的主要区别在于，管理者侧重于做好事情，而领导者则侧重于做对事情。这不是在玩简单的文字游戏。当然，你更希望领导者既有效率（做好事情）又有效果（做对事情），但如果必须两者取其一，以确定工作重点，那么领导者必须牺牲效率，把重点放在做对事情上。

虽然全面质量管理（Total Quality Management，TQM）运动有许多优点，如主人翁精神、持续改进、授权，当然，还包括高质量的目标等。然而，全面质量管理特别关注过程，而忽视了结果，这是其最大缺陷。全面质量管理理论认为，只要执行过程富有效率，那么结果自然会很好。遗憾的是，事实并不一定如此。由于工人投诉，佛罗里达电力和照明公司（日本戴明质量管理奖的得主）实行全面质量管理不到一年就取消了这一做法。而位于休斯敦市的石油供应商华莱士公司，在获得美国著名的马尔科姆·波多里奇国家质量奖（Malcolm Baldrige National Quality Award）后就立即破产了。问题的关键在于，实施的控制系统必须关注目标，而不是一味地提高效率。

需要控制可测和不可测事项

德鲁克认为，同时控制可测和不可测事项既是可以做到的，也是非常重要的。令他担忧的是，明显可测的事项会逐渐取代不可测的结果，而不可测的结果往往更为重要。在战略计划中，基本上绝大多数事项都是可测的，或能够变成可测的。德鲁克认为，关于不可测事项，有个典型例子：组织需要吸引和留住能干的员工。虽然可能无法测量吸引和留住能干员工的需求，但可以设计一些测量方法来计算组织如何才能满足这一需求，例如，测量员工的满意度、流动率、聘任新员工的时间等。

德鲁克的控制标准

选择正确的测量指标和做出正确的决策，对完成战略或日常目标而言，都是极为重要的。选择错误的测量指标或使用错误的数据收集或分析方法，除了会丧失基本的控制功能，还可能会给组织带来诸多问题。

有个大型空军司令部建立了管理控制系统，并制定了一套绩效测量方法，来控制组织的主要使命和配套职能的重要事项。大多数美国军事设施的配套职能都包含社交俱乐部之类的组织，这类组织可能很简单，但若是为了较大的永久基地而建立的，则可能相当复杂。和通常情况一样，该司令部的俱乐部是为了向所有军人及其家属和客人提供服务，并由全体会员而非政府资助。虽然入会是自愿的，但也有一定的压力，因此，几乎所有的军人都加入俱乐部，每月支付少量的会员费。由于俱乐部的会员费一直很低，因此其绝大部分收入来自酒吧，这使得整个俱乐部有了一定的盈利，尽管建立酒吧并非出于盈利目的。

因此，该组织高层决定，以利润作为所有俱乐部的基本测量指标，不但总体要盈利，而且俱乐部的每一部门都要盈利。这一新的管理控制系统立即出现了问题：由于必须收取费用，游泳池的使用量就下降了；由于食物或服务的质量降低了，与空军基地附近的许多餐厅相比，餐厅失去了竞争力；出于无奈和力求盈利的需要，一些俱乐部采取了极有问题的成本削减措施，例如，有个俱乐部不再购买果酱瓶和芥末瓶，而代之以从航空餐盒中回收的未使用的软管，这些软管是政府发放的。会员不再光顾俱乐部的餐厅，会员数量也很快随之下降。直到重新把服务和利润同时作为测量指标，俱乐部才恢复原先的经营状况。

德鲁克的七项标准

由于测量指标对进行控制十分重要，因此，德鲁克提出了七项行之有效的控制标准。

第一，控制对管理者和领导者都必须是经济的。当弗兰克·卡卢奇任国防部长时，我曾听他讲述他在担任这一内阁职务时的早期经历。当时，他负责监管数百万职员和数十亿美元的国防经费。为了控制如此庞大的组织，他需要从其监管的众多国防组织中获取大量的信息。下属将他可能需要的各个组织的信息汇总成清单，卡卢奇要求每个组织半年收集和分析一次信息，并在他视察时递交报告。在半年后的首次视察中，他收到了大量的报告文件。他非常高兴，说这正是他想要的。后来，他了解到，为了获得其需要的半年信息，各个组织耗费了大量的时间和资源，影响了使命的执行。考虑到这一情况，他让属下重新审查需要的信息，结果发现，只需要很小一部分信息就能进行有效的控制和监管。

第二，德鲁克发现，许多组织测量的事项对结果并不重要，因此没有什么意义。如果控制是没有什么意义的，那么不仅在收集、分析数据上浪费了时间和精力，而且在组织实施计划的过程中，你还会向下属发出错误的指示。你所领导的下属会把时间、精力和资源浪费在错误的工作目标上。因此，控制必须对实现战略计划的最终目标有意义。

第三，也是最重要的标准——控制必须适合被测量的对象。德鲁克发现，许多控制只是提供简单的数字，却没有描述数字所代表的含义。例如，销售业绩经常以总销售额作为报告指标，但光有这一数字是没有什么意义的，因为同样的销售额，可能意味着可观的利润、零利润或严重的亏损，这取决于所销售的产品组合。

第四，测量的指标必须与被测量的事项匹配。德鲁克提醒我们要注意数字专制，并警告说，某一确切的数字，尽管看似精确，但经常是极不准确且毫无意义的，甚至是危险的，因为数字所蕴含的确定性会误导领导者，使其无法看清事情的实质。“更大”“更小”“更早”和“更迟”这样的措辞往往比数字更为准确。例如，货物的交付情况被描述为平均仅延误 1.2 天，而实际情况可能是一半货物延误了一星期，而另一半货物几乎提早了一星期。

第五，每次测量应当保持适当的时间间隔。德鲁克认为，经常性的测量和反馈是大势所趋，也是必要的，然而，不需要太过频繁，也不需要提早报告。正如国防部长卡卢奇发现的那样，测量和控制是有成本的，提高测量频率会增加成本，而不必要的控制可能会适得其反。关键是要及时控制，控制不能太多也不能太少，不能过早也不能过晚，而需要迅速及时地测量。

第六，尽可能简化控制。复杂的控制和规则往往会让事情更加混乱不堪——这是真的，就像墨菲定律（Murphy's Law）所说：“一切有可能出错的事情，终将会出错。”复杂的控制会使测量更加困难，代价也更高昂，而且更容易出错。

第七，让所有的控制都具有“可操作性”。关于这一点，德鲁克指出，追求成果必须通过行动来实现，而不能仅仅停留在兴趣或“学术”层面。

定期审查的重要性

根据控制所获得的反馈信息，领导者可以调整战略、长期和短期目标，甚至可以在引导组织向愿景目标不断前进时重塑一切。如果环境突然变化，为求生存，即使是组织的目标也可能需要迅速进行调整。

德鲁克认为，重组就像一场“大手术”，尽管如此，计算尺、黑胶唱片和铁路公司都应当进行重组。为了保持控制，应当定期审查战略计划，可以每年进行一次；而当有重大的机会或威胁出现，或原来的“确定因素”不再确定时，应当进行专项审查。这些审查可能涉及组织自上而下和自下而上的调整及再造过程。

最终控制

德鲁克认为，最终控制是人们会根据测量指标来展开行动，因为他们知道奖惩的实施是根据指标而定的。因此，即使是德鲁克通常不太推荐的“胡萝卜加大棒”政策，也是有用的。在军事俱乐部的例子中，其中的一个问题是，利润指标使得下级领导者关注利润而不是服务，但服务才是建立俱乐部的初衷。控制系统如果不能使组织从当前的状态走向设想的状态，那么就会产生冲突，并将组织置于失控的境地。

参考文献

[1]彼得·德鲁克.旁观者——管理大师德鲁克回忆录[M].北京：机械工业出版社，2009.

[2]彼得·德鲁克.创新与企业家精神[M].北京：机械工业出版社，2009.

[3]博恩·崔西.激励[M].林治勋，译.北京：机械工业出版社，2014.

[4]李会民.夕阳逢盛世[M].北京：中国言实出版社，2018.

[5]大前研一.无国界的世界[M].黄柏棋，译.北京：中信出版社，2004.

[6]哈罗德·孔茨，海因茨·韦里克.管理学[M].北京：经济科学出版社，1998.

[7]赫伯特·A.西蒙.管理行为[M].北京：机械工业出版社，2007.

[8]亨利·法约尔.工业管理与一般管理[M].北京：机械工业出版社，2007.

[9]克里斯托弗·巴特利特，休曼特拉·戈歇尔，保罗·比米什.跨国管理：教程、案例和阅读材料[M].大连：东北财经大学出版社，2008.

[10]莱斯利·W.鲁，劳埃德·L.拜厄斯.管理学：技能与应用(第11版)[M].刘松柏，译.北京：北京大学出版社，2013.

[11]洛赛，麦辛吉，尤里奇.人力资源管理的未来[M].傅继军，董丽平，译.北京：高等教育出版社，2006.

[12]王凤彬，李东.管理学(第五版)[M].北京：中国人民大学出版社，2016.

[13]迈克尔·哈默，詹姆斯·钱皮.企业再造:企业革命的宣言书[M].王珊珊等，译.上海：上海译文出版社，2007.

[14]斯蒂芬·P.罗宾斯，大卫·A.德森佐.管理学原理[M].毛蕴诗，主译.大连：东北财经大学出版社，2004年.

[15]托马斯·D.兹韦费尔.管理就是沟通[M].杜晓伟，译.北京：中信出版社，2004.

[16]威廉·A.科恩.德鲁克论领导力：现代管理学之父的新教诲[M].北京：机械工业出版社，2011.

[17]休考·特尼，简·柯克兰，帕特里克·维格里.不确定性下的战略选择[J].哈佛商业评论(中文版)，2009 (5).

[18]张平淡.核心能力创新企业价值[M].北京：中国经济出版社，2007.

[19]周三多.　管理学(第四版)[M].北京：高等教育出版社，2014.

参考文献

[illegible]